Yazar Hakkında

Katherine Pangonis, Akdeniz ve Ortadoğu'daki Ortaçağ dünyası üzerine uzmanlaşmış bir tarihçidir. Oxford Üniversitesi ve University College of London'dan (Londra Üniversitesi Akademisi) edebiyat ve tarih alanlarında yüksek lisansı bulunmaktadır. Tarihsel anlatılarda kadınların sesine yeniden yer verilmesi, tarihin az çalışılmış alanlarını yeniden inceleme ve bunları kamuoyuna sunma konusunda özel bir ilgisi var. Seyahat etmediğinde ve araştırma yapmadığında zamanını İngiltere ile Fransa arasında geçirmektedir.

BEYAZ BAYKUŞ: 104
TARİH: 3

KATHERINE PANGONIS / KUDÜS'ÜN KRALİÇELERİ
Orjinal adı: Queens of Jerusalem: The Women Who Dared to Rule

Her hakkı saklıdır. Bu eserin aynen ya da özet olarak hiçbir bölümü, yayınevinin yazılı izni alınmadan kullanılamaz.

'First published by Orion, London.
Copyright © Katherine Pangonis 2021

Ajans: AnatoliaLit Telif Hakları Ajansı

İmtiyaz Sahibi: Destek Yapım Prodüksiyon Dış Tic. A.Ş.
Genel Yayın Yönetmeni: Özlem Küskü
Yayın Koordinatörü: Kaan Cumalıoğlu
Çevirmen: Duygu Filiz İlhanlı
Editör: Fatma Aktaş
Son Okuma: Zeynep Bilgin
Kapak Tasarım: Sedat Gösterikli
Sayfa Düzeni: Tuğçe Ekmekçi

Beyaz Baykuş: Nisan 2024
Yayıncı Sertifika No. 43196

ISBN: 978-605-9329-09-5

Destek Dukkan

© Beyaz Baykuş
Abdi İpekçi Caddesi No. 31/5 Nişantaşı/İstanbul
Tel. (0) 212 252 22 42 - Faks: (0) 212 252 22 43
www.beyazbaykus.com
facebook.com/ beyazbaykusyayinlari
twitter.com/beyazbaykusy
instagram.com/beyazbaykusyayinlari

Yıkılmazlar Basım Yay. Prom. ve
Kağıt San. Tic. Ltd. Şti.
Sertifika No. 45464
15 Temmuz Mah. Gülbahar Cad.
No. 62/B Bağcılar / İstanbul
Tel. (0) 212 630 64 73

Beyaz Baykuş Yayınları, Destek Yayınları'nın tescilli markasıdır.

QUEENS
of
JERUSALEM

KUDÜS'ÜN
KRALİÇELERİ

KATHERINE PANGONIS

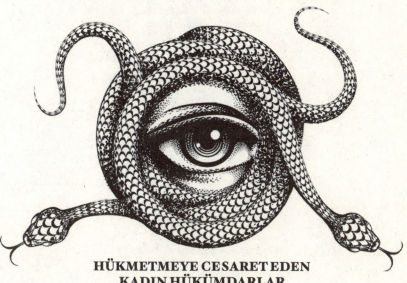

**HÜKMETMEYE CESARET EDEN
KADIN HÜKÜMDARLAR**

Çevirmen: **Duygu Filiz İlhanlı**

İÇİNDEKİLER

ÇEVİRMEN NOTU / 9

YAZARIN NOTU / 27

TEŞEKKÜRLER / 29

ÖNSÖZ / 33

GİRİŞ / 41

1
MORPHIA VE DÖRT PRENSES / 51

2
ASİ ANTAKYA PRENSESİ ALICE / 91

3
KUDÜS KRALİÇESİ MELİSENDE / 127

4
KRALİÇE MELİSENDE'NİN İKİNCİ HÂKİMİYET DÖNEMİ / 163

5
AKİTANYA DÜŞESİ ELEANOR / 209

6
ANTAKYA PRENSESİ CONSTANCE / 245

7
AGNES VE SIBYLLE / 275

8
SONUN BAŞLANGICI / 313

SONSÖZ / 351
KAYNAK DİZİNİ / 355
BİRİNCİL KAYNAKLAR / 359
İKİNCİL KAYNAKLAR / 363
GENEL DİZİN / 369

Kudüs'ün Kraliçeleri kitabı hakkındaki görüşler

"Büyüleyici, merak uyandırıcı, heyecan verici ve saygı uyandıran. Haçlı Devletleri'nin kadın hükümdarları; açıkgöz politikacılar, savaşçı kraliçeler, anne ve eşler olarak erkek hâkimiyetindeki Haçlı Devletleri'ne ve Ortadoğu'nun zalim sahnesindeki İslami savaş beylerine karşı ellerindekilere sahip çıkıyorlar."

Simon Sebag Montefiore

"Güzelce oluşturulmuş, son derece zekice, akılcı, insana dair ve duyarlı bu kitap, Kudüs'ün sadece doğurganlıkları ile değerlendirilen unutulmuş kadın hükümdarlarını temsiliyet, beceri ve olağanüstü yaşamlara sahip karmaşık oyunculara dönüştürüyor."

William Dalrymple

"İster oyuncu ister piyon olsun, tarih vurgusundaki yenileyici değişimle bu kadınlara, kendi şartlarında hayat verilmiş ve kariyerleri her ne kadar erkekler tarafından belirlenmiş olsa da deneyimleri, kendine özgü bir kadın bakış açısıyla incelenmiştir."

Christopher Tyerman,
Oxford Üniversitesi'nde Haçlı Tarihi Profesörü

"Bu önemli ve ilham verici kitabın özneleri düzenli olarak tarihin dipnotlarında temsil edilmiştir. Ancak Kudüs'ün kraliçeleri tarih yazmış, çığır açmışlardır. Bu ufuk açan, göz kamaştırıcı ilk kitapta onlara eşlik etmekten büyük keyif duydum."

Bettany Hughes

"*Kudüs'ün Kraliçeleri*, Outremer'in kadın hükümdarlarına hayat veriyor... Pangonis, bu kadınların, kendi işbirliklerini kurmak ve gücü ele geçirmek için hem başarılı hem başarısız kurnazca politik ve askeri kararlar vermelerini sağlayan şartları ele alırken mükemmel bir iş başarıyor. Mevcut tarih kaynaklarının çoğunda bu önemli noktadan zar zor bahsedildiği göz önünde bulundurulduğunda, bu gerçekten etkileyici bir başarı! *Kudüs'ün Kraliçeleri*, Haçlı tarihindeki asil kadınların büyük önemini ele almış keyif verici bir kitap."

All About History

"Pangonis çok çeşitli modern kaynaklardan faydalanarak 12. yüzyılda Latin Doğu'da hükmetmiş hanedan kadınlarının yaşam öykülerini ustalıkla yaratmış... Bu eserin en büyük gücü ise Pangonis'in bu kadınları Yakındoğu'nun ortamında, mimarisinde ve kültüründe, renkli ve çekici bir anlatımla fiziksel tanımlarını birleştirerek konumlandırması."

TLS

ÇEVİRMEN NOTU

Kudüs'ün Kraliçeleri kitabının çevirisi sırasında başlıca kaynağım, İstanbul Üniversitesi Edebiyat Fakültesi Ortaçağ Tarihi Ana Bilim Dalı eski başkanı Prof. Dr. Işın Demirkent'in *Haçlı Seferleri* kitabı olmuştur. Bunun dışında yine aynı bölümün şu anki bölüm başkanı Prof. Dr. Ebru Altan'ın *Tarih Araştırmaları Dergisi*'nde yer almış araştırma makaleleri de başvurduğum kaynaklar arasındaydı. Kitapta geçen tüm kişi isimleri, Türkçe kaynaklardaki kullanımlarına sadık kalınarak çeviri metinde yer bulmuştur.

İkisi de çok güçlü kadınlar olan anneannem ile babaanneme ithaf edilmiştir.

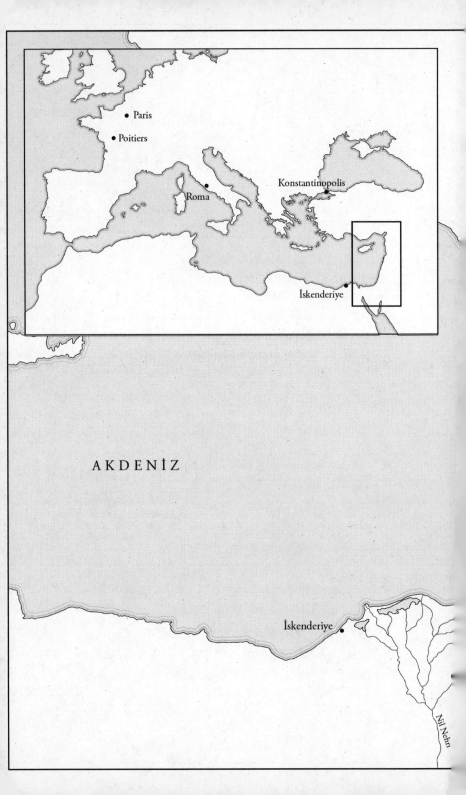

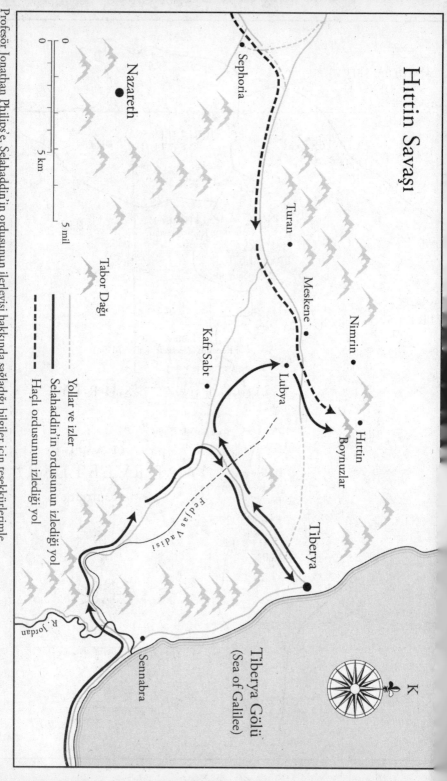

Hıttin Savaşı

Profesör Jonathan Philips'e, Selahaddin'in ordusunun ilerleyişi hakkında sağladığı bilgiler için teşekkürlerimle.

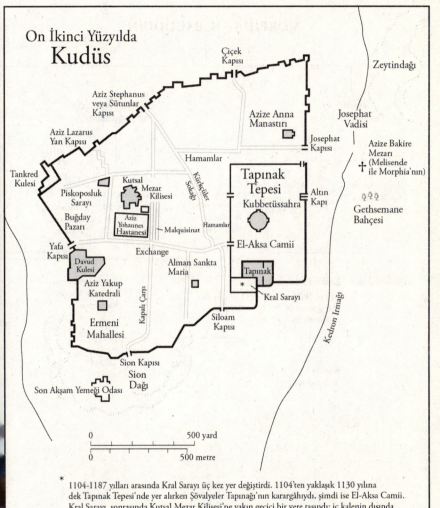

* 1104-1187 yılları arasında Kral Sarayı üç kez yer değiştirdi. 1104'ten yaklaşık 1130 yılına dek Tapınak Tepesi'nde yer alırken Şövalyeler Tapınağı'nın karargâhıydı, şimdi ise El-Aksa Camii. Kral Sarayı, sonrasında Kutsal Mezar Kilisesi'ne yakın geçici bir yere taşındı; iç kalenin dışında bu amaca yönelik yeni bir yer inşa edilmesinden önce.

Kudüs Kraliyet Hanedanı

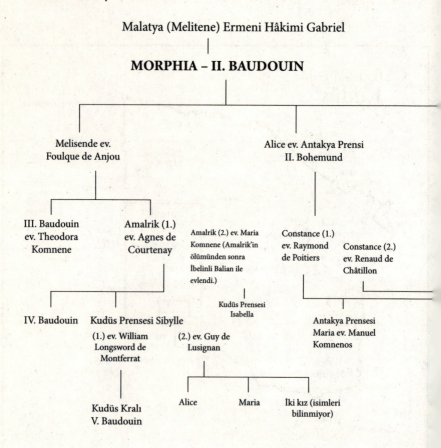

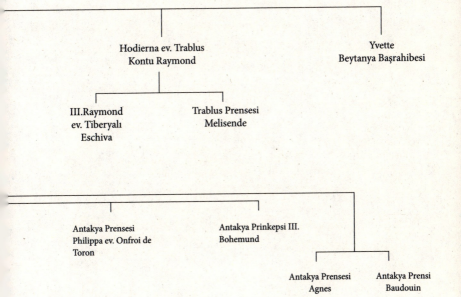

Edessa (Urfa) Hâkim Ailesi

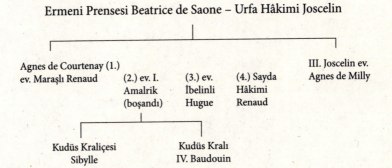

KRONOLOJİ

Bu olay sıralamasındaki tarihlerin çoğu en iyi tahminlerden oluşur. Amaç kesinlikten öte, kronolojik zamanlamayla ilgili bir fikir vermektir.

MS 30-33	İsa'nın çarmıha gerilmesi. Hıristiyanlık Ortadoğu'da yayılmaya başlıyor.
70	Roma İmparatoru Titus'un Kudüs'ü ele geçirmesi.
285	Roma İmparatorluğu, Doğu (Bizans) ve Batı İmparatorluğu olarak ikiye ayrılıyor.
312	Bizans İmparatoru Konstantin, Hıristiyanlığı kabul ediyor.
614	Kudüs'ün Sasaniler tarafından fethi. Kudüs Hıristiyan Savaşı'nın başlaması. Kudüs'ün Bizans İmparatoru Heraklius (Herakleios) tarafından geri alınması.
638	Arap Halifeliği Kudüs'ü alıyor.
1071	Selçuklu Türkleri, Kudüs'ü Fatimi Devleti'nden alıyor.
1081	Aleksios Komnenos, Bizans İmparatoru oluyor.
1096	Birinci Haçlı Seferi başlıyor.
1098	Baudouin de Boulogne, Urfa (Edessa) Kontu oluyor.

1099	Antakya'nın Haçlılar'ın eline geçmesi. I. Bohemond Antakya Prensi oluyor. Haçlılar Kudüs'ü ele geçiriyor. Godefroi de Boullion, Kutsal Mezar'ın savunucusu ilan ediliyor.
1100	Godefroi'nin ölümü, varisi I. Baudouin Kudüs'ün ilk kralı oluyor. Baudouin du Bourg, Urfa Kontu oluyor, Malatyalı Morphia ile evleniyor. Antakya Prensi Bohemund'un, Danişment Türkleri tarafından esir alınması. Tankred naip olarak belirlenmiştir.
1103-1105	Toulouse Kontu Raymond de St. Gilles'in Trablus kuşatması.
1104	I. Baudouin'in Akka'yı fethi. Harran Savaşı, Urfa Kontu Baudouin ve Joscelin, Selçuklu Türkleri tarafından esir alınır.
1105	I. Baudouin ile Morphia'nın kızı Melisende'nin dünyaya gelişi.
1108	Urfa Kontu Baudouin serbest bırakılır.
~1109	Melisende'nin kardeşi Alice'nin doğumu.
1109	Trablus'un Frankların eline geçmesi.
~1110	Melisende'nin kardeşi Hodierna'nın doğumu.
1112	Tankred'in ölümü. Trablus Kontu Pons, Fransalı Cecile ile evleniyor.
1113	I. Baudouin, Sicilyalı Adelaide del Vasto ile evleniyor.
1113-1115	Urfa Kontu Baudouin, Doğu Kilikya'yı ele geçiriyor.

1118	I. Baudouin'in ölümü. Varisi II. Baudouin Kudüs Kralı, Morphia ile ortak hâkim.
1119	Roger de Salerne'nin Kanlı Meydan Savaşı'nda ölümü.
	Antakya'da II. Baudouin'in hükümdarlığı başlıyor.
1120	Melisende'nin kardeşi Yvette'nin doğumu.
1123	II. Baudouin, Balak tarafından esir alınır.
1124	Haçlılar Sur'u ele geçiriyor.
	II. Baudouin serbest bırakılıyor.
1126	Alice, Antakyalı II. Bohemund ile evleniyor.
~1127	Morphia'nın ölümü.
1128	Alice'nin kızı Antakya Prensesi Constance'nin doğumu.
1129	Melisende, Foulque ile evleniyor.
1130	Melisende ile Foulque'nun oğulları III. Baudouin'in doğumu.
1130	II. Bohemund'un ölümü.
	Antakyalı Alice'nin ilk isyanı.
1131	II. Baudouin'in ölümü. Varisleri: Melisende, Foulque ve çocuk III. Baudouin.
1131	Antakyalı Alice'nin ikinci isyanı.
~1133	Hodierna, Trabluslu II. Raymond ile evlenir (tam tarih bilinmiyor).
1134	Yafa Kontu Hugue'nin, Foulque'ya karşı ayaklanması, yenilmesi ve sürgüne gönderilmesi.
	Hugue'nin ölümü.
1136	III. Baudouin'in kardeşi I. Amalrik'in doğumu. Antakyalı Alice'nin üçüncü ayaklanması ve son yenilgisi.

	Raymond de Poitiers, Antakyalı Constance ile evleniyor.
1137	Trablus Kontu Pons'un ölümü.
~1139	Melisende Beytanya (Bethany) Manastırı'nı kurdu.
1143	Foulque'nun ölümü, varisi 13 yaşındaki III. Baudouin ve Melisende tahtın ortak hâkimi.
1144	Urfa (Edessa), Zengi tarafından kuşatılıyor.
1145	III. Baudouin'in tahta çıkma yaşı geldiğinde Melisende tahtı bırakmayı reddediyor. Papa III. Eugenius, İkinci Haçlı Seferi için çağrı yapıyor.
1146	Zengi'nin ölümü. Urfa, Nureddin Mahmud Zengi'ye geçiyor.
1147	İkinci Haçlı Sefer'i başlıyor.
1148	VII. Louis ve Akitanya Düşesi Eleanore Antakya'ya ulaşıyor, Dımaşk (Şam)'ı Muinüddin Üner'den almayı başaramıyor.
1149	Antakyalı Raymond, Afrin Savaşı'nda öldürülüyor.
1152	III. Baudouin, Melisende'yi iç savaşta yeniyor. Akitanya Düşesi Eleanore ile VII. Louis'in evliliği iptal ediliyor. Eleanore, Henry Plantagenet (II. Henry) ile evleniyor.
1153	Antakyalı Constance, Renaud de Châtillon ile evleniyor.
1154	Nureddin Mahmud Zengi, Şam'ın kontrolünü Muinüddin Üner'den alıyor ve İsmet Hatun ile evleniyor.
1157	I. Amalrik, Agnes de Courtenay ile evleniyor.

1158	III. Baudouin, İmparator Manuel Komnenos'un yeğeni Theodora Komnene ile evleniyor.
~1160	I. Amalrik ile Agnes'in kızları Sibylle'nin doğumu. (1157 ila 1160 yılları arasında, tam tarih bilinmiyor.)
1161	Sibylle'nin kardeşi IV. Baudouin'in doğumu. Antakyalı Maria, Manuel Komnenos ile evleniyor. Melisende'nin ölümü. Şamlı Zümrüt Hatun'un Medine'de ölümü.
1163	III. Baudouin'in ölümü, halefi kardeşi I. Amalrik, kral olabilmek için Agnes'den boşandı.
1164	Nureddin Mahmud Zengi, Harem'e saldırıyor. Hıristiyan ordusunu yenilgiye uğratarak Trabluslu III. Raymond'ı, Antakyalı III. Bohemund'u, Urfalı III. Joscelin'i ve Renaud de Châtillon'u esir alıyor.
1165	III. Bohemund serbest bırakılıyor.
1167	I. Amalrik, Manuel Komnenos'un yeğeni Maria Komnene ile evleniyor. Theodora Komnene, Andronikos Komnenos ile kaçıyor.
1169	Selahaddin, Mısır veziri oluyor. Antakyalı Maria ile Manuel Komnenos'un oğlu II. Aleksios Komnenos'un doğumu.
1170	Franklar ile Müslümanlar arasında ateşkes.
1172	Maria Komnene ile I. Amalrik'in kızları Isabella'nın doğumu.
1174	I. Amalrik'in ölümü, halefi IV. Baudouin. Nureddin Mahmud Zengi'nin ölümü.

	Selahaddin, Şam'ın kontrolünü ele geçiriyor ve Nureddin Mahmud Zengi'nin dul karısı İsmet Hatun ile evleniyor.
1176	Bizanslıların, Selçuklular tarafından Miryokefalon Savaşı'nda (Karamıkbeli Savaşı) yenilgiye uğramaları.
	Sibylle, Montferrat'lı William Longsword ile evleniyor.
1177	Montferrat'lı William'ın ölümü.
	Sibylle ile Montferrat'lı William'ın oğulları V. Baudouin'in doğumu.
	Montgisard Savaşı'nda Selahaddin'in IV. Baudouin tarafından yenilgiye uğratılması.
	İbelinli Balian, Maria Komnene ile evleniyor.
1179	Selahaddin, Hıristiyan ordularını Merc Uyun ve Beytül Ahzan Kalesi savaşlarında yenilgiye uğratıyor.
1180	Sibylle, Guy de Lusignan ile evleniyor.
	Manuel Komnenos'un ölümü, halefi II. Aleksios.
	Antakyalı Maria sevgilisi Aleksios Protosebastos ile oğlu adına ülkeyi yönetiyor.
1182	IV. Baudouin, Guy de Lusignan'ı varis olarak ilan ediyor.
	Antakyalı Maria idam ediliyor.
1183	Isabella, Onfroi de Toron ile evleniyor.
	Kerak Kuşatması
	Selahaddin, Halep'i ele geçiriyor.
	IV. Baudouin, Guy de Lusignan'ı naiplikten indirmeye çalışıyor.
	V. Baudouin, ortak kral olarak tahta çıkıyor.
1185	Selahaddin, Kudüs ile ateşkes yapıyor.

~1186	IV. Baudouin ölüyor. Varisi: V. Baudouin. Agnes ölüyor. (1184'in ilk ayları ile 1186 yılı yaz sonuna doğru bir zamanda) V. Baudouin ölüyor. Sibylle kraliçe oluyor. İsmet Hatun ölüyor.
1187	Beş yıllık ateşkesin bitimiyle savaş başlıyor. Selahaddin Eyyubi, Hıttin Savaşı'nda Baş Haçlı ordusunu yenilgiye uğratıyor, Guy de Lusignan'ı esir alıyor ve Renaud de Châtillon'u idam ediyor. Kudüs, Selahaddin Eyyubi'nin ordularının eline geçiyor. Papa, Üçüncü Haçlı Seferi çağrısında bulunuyor.
1188	Guy de Lusignan serbest bırakılıyor.
1190	Sibylle ve kızları, Akka Kuşatması'nda ölüyor.
1205	Isabella'nın ölümü.

YAZARIN NOTU

Bu kitap, kadınlar ve güç hakkında. Haçlı Devletleri'nde (Outremer, *deniz aşırı ülke*)[1] soylu kadınların mücadele ettikleri güç, güçlerini kısıtlayan etkenler ve onların mirası üzerine tahakküm kuran erkek yazarlar ile tarihçiler hakkında. Kadın hükümdarlardan oluşan olağanüstü bir hanedanın hikâyelerini, hayatlarındaki zorluklar ve zaferleri inceleyerek anlatıyor.

Haçlı Devletleri içindeki eşi görülmemiş istikrarsızlık ve neredeyse her daim mevcut olan kriz hali, soylu kadınların öne çıkmalarını ve gerçek güce sahip olmalarını sağlayan bir ortam yarattı. Kudüs, Antakya, Trablus ve Urfa'daki aristokrat kadınlar; ortaçağdaki Ortadoğu politikalarında büyük bir etkiye sahip olmuştur. Buna rağmen, bu dönemde onların konumundaki kadınlar tarihçiler tarafından, yeni nesil kralların soyunun sürmesini sağlayan bir soy ve toprak taşıyıcılarından farklı olarak değerlendirilmemişlerdir. Bağımsız bireyler ya da kendi politik görevleri olan etkin liderler olarak değil de güç sahibi adamların eşleri, anneleri, kızları ve kız kardeşleri olarak hatırlanmışlardır. Son yıllarda bunun telafisine yönelik büyük bir aşama kaydedilse de bu çabalar daha çok akademik yayınlarla sınırlı kalmıştır. Bu kitabın amacı, bunu telafi etmek ve Kudüs Kraliçelerini, Antakya Prenseslerini ve Trablus

---

[1] 12. yüzyılda Haçlılar tarafından Ortadoğu ile Anadolu'da kurulmuş devletlerin tamamı. (ç.n.)

ile Urfa Konteslerini gölgelerden çıkararak görünür hale getirmektir. Tarihteki haksızlığa uğramış ya da görmezden gelinmiş her kadın karakterden birer kahraman yaratmak, bir tarihçinin hatta feminist bir tarihçinin bile görevi değildir. Daha ziyade, o insanın kim olduğunu ve kendi toplumlarının sosyal, politik ve dini çerçevesinde nasıl faaliyette bulunduklarını en iyi şekilde anlatabilmek için gerekli kanıtları ve değerlendirmeleri okuyuculara sunmaktır. Kitap, net olmayan şeyleri resmetmek gerektiğinde kanıtları ve kaynakları iyice tartmaktadır. Ayrıca faydalandığı kaynaklardan alınan orijinal pasajlarla okuyucuları, ihtilaflı konularda kendi fikirlerini oluşturmaya ve ortaçağ dedikodularının geçerliliğini sorgulamaya davet etmektedir. Kadının politik görevleri ya da tarih yazımının akademik analizini merkezine alan bir eser değil, anlatılara dayalı bir biyografi olarak düşünülmüştür.

Bu kitabın yazımı beni İngiliz, Oxford ve Mazarine Kütüphanesi'nden; Avrupa ile Ortadoğu'ya götürmüştür. Kitabın büyük kısmı Kudüs'teki Eski Şehir'de ve Türkiye, Lübnan, Ürdün, Fransa'daki pek çok otel odası, kafe ve antik şehirlerde yazılmıştır. Bu şekilde seyahat edebilmek, bu olağanüstü kadınların bir zamanlar durdukları yerlerde durmak, üstünde yürüdükleri taşlara basabilmek ve izledikleri manzaralara bakma fırsatını yakalayabilmek büyük bir mutluluktu.

TEŞEKKÜRLER

Bu kitabın yaratılması sırasında bana verdikleri destek ve cesaret nedeniyle bir sürü harika insana minnet borçluyum. Sayısız ülkede, neredeyse her gittiğim yerde gördüğüm nezaket ve cömertlik muazzamdı. İlk teşekkür etmem gereken kişi, editörüm ve yayıncım Alan Samson'dır. Onun inancı ve kılavuzluğu olmasa şimdi kitap yazmak yerine, kendimi iyi hissetmediğim kurumsal bir işe saplanmış haldeydim. Bu kitabı mümkün kıldı ve kitabın yazım sürecinde değerli desteğini esirgemedi.

Bir teşekkürü de bana ortaçağ dönemini sevdiren okuldaki ve üniversitedeki hocalarıma, özellikle de Prof. David d'Avray ve Dr. Giles Brown'a borçluyum. Bu adamlar bana, bir kitap yazabilmeye teşebbüs edebilmem için gerekli araçları, özgüveni ve hevesi verdiler. Araştırma gezilerimi en verimli hale dönüştürmemde yardımcı olmak için gerekenden de fazlasını yapan Ermeni tarihçisi George Hintlian'a müteşekkirim. Morphia'nın kızları üzerindeki Ermeni etkisinin önemi ve hem ortaçağda hem de günümüzde Kudüs'ün çok kültürlü yapısı hakkında bana çok şey öğretti. Aynı zamanda güvende ve tok olmamı, kaynaklara ulaşabilmemi, çalışabileceğim alanları sağladı; ayrıca Beytanya Manastırı (Bethany)'nın kalıntıları arasında bana rehberlik etti. Haifa Üniversitesi'nden Prof. Adrian Boas da bana karşı çok nazikti, benimle buluşup Müslüman pazarlarında bana eşlik etti. Sonrasında tüm sorularıma cevap verdi ve kitabımdan bazı taslakları büyük bir sabırla okudu. Fransisken rahiplerden olan Amedeo Ricci'ye de teşekkür etmeliyim. Kutsal Mezar Kilisesi üzerine yaptığı doktora araştırmasını benimle paylaşacak kadar nazikti, bana bir Hıristiyan bakış açısıyla mekânda kapsamlı ve detaylı bir gezi yaptırdı. Birleşik Krallık'ta ise Oxford Üniversitesi'nden Prof. Christopher Tyerman'a özel olarak teşekkür etmeliyim. Güç ile otorite arasındaki farkı düşünmeme neden olan değerli tartışmalarımıza ek olarak, zaman ayırıp taslağımı okudu ve düzeltmelerini yaptı. Royal Holloway Üniversitesi tarafından düzenlenen Tarihi Araştırmalar Enstitüsü (Institute of Historical Research) Haçlı Seferleri ve Latin Doğu Semineri'ndeki tüm organizatörlere ve katılımcılara, düşünmeye zorlayan tartışmalara beni de dahil ederek ellerindeki kaynakları paylaştıkları için minnettarım. Royal Holloway Üniversitesi'nden Prof. Andrew Jotischky, araştırmamın pek çok açısı hakkındaki çoğunlukla anlamsız sorularıma cevap verdi.

Son teşekkürüm ise ailem ve arkadaşlarıma. Onların desteği olmadan bu kitap ortaya çıkmazdı. Ailem bana tarih hakkında yazabilmemi sağlayan eğitim fırsatlarını sundu ve annem kitap taslağımı sayısız kere okudu. Çoğu arkadaşım da bana yardım etme sabrını gösterdi. Taslakları okumaktan fotoğraf çekmeye ve yazıların deşifre edilmesine (ortaçağ ile modern) kadar pek çok konuda bana yardımcı oldular. Metnin ilk versiyonlarını okuyan ve beni cesaretlendiren Nancy Hervey-Bathurst'a ve tamamlanmış taslağı didik didik eden Fred Shan, Cesar Manivet ile Scott Moynihan'a da teşekkür etmeliyim. Martha Bailey, ben uzaktayken British Library'deki araştırmalarımda bıkıp usanmadan bana yardım etti, Latince çevirileri gözden geçirdi ve daha da ileri giderek Kudüs ile Nablus gezilerimde bana eşlik etti. Lübnan'da Louis Prosser ile Lou'ai Kaakani, ayırdıkları zaman ve neşe konusunda çok cömertlerdi. Beni Trablus ile Sur şehirlerindeki sayısız kalıntılar arasında gezdirdiler. Leon Lopez Brennan ile Okan Çimen, Antakya ve Urfa'ya yaptığım yolculuklarda eşlik ettiler ve bu güzel yerlerin fotoğraflanmasında yardım ettiler. Orion'dan Jo Whitford, taslağı oturtmamda ve destekleyici kaynakların son haline gelmesindeki yardımlarında bir harikaydı. Profesör Jonathan Phillips de son anda dahil olarak bazı hayati düzeltmeler yaptı.

Bu kitabın hazırlanışı sırasında yapılmış olan hataların tamamen bana ait olduğunu söylememe gerek bile yok. Eğer herhangi bir yerde hikâyedeki dram ya da romantizme kapılıp gitmişsem bu, aklı başında tarihçilerin verdikleri tüm tavsiyelere rağmen olmuştur.

ÖNSÖZ

... çok uzun zamandır dünyanın savaşlarıyla adı anılmış olan o kıyı...

Edward Gibbon

Akdeniz'in berrak suları, doğuda uzandığı yerde açık renkli taşlardan oluşan surlara çarpıyor: unutulmuş bir krallığın hâlâ ayakta kalmış bir anıtına. Bu harabe surlar, yaklaşık bin yıllık bir dönem boyunca Türkiye'nin güneyinden Mısır'ın kuzeyine kadar olan sahil şeridini ve sarp kayalıklarla dolu tepeleri korumuş olan, bir zamanların gurur verici kalesinden geriye kalanlar... Burada suyun değdiği, iç kalelerin kurulduğu topraklar kutsaldır. Burası dünya tarihinde en çok arzulanan yer. Burayı kendi ruhani merkezi olarak gören üç büyük semavi dinin (Hıristiyanlık, İslamiyet ve Yahudilik) savaştığı yer. Filistin toprakları, İsrail, Ürdün, Lübnan, Türkiye, Suriye boyunca uzanan ve boğucu bir yaz güneşi altında durmakta olan bu topraklar, antik zamanlardan modern zamana dek yüzyıllar boyunca kanlı savaşların nesnesi olmuştur. Değişken sınırları ve değişken hükümdarlarıyla, dünya çapında her yeni gelen neslin hayallerini süsleyen bir bölge...

Bu kargaşanın odak noktası, Akdeniz sularından altmış dört kilometre uzaklıkta, iç kısımlarda bir yerde yer alıyor. Yüzyılların çabasının merkezindeki mıknatıs, buraya hizmet için yapılmış olan tüm kıyı kalelerinin ve limanların mücevheri olan kutsal şehir Kudüs'tür. Günümüzde İsrail'in ortasında yer alan canlı ve hayat dolu bir şehir. Bugün hâlâ Eski Şehir sokakları, ortaçağda olduğu gibi ayakta duruyor. Hava, baharat ve kızarmış sebzelerin belirgin kokusuyla ağırlaşmış halde. Müşteri kapma yarışındaki satıcıların feryatları ve hediyelik eşyalar için pazarlıkları, anlaşılmayan bir sürü çan sesi ve Arapça ezan sesiyle iç içe geçiyor. Hacılar ve yolcular gürühu tıpkı bin yıl önce olduğu gibi. Dini turistler bu şehrin ana arterlerini her zaman tıkamışlardır, ancak yine de şehrin can damarıdırlar. Her zümreden Hıristiyanlar, Yahudiler ve Müslümanlar; hepsi yaklaşık üç kilometrekare içindeki farklı kutsal alanlarına giderken birbirine temas ediyor.

Ortaçağdan bu yana caddeler ve sembolik yapılar pek değişmedi. Bir ortaçağ hacısı bugün de Yafa'nın kapılarından Kutsal Mezar Kilisesi'ne giden yolu bulmakta çok zorlanmazdı. Kutsal mekânların etrafında dönen pazar yerlerinin olduğu sokaklarda hâlâ kemerli Haçlı dönemi dükkân önleri bulunmakta; deri el yazmaları, şifalı otlar ve dini semboller gibi geleneksel ürünler satılmakta. Bu antik sokaklar, bin yıl önce olduğu gibi dualar ve ticari hareketlilikle çınlıyor. Tıpkı ortaçağda olduğu gibi askerler, bu bölgedeki istikrarsızlığın daimi hatırlatıcısı olarak etrafta dolanıyor. Uzun kılıçlı şövalyelerin yerini, nar suyu içmekten ve mesajlaşmaktan hoşlanan otomatik silahlı İsrailli gençler aldı şimdilerde.

Şehrin mimarisi yüzyıllarca süren tarihine tanıklık etti ve kutsal şehrin duvarları ardında tahta geçen ve inen pek çok yönetimin vasiyeti olarak ayakta duruyor. Haçlı döneminin kemerleri ve diyagonal süslemeleriyle taştan duvarları, Memlûk ve Osmanlı figürleriyle omuz omuza duruyor. Haçlar, kubbeler ve minareler gökyüzünü dolduruyor. Eski Şehir'de akşam karanlığını aydınlatan minarelerin soluk gri ışıltısına yer vermeden önce güneş batarken, Hıristiyan kiliselerinin altın rengi kubbelerinde ışıltılar yaratıyor.

Hıristiyanlığın en kutsal mekânı olan Kutsal Mezar Kilisesi'nde yani İsa'nın ilk mezarında, Bizans zamanından kalma sütunlar ve kaideler, ortaçağ ve modern eklemelerle yan yana duruyor. Ermeni şapelinde ise gösterişli modern freskler, örgüyle ve kenger yaprağı süslemeleriyle Bizans ve Roma dönemi baş harfleriyle desteklenmiş Haçlı dönemi tonozlu tavanları gizliyor. Gerçek Haç kalıntılarının olduğu şapele inen duvarlar, binlerce haçla ve serüvenlerinin sonuna geldiklerini belirtmek üzere Haçlılar ve hacılar tarafından yapılan işaretlerle dolu.

Burada, bu olağanüstü kilisenin içi gibi hissettiren bu yerde, kayadan yapılma bir şapel yer alıyor: İmparator Konstantin'in annesi Helena'nın "Gerçek Haç"ı bulduğunu iddia ettiği yer. Helena, buraya büyük bir kilisenin inşa edilmesini emretmişti. Yani Kutsal Mezar Kilisesi bir kadın tarafından kurulmuştur. Bu şapel kilisedeki en sessiz, en az dikkat çekici bölümlerinden biridir ama aynı zamanda ortaçağ hacı yolunun sonlanma yeriydi. Burası duvarlara işlenmiş 12. yüzyıl fresklerinden izler olan mağaramsı, sade ve süslenmemiş bir kilisedir. Burada ne İsa'nın ne Konstantin'in ne de sonra bu yapıyla ilgisi olmuş önemli adamların heykelleri var. Yalnızca mütevazı bir mihrabın üstüne eğilmiş, dilek mumlarının ışığında titreşen görkemli bir kadının yüce heykeli mevcut.

Bugün Kutsal Mezar Kilisesi'nin anahtarı, farklı Hıristiyan mezheplerinin çekişmesini engellemek için tarafsız koruyucular olan Müslüman bir ailenin elinde. Anahtar nesiller boyu babadan oğula geçti ve her gün sabah saat 04.00 olunca Adeep Joudeh, kepenkleri kapalı sessiz sokaklardan geçerek kapıyı açan anahtarı teslim ediyor. Anahtar büyük, demirden yapılma ve ok şeklinde.

Anlaşmazlıklarla çevrili sokaklarıyla bu şehir ve onu çevreleyen diğer topraklar hep acı dolu çatışmaların sebebi oldu. Nesiller önce bu topraklar Avrupalılar tarafından "Orient" ya da "Levant" olarak adlandırıldı. Fransızlar halen buraya *Moyen-Orient* demekte; tam çevirisi Ortadoğu ve bugün de İngilizce konuşan ülkeler arasında böyle isimlendirilmekte. "Levant" ve "Orient" kelimelerinin ikisinin de "doğan güneş" imgesinde kökenleri bulunmaktadır. Eğer birisi bu kelimelerin kendi etimolojisini Latince ve Fransızcaya kadar incelerse, "batan" ya da "yükselen" güneş anlamlarına geldiklerini görecektir: Bunlar Doğu toprakları için kullanılan Batılı kelimelerdir. Burası bir muamma ve ufukta beliren parlak, canlı ışıkların arasına giren; uzaklardaki dünyayı düşleyen eski zamanlardaki kadın ve erkekleri anımsatıyor. Gün ışığıyla kaplı, kırmızı ve altın rengiyle dolu, ulaşılması her zaman imkânsız topraklar. Arapçada benzer bir kelime kullanılmaktadır: *Sharaqa* kelimesinden türeyen *mashriq*, "yükselmek" ya da "parlamak" anlamına gelir.

Günümüzde rağbet edilmesine rağmen "Ortadoğu" ve "Yakındoğu" kelimeleri, bu kitapta incelediğimiz daha dar bir alandaki bölge için fazla geniş bir tanım. Bu kitaptaki hikâyeler, Türkiye'nin güneyinden Mısır'ın kuzeyine uzanan bir kıyı şeridinde gerçekleşti. Ortadoğu ya da Levant denmesinden önceki dönemde Avrupalıların söylediği haliyle: Haçlı Devletleri'nde (*Outremer*, deniz aşırı ülkeler).

Outremer isminin gün doğumuyla hiçbir ilgisi yok, ancak benzer şekilde o kelimeyi yaratanların zihinlerinde o toprakların algılanan ulaşılmazlığını ve mesafesini iletiyor. Fransızcadan geliyor ve "deniz ötesi" ya da "denizin ötesindeki topraklar" anlamlarını taşıyor. Bu toprağın özgünlüğünü, egzotikliğini ve binlerce ortaçağ kadın ile erkeğinin, Batı Avrupa'dan kutsal topraklara kara ve deniz üzerinden yapılan yolculuklarla ilişkisini ifade ediyor.

Hıristiyanlık, İslamiyet ve Yahudilik inananları binlerce yıl boyunca Kudüs'e gelerek hacı oldular. Günümüzde de inananlar hac yolculuğu yapmaktalar. 11, 12 ve 13. yüzyıllarda ise Hıristiyan hacıların buraya yaptığı yolculuk farklı bir renge büründü: Silahlandılar, örgütlendiler ve Papa'nın kendisi tarafından öne sürüldüler. 1095'te Papa II. Urbanus, Clermont kentindeki konsilde hem rahipler hem de Fransa'nın seküler elitlerine yönelik kışkırtıcı bir konuşma yaptı. Onlara seslenerek evlerini terk etmelerini, silahlarını alıp kitleler halinde doğuya, Outremer'e yapacakları yolculukla kutsal yerleri inançsızların elinden almalarını söyleyerek dinleyicilerini harekete geçirdi. Bu konuşmayla beraber barışçıl Hıristiyan hacılığının geleneksel kavramı yerini, yüzyıllar sonra "Haçlı Seferleri" olarak bilinecek askeri girişimlere bıraktı.

Büyük bir şaşkınlıkla, İlk Haçlı Seferi büyük zafer kazanmıştı. 15 Temmuz 1099'da Avrupa ile Anadolu'daki zorlu savaşlar ve ilerleyiş sonucunda, Haçlılar Kudüs'ü ele geçirdiler. Bu zaferin sonucu ise neredeyse iki yüzyıl boyunca Batı Avrupalıların Outremer'i işgal etmesiydi. Orada Hıristiyan devletler kurdular, bugün hâlâ çevresinde yükselen kaleleri inşa ettiler ve 88 yıl boyunca Kudüs'ü Hıristiyan başkenti olarak tuttular.

Bu dönemde Outremer'deki erkeklerin eylemleri aşırı etkin bir çalışma alanı olmakla beraber, kadınların eylemleri üzerine olan çalışmalar görece durgundu. Kadınlar hem Haçlı Seferleri'nde hem de Kudüs Krallığı'nın yönetiminde önemli rol oynadılar. Ordular Avrupa'dan doğuya ilerlerken kadınlar da onlarla ilerledi. Ailesini yanında getirmeye gücü yetenler getirdi. Daha fakir kadınlar da orduyla yolculuk yaptılar. Bu kadınlar yemek hazırladı, kıyafet yıkadı, yaralılara hizmet etti, odun topladı ve askerlerin sevgilileri oldu. Bazı ender durumlarda erkeklere su götürmek ya da kendileri de savaşmak için savaş alanına dahi girdiler. Outremer'in yerleşik sınırlarında ise asil kadınlar kuşatılacak yerleri organize edip düşmanla pazarlık yaptılar, alt sınıftan kadınlar surları kazmak için erkeklerle beraber çalıştılar. Akıl almaz zorluklara göğüs gerdiler, erkeklerle yan yana öldüler ve tecavüze kurban gittiler, hapsedildiler ya da köle oldular. 12. yüzyıl boyunca binlerce Avrupalı kadın kendini, Halep ve Şam'daki köle marketlerinde pazarlık konusu olarak buldu. Outremer'in erkek hükümdarları kendilerine fazla güvenmeleri sonucu düşman zindanlarında çürümeye mahkûm olunca, fidyeleri eşleri tarafından ödendi.

Açıkça belgelenmiş bu rollerine rağmen hem ortaçağ hem modern dönemde Haçlı Seferleri tarihçilerinin büyük bir çoğunluğu, tarihlerindeki kadınların rolünü görmezden geldiler. Outremer'de otorite konumunda olan kadınların eylemlerine ışık tutarak bu haksızlığı düzeltmeye yönelik adımlar atmak, elinizdeki kitabın amacıdır: özel olarak, Kudüs'ün ilk tahta çıkmış kraliçesi Malatyalı Morphia tarafından kurulan ve güçlü kadınlardan oluşan hanedan. Kızları ve torunları, Kudüs Kraliçeleri, Antakya Prensesi, Trablus Kontesi ve pek çok diğer görevleri üstlendiler. Tarihin gördüğü en cesur, kurnaz ve adanmış kadınlardan bazılarını temsil ediyorlar. Bu kadınlar hakkındaki kaynak metinler, onların kocaları ve babaları hakkındaki bilgilere kıyasla daha seyrek. Ancak bu fevkalade kraliçeler ve prenseslerin canlı bir portresini oluşturmaya yetecek kadarı mevcut.

Bu kitapta en meşhur kadın olarak belirtilen kişi ne Kudüs Kraliçesi ne de Antakya Prensesi'dir. Önce Fransa Kraliçesi, daha sonra İngiltere Kraliçesi de olacak olan Akitanya (Aquitania) Düşesi Eleanore. Bir Haçlı seferini yöneten ilk Avrupalı kraliçe olması ve Antakya Prensi ile olan ilişkisine dair dönen tuhaf dedikodular nedeniyle bu kitapta yer almaktadır. Outremer'deki diğer mevkidaşlarına kıyasla çok daha büyük bir üne kavuştu. Bu, etkisini ya da önemini göz ardı etmek yerine daha çok Doğu'da erkek akrabaları ve düşmanlarına cehennemi yaşatan pek çok kadın hükümdarın olduğu gerçeğini ele almak içindir. Belki de insanı ateşleyen bir şeyler vardı Antakya sularında, ancak bu tarihi şehrin duvarları içinde kendi isyankâr doğası ortaya çıktığında gelenekleriyle bağını koparmamıştı. Outremer'e yolculuğunda Eleanore, kural ihlalinde bulunan pek çok zorlu rol modelle tanıştı. Kudüs'te, Kudüs'ün ilk tahta çıkan kraliçesi ve zamanının en güçlü kadınlarından biri olan Kraliçe Melisende'nin cesaret kırıcı şahsıyla karşılandı. Böylesi mükemmel bir şekilde hırsı ve liderliği benliğinde toplamış olan bu kadınla buluşması, şüphesiz Eleanore'nin sonraki hayatını etkilemişti.

Outremer'in tarihi ilk bakışta ezici bir çoğunlukla erkeklerle ilgili; erkeksi öfke, bağnazlık ve kana susamışlıkla dolu görünüyor. Bu belki de doğru ancak kadınların öfkesi ve zekâsı da bu bölgenin kaderini belirlemede pay sahibi oldu. Bu bölgenin ve dönemin bir kadın bakış açısından görüntülenmesinin zamanı gelmişti. Bu kitap, 1099 yılından Selahaddin Eyyubi'nin 1187'de Kudüs'ü fethine kadar geçen sürede Outremer'deki hükmeden kadınların yaşamlarını keşfediyor.

GİRİŞ

HAÇLI DEVLETLERİ'NİN (OUTREMER) DOĞUŞU

Biz Batılılar Doğulu olmuştuk. Bu toprakta Romalı ya da Frank olanlar, Celileli ya da Filistinli olmuştu. Rheims ya da Chartresli olanlar artık Sur ya da Antakyalı olmuştu. Doğduğumuz yerleri çoktan unutmuştuk... Bazıları yalnız kendi halkından değil, Suriyeliler ya da Ermeniler ya da vaftizle kutsanmış Sarazenlerden bile eş seçmişlerdi. Bir yabancı olarak doğmuş kişi burada doğmuş biri gibiydi; bir ecnebi olarak doğmuşken şimdi oralı olmuştu.

Foucher de Chartres, Kudüs sakini

Haçlılar Outremer'i kılıçlarıyla şehir şehir ele geçirdi. Her ne kadar bazen barışçıl teslimiyetler konusunda pazarlık yapılsa ve sıklıkla esirler alınsa da Doğu Avrupa, Anadolu ve Ortadoğu'daki ilerleyişleri sırasında binlerce insanı katledip yerlerinin değişmesine neden oldular. Müslümanlar, Yahudiler ve aynı şekilde Katolik olmayan Hıristiyanlar da onların bu acımasız öfkelerine kurban gitti. Outremer'in Hıristiyan devletleri, asıl hedefi Kudüs olan, sırayla fethedilmiş lordluklar ve prensliklerle oluşmuş bir gruptu. Nihayetinde ve tüm olanaksızlıklara rağmen Haçlılar, İsa'nın çarmıha gerildiği yer ve Hıristiyanlıktaki en kutsal şehir olan Kudüs'ün zaptını başardı. Sonunda kutsal şehri ele geçirdiklerinde ise onu bir hayaletler şehri haline getirdiler. Duvarları aşıp içinde yaşayanları ortadan kaldırırken, kana susamışlıkları aşırı bir boyuta ulaşmıştı.

Birinci Haçlı Seferi'nin küllerinden, kanından ve pisliklerinden Kudüs Krallığı doğmuştu. Ele geçirdikleri topraklarda dört farklı devlet oluştu: Urfa (Edessa) Krallığı, Antakya Prensliği, Trablus Kontluğu ve Kudüs Krallığı. Hükümdarlar kendi aralarında kutsal toprakları idare etmiş ve onu İsa'nın adına ellerinde tutmuşlardı. Haçlı Seferi amacına ulaşmış ve bazı "daha şanslı olan Haçlıları" zengin adamlara dönüştürmüştü.

Bu zaferin haberi Hıristiyan ve Müslüman dünyasında yankılandı. Henüz ordular Kudüs'te görülmeden önce pek çoğu pes etmişti. Yol boyunca karşı karşıya geldikleri sayısız yenilgiler ve geri çekilmelerden sonra kutsal şehri alma fikri gereksiz geliyordu. Doğu ile Batı'nın ozanları ve anlatıcıları, fethin hikâyesine eşi benzeri görülmemiş bir şevkle atıldı. Birinci Haçlı Seferi'nin macerası, kahramanlıkları ve acımasızlığı hakkında şarkılar, hikâyeler ve şiirler yazıldı. Belki de en önemlisi, tarih de yazıldı. Ancak tarih ve edebiyat arasındaki sınırlar henüz yerleşmediği için tarihçiler sanatsal belgelerden çok yararlandılar.

Outremer'in hikâyesi ortaçağ dünyasının tarihinde en iyi belgelenmiş alanlardan biridir ve bugün tarihçiler için zengin bir kaynak hazinesi sunmaktadır. Bu kitap için yapılmış araştırmalarda kullanılan öncelikli kaynakların listesine Kaynakça bölümünden ulaşabilirsiniz. Erkekler tarafından politik ve askeri cephenin en şiddetli yerlerinden yazılmış günlükler var: Franklar, Ermeniler, Bizanslar, Suriyeliler, Kürtler, Araplar ve İranlılar. Hükmedenlerin mühürlerini taşıyan beyannameler, kimin ne zaman iktidarda olduğuna ve güçlerini nasıl kullandıklarına dair bize güvenilir bilgiler veriyor. Batı'nın güç sahibi büyük hükümdarlarından, Doğu'daki hükümdarlara gönderilmiş ya da onlardan gelmiş mektuplar var. Aynı zamanda ayakta kalmayı başarmış yapılar ve kaleler de var, beraberinde arkeolojik kayıtlarla.

Her ne kadar bol miktarda bilgiye sahip olsak da yazılı kaynaklarda sunulmuş olan tek taraflı önyargılar konusunda şanssızız. Kurtarılmış olan günlüklerin çoğu patriğe bağlı, dindar, bekâr erkekler olan rahipler tarafından yazılmış olanlar. Kadınlarla birlikte yaşamamış, kadınları sevmemiş ve hayatlarında kadınlarla çok az etkileşimde bulunmuş erkekler bunlar. Bununla ilgili dikkat çeken tek istisna ise gününün en iyi eğitim görmüş ve hırslı kadınlarından Bizans Prensesi Anna Komnene tarafından yazılmış olan *Aleksiad*'dır. Günlükleri Birinci Haçlı Seferi ve Outremer'in kuruluşuyla ilgili bilgi verse de Anna bile o günlerdeki ataerkil kadın düşmanlığından nasibini almıştı: Anna Komnene kesinlikle feminist değildi. Her şey cinsiyete bağlanıyordu ve bir günlük yazma ihtiyacı onu, erkek anlatıcılar geleneği ve davranışıyla bağlıyordu.

Benzer şekilde, bu dönemi belgeleyen Müslüman tarihçiler rahip olmamakla birlikte, bu günlükler de köklü bir ataerkil toplumun ürünüdür ve kadınların eylemlerinin kayıt altına alınmasına pek önem vermemişlerdir. Bunun sonucu olarak savaşlar, kuşatmalar, yönetim ve günlük hayatta kadınların üstlendikleri roller sürekli olarak görmezden gelinmiş ve hafife alınmıştır. Erkek ortaçağ tarihçileri arasında, kadının öneminin kabulü ve kavranmasıyla ilgili ortak bir hoşnutsuzluk görülmektedir. Mümkün olduğunda kadınları görmezden gelmeyi tercih etmişlerdir.

Mizojini (kadın düşmanlığı) ve ataerkillik kavramları, kadınlara yönelik temsilin ve davranışların modern dünyadaki değerlendirilmeleri bakımından gereklidir. Outremer'in kadın hükümdarlarının yaşamlarını tanımlarken de bu kavramların özgürce kullanımı cazip gelmektedir. Ancak ortaçağ dünyasına uygulandığında ise tarihsel olarak kulak tırmalayıcı biçimde hatalı görünür. Bu nedenle ikisini de temkinli biçimde kullanacağım. Bizden hem zaman hem mekân olarak çok uzaktaki, çoktan yok olmuş bir toplumun üyelerine ve onların davranışlarına, modern değerlerle yüklü yargıların modern kavramlara uygulanması hep zordur. Ancak ortaçağ Outremer'de tasfiye edilen bir toplumun, bu kavramların oluştuğu modern toplumlardan tamamen farklı açılarda meydana geldiği anlayışı göz önünde bulundurulduğunda işe yarayabilirler. Erkek ve kadınlar arasındaki eşitsizlik yasal bir gerçeklik olarak kabul edilirken, Hıristiyan kilisesi ve savaşçı karakterler tarafından tanımlanmış bir toplumun özüne ve yapısına yerleşmiştir. Feminizm o zaman hiç duyulmamış bir kavramdı.

Mizojini modern kullanımına göre, kadınlara yönelik temelsiz bir sevmeme ve korku hali ile ayrımcılık anlamına gelmektedir. Ortaçağda kadınlara yönelik ayrımcılık çok yoğundu. Kadınların miras hukukuna göre çok daha az hak ve kişisel özgürlükleri vardı, ancak bu tip ölçütler modern dünya görüşüne göre *rasyonel* bulunmaktaydı. Kadın ile erkeklerin hayattaki farklı rolleri olduğunun inkârı, günümüzde iklim değişikliğinin varlığını inkâr etmekle aynı alayla karşılanıyordu. Bu önemli bir ayrım. Dahası, modern okuyucular olarak ortaçağ döneminde kadınlara nasıl muamele edildiğiyle ilgili görüşler bize rahipler tarafından aktarılmış olan görüşlerdir, bu da bir cinsiyet meselesidir. Günlüklerde kadınların temsil edilme şekli, toplumdaki yerleriyle ilgili gerçekleri tam olarak yansıtmayabilir. Bu niyetle *mizojini* kelimesi ortaçağ toplumunda rahatsız bir şekilde kullanılırken, ortaçağ günlüklerinde ise çok daha rahatça kullanılmıştır.

Willermus Tyrensis tarafından yazılmış olan günlük[2] *(Deniz Aşırı Bölgelere Yapılan Seferlerin Tarihi Günlüğü)* şüphesiz Haçlı

---

[2] İng. *A History of Deeds Done Beyond the Sea* by William Archbishop of Tyre. (ç.n.)

Devletleri ile Kudüs Krallığı'ndaki olayların en önemli ve geniş kapsamlı kaydıdır. Ortaçağdaki tarihçilerden en zeki ve en titizi tarafından yazılmıştır. Willermus'un kesinlikle kendi döneminin en iyi tarihçisi olma iddiası vardır. 1130 civarında Kudüs'te doğmuştur ve küçüklüğünde Kutsal Mezar Kilisesi'ndeki katedral okulunda eğitim görmüştür. Böylelikle ergenlik yıllarını Kudüs'ün Eski Şehri ve Hıristiyanlığın ruhani merkezinin kalbinde geçirmiştir. 1145'te Outremer'i terk ederek Avrupa'ya gitmiş, Paris ve İtalya'da on yıl kadar öğrenim görmüştür. 1165'te Outremer'e dönmüş ve o zamanki kral, Kudüslü Amalrik tarafından "Bizans Krallığı Elçisi" olarak görevlendirilmiştir. Bu pozisyondan başlayarak sürekli ilerlemiştir; Sur Baş Diyakozu, Krallık Şansölyesi ve son olarak Sur Başpiskoposu olmuştur. Çeşitli görevlerde hizmet ederken Amalrik'in oğlunun eğitmeni ve Kudüs Krallığı'nın baştarihçisi konumuna yükselmiştir. Çeşitli tecrübeleri ve eğitimiyle, kayıt altına aldığı Haçlı Devletleri'ndeki olayların kültürel ve politik taraflarını anlayabilme yeteneğine sahipti. Araştırması dikkatli ve kapsamlıydı; günlüklerden faydalanmış, bununla yetinmeyip görgü tanıklarıyla da görüşmeler yapmış ve bahsettiği pek çok olaya ilk elden şahit olmuştur.

Nadir görülen bilgi birikimi ve tarih yazımına nispeten modern yaklaşımıyla, anlatımını büyük resim analizleriyle serpiştirdiği Willermus'un günlükleri, kadın düşmanlığının kapsamlı etkilerine ve belirtilerine bağışık değildi, ne de politik önyargılara... Bin sayfadan fazla tutan günlüğünün sadece yüzde beşini kadınların eylemlerine ayırmıştır. Bu nedenle günlüğüne eleştirel olarak yaklaşılmalıdır ve yazdığı her şeyin "güvenilir bir gerçek" olduğunu farz etme tuzağına düşme tehlikesi bulunmaktadır. Bu durum, Willermus'un yazılarında kadınlara olan davranışları ve tasvirinde özellikle gerçektir. Pek çok ortaçağ tarihçisi gibi kadınları iki gruba ayırmaktadır: günahkâr ya da azize. Hakkında yazdığı kadınların erkekler kadar karmaşık bireyler oldukları gerçeğine değinmemekle beraber, kadınları yaşayan ve nefes alan insanlar olarak tasvir etmek yerine "edebi bir kinaye" olarak kullanmayı tercih etmiştir.

Kudüs Krallığı ve Haçlı Devletleri'ndeki diğer devletler; baskınlar, akınlar ve tam bir yok etme tehditlerinin gölgesindeki sınır topraklarında yaşıyorlardı. Ortadoğu'nun gelenekleri, coğrafi yapısı ve iklimi Avrupalı yerleşimcilere yabancıydı. Toplum, öncelikli olarak doğuştan Hıristiyan olan bir nüfusa hükmeden işgalci askeri üst sınıf, şövalyeler, lordlar, baronlar, kontlar, prensler, krallar ve onların tebaasından oluşuyordu.

Haçlı Devletleri'nin kadın hükümdarları, kültürler arasındaki bir dünyaya ve krizlerle parçalanmış bir bölgeye doğdular. Outremer'in Hıristiyan devletleri "Franklar" tarafından kuruldu: Birinci Haçlı Seferi'ne komuta eden Batı Avrupalılar için kullanılmakta olan ve ayrım gözetmeyen bir tanımdı bu. Müslüman tarihçiler onlara *Faranj* ya da *Franj* diyor, aynı zamanda "Latinler" olarak da biliniyorlardı. "Latin Doğu" ifadesi Haçlı Devletleri (Outremer'in) yerine de kullanılabilir. Franklar öncelikli olarak Batı ve Güney Avrupa'dan geldiler; sonuç olarak Doğu'ya getirdikleri kültür Katolik, feodal ve askeriydi. Haçlı Devletleri'ndeki kültür, Batı kültüründen çok farklı olsa da bölgedeki istikrarsızlık ve Ortadoğu'daki yerel halkın kültüründeki farklılıklar göz önünde bulundurulduğunda belirgin şekilde daha az homojendi. Kudüs, İzlanda ve Hindistan kadar uzak diyarların da içinde olduğu farklı kültürlerden insanlar için büyük bir çekim noktasıydı. Kutsal toprakların şehirleri, benzersiz birer etnik ve kültürel merkez olarak ortaçağda temsil ediliyordu. Tüm farklı inanışlardan insanlar, yoğun savaş ve anlaşmalı barışların yaşandığı huzursuz dönemlerde bir araya gelmişti. Dini anlaşmazlıkların arka plandaki varlığına karşın, sanatsal gelişimin ve kültürel etkileşimin yoğun olduğu bir dönemdi.

Ortadoğu'daki yerel Hıristiyanlar daha çok Ermeniler, Yunanlar, Suriyeliler, Yakubiler (Süryaniler) ve Marunilerdir. Bu gruplar sıklıkla hem etnik hem dini hatlarda birbirinden ayrıdır, Batı Avrupa'dan tamamen farklı olarak kendi kültürleri ve dilleri vardır. Latin Doğu'daki Katolikliklere ve Avrupalılara göre bu gruplara daha az hak verilmiştir. Yahudiler ile Müslümanlara göre sosyal ve hukuki hiyerarşide daha üst sıralarda olmakla beraber, çoğu hâlâ inançsız yani kâfir olarak görülüyordu. Buna rağmen hem en yüksek hem de en alt seviyelerde işbirliği ve evlilikler teşvik ediliyordu, özellikle de sınır şehri Urfa (Edessa) Krallığı'nda.

Outremer'in Hıristiyan devletlerinin ayakta kalabilmesi için bu işbirliği elzemdi. İşgalci birlik küçüktü. Çoğu Haçlı, Kudüs'ün fethinden sonra Batı'ya dönmüştü ve her ne kadar I. Baudouin krallığında Haçlı Devletleri'ndeki Frankların rütbelerini almak için pek çok Haçlı Doğu'ya yolculuk yapıyorsa da ele geçirdikleri toprakların tümünü başarılı bir şekilde işgal etmek ve nüfus olarak ele geçirmek için yeterli değildi. Outremer'i ele geçiren muzaffer Birinci Haçlı Seferi ordusu, yeni alınmış topraklar için bir nüfus oluşturmuyordu. Daha çok askerlerden meydana geliyordu ve her ne kadar pek çok sayıda kadın orduyla yolculuk yapmış olsa da Avrupa ve Küçük Asya'daki ilerleyişleri sırasında çoğu tükenmişti. Ana Haçlı ilerleyişine uygun değildi göç. Ancak azar azar yerel Hıristiyanlar geri döndü: Ermeni ve Suriye Hıristiyanları Kudüs'teki Katoliklerle birlik oldular. Yeni kazanılmış topraklarda yerleşimi ve ticareti teşvik etmek için vergi indirimleri uygulanmıştı.

Franklar yavaş yavaş yeni şartlara uyum göstermiş ve yerel kültüre ait öğeleri kendi kültürleriyle birleştirmişlerdi. Bununla ilgili en bilinen anekdot ise özel olarak hevesli bir Frank şövalyenin, bazı Arapların kasık bölgesindeki kılları temizlemeleri geleneğini öğrenmesiyle bir hizmetkârdan hem kendisini hem karısını aynı şekilde temizlemesini istemesidir. Bu durum hem hizmetkâr hem de hikâyeyi anlatan tarihçi Usama ibn Munqidh ve şüphesiz şaşkına uğramış olan karısını da dehşete düşürmüştür.

Outremer'deki Müslüman ve Hıristiyanları gördükleri yerde birbirlerini öldüren ölümcül düşmanlar olarak görme eğilimine rağmen, bu durum söz konusu değildi. Outremer şehirlerinde, özellikle de büyük ticari yollar üzerindeki şehirlerde, Hıristiyan ve Müslümanlar göreceli bir özgürlükle karışmış haldelerdi. Sadece Müslümanlar, Hıristiyan topraklarında yaşamak ve ticaret yapmak için vergi ödemek zorundaydı. Hıristiyan ve Müslüman liderler arasında düzenli olarak diplomatik müzakereler yapılırdı.

Kadın ve erkekler arasındaki ilişkiler, Batı Avrupa'daki düzeni örnek alıyordu. Kanunları yazan erkeklerin gözünde soylu kadınların temel görevi; çocuk doğurmak, toprakları ve unvanları eşleri aracılığıyla çocuklarına geçirmekti. Ancak Haçlı Devletleri'ndeki istikrarsızlık ve askeri güvenlik açığı, onların rolünü ve yapabileceklerini ön plana çıkarmıştır. Outremer'de savaşan bir erkeğin yaşam süresi kısaydı. Bir hastalık ya da kazaya kurban gitmese bile savaş alanında ya da ani bir baskında katledilebilirdi. Asil kadınlar genel olarak kocalarından, babalarından ve erkek kardeşlerinden daha güvendeydiler: Haçlı Seferleri sırasında Ortadoğu'ya yayılmış olan manastır ve şehirlerin yüksek duvarları ardında yaşadılar. Bir asil kadının bir çatışma sırasında öldüğüne dair hiçbir kayıt yok: Fiziksel dövüş görevi nadiren onlara düşerdi, her ne kadar çocuk doğurmanın zorluklarına maruz kalsalar da.

Haçlı Devletleri'ndeki kadınlar, normalde onlara hükmedecek olan akrabalarından daha uzun yaşadılar ve kendi hakları doğrultusunda güç ile politik sadakati bir arada tutan unsur oldular. Bunun dışında Kudüs'teki krallar da özlemle bekledikleri oğlanlar yerine kız çocuklarıyla kutsandılar. Bu da Haçlı Devletleri'nde toplumun "kraliçeliği kabul etmek ve kadın hükümlerine boyun eğmek" zorunda kalmalarına neden oldu.

Bu kitaptaki iki ana karakterimiz, Kudüs Kraliçesi Melisende ile Kudüs Kraliçesi Sibylle'dir. Büyükanne ve torun olan bu kadınlar, Kudüs'ün hükümdar kraliçeleri olmuşlardır ve Haçlı Devletleri'ndeki diğer kadınlara kıyasla haklarında yazılmış daha çok kaynak vardır. Kudüs Kraliçesi ve Antakya Prensesi olarak hüküm süren anneleri, kız kardeşleri, yeğenleri ve kuzenleri de kayda değerdir; Outremer'in iç politikalarında önemli roller oynamışlardır.

I

MORPHIA VE DÖRT PRENSES

1118 yılı Noel gününde, bir kraliyet çifti Beytüllahim'deki Kutsal Doğuş Kilisesi'nde tahta çıktı. Adam delici mavi gözlü, uzun sakallı ve sarışındı. Kadın farklı bir ırktandı; esmer ve koyu renk gözlü bir Doğuluydu. Doğuda bulunabilecek en kaliteli ipekten yapılma, mum ışığında ışıldayan mücevherlerle detaylı şekilde işlenmiş taç giyme töreni kıyafetleri içinde göz kamaştırıyorlardı. Bizans bazilikasının, erimiş altın gibi her tarafına yayılmış mozaiklerle kaplı ışıldayan kubbesi altında oturmuş, kral ve kraliçe olmayı bekliyorlardı. Sessizce bekleyen cemaatin tanıklığında ve İsa ile meleklerinin huzurunda adam, Kudüs Krallığı'nda hem kilise hem de tebaası için adaleti ve barışı koruyacağına yemin etti. Sadakatini temsil eden bir yüzük parmağına, krallığın askeri savunucusu rolünü temsil eden bir kılıç ise beline takıldı. Son olarak, dağıtacağı adaleti ve bu dünyada Tanrı tarafından bahşedilmiş gücünü temsil eden bir küre ile beraber asa da eline yerleştirildi. Yanında duran kadın ise bu vazifesinde kocasına destek olacağına dair yemin etti.

Adam ile kadın büyük bir ağırbaşlılıkla dizlerinin üstüne çöktü ve Kudüs Patriği, kutsal yağ ile kutsayarak onları sıradan fanilerden "Tanrı'nın dünya üzerindeki temsilcileri"ne dönüştürdü. Patrik, mücevherlerle işlenmiş iki altın tacı ciddiyetle havaya kaldırdıktan sonra alınlarına yerleştirdi. Adam, ailenin ikinci çocuğu olarak herhangi bir mirasa sahip olması mümkün olmayan, Fransa'dan gelen maceracı bir şövalyeydi. Bu noktaya ulaşabilmek için Avrupa'yı ve Anadolu'yu katetmiş, sayısız savaşta mücadele etmiş ve yıllar süren tutsaklığa katlanmıştı. Bu en yüce konuma gelebilmek için engelleri aşmış ve tüm fırsatları değerlendirmişti. Adı Edessa (Urfa) Kontu Baudouin idi. Hemen yanında diz çökmüş olan kadın ise neredeyse yirmi sene boyunca adamın yanı başında durarak çıkarlarını koruyan ve çocuklarını yetiştiren kadındı. Adama üç kız evlat vermiş ve kocası Sarazen zindanlarında çürürken topraklarını korumuştu. Çok geçmeden adama, Kudüs'te bir kral ile kraliçenin ilk çocuğu olarak doğan dördüncü bir kız evlat daha verecekti. Eski Ermeni Krallığı'ndan bir prenses olan bu gizemli kadın, kişisel gizliliğe önem veren, güçlü ve sorumluluk sahibi bir kadındı. Adı Malatyalı (Melitene) Morphia'ydı ve Kudüs Krallığı'nın ilk kraliçesiydi.

Noel günü Beytüllahim'de tahta çıkma tercihlerinin özel bir anlamı vardı. O gün yalnızca İsa'nın doğumu ve Hıristiyan takvimindeki en kutsal günlerden biri değil, aynı zamanda I. Baudouin'in taç giymek için seçtiği ve 800 yılında Kutsal Roma İmparatoru Charlemagne'nin (Şarlman) de taç giydiği gündü. Beytüllahim yalnızca İsa'nın doğduğu yer değil, Davut'un İsrail Kralı olarak kutsandığı yerdir. Yeni kral ile kraliçe, taç giyme günü olarak Noel gününü seçerek, kendilerini sembolik olarak hem kutsal hem dünyevi dünyaların en önemli üç kralıyla bağlıyorlardı: Yüce İsa, Kral Davut ve İmparator Charlemagne.

Taç giyme törenleri ortaçağda, özellikle de yeni kurulan Kudüs Krallığı'nda eşi benzeri olmayan öneme sahip hadiselerdi. Bunlar yazılı basından önceki zamanlardı. Hükümdarların elinde çok az çeşit toplu iletişim ve propaganda gücü vardı. Ve birinin tebaasına gücünü duyurmasının öncelikli yollarından biri para, diğeri ise halka açık gösterilerdi. Yeni kralın taç giyme töreni ise bunun için altın bir fırsattı. Taç giyme töreninin görkemi, kraliyetin hükümdarlığının gidişatını belirleyen ve kraliyetin tebaasının hayranlığını kazanarak asillikleriyle otorite ve üstünlüklerini kabul ettirmek için önemliydi. Ritüellere bağlı, en ufak ayrıntısına kadar düşünülmüş bir olaydı. Kilometrelerce uzaktan gelen kalabalıklar Kutsal Doğuş Kilisesi'ni çevreleyen alanda, kiliseden çıktıklarında yeni kral ve kraliçeyi görebilmek adına toplanmıştı.

Baudouin ve Morphia'nın taç giyme törenleri sırasındaki kutlamalara dair güncel bir bilgi bulunmamakla beraber, Latin Doğu'nun Franklarının müsrif partiler yapıp zenginliklerini ve başarılarını sergileme fırsatını sevdiklerini biliyoruz. Haçlı Devletleri'ndeki diğer kutlamalar ise Ermeni müzisyenlerinin yaptıkları müzikler eşliğinde atlayıp zıplayan akrobatların gösterileri, sokak dansları, ağız sulandıran ziyafetler ve mızrak yarışlarının yapıldığı turnuvalardı.

Ortam kesinlikle muhteşemdi. Beytüllahim'deki Kutsal Doğuş Kilisesi, İsa'nın doğduğu alan üzerinde inşa edilmişti. Bir milenyumdan daha önce bir ahıra ev sahipliği yapan bir yeraltı mağarasında. Bu alçakgönüllü çıkış noktası üzerinde olan bazilika, İmparator Konstantin'in annesi Azize Helena tarafından, 4. yüzyılda kutsal toprakları ziyareti sırasında yaptırılmıştır. Bu seferi sırasında Gerçek Haç'ı ortaya çıkarmış ve sayısız ibadet yeri kurmuştur. Helena'nın kilisesi, 6. yüzyılda kariyerinin zirvesinde olan İmparator Justinianus tarafından geleneksel mimarisiyle yeniden inşa edilmiştir.

Justinianus, iddialı yapı projeleri ile tanınırdı. Mozaiklerle ve fresklerle kaplı kubbeli bir bazilika olan Kutsal Doğuş Kilisesi de istisna değildi. Bu süslemelerin arasında; yeni doğmuş bebek İsa'ya altın, günnük ve mür gibi hediyeler getiren müneccimlerin tasvirleri de vardı. Bu hayırlı bir ekleme olmuştur: 614'te kutsal topraklar, Zerdüşt İranlılar tarafından ele geçirildiğinde, istilacılar tıpkı kendilerininki gibi giyinmiş olan müneccimlerin tasvirlerini gördüklerinde çok etkilenerek kiliseye el sürmemişlerdir.

Seslerin yankılandığı nefte tezahüratlar, yeni kral II. Baudouin ile Kraliçe Morphia için çınladı. Krallığın en büyük ve en iyileri, taç giyme törenini izlemek üzere gelmişlerdi; rahipler sınıfının liderleri ve çevre ülkelerin temsilcileri de oradaydı. Bu beklenmedik çiftin hükümdarlığa geçişini huşu içinde izleyenler arasında üç kız kardeş de vardı: Melisende, Alice ve Hodierna. Morphia'nın on üç, sekiz ve yedi yaşındaki kızları. Anne babalarının taç giymeleriyle onlar da Kudüs Prensesi oldular. Onların ve Haçlı Devletleri'nin kaderi ise ebediyen değişti.

Kendinden küçük kardeşleriyle birlikte anne babasının taç giyme törenini izleyen Prenses Melisende, krallığın göreceği en güçlü kraliçe olacaktı. Alice ile Hodierna da birer devrimci olacak ve zamanlarının en güçlü politik oyuncuları haline geleceklerdi. Morphia ve kızları, Haçlı Devletleri'ndeki zorlu kadın hükümdarlardan oluşan bir soyun başlangıcıydı.

Ancak Morphia, Kudüs'ün *hükümdar olan* kraliçesi değil kralın *eşiydi*. Bu da kraliçe olarak konumunun "doğum ile geçen hak" değil, II. Baudouin ile olan "evliliğinden geçen bir hak" olması anlamına geliyordu. Yani hükümdarlığı sırasında politik meselelerde kendi otoritesini ve etkisini kullanmak yerine öncelikle kocasını destekleyecekti. Hükümdar krallarla aynı yetkiye sahip olan hükümdar kraliçelerden çok büyük bir farkla ayrılan eş kraliçelerin otoritesine sahipti. Ancak otorite ile güç arasındaki farkın belirlenmesi gerekir. Zamanının koşullarına göre politik oyunlarını oynamadaki yeteneği ve kişiliğinin doğasına bağlı olan güce, bir eş mi yoksa hükümdar olarak mı sahip olduğuna dayalıdır. Morphia, Kudüs Krallığı'nda hiçbir hükümdar eşi kraliçenin sahip olmadığı güce sahipti; belki elli yıl sonra kraliçe olan Kraliçe Maria Komnene'ye dek.

Morphia, Kudüs Krallığı'nda tahta çıkan ilk kraliçe olarak 1118'den 1127'ye dek tahtta kaldı. Krallıkta nüfuzunu kullanan ve soyun devamını sağlayan varisleri doğuran ilk kraliçeydi. Ancak teknik olarak konuşacak olursak Morphia, Kudüs'ün üçüncü kraliçesiydi.

Baudouin, Kudüs'e hükmeden üçüncü Haçlı Frank idi. İlki, Birinci Haçlı Seferi ordularına şehrin duvarlarını aşarken liderlik eden Godefroi de Bouillon idi. Kudüs'ün gerçek kralı olan İsa'ya hürmetinden dolayı "kral" unvanını reddetmişti, evli değildi ve varisi yoktu. Ondan sonra tahta, kardeşi I. Baudouin geçti. O da çocuksuzdu ve tahtı kuzeni, Morphia'nın kocası II. Baudouin'e bıraktı.

Morphia'dan önceki kral eşleri I. Baudouin'in mutsuz eşleriydi; kendi gibi Ermeni prensesi olan Arete (Arda)[3] ile güçlü bir Sicilyalı kontes olan Adelaide del Vasto... I. Baudouin halefinin adını taşıyordu ancak onun mizacıyla ilgisi yoktu. Üçten az olmamak kaydıyla, her biri diğerinden daha amaca uygun ve bir öncekinden daha kısa süren evlilikerdi. Eşlerini rekor hızda bitip tüketiyordu, bir ortaçağ savaş lordu için bile hızlıydı, gelinlerine kur yapmak ve varisler doğurmak yerine servetlerini ele geçirmekle daha ilgiliydi.

I. Baudouin'in kişisel ilişkilere gelince, bencil ve aldatıcı olmakla ilgili uzun süreli bir rekoru vardı. İlk Haçlı Seferi sırasında onursuz bir ayartma ile Urfa Düşesi'ni ele geçirdi. Şehrin hâkimi, çocuğu olmayan Urfa Kontu Thoros, Batı'dan gelen bu karizmatik ve donanımlı Haçlı askerine sempati duyarak onu hoş karşıladı. Thoros, I. Baudouin'i varisi olarak evlat edindi. I. Baudouin, orta yaşlı müstakbel ailesinin yanında bir gömlek içinde çıplak vaziyette evlatlık ritüelini tamamladı ve bu sere-

---

[3] Bilindiği üzere bu kadın, bir kanıt bulunmamasına rağmen tarihçiler tarafından "Arda" ismiyle bilinmekteydi. Susan Edgington ikna edici biçimde "Arete"nin daha doğru olduğunu öne sürmektedir.

moniyle bu zengin ülkeye varis olarak kabul edildi. Yalnızca haftalar sonra, babası Thoros bir sivil ayaklanma sırasında vahşi şekilde öldürüldü. Ayaklanma ilerledikçe Baudouin'den yardım istemişti, ancak Baudouin parmağını bile kıpırdatmayarak olan biteni izledi. Urfa'nın insanları ise kana doyduktan sonra yasaların buyurduğu gibi Baudouin'in, Thoros'un ölümünden günler sonra Urfa Kontu olmasına izin verdiler.

Bu, Baudouin'in politik kariyerinin yalnızca başlangıcıydı. Sadece Thoros'un varisi değildi, aynı zamanda abisi Godefroi'nin de varisiydi. Godefroi, Kudüs'ün hükümdarı olduktan bir yıldan az bir süre sonra öldü. Bir tarihçinin yazdığına göre I. Baudouin, Godefroi'nin ölümünü duyduğunda, "küçük kardeşinin ölümü için tuttuğu yastan daha çok mirası için sevindi." Güç ve zafer, I. Baudouin için aile ilişkilerinden çok daha önemliydi ve bu da eşlerine davranma biçimiyle kendini açıkça belli etmektedir.

I. Baudouin'in ilk eşi Norman bir asil olan Godehilde de Tosny, İlk Haçlı Seferi sırasında Doğu'ya yapılan yolculukta öldü. Baudouin ile kısa süren evliliği macera ve entrikalarla doluydu. İlk Haçlı Seferi'nde kocasına eşlik etmesine izin verilen nadir asil kadınlardan biriydi. İlk seferin hevesine kapılarak Macaristan'da kocasıyla birlikte esir düştü, Haçlı ordularının Macar kralının topraklarına girmeyeceğinin güvencesi olarak. Bu hayatlarını tehdit eden bir olay olmaktan uzaktı, ancak zorla esir tutulmalarına hiddetle karşı çıktılar. Hemen serbest bırakıldılar ve Godehilde, beraberinde ateş gözlü Aleksios Komnenos ve kızı Anna'nın gözetiminde, sonunda Anadolu'ya varmayı başardı. Godehilde'nin Kudüs'e olan yolculuğunun kısa kesilmesi kaderdeydi: Ordu Anadolu'dan ayrılmadan önce, 1097 yılında bugünün Türkiye'sinde Kahramanmaraş olarak geçen şehirde öldü. Godehilde'nin kocasıyla olan ilişkisi hakkında çok az şey bilinmesine rağmen, en azından sonraki evliliklerinden daha başarılı olduğu söylenebilir. Haçlı Seferi sırasında Baudouin'in onu yanında götürme zorunluluğu olmasa da kocasına eşlik etmişti. Bu da Baudouin'in hayatına onunla devam ederek Doğu'ya yerleşmek niyetinde olduğunu gösteriyor.

I. Baudouin, Godehilde'nin ölümüyle yas tutmuşa benzemiyor. Haçlı Seferi'nin ortasında, Urfa Krallığı'nı almasını takiben hemen evlendi. Bir konsey toplandı, Baudouin'in yeni aldığı bu topraklarda yerini sağlamlaştırabilmesi için hemen oradaki asillerden ve Ermeni hükümdarlarla bağlantısı olan bir kadınla evlenmesini tavsiye ettiler. Baudouin bu tavsiyeye uyarak, oradaki Ermeni asillerden biri olan Taphnuz isimli beyin kızı Arete'yi kendine eş olarak seçti. Taphnuz, Toros Dağları'nda stratejik olarak önemi bulunan, iyi bir biçimde korunan kaleyi elinde tutan ve emrinde elit askerlerden oluşan büyük ordular bulunduran güçlü lider Konstantin'in yeğeniydi. Konstantin ile Taphnuz, büyük servetleri ve güçleriyle yöredeki en önemli Ermeni beylerindendi ve krala eşdeğerlerdi.

I.Baudouin'i Arete'ye çeken de bu servet ve güçtü. Bu politik olarak avantajlı bir evlilikti ve gelin beraberinde 60.000 altın sikkelik yüklü bir çeyiz getirdi. Sikkeler Bizans İmparatorluğu'nda basılmıştı ve o dönemde çok değerlilerdi. Yaklaşık olarak her biri 4,45 gram ağırlığında 20,5 karat altın değerindeydi. Bu çeyiz önemli bir para demekti ve kolaylıkla bir ordu oluşturmaya ya da şehrin savunmasını yeniden inşa etmeye yeterdi. Ancak bu çeyizin tamamı hiç ödenmedi, yalnızca 7.000 sikkelik bir ön ödeme Baudouin'in sandığına girdi. Bu aşağılama ise zaman ilerledikçe Arete için sorunlara neden olacaktı.

Evlenmelerinin üzerinden geçen üç yıldan kısa süre sonra I. Baudouin Kudüs Kralı oldu ve tahta çıkmak üzere oraya yolculuğa çıktı. Böylelikle Arete isim üzerinde Kudüs'ün ilk kraliçesi olmuştu, ancak esasen kraliçelikle alakası yoktu. Kudüs'e doğru yola çıktığında Baudouin Arete'yi Urfa'da bıraktı. Çocukları olmamıştı ve büyük bir baskı altındaydı: Babası savaşlarda topraklarını kaybederek Konstantinopolis'e kaçtığından beri Arete'nin çeyizinin geri kalanı ödenmemişti. Böylelikle evlilik ne servet ne de söz verilmiş olan aranan bağlılığı sunabilmişti.

Birkaç yıllık ayrılıktan sonra Baudouin sonunda Arete'nin ona eşlik etmesini buyurdu. Şüphesiz çevresindeki asiller tarafından krallığa bir varis doğurması için baskı altındaydı. Kara yoluyla Antakya'ya gitti ve sonra St. Smyeon (Samandağ) limanından Yafa'ya giden bir gemiye bindi. Kudüs'e vardığında I. Baudouin'in uzun süredir görmediği karısı için çok çaba sarf ettiğine dair bir bilgi yok.

I.Baudouin'in Arete'ye taç giydirilmesine tenezzül ettiğiyle ilgili bir bilgi de yok. Çok geçmeden Arete'yi reddetme ve evliliklerini iptal ettirme sürecine başladı. Arete'nin Kudüs'e yolculuğu sırasında ona ihanet ettiğini iddia ederek, evliliğin iptalini istediğinde sekiz yıldır evlilerdi. Fransız tarihçi Guibertus Abbas Novigenti, Arete'nin yolculuk sırasında korsanlar tarafından tecavüze uğradığına dair heyecan dolu bir hikâye anlattı. Guibertus'un hikâyeye kattığı gerçekçiliğe rağmen bunun doğru olması mümkün değil, çünkü bu tarz bir skandal herkes tarafından bildirilirdi.

Sahte doğruluğuna rağmen rızaya dayalı olsun olmasın iddia edilen bu sadakatsizlik, I. Baudouin'in Arete'yi bırakmasına neden oldu. Bunlar saçma gerekçelerdi ve I. Baudouin'in ondan kurtulmak istemesinin nedeni muhtemelen gelinin babasının söz verdiği çeyizi vermemesi ve Arete'nin hiç çocuk doğuramamış olmasıydı. Bunun dışında Ermeni Beyi Taphnuz ile yapılmış bir anlaşma Urfa Ermeni Krallığı'nda avantaj iken, Kudüs Krallığı için politik olarak faydasızdı. Ortaçağda gelinlerin kocalarına yüklü çeyizler, işe yarar anlaşmalar ve varisler getirmeleri beklenirdi. Arete bunlardan hiçbirini sağlayamamıştı ve bunun sonucu olarak rahibe olarak bir manastıra katılmaya zorlandı. İstenmeyen eşler için en saygın çözüm buydu.

Söz konusu rahibe manastırı özel olarak kasvetliydi: yeni kutsanmış olan Azize Anna Manastırı. Bugün Kudüs'teki en barışçıl ve güzel kilise olsa da 12. yüzyılın başlarında güzel ya da canlı bir yer olmaktan çok uzaktı. Kısa süre önce kurulmuştu ve zengin-dul fazlalığı olmadan önce, orada yaşayan sadece bir avuç rahibe vardı. Bu nedenle Kudüs'ün ilk kraliçesi için zorlu ve yalnız bir hayatı temsil ediyordu. Arete'nin hayatının geri kalanını ziyaretçi olmadan kaliteli bir hapishanede geçirmesi bekleniyordu. Ermeni ya da Yunan Ortodoks kilisesi değil de Katolik bir kiliseydi, bu da Arete'yi iyice soğutacaktı. Doğulu bir Hıristiyan olarak yetiştirilmişti ve evlenmelerinden sonra kocasının inancını kabul etmiş olması muhtemeldi. Kocasının onu bir kenara itmesinden sonra bile Katoliklik ile ilgili bir kurumda hapsedilmesi, durumun üstüne tuz biber ekmişti.

Beklendiği üzere Arete bu durumdan memnun değildi ve sonunda, kendi için daha iç açıcı bir geleceği garantileyebilmek adına bastırılmış irade gücü ortaya çıktı. Manastırdan ayrılıp Konstantinopolis'deki babasının yanına gitmek üzere eski kocasından izin almayı başardı. Belki de elde ettiği bu yeni özgürlüğün elinden tekrar alınabileceği korkusuyla, kocasının kontrolü olmadan Yunan hükümdarlığında renkli bir hayat sürdü. Willermus Tyrensis'in iddiasına göre şehre vardığında "hem düşük hem yüksek sınıftan erkeklere kendini pazarladı." Pek çok farklı kaynakta yer alan kapalı imalara göre I. Baudouin eşcinseldi ve onun yatağında geçen yıllar ile bir manastırda kısıtlanmasından sonra Arete cinsel anlamda açlık içindeydi.

Bu utanç verici evlilik ve ayrılık felaketinden sonra I. Baudouin 1112'de üçüncü kez evlendi. Bu kez karısı Adelaide del Vasto of Sicily idi. Bariz bir şekilde faydalı bir evlilikti, belki de bu nedenle mahkemenin ve kilisenin üyeleri Arete hâlâ hayattayken I. Baudouin'in evlenmesinin "iki eşlilik ve yasal olmaması" anlamına geldiği gerçeğini göz ardı etmeye istekliydiler. Kral evliliğe göz yumdu çünkü Kudüs Krallığı, sınırlarındaki düşmanlarının devamlı saldırıları altında birkaç zorlu yıl geçirmişti; zengin ve yeni bir kraliçeye büyük ihtiyaç duyuyordu. Zengin bir dul ve Sicilya kralının annesi olan Adelaide del Vasto, bu boşluğu en iyi şekilde dolduracaktı.

I. Baudouin, kısmen gözlerden uzak Urfa'nın kontu değil de Kudüs'ün kralı olarak çok daha ilgi çekici bir koca adayıydı. Böylece kendine yüksek sınıftan ve varlıklı Batılı bir asilzadeyi eş olarak alabildi. Varis isteyen bir kral için Adelaide tuhaf bir seçimdi; orta yaşlıydı ve yetişkin bir oğlu vardı. Ancak Kudüs'e gidişinde beraberinde altın ve savaşçılar da getirmişti, bunlar Outremer'deki yönetimde Baudouin'in elinde olmayan kaynaklardı. Willermus Tyrensis, Adelaide'yi "büyük etkiye sahip varlıklı bir kadın... zengin ve her şeye fazlasıyla sahip" olarak nitelendirmişti ve Adelaide'nin servetini kralın yoksulluğuyla kıyaslayarak şöyle yazmıştı: "Baudouin tam tersine fakir ve muhtaçtı, öyle ki kendi günlük ihtiyaçlarını ve şövalyelerinin parasını zar zor karşılıyordu. Böylelikle Adelaide'nin elindeki bolluktan faydalanarak kendi kıt kaynaklarını artırmayı arzu ediyordu."

Albertus Aquensis, Adelaide'nin getirdiği ganimeti ve gösterişli tarzını şu şekilde tasvir etmişti:

> İki kadırgalı gemisi vardı, her birinde çok deneyimli beş yüz asker vardı; altın, gümüş, mor renkte kıyafetler ile ve bol mücevher, silahlar, zırhı yelekler, kasklar, altın süslemeli kalkanlar gibi giysiler ve gemilerini korumak için güçlü adamların elinde olabilecek her türlü silahla yüklü yedi gemi... (kontesin gemisinde) geminin ana direği altın kaplamalıydı ve güneş ışınları gibi uzaktan ışık saçıyordu ve geminin iki ucu da, altın ve gümüşten ince işçilikle kaplı, hayranlıkla

izlenecek bir görüntüydü... Yedi gemiden birinde bulunan, değerli kıyafetleri içinde ışıldayan Sarazen erkekleri çok güçlü okçulardı, kral için hediyeydi, okçuluktaki ustalıkları Kudüs bölgesinde kimsede görülemezdi.

Tırnaklarını Adelaide'nin servetine geçirme isteğiyle I. Baudouin, evliliklerinde çocukları olmazsa tahtın onun diğer evliliğinden olan oğlu Roger de Sicily'e geçmesi gibi olağandışı bir durumu kabul etmiş oldu. Bu anlaşmaya varılınca Adelaide altın, tahıl ve Sicilyalı Norman askerlerden oluşan taze bir grupla Outremer'e doğru yelken açtı ve çift hemen evlendi.

I.Baudouin'in geçmiş performansı göz önünde bulundurulduğunda, bu evliliğinin de bir önceki evliliği gibi felaket şekilde sonlanması şaşırtıcı değildi. Adelaide'nin bir çocuğu olmadı, Arete hayatta olduğu için de iki eşli olması geniş bir kesimde (haklı olarak) eleştirildi. Asillerden gelen baskılar altında ciddi hastalıklarla geçen bir dönemden sonra kendi hayatı ve ölümsüz ruhu için korkan I. Baudouin, beş yılın sonunda bu evliliği sonlandırmayı kabul etti ve Arete'nin Kudüs'e dönmesini buyurdu. Arete'nin bu çağrıları görmezden gelmesine rağmen Adelaide yine de ülkesine geri gönderildi. Sicilya'ya bir hayli öfkeli bir şekilde dönen Adelaide, hem kendisine yönelik bu hakaret hem de servetinin faydasız şekilde harcanmasından dolayı çok üzgündü ve ıstırap içindeydi. I.Baudouin, onun servetini de Sicilyalı askerlerini de elinden alarak Kudüs Krallığı'ndaki makamları ve sandıkları doldurmuş oldu.

Bu durum, Sicilya hanedanlığı için affedilemez bir hakaret ve halk nezdinde büyük bir itibar kaybıydı. Adelaide'nin oğlu genç Roger de Sicily, annesine yapılan bu hakaret nedeniyle öyle öfkeliydi ki yaşadığı sürece Outremer'deki Haçlı Devletleri'ne yardım göndermeyi reddetti. Bu tavır, ondan sonra gelen nesiller tarafından da benimsendi. Willermus Tyrensis "asil ve onurlu bir hanımefendi" olarak tanımladığı Adelaide için büyük beğenisini ifade etmiştir. Adelaide'nin, Kudüs Patriği Arnoul'un aşağılık ve ahlaksız entrikaları nedeniyle aldandığını iddia eder.

I.Baudouin, bir lider olarak kişisel niteliklerine rağmen verasetini sağlamakta bir kral olarak başarısız oldu. İstikrarlı bir krallık kurdu ancak bir varisi olmadan öldü. Böylece Kudüs tahtı, kuzeni Urfa Kontu Baudouin'e geçti.

MORPHIA VE II. BAUDOUIN

Morphia, Ermeni toprakları olan Malatya'da Ermeni Beyi Gabriel ile karısının kızları olarak dünyaya geldi. Malatya adı ile bilinen Melitene, Türkiye'nin doğusunda yalnızca "kayısı başkenti" olarak bilinen gösterişsiz bir şehir. Anadolu platosunun güneyinde, Fırat nehrinin kıyısında yer almaktadır ve Bereketli Hilal'in kenarında, dünyanın en erken dönemlerinden beri sürekli bir biçimde yaşanmış bir yerleşim yeridir. Malatya'nın turistlere çekici gelecek çok az şeyi mevcut ve modern yapıların arasında ortaçağdan sağ kalmış pek az harikası bulunuyor. Bir zamanlar ortaçağ krallığı Küçük Ermeni'nin başkenti olan, Morphia'nın doğumu sırasında önemli ve gelecek vaat eden stratejik konumdaki bu şehir, etrafını çevreleyen Toroslar ve Fırat nehri tarafından korunuyordu.

Morphia'nın ebeveynleri, din olarak Yunan Ortodoks Hıristiyanlarından olsalar da ırk, kültür ve dil olarak Ermenilerdi. Morphia, Ermenice konuşarak ve muhtemelen İncil'i Yunanca okuyarak büyüdü.

Kilikya Ermeni Krallığı, Haçlı Seferleri sırasında çok büyük öneme sahip bir bölgeydi. Anadolu platosunun güneyinde, Anadolu'dan kutsal topraklara giden dağ yollarının kontrolünü elinde bulunduran bir yerdeydi. O toprakların stratejik öneminin ötesinde, Urfa ve Antakya'daki Hıristiyan yerleşimlerindeki nüfusun büyük çoğunluğunu Ermeniler oluşturuyordu ve Kudüs'te de dikkate değer bir mevcudiyetleri bulunmaktaydı. Hıristiyanlar Outremer'in ücra kısımlarında yerleşmeyi teşvik etmeye çalıştıklarında, çöldeki Oultrejourdain Haçlı Lordluğu (Transürdün) gibi, Ermeni yerleşimcileri oraya seyahat etmeleri konusunda cesaretlendirdiklerine dair kanıtlar bulunmaktadır. II. Baudouin de sonunda Ermenilerin yerleşimini teşvik etmek için onlara özel ticaret ayrıcalıkları tanıyan bir kanunu kabul etmiştir. Outremer'deki önemli her Hıristiyan kentinde büyümekte olan Ermeni topluluklarına dair bilgiler yer almaktadır. Bunun dışında onlar uzman askerlerdi. Ermeniler yüzyıllardır Ortadoğu'da Müslümanlarla birlikte yaşıyor ve savaşıyorlardı. Önlerindeki iki yüzyıl boyunca Haçlı ordularına belirli noktalarda sundukları uzmanlıkları ve tavsiyeleri çok faydalıydı, muhtemelen "Birinci Haçlı Seferi sırasında Doğu Akdeniz'deki en yetenekli askeri mimarlar onlardı."[4]

Kudüs'ün kendisinde de Ermenilerin güçlü bir varlığı ve büyük etkileri vardı. Ermeni Apostolik Kilisesi, milattan sonra ilk yüzyılda kurulmuştu. Ermeni Krallığı da Hıristiyanlığı devletinin resmi dini olarak kabul eden ilk ulustu. Kilisenin doğuşundan beri Ermeni hacılar, kutsal yerleri ziyaret edebilmek için Kudüs'e yolculuk yapmaktaydılar. Kudüs'teki yer mozaikleri 5. yüzyıl tarihli Ermeni yazılarını göstermektedir. Kudüs'teki Ermeni varlığı ise bundan çok daha öncesinde bile belgelenmektedir. Dahası Ermeni Kilisesi ve Ermeni Hıristiyanlarının, Konstantinopolis'teki Yunan Kilisesi'nden daha belirgin bir kimliği ve etkisi vardı. Ayrıca Müslüman idaresi altındaki Kudüs içerisinde dahi etki ve konumlarını koruyabilmişlerdi.

---

4 George Hintlian, *The History of the Armenians in the Holy Land.*

O zamanlar Morphia, gurur duyulacak soydan gelen bir prensesti. Babası Gabriel varlıklı bir adamdı ve 1101'de 25 yaşındaki Morphia, bir yıl kadar önce Urfa Krallığı'nın kontluğunu alan, İlk Haçlı Seferi kahramanlarından Baudouin du Bourg ile önemli bir evlilik yaptı. Urfa, Haçlı Devletleri içindeki önemli yerlerden biriydi ve Gabriel'in Malatya'daki topraklarıyla sınır paylaşmaktaydı. Bunun ötesinde Hıristiyanlık tarihi için büyük önem taşıyan bir şehirdi ve Batılı Hıristiyan orduları arasında ağırlığı vardı.

Urfa, Dicle ile Fırat nehirleri arasındaki, uzun yıllardır Mezopotamya ya da "iki nehir arasındaki topraklar" olarak geçen bölgede yer almaktadır. Günümüzdeki Türkiye-Suriye sınırının hafif kuzeyinde, Bereketli Hilal'in merkezindedir. Willermus Tyrensis, Haçlı Seferleri sırasındaki sınırlarını "başlangıcı Marrim denen orman ve sonu Fırat nehrinin doğusuna uzanan" olarak belirtmiştir. Haçlılar üzerinde iz bırakmadan çok öncesinde de bu toprakların zengin bir tarihi vardı. Hıristiyanlığa geçen ilk şehirdi ve Avrupa ile Asya arasındaki geçiş noktalarında yer alan stratejik konumuyla bir zamanların Doğulu Hıristiyan devletlerinin en önemli şehirlerinden biriydi. Bugün, Bizans kaya mezarları modern evlerin altında yer almakta ve Arkeolojik Müze de dünyanın en eski, gerçeğine uygun boyuttaki insan heykelini bulundurmaktadır. Şehirden bir adım ötede ise en eski insan tapınağının, Taş Devri'nden önce gelen 7 bin yıllık, tarım ile dini tapınma arasındaki ilişkiye yeni bir ışık tutan Göbeklitepe arkeolojik alanından bir adım mesafededir. Semavi dinlerindeki pek çok inanan, Urfa'nın Hazreti İbrahim'in doğduğu ve Nemrut tarafından öldürüldüğü yer olduğuna inanmaktadır. Efsaneye göre alevler suya dönüştü; bugün hâlâ şehir merkezinde yer alan ve Müslümanlar için kutsal olan "Balıklıgöl"ü oluşturdu.

Bir ortaçağ tarihçisi için bu şehrin önemli noktası, şehrin içindeki bir akropolün üzerinde yükselen ve ufka hâkim konumdaki büyük kale olmalıdır. Şehrin üzerinde durduğu bazalttan oyulmuş derin bir hendek kaleyi çevrelemektedir ve bunun üstünde ise modern zamanlarda restore edilmiş ancak 9. yüzyılda Abbasiler tarafından yapılmış sıcak renkli taşlardan duvarlar vardır, bu da daha antik zamanlara ait bir yapının kalıntıları üzerine inşa edilmiştir. Melisende, Alice ve Hodierna'nın doğduğu ve II. Baudouin ile Morphia'nın evi olan kale burasıdır.

Bugün Urfa'da bir tane bile Hıristiyan kilisesi bulunmamaktadır; hepsi camiye dönüştürülmüştür. Edessa artık Urfa ya da Şanlıurfa (1. Dünya Savaşı'nın ardından bağımsızlık mücadelesindeki savaşlarda oynadığı önemli rol nedeniyle) olarak bilinmektedir. Ancak şehrin modern görünümü, sahip olduğu miras gibi şanlı değildir. Hacılık için çok önemli bir bölge olmasına rağmen bu şehirde yaşayanların çoğu fakirliğin pençesinde. Ancak 12. yüzyılda Urfa hareketli, pek çok farklı inançtan ve kökenden gelen insanların olduğu çok kültürlü bir merkezdi. Çok önemli ticari yolların üstünde yer aldığı için zengin bir şehirdi ve bu da hükümdarını güçlü biri haline getiriyordu.

Baudouin, Haçlı Devletleri'ndeki en saygın asillerden biriydi ve onunla yapılacak bir evlilik şüphesiz iyi bir izdivaçtı. Morphia'nın babası da bu evlilik ve beraberinde getirdiği ittifak için iyi bir para ödedi; bir kralın kefaret parası olarak sunduğu 50 bin altın sikke başlık parası olarak verildi. Willermus Tyrensis bu altının önemini şöyle vurgulamaktadır: "Onunla (Morphia) birlikte, başlık parası olarak büyük ihtiyaç duyduğu yüklü bir paraya da sahip oldu." Yazdığı günlüğünün tamamında Willermus Tyrensis, Morphia'dan yalnızca iki kez bahsetmektedir ve her seferinde beraberinde getirdiği büyük çeyizin üzerinde durarak, Morphia'nın kendisini anlatmak yerine parasını ve akrabalarını anlatmaya daha çok zaman ayırmıştır.

İnsan ilişkileri söz konusu olduğunda II. Baudouin, kuzeninin tam tersi olduğunu kanıtladı. Morphia'ya sadık bir eşti ve dört güçlü kızı olan gururlu bir babaydı. Morphia'nın ona bir erkek evlat vermeyeceği anlaşıldığında bile karısını bir kenara itmemişti.

II. Baudouin, İlk Haçlı Ordusu'ndaki diğer prenslerle Doğu'ya ilerlemiş, efsane kuşatmalar olan İznik ve Antakya kuşatmalarında savaşmış ve kutsal şehre kendi girmiştir. Dua etmekten dizleri nasırlaşmış dindar bir adam olmakla tanınırdı. Hükümdarlığı boyunca sınırları koruyarak ve önüne çıkan pek çok zorluğu aşarak iyi bir yönetim sergiledi.

Etkin bir askerdi ve iki sefer düşmanları tarafından esir alınmıştı. Her ikisinde de Morphia, kocasının hapsedildiği yere yakın olmak için yer değiştirmiş ve serbest bırakılması için şahsi olarak müzakerelerde bulunmuştu. Esir düşme eğiliminin yanında II. Baudouin'in bir hükümdar olarak tek kusuru, hanedanlığı için ona erkek evlat veremeyen karısı Morphia'ya gösterdiği adanmışlıktı. Erkek evladı olmaması, Morphia ile olan evliliğinde soruna neden olmamıştı ve tarihi belgelere göre ortaçağ dünyasında rastlanması zor bir şekilde "karısına sadık bir eş" olduğu yönünde izlenimler bulunmaktadır.

Kuzeninin ölümüyle ani şekilde iktidara geldiğinde II. Baudouin, Urfa Kontluğu'nu rahatça yönetiyordu. Kuzeni Kudüs tahtına oturmak için yerini ona bıraktığından bu yana 18 yıldır sürdürdüğü bir görevdi.

Morphia'nın babasının sunduğu altın ve Ermeni ittifakı sözü, şüphesiz Baudouin'i ortaçağ standartlarına göre "yaşı epey ilerlemiş" olarak kabul edilen 25 yaşındaki Morphia'ya çeken nedenlerdi. Ancak altın kısa sürede askerlere, inşaat işlerine, diğer kaynaklara harcanmıştı ve çiftin Urfa'yı yönettikleri evliliklerinin ilk yılları aslında pek de sorunsuz değildi.

Düğünden kısa süre sonra Morphia'nın babası Gabriel, Malatya'yı Danişment Türklerine kaptırdı ve daha sonra da öldü. Bu darbeye rağmen Morphia 1104 yılında geleceğin kraliçesi Melisende'ye hamile kaldı. Bundan kısa süre sonra II. Baudouin, topraklarını genişletmek ve garanti altına almak çabasıyla Harran Kalesi'ni kuşatmak üzere yola çıktı. Antakya'dan gelen desteğe rağmen II. Baudouin kendine fazla güvenmişti. Hıristiyan orduları neredeyse tamamen yok oldu ve Baudouin, kısa süre önce Urfa'da ona katılmış olan Joscelin de Courtenay ile esir düştü. Bu, Haçlı Devletleri'ndeki Hıristiyanlar için belirgin bir yıkımdı ve Urfa ile Antakya şehirlerini kargaşaya sürükledi.

II. Baudouin'in esareti tam dört yıl sürdü, bu süre zarfında Morphia Urfa'da hamileliğini tamamlayarak doğum yaptı ve kızını büyüttü. Melisende onun ilk çocuğuydu; babasının kısa süre önceki ölümü, kocasının kaybı ve yokluğunda Urfa'da bıraktığı riskli durum, Morphia'nın o yıllarda çok şey öğrenmesi gerektiği anlamına geliyordu. Baudouin, 1108'de fidyeyle serbest bırakıldı ve eve dönerek karısıyla kızına kavuştu. Babasıyla tanıştığında Melisende üç yaşındaydı, ancak ikisi kısa sürede yakın bir bağ kurdular ve o günden sonra babası hep kızının yanında yer almıştır. Melisende büyüdüğünde, kendi kalbini takip eden güçlü bir kadın olacaktı: güçlü, akıllı ve aynı derecede pervasız.

Morphia ile Baudouin'in ayrılığı evliliklerini yokuşa sürmedi ve esirlikten dönmesinin üzerinden bir yıl bile geçmeden ikinci çocukları Alice'yi, ondan çok geçmeden de Hodierna'yı kucaklarına aldılar.

Bu olağandışı ortaçağ ailesindeki güçlü bağlar, II. Baudouin'in eşi ve kızlarına yönelik sürekli onurlu ve saygılı tavırları tarafından da izah edilebilir. Nisan 1118'de Kudüs'te tahta çıktığında, taç giyme törenini Aralık'ta, eşi ve kızlarının güvenli bir şekilde ona katılacağı tarihe kadar erteledi. Morphia ile II. Baudouin, 1118'de Noel gününde Beytüllahim'deki Kutsal Doğuş Kilisesi'nde birlikte taç giydiler.

Morphia, tam bir Hıristiyan ve Doğulu olarak akıllıca seçilmiş bir eşti; böylelikle Baudouin'e kendinden öncekilerde olmayan, o bölgeyle bir hak ve bağlantı sunmuş oldu. Kızları yarı Ermeniydi ve hem Haçlı hem de Doğu Ortodoks kilisesindendi. Bu da onların çok kültürlü Kudüs Krallığı'nı benzersiz şekilde yönetecekleri bir konum sağladı.

ESARETTEKİ KRAL

Baudouin'in kızlarına gösterdiği açık saygısına rağmen, yetiştirilmeleri hiç de sorunsuz olmadı. Esaretten kurtulmasının ardından bile Urfa Kontu olarak dönemi çalkantılı geçiyordu. Baudouin düzenli olarak sadece Müslüman düşmanlarla değil, aynı zamanda diğer Franklarla da savaştı; birçok sefer ona karşı komplo kuran, kendi topraklarındaki Ermeni nüfusuyla çetin mücadelelere girişti. Bu zorluklar, savaşta askerlerine liderlik etmesi mecburiyetiyle ailesinden düzenli olarak ayrı kalması anlamına geliyordu.

Dördüncü kızları Yvette, Morphia'nın taç giymesinden iki yıl sonra doğdu. Kudüs Krallığı'nda hükmeden kraliyet ailesine doğan ilk çocuktu. 1123'te, Yvette üç yaşındayken, dört kız kardeş babalarının Doğu Anadolu'ya ilerleyişi sırasında ikinci kez esir edildiğini gördüler. Bu, ilk esirlik deneyiminden çok daha önemliydi çünkü artık Kudüs Kralı ve Outremer'deki Hıristiyan askeri varlığının lideriydi. Onu esir alan kişi, Balak (Belek) Gazi ismindeki bir Türk emiriydi.

Bu olayı izleyen aylarda Morphia hem eş hem de kraliçe olarak kendini gösterdi. Kocasının bir Müslüman zindanında çürümesinden memnun olmayarak, krallığı ve ailesi etrafında dağılmış haldeyken, cesur bir kaçırma görevi planladı. Kendi şehrinin adamlarının yeteneklerini Antakyalı Franklara yeğleyen Morphia, Balak'ın yokluğu sırasında onun Harput'taki kalesini ele geçirmek üzere 100 Ermeni askerini oraya gönderdi. Bu Ermeniler, keşiş kılığında ama cüppelerinin altında sakladıkları hançer ve kılıçlarıyla Harput'a yolculuk yaptılar. Şehrin kapılarına ulaştıklarında çok özenli bir performans sergilediler, seyahatleri boyunca onlara uygulanan kötü davranışlar hakkında şehrin beyi ile konuşmak istediklerini söylediler. Saf muhafızlar şehrin kapılarını açtılar ve keşişler içeri alınır alınmaz, gördükleri her Türkü öldürmeye başladılar. Böylelikle Baudouin ile Joscelin'i zincirden kurtarıp, onlara da dışarı çıkarken savaşmaları için silah verdiler. Bir şekilde Joscelin de Courtenay gece karanlığında kaçmayı başarırken, Baudouin kendini çatışmanın ortasında buldu.

Adamlarının tutsakları serbest bırakabilmiş olmasına rağmen, Morphia'nın kurtarma operasyonu kusursuz değildi. Askerleri kocasına ulaşmış ve muhafızları öldürmüş olsa da, halen şehirden sağ salim çıkıp tekrar Hıristiyan topraklarına geçebilmeleri gerekiyordu ve bu, operasyonun ilk kısmından çok daha karmaşıktı. Başta içinde gizlendikleri kıyafetler artık yoktu ve bu noktada her yere haber gitmişti. Şehir uyanmıştı ve Balak'ın dönüşüne kadar onların kaçmalarını engellemek üzere her yerden Türkler akın akın gelmekteydi.

Harput'ta bir şeylerin yolunda gitmediğini sezen ve bir rüyadan kalkan Balak, kalesine ve yüksek statüye sahip tutsaklarına dönmeye karar verdi. Bu sırada II. Baudouin ile Morphia'nın Ermeni ajanları, şehir merkezindeki kaleyi kontrol altına almışlardı. Bu manevrayla kendilerine kısa süreli bir güvenlik sağlamış olsalar da özgürlüğe halen çok uzak durumdaydılar. Balak'ın güçleri şehre dalıp onları çevreledi. En iyi şekilde direndiler, Balak'ın teslim olmaları karşılığında serbest kalacaklarına dair tatlı sözlerini reddettiler, ancak sonunda onun tarafından ele geçirildiler. Balak bu değerli kral tutsağının hayatını bağışladı ve onu Harran'daki daha güçlü bir kaleye transfer etti.

Muhafızlarını katleden ve onun değerli tutsaklarını serbest bırakmaya çok yaklaşmış olan bu gözü kara Ermenilere ise bağışlayıcı davranmadı. Hepsini zalimce öldürdü; kiminin derisini yüzerek, kimini yakarak, kimini de canlı canlı gömerek.

Balak kurbanlarından daha uzun süre yaşamadı ve birkaç ay sonraki ölümüyle Baudouin'in muhafızlığı, akrabası Timurtaş'a geçti. Timurtaş, ne Kudüs Kralını elinde tutuyor olmanın getirdiği sorumluluğu ne de yükümlülüğü sevdi ve yeterli bir fidye karşılığında onu serbest bırakacağını duyurdu.

Bu sırada Morphia, esir durumdaki kocasına olabildiğince yakın olmak için kuzeye seyahat etmişti. Esaretten kaçan Joscelin de Courtenay ile beraber Timurtaş'la müzakere etmek için Harran'a gitti.

Timurtaş, II. Baudouin için 80 bin dinarlık bir fidye talep etti; 20 binin hemen verilmesi şartıyla. Buna ilaveten Atarib, Zardana, El-cezir, Kefertab ve Azaz'ın kendisine teslim edilmesini, ayrıca Baudouin'in Bedevilere karşı savaşlarında onu destekleyeceği sözünü vermesini istedi. Timurtaş'ın talep ettiği topraklar Kudüs Krallığı'na değil de Antakya Prensliği'ne aitti ve yasal olarak Baudouin bunları teslim edemezdi. Ancak buna rağmen Kral, Timurtaş'ın şartlarını kabul etti. Bu hazır anlaşmaya rağmen böylesi karışık ve pahalı bir fidye tek seferde verilemezdi. Ayrıca eğer topraklar teslim edilir ve askerler gönderilirse, II. Baudouin'in emir verebilecek serbestlikte olması gerekiyordu. 20 bin dinar gereken şekilde ödendi, ancak fidyenin geri kalan şartları gereğince yerine getirilene dek yüksek statüdeki başka esirin tutulması istendi. Timurtaş, Kral'ın en genç kızı Yvette'yi esir olarak aldı ve kimse sözünden dönmedi.

PRENSES YVETTE'NİN ZORLU SINAVI

Çocuk yaştaki Yvette'nin esir olarak talep edilmesinin gerekçesi bilinmiyor. Nedeni, kızları arasında en önemsizi olarak görüldüğü için Baudouin'in ondan ayrılmayı göze alabilmesi olabilir. Ancak daha büyük olasılıkla, kraliyet ailesi içinde çok daha özel bir konuma sahip olduğu içindi. Belki de babasının en çok sevdiği kızıydı, el üstünde tutulan en küçük kızı. Bu, II. Baudouin'in kızı Yvette'nin esareti sırasında onu Şeyzar'da ziyaret etmek için ayarlamalar yaptığına dair kanıtla da örtüşüyor. Dahası Yvette, anne babası taç giymiş kral ve kraliçe olduklarında Kudüs'te doğan ilk kız çocuktu. Yani prensesler arasında "porphyrogennetos"[5] konumunun tadını çıkaran tek prensesti. Sağlam duruşlu annesi, kocasının ve krallığın iyiliği için bunu kabul etti. Bu ayrılığın yalnızca kız ile annesinde değil, ondan büyük kız kardeşleri Melisende, Alice ve Hodierna üzerinde de büyük etkisi olmuş olmalı.

II. Baudouin, esaretle geçen 16 ayın sonunda, 29 Ağustos 1124'te serbest bırakıldı. Krallık, Kral'ın evine dönüşüyle rahat bir nefes alsa da Baudouin henüz rahatlayacak durumda değildi. Esir tutulduğu süreçte yalnızca iki haftada bir yemek yiyebildiği ve silah arkadaşlarına işkence edilirken gördüğü, ağır şartlarda geçen tutsaklığından kurtulmuştu ancak küçük kızının onun yerine geçtiğini ve şimdi aynı işkencelere maruz kaldığını biliyordu. Joscelin de kendi on yaşındaki oğlunu esir olarak vermek zorunda kalmıştı. İki babanın, topraklarını korumak ile çocuklarını tekrar güven altına almak arasında seçim yapmak gibi zor bir görevleri daha vardı.

Kızlarına duyduğu bariz sevgiye rağmen, Baudouin'in sonraki adımları Yvette'nin yaşamıyla ciddi bir kumar oynamaktı.

---

5 Morlara doğan (kraliyet ailesine doğan). (ç.n.)

Kudüs'e, Morphia ile kızlarının yanına dönmek yerine, fidyesinin şartlarını bozarak büyük bir risk aldı ve bunun sonucu olarak Timurtaş'ın başka iki esiri daha öldürüldü. Timurtaş ile Bedevilere karşı söz verildiği gibi birlik olmak yerine, Bedevilerle birlik olup Halep'e ilerledi. Foucher de Chartres'in iddiasına göre bunu yapmasındaki nedenlerden biri, Yvette'yi serbest bırakması için Timurtaş'ı zorlamaya çalışmaktı. Kuşatma uzun süren bir fiyaskoydu ve dört aylık beyhude bir çabadan sonra esir alınmasından itibaren geçen iki yılın sonunda Kral, Kudüs'e yani Morphia'ya döndü. Timurtaş'ın Halep kuşatmasının intikamı için Yvette'yi neden idam etmediği bilinmiyor, ancak belki de böyle bir hamlenin politik meselelerden şahsi meselelere geçişe neden olacağını tahmin ediyordu. Eğer onu incitseydi, fidyenin geri kalan kısımlarına dair beklentiler tamamen ortadan kalkmakla kalmayıp, Kudüs Krallığı'nın tüm öfkesi de şahsına yönelmiş olacaktı.

Babasının, fidyenin şartlarını alenen yerine getirmeyip Timurtaş'a karşı Bedevilerle birlik olmasına rağmen sonunda Yvette'ye hiçbir zarar gelmemişti ancak yine de bu, küçük kızın hayatına gölge düşürecek bir dönemdi. Modern bir kayda göre, Yvette onu esir tutan Sarazenler tarafından tecavüze uğramıştı. Böyle bir metin Batılı şövalyeleri Haçlı olmaya teşvik ederek Doğu'ya gelmelerini sağlamak niyetiyle, bu tip bir cinsel suç iddiasının Batılı okuyucuları etkilemesi amacıyla da yazılmış olabilir. Ancak görünürde Yvette'nin esareti nedeniyle lekelendiğine dair bir gerçek bulunmaktadır. Üç kız kardeşi Melisende, Alice ve Hodierna önemli evlilikler yaparak bölgenin en önemli soylu kadınları haline gelirken, Yvette ise bir manastıra katıldı. 13. yüzyıldan tarihi bir Fransız anlatısı olan *The Estoire d'Outremer*'e [Haçlı Devletleri Tarihi] göre, bu karar Yvette'nin esarette geçen zamanı nedeniyle verilmişti. Ortaçağ şövalyelerinin gözünde, Müslümanlar tarafından esir tutulmuş Hıristiyan bir genç kız, bu deneyimle lekelenmişti ve Hıristiyan bir evlilik için uygun görülemezdi.

Yvette'nin böyle bir muameleye maruz kalması ve bu şekilde takas edilebilmesi, o zamana dek II. Baudouin'in adanmış bir baba ve aile adamı olduğuna dair imgesini zedelemektedir. Bu imgenin gerçek olduğuna inanmamız halinde, en küçük çocuklarından ayrı kalmaya mecbur kalmaları nedeniyle Morphia ile II. Baudouin'in hissettiği çaresizliğin büyüklüğüne işaret etmektedir. Baudouin, Timurtaş'ın kızını incitmeyeceklerine dair verdiği söze güvense de anlaşmalarını bozmaya karar vermişti, bu da Timurtaş'ın Yvette'yi öldürmesiyle sonuçlanabilirdi. Bu dönem, II. Baudouin'in örnek mirasına belirgin bir gölge düşürmektedir.

1125'te, neredeyse bir yıllık esaretten sonra Yvette ailesine geri dönmüştü. Beş yaşındaydı. Başarılı Sur ve Azez kuşatmalarından[6] sonra, Azez şehrini yağmalayarak kızını kurtarmak için gerekli olan nakdi elde etmişti. Morphia sonunda küçük kızını evine getirebilmişti. Ancak Yvette'yle kavuşmasından birkaç yıl sonra Morphia doğal nedenlerden ötürü Kudüs Krallığı'nda öldü.

Yaşamının son yıllarında kocasıyla ilişkisi gerginlik içinde geçmiş olmalı. Yvette son çocuğuydu ve bu da muhtemelen Morphia'nın ilerleyen yaşı nedeniyleydi. Ancak yaşamının sonraki yıllarında da kocasıyla yeniden aylarca hatta yıllarca ayrı kalmışlardı. II. Baudouin'in kral olarak bu kadar başarılı olmasını sağlayan askeri mücadeleci özellikleri, aynı zamanda onu evlilikte zor bir adam haline getirmiş olmalıydı.

Eşi ve kızları, Morphia'nın yasını tuttular. Bunun dışında, krallığı devralacak bir oğlan doğuracağına dair bütün umutlar da artık bitmişti. II. Baudouin, beklenebileceği gibi yirmi beş

---

[6] Sur Kuşatması, II. Baudouin'in esareti sırasında meydana gelmiş ve zaferle sonuçlanmıştır.

yıllık eşinin ölümünden sonra yeniden evlenmedi. Yeniden evlenmeme kararı ilk olarak kızlarının Kudüs Krallığı'nda tahta geçme hakkına ulaştığı, ikinci olarak ise Morphia'nın ölümüyle ilk kızının tahta geçişi arasında geçen beş yıllık sürede Kudüs'te kraliçe olmadığı anlamına geliyordu. O zamanın geleneklerine göre, hâlâ sağlıklı bir erkek olarak yeniden evlenmesi ve krallık için bir oğlan çocuk yani varis sahibi olması gerekiyordu. Bunun yerine son günlerine kadar bekâr kaldı ve yeni bir eş için pazarlıklara hiç girmedi.

Morphia, Josaphat (Yehoşafat) Vadisi'ndeki Azize Anna Kilisesi'ne gömüldü. Bakire Anna'nın mezarının olduğuna inanılan bir bölgede, Godefroi de Bouillon tarafından kurulmuş bir yerdi. Morphia'nın buraya gömülmeyi tercih etmesi, Kudüs kraliçelerinin eşlerinden ayrı gömülmesiyle ilgili bir gelenek başlatmıştır. II. Baudouin ise kendinden öncekileri takip ederek Kutsal Mezar Kilisesi'nde gömülmüştür. Morphia'nın kocasından ayrı gömülmeyi tercih etmesi, bu denli uzun yıllar evli kalan bir kraliçe için tuhaf bir tercihti. Baudouin'in esir alınması ve kızları Yvette'nin esir düşmesiyle, son yıllarda evliliklerinin kötüye gitmiş olması da muhtemeldir.

Ancak bu böyle de olmayabilir. Kiliseyi ziyaret eden herhangi kimse, Morphia'nın neden özel olarak bu dini yeri Kutsal Mezar Kilisesi'ne tercih ettiğini görebilir. Bu kilise, Zeytindağı'nın eteklerinde, Kudüs Eski Şehri'nin duvarlarının dışında yer alıyor. Eski şehrin kalbinde, turistler ve hacılarla dolu Müslüman pazarının (souk) kenarında yer alan Kutsal Mezar Kilisesi ise bir ziyaretçi için, daha yüce bir güçle ve mahremiyet içinde dua edip etkileşime geçebileceği bir yerden ziyade kalabalık bir dini pazar alanı gibi gelebilir. Kutsal Mezar Kilisesi, 12. yüzyılda da şimdi olduğu gibi Hıristiyan hacılığının global merkezi ve savaş nedeniydi. Diğer yanda ise Azize Anna Kilisesi daha sessiz, daha karanlık ve tütsü kokularıyla kaplıydı. Morphia'nın seçtiği yer; heybetli merdivenlerin solunda, diğer pek çok şapelin altında kalıyordu ve üstünde mütevazı bir kubbesi olan bir yan şapeldi. Pürüzsüz taş duvarları ve üstüne inşa edilen azize sunakları görülmeye değer. Politik hayatta sesi çıkmayan ancak gerçek anlamda dindar olan bir kraliçe için Tanrı'nın annesi Maria'nın mezarı, gömülmek için uygun bir yer olmalı.

Morphia'nın burayı seçme nedenleri ne olursa olsun, kasıtsız bir karardı. Kutsal Mezar Kilisesi'ndeki mezarlar zarar görmüştü, ancak Meryem Ana Şapeli ayaktaydı. Morphia'nın gömülü olduğu şapeli ziyaret etmek ve yattığı nişi görmek hâlâ mümkün. Ölüm tarihi, en büyük kızı Melisende'ye ait özenli *Mezmurlar* kitabında yazmaktadır ve 1 Ekim olarak bilinmektedir. Öldüğü sene yazılmasa da 1127 olması muhtemeldir. Morphia'nın mirası büyüktü; geride dört güçlü kız ve Haçlı krallıkları üzerinde Ermeni kültüründen izler bıraktı.

Sevilen bir Haçlı tarihçisi olan Steven Runciman, Morphia ile Baudouin'i "evlilik saadetinin mükemmel resmi" olarak tarif etmektedir. Bu ifadede ironik bir alay seçmek kolay, çünkü ilişkilerine dair bu analiz kesinlikle abartılı ve yüzeysel. Evliliklerinin süresi ve başarısını uyumla ilgili bir kanıt olarak görmek istesek de böyle yaparak ilişkilerindeki karmaşaları ve üstesinden gelmeleri gereken zorlukları görmezden gelmiş oluruz. Baudouin, Morphia ile para için evlendi; 1114'te Morphia'nın halkı olan Ermeni nüfusunu Urfa'dan gönderdi; tartışmaya açık olabilecek gereksiz olan kuşatmalarda iki kez esir düşerek Morphia'yı çocuklarıyla yalnız ve savunmasız bıraktı. Baudouin tutsakken mecburen beş yıl ayrı kaldılar ve sonunda Morphia esir pazarlıkları sonucu kızı Yvette'ten vazgeçmeye mecbur edildi. Morphia'nın gördüğü baskının ve bu olayların, ilişkileri üzerinde yarattığı kötü etkileri sadece tahmin edebiliriz.

Buna karşın, çift arasında güçlü ve derin bir bağ olduğu çok açık. Birbirlerine sadakatleri, Baudouin'in taç giyme törenine Morphia'yı da dahil etmek için her çareye başvurması ve Morphia'nın kocasının esaretten kurtarılması için göze aldıkları, aralarındaki ilişki hakkında çok şey anlatabilir.

KRALLIĞIN KADIN VARİSİ

En küçük kızının hayatıyla ilgili büyük risk alan II. Baudouin, iki yıllık yokluğundan sonra Kudüs'e döndüğünde diğer kızlarının geleceğiyle ilgili hiç risk almadı. Yvette kurtarılmış, büyük kızlarının uygun eş adaylarıyla evlendirilmesini sağlamıştı. Erken olgunlaşan büyük kızı Melisende'nin nişanına özel ilgi göstermişti. Melisende'nin kocası olmak üzere seçilecek kişi, Kudüs'ün Kralı olacaktı. Bu nedenle öncelik Melisende'ye iyi bir eş değil, krallık için "işinin ehli bir hükümdar" bulmaktı. Melisende'nin ona, servet, asker ve liderlik deneyimi sunabilecek bir eşe ihtiyacı vardı.

Melisende'nin babası, tüm çocukluğu boyunca kızına saygısını açıkça belirtti. II. Baudouin tahta çıktığında Melisende 13 yaşındaydı ve o günden beri Kudüs Krallığı'nın varisesiydi. Mart 1129'da II. Baudouin Kutsal Mezar için bir ferman çıkardığında, bunda Melisende'nin rızası da vardı: *Milissenda filia regis hoc laudat et consentit.* Bu, Melisende'nin politikada etkin bir rol üsteleneceği, *Haute Cour* (Yüce Divan) toplantılarına katılacağı ve krallığın varisi olarak yetiştirileceği anlamına geliyordu. Bundan kısa süre sonra, statüsü açıkça yükselmişti ve benzer bir dokümanda kendisinden şu şekilde söz edilmişti: *Milissenda filia regis et regni Ierosoliminati haeres.* Kral'ın Kızı ve Kudüs Krallığı Varisi. Bu, bir ortaçağ prensesine bahşedilmeyen alışılmadık bir onur ve görevdi. Dahası, Baudouin'in varisiyle ilgili niyetine dair bize bir bakış sunmaktadır.

Latin Doğu'da henüz varislere yönelik bir kural belirlenmemişti, özellikle de kadın bir varise yönelik kurallar tam bir muammaydı. O güne dek taht, uygunluğa ve kralın ölümüyle kimin tutarlı bir hakkı olduğuna göre erkek kardeşe, sonra kuzene geçiyordu. Kudüs Krallığı'nın ilk iki hükümdarının çocuksuz şekilde ölmesi göz önünde bulundurulunca, tahtın babadan çocuğa geçmesini sağlayacak bir varis ortada yoktu. II. Baudouin, bu geleneğin devam etmesini kendine görev olarak belirledi ve krallığını kızına bıraktı.

Melisende'nin kişisel özellikleri ya da babasıyla olan ilişkisi nasıl olursa olsun, Baudouin için kızını Kudüs Krallığı için tek varis olarak belirlemesi imkânsızdı. Outremer'de kadınlara gittikçe daha fazla özgürlük tanınmasına ve bölgedeki liberal miras hukukuna rağmen, evlenmemiş kadınlar tahta çıkamazdı. Kudüs Krallığı sürekli taciz altında olan askeri bir devletti. Tahtta olan kişinin politik olduğu kadar askeri bir lider de olması, zırhını giyerek vasallara savaşta liderlik yapması gerekiyordu. Bu, Melisende için bile büyük bir adımdı. Eşi olacak kişi hem baronların kabul edebileceği hem de Melisende'nin ve sahip olacakları çocukların çıkarlarını koruyabilecek güçlü bir adam olmalıydı. Outremer'in baronları idaresi zor kişilerdi ve kendi çıkarlarını ön planda tutuyorlardı. Çeşitli biçimlerde çıkarcı, hesapçı ve pervasızca gözü karaydılar; onları hizaya sokacak güçlü bir lidere ihtiyaç duyuyorlardı. Melisende'nin eşinin kim olacağı bir devlet meselesiydi ve II. Baudouin kadar, krallığın yönetici konumundaki baronlarının da vereceği bir karardı.

Fransız aristokrasisiyle güçlü bağları olan ve beraberinde Doğu'ya yeni bir savaşçı akımını getirebilecek yetiye sahip bir Batılının krallık için en faydalı tercih olacağına karar verildi. Haute Cour toplanıp en uygun adayları belirlemek üzere Batı'ya gidecek bir elçi seçti. Baudouin, Melisende'nin kocası için, yaşamı boyunca iki zengin liman kenti olan Akka ile Sur'u elinde tutacağı sözüyle ayarlamalar yaptı. Çok değerli ticaret limanları olan bu iki şehrin, Kudüs Krallığı'nın servetinin çoğunu oluşturduğu düşünüldüğünde bu oldukça cömert bir teklifti.

Sonunda bu görev için seçilen kişi, Anjou kontu Foulque oldu. Ortaçağ Avrupa'sının nüfuslu kişilerinden olan deneyimli bir Haçlı ve askerdi. Aynı zamanda nişanlısından hatırı sayılır derecede yaşlı ve bariz bir biçimde daha az çekiciydi. Melisende ile yapacağı evlilikle kazanacağı faydaların sunulmasına rağmen Foulque, Kudüs'e yolculuk yapmak için Fransa'daki yetkilerinden azade olmaya niyetli değildi. Bu da prenses için bir eş bakmaya başlandığında, fermanlarda ve divan belgelerinde statüsünün özel olarak "Krallık Varisi" olarak değiştirilmesinin nedenidir. Onunla evlenen erkekler, tahtta sırada olduklarından emin olmak istiyorlardı.

Bunu onaylamak için Foulque ile Melisende'nin evliliğine dair, baronlar tarafından imzalanmış bir anlaşma hazırlanarak Foulque'nun Baudouin'in güçlerini elde edeceği bildirilmiştir. Melisende bir kenara atılmıştı ya da öyle görünüyordu. Foulque, Fransa'daki topraklarından vazgeçmeden önce Baudouin'in krallığıyla birlikte Melisende'nin tek ve tartışmasız varis konumunda olduğundan emin olmak istedi. Melisende'nin varis olarak resmi evraklarda da onaylanmasının yanında o günkü Papa II. Honorius, Baudouin'e, krallığını kabul eden ve Foulque'yu ona tavsiye eden bir mektup yazmıştır.

Foulque Doğu'ya beraberinde "asillerden oluşan hatırı sayılır bir heyetle", krallarınkini geçen bir ihtişam ve gösterişle vardı. Düğün 2 Haziran 1129'da muhteşem bir tarzda yapıldı. Willermus Tyrensis ve diğer tarihçilerin, Outremer'deki kraliyet düğünlerine dair detayları kaydetmeye gerek görmedikleri anlaşılıyor. Bu mümkün, çünkü okuyucularının kutlamaların neye benzediğini bileceklerini varsayıyorlardı. Bunun aksine, 12. yüzyılda Endülüs'ten (Andalucia) kutsal topraklara yolculuk yapan Müslüman bir gezgin yazar olan İbn Cübeyr, bir

Hıristiyan düğünü görmüş ve gösteriden öyle çok etkilenmişti ki gecenin detaylı bir tanımını yazmıştı. Buradan yola çıkarak Melisende'nin düğününün neye benzediğini çıkarabiliriz. Beraberinde iki erkek aile ferdiyle gelinin kapıdan çıkışını anlatıyor. Yazılarında genellikle Hıristiyanlara karşı nefret dolu olan İbn Cübeyr'e göre gelin, göreni hayran bırakan bir güzelliğe sahipti:

> Altın ipekten uzun bir kuyruğu olan güzel bir elbise ile en şık şekilde giyinmişti. Başında altın rengi örgü bir tül ile kaplanmış altın bir taç vardı. Mücevherleri ve kıyafeti içerisinde gururluydu. Küçük, yarım adımlarla ilerliyordu; bir kumru gibi ya da bir bulut çizgisi gibi. Tanrı bizi bu görüntünün baştan çıkarıcılığından korusun.

Bu ayartıcı gelinin önünde bir grup müzisyen, törenin onuruna neşeli bir müzik çalarak yürüyordu. Onların ardından en iyi kıyafetleri içinde asiller, sonra gelin ile erkek akrabaları ve onların arkasından da hepsi gösterişli biçimde giydirilmiş kadın asilzadeler ile kadın akrabaları, zenginlikleri içinde gururlu şekilde yürüyorlardı. Bu şık ve bol masraflı alay, Müslüman ve Hıristiyanlardan oluşan şaşkınlık içindeki izleyici kalabalığının arasından geçerek gelini damadın evine götürmekteydi. Orada düğün tüm gün süren bir ziyafetle kutlandı. Kraliyet ailesinden birinin değil de zengin bir kadının evliliği olan bu düğün, yine de İbn Cübeyr'i güzelliği ve verdiği hisle etkilemeye yetmişti. Kendisi aslında hiç de taşralı değildi, Magripli Endülüs'ün en zengin şehri Granada'dan geliyordu ve son zamanlarda Dımaşk, Bağdat ve Doğu'nun diğer büyük şehirlerinde seyahat etmişti.

Melisende'nin Foulque ile olan evliliği şüphesiz benzer bir yol izliyordu, ancak daha görkemli ve daha bolluk içinde olmalıydı. Melisende de altın rengi ipekten bir elbise giymişti, aynı zamanda Doğu tarzında gösterişle birlikte krallığın varisi rolünü kanıtlayan mücevherlerle bezenmişti. Bölgenin en üst konumdaki asilleriyle beraber düğünü izleyenler arasında, babası Kral ile arkasında yer alan kardeşleri Hodierna ve Yvette bulunmaktaydı. Onlar da servetleriyle konumlarını, mücevherler ve kaliteli ipekler arasında gözler önüne seriyorlardı. Bağlı olduğu kilise olan Akka'daki katedrale değil, Kutsal Mezar Kilisesi'ne gidiliyordu; eşlik edildiği ev ise Kudüs krallarının sarayı idi. Az bulunur görkeme sahip bir düğün olmuş olmalı.

1129'da Foulque ile evlenen Melisende, Baudouin'in ikinci evlenen kızıydı. Ondan küçük kız kardeşi Alice'nin II. Bohemund ile evlenip Antakya Prensesi olmasından üç yıl sonra dünya evine girdiler. Melisende evlendiğinde yirmi dört yaşındaydı. Foulque ile evliliği iyi başladı. II. Baudouin, krallığın yönetiminde Foulque için bir konum yarattı. Birlikteliklerinin başarısının en kesin göstergesi ise evliliklerinin ilk yılı içinde bir oğlanın dünyaya gelmesiydi. Dedesinin ardından Baudouin ismini aldı; sonunda Kudüs'ün doğrudan erkek bir varisi vardı.

İMPARATORİÇE MATILDA

Foulque'nun Batı'daki güç üssünden beraberinde getirdiği meşhur bağlantılarının arasında, İngiltere varisinin yani I. Henry'nin en büyük kızı Matilda'nın kayınpederi olması gerçeği de vardı.

Matilda 1114'te çocukken Almanya'da yaşamak üzere İngiltere'den ayrılmış ve Kutsal Roma İmparatoru ile evlenmişti. İngiltere'den ayrıldığında abisi William, babalarının tacının varisi olarak duruyordu ve verasetle ilgili kimsenin aklında büyük sorular yoktu. Ancak bir facia meydana geldi ve 1120 yılının kışında, Matilda'nın abisini Manş Denizi'nde taşıyan gemi, Barfleur kıyıları yakınında battı. Böylece İngiltere'yi emsalsiz bir varis karmaşasının içine soktu. Söylenenlere göre geminin kaptanı su üstünde kalmayı başarmış ancak kralın oğlunun boğulduğunu görünce, o da prensin babasının gazabındansa ölmeyi tercih ederek yeniden dalgaların arasına kendini teslim etmiş. Artık I. Henry'nin tahtını devralacak bir erkek varis yoktu. Dahası kimse Matilda'yı İngiltere varisi olarak göremiyordu, çünkü İmparator V. Henry ile evlenerek Alman İmparatoru'nun karısı olmak üzere İngiltere'yi terk etmişti. Bu da İngiltere Krallığı'nın, onun imparatorluğu içine hapsolması demekti.

Bu itiraz 1125'te V. Henry'nin ani ölümü ve Matilda'nın dul kalması sonrası savuşturuldu. Artık yeniden hem evlilik hem de babasının krallığına uygun bir aday için müsaitti. 1127'de, babasının sarayına kabul edilmesinden sonra Matilda, "İngiliz kraliyetinin varisi" olarak ilan edildi ve hanedanlıktaki tüm asiller de onu destekleyeceklerine dair yemin ettiler.

Melisende'de olduğu gibi, Matilda'nın eş seçimi de çok önemli bir hal aldı. I. Henry de II. Baudouin gibi Anjou kontunun sahip olduğu niteliklerden etkilenmişti. Böylelikle Matilda ile Foulque de Anjou'nun oğlu ve varisi Geoffroi arasındaki evliliği ayarladı. Melisende ile Foulque'nun evliliğine gelince, çiftin arasında büyük bir yaş farkı vardı, bu durumda ise yirmi dört yaşındaki Matilda'nın yaşlı taraf olması ve yalnızca on beş yaşındaki bir çocukla evlenmesi söz konusuydu. Düğün 17 Haziran 1128'de Le Mans'ta gerçekleşti. Üç hafta öncesinde ise Foulque resmi olarak haçı kabul ederek Kudüs'e gideceğine dair yemin etmişti.

I. Henry'nin krallığını kızına miras bırakması, II. Baudouin'e kendi varisi olarak kızı Melisende'yi görmesinde örnek olmuştu. Matilda, Henry'nin varisi olarak ilan edildikten *sonra* Melisende de Baudouin'in varisi olarak duyurulmuştu. Foulque iki bildiriyi de destekledi; ilki oğlunun evliliğiyle ilgili diğeri ise kendisinin söz verilmiş olan Melisende ile olan evliliğiydi. Veraseti garantilemek için Melisende'nin, Matilda'nın İngiltere'de gördüğü kabulü görmesinde ısrar etmiş olması muhtemeldir. Batı'da kadın verasetinin tanınması, Doğu'da Melisende'nin mirası için yolu açmıştı.

Ancak Geoffroi ile olan evliliğine ve babasının desteğine rağmen Matilda, Anglo Norman baronları arasında popüler bir tercih değildi. Kadın hükmünü ve Angevin[7] bir kralı kabul etmeleri gerektiği gerçeğiyle öfkelendiler. Dahası Matilda, gelişim yıllarını Alman sarayında geçirdiği göz önünde bulundurulunca bir İngilizden çok Alman olarak kabul ediliyordu. Böylelikle, Matilda'nın veraseti Melisende'ninki için bir örnek olsa da Matilda kendi hakkına sahip çıkmakta çok daha fazla sorun yaşadı. Matilda'nın tahtı 1135'te erkek kuzeni Blois Kontu Stephen tarafından gasp edildi, bu da İngiltere'yi 1139'dan 1153'e kadar sürecek olan 14 yıllık bir iç savaşa sürükledi. Melisende ile kocası ise hiçbir sorunla karşılaşmadan tahta çıktılar. Bununla beraber, tahtın veraseti meselesi ise onlar için Foulque'nun tahmin ettiği gibi sorunsuz bir şekilde ilerlemedi.

BİR KRALIN VASİYETİ

Ağustos 1131'de II. Baudouin ölümcül biçimde hastaydı. Yaşlı kral ölüyordu, aralıksız savaşlar ve seyahatlerle geçen bir yaşam sonucu tükenmişti. Kraliyet Sarayı'ndan Kutsal Mezar Kilisesi'nin yanındaki Piskoposluk Sarayı'na taşınmıştı. Ayini tamamlayıp günah çıkardıktan sonra, II. Baudouin'in düşünceleri yeniden verasete yöneldi.

Ölüm yatağına Melisende ile kocası Foulque'yu, henüz bir bebek olan oğullarını ve Kudüs Patrikliği'nin de dahil olduğu küçük bir konseyi topladı. Bu insanların tanıklığında yeni bir

---

[7] Angevinler, 12. yüzyılda ve 13. yüzyılın başlarında İngiltere ve Fransa'yı yöneten İngiliz-Fransız kökenli bir kraliyet ailesi.

belge imzalandı. Hiçbir baron ya da kilise tarafından değil, yalnızca ölmek üzere olan bir kralın eliyle imzalanmış olan bu belge, Kudüs Krallığı'nın geleceğini ve Ortadoğu'daki kadınların konumunu sonsuza dek değiştirdi.

II. Baudouin'in yeni vasiyeti, Kudüs'ün hükümdarlığının sahipliğinin Prenses Melisende, kocası Foulque ve çocukları yani geleceğin III. Baudouin'i arasında eşit derecede paylaşımını yetkilendirmişti. Foulque de Anjou'nun bu onaylanmamış ve şaşırtıcı değişiklikle ilgili her türlü itirazı, durumun getirdiği ciddiyetle bastırılmıştı. Bir kral ölüyordu; etrafında ailesi ve destekçileriyle. Damadının geçmiş anlaşmalar hakkında söylenmeye başlaması için doğru zaman değildi. Foulque belki de bu yeni vasiyetin, şartlar göz önünde bulundurulduğunda yasal olarak bağlayıcı olmayacağını düşünmüştü. Ancak şüpheli yaradılışına rağmen her türlü yasal prosedürü ve anlaşmayı görmezden gelen bu belgenin bir yaptırımı vardı.

Bu olayın Outremer toplumunda kadınların konumuna dair neredeyse eşsiz bir önemi vardı. Foulque şüphesiz biçimde tahtın ve tüm gücün yalnızca kendisine geçmesi gerektiğini düşünüyordu. "Paylaşılmış güç" kavramı onun için yabancıydı. Yoksa neden istikrarsız bir Outremer'de Melisende ile evlenmek için Fransa'daki sahip olduğu tüm zenginliğe sırtını dönsün ki? Baudouin'in bir kralın gücünü, bir kadın ile damadına (evlat edinilmiş varisi) vermiş olmayı tercih etmesi; kadın varise ve agnatik ardıllık (hâkimiyete, aile reisliğine bağlı hısımlık veraseti) yerine cognatik ardıllığa (kan hısımlığına dayalı veraset) meşruluk kazandırmıştı. Bunun ötesinde, kadınların evin dışındaki yeteneklerine dair resmi bir tanıma da içeriyordu. Melisende babasının yanı başında büyümüştü, Haute Cour'un desteğine sahipti ve çok genç yaştan beri politik öneme sahip bir konumdaydı. Babası, onun yeteneklerinin farkındaydı ve söz konusu vasiyet ise resmi olarak kabulü anlamına geliyordu. Bunun, torununun tahta geçmesini güvence altına almakla ilgili bir manevra olduğu tartışılabilir olsa da Melisende'nin hakları, III. Baudouin'in haklarını garantilemek için bir araç olamazdı. II. Baudouin sağlam duruşlu ve mantıklı bir hükümdardı. Nihai amacı III. Baudouin'in tahta geçmesi olsa da kızına da ortak bir güç bırakma kararını vermesinin nedeni, kızının hem krallığı hem ailesinin çıkarlarını korumakta yetkin olduğuna inanmış olmasıydı.

Gerçekte, II. Baudouin'in krallığı üç varis arasında bölüştürmesinin, ölümünden hemen sonrası için önemsiz sonuçları oldu. Bu kesinlikle krallığın "bir adam, bir kadın ve bir bebek" arasında üçe bölüneceği anlamına gelmiyordu. Her birinin eşit biçimde güce hakkı olsa da krallık parçalanmayacak ve Foulque halen temsili hükümdarlığın tadını çıkaracaktı. Baudouin'in vasiyeti Melisende'ye yetkiyi vermişti, ancak gücü değil. Sembolizmin böyle önemli olduğu bir çağda ve bölgede, yine de uygulanmış oldukça yüksek öneme sahip bir taktikti ve ölmekte olan kral da bunun farkında olmalıydı.

II. Baudouin'in zihninde pek çok endişe varmış gibi görünüyor ve tabii ki hasta yatağının ciddiyeti dışında hiçbir durumun böylesine kurnazca bir politik manevrayı yanına kâr bırakmayacağını hissetmiş olmalıydı. Böylelikle Foulque'nun itiraz edemeyeceği ve en tartışmacı baronlarının olmadığı bir anı bekledi.

Şu soru sorulmalıdır: Baudouin'i hasta yatağında vasiyet değişikliğine iten sebep neydi? Bunun iki ana sebebi var ve ilki apaçık ortada: Hükümdarlık gücünün kendi soyunda ve ilk Haçlıların soyunda kalmasını garantilemek istedi. İkincisi daha karmaşık ve Kudüs Krallığı ile çevresindeki prensliklerin istikrarsızlığı ve kırılganlığına dayalı. Müslüman düşmanlarından gelen tehditler karşısında tüm yetkiyi, Foulque gibi kanıtlarla gözlemlenen bölücü bir karaktere bırakmak fazlasıyla büyük bir riskti. Outremer'deki tecrübesine, soyuna ve zenginliğine rağmen yerel asillere göre Foulque, bölgenin iç politikalarının inceliklerini anlamayı başaramayan bir yabancıdan başkası değildi. Foulque son gününe dek, ruhu ve bağlılıklarıyla bir Doğuludan çok Batılı olarak kalacaktı. Baudouin de ilk nefesi itibarıyla Haçlı Devletleri'nin bir prensesi olan ve Kudüs'ün varisi olarak yetiştirilmiş kızı Melisende'ye de gücü bölüştürmenin akıllıca olacağını görmüş olmalıydı.

Foulque beraberinde getirdiği büyük şövalye ordusuyla krallıktaki asilleri etkilemişti, ancak aynı ordu beraberinde bazı karmaşaları da getirdi. Bu adamların hepsi sadakatlerinin ve hizmetlerinin karşılığı olarak Doğu'da toprak, unvan ve diğer bazı imtiyazlar verilmesini istiyordu. Outremer'e gelen bu göçmen akını; zenginliklerinin, işlerinin ve topraklarının tehdit altında olmasından korkan Filistinli baronlar arasında fikir ayrılıklarına sebep oldu. Foulque ile destekçilerinden bıkmışlardı ve muhtemelen onları "istenmeyen davetsiz misafirler" olarak görüyorlardı.

II. Baudouin bu politik çekişmelerin gayet farkındaydı ve hükümdarlığı yalnızca Foulque'ya vermenin tedbirsizlik olacağı konusunda hemfikirdi. Kızı Melisende'nin tahtı paylaşmasına izin vererek hükümdarda oluşacak kati değişikliğe engel olmuş, böylelikle de Outremer'deki asilzadeler arasında birliği koruyabilmişti.

Böylesi bir birlik için duyulan gereksinim büyüktü. Kudüs Krallığı'nın düşmanları, Atabey Zengi'nin altında birleşmeye başlamışlardı ve öncekinden çok daha büyük bir tehlike oluşturuyorlardı. Zengi'nin yükselişi ve etki alanının Musul'dan Halep'e doğru genişlemesiyle, bölgedeki eşit olmayan Müslüman gruplar tek bir komutan etrafında birleşmeye başladılar ve Hıristiyanlara karşı olan direnişlerini çok daha uyumlu biçimde yapılandırdılar.

Zengi'nin, 1101'de Heraclea (Ereğli) savaşında esir alınan ve bir Müslüman lordunun seks kölesi olmak üzere bir hareme götürüldüğü söylenen Alman bir prenses olan, Avusturya Margrafının (uçbeyi) karısı Ida'nın çocuğu olduğuna dair söylentiler vardı. Kabul edilebilir bir şey olmasa da Haçlı Seferleri efsanesinin ve halkının bir parçasıydı, Müslümanların savaşçı prensinin etrafındaki gizemi belirtiyordu. Hayatı süresince Zengi kendisine tüyler ürperten bir nam salmıştı, yalnızca savaş alanında değil kendi sarayı içinde de. Etkileyici gözlere sahip, uzun boylu bir adamdı. Doğu'daki Frankların boyunduruk altına alınması ve yenilmelerindeki çabalarıyla bilinen üç Müslüman kahramandan biriydi; diğerleri ise oğlu Nureddin ve Selahaddin idi.

Kendi kahramanlarını klişelerle ve övgülerle üstün göstermeye meyilli Müslüman kaynaklar, Zengi söz konusu olduğunda bu çabaya girmiyor ve onu söz birliği içerisinde "kötü ve gaddar" bir lider olarak tanımlıyorlar. Usame İbn Münkız, terk edilen her bir asker için ceza olarak iki masum erkeğin ikiye bölündüğünü belirtmiştir. Bir başka tarihçi ise Zengi'nin içkili bir öfke nöbeti içindeyken eşlerinden birini bir kenara atıp, kendi ahırındaki seyisler tarafından tecavüz edilişini izlediğini anlatır. Düşmanları kadar kendi insanları tarafından da çok korkulan biriydi.

Bununla beraber, tarihçiler aynı zamanda başarılarını takdir etmektedirler. Yorulmak bilmeyen etkin bir askeri lideri ve yaşamı boyunca 'kahraman", "inanç savaşçısı" ve "şahin prens" gibi lakaplar kazandı. Ali İbn-ül Esir, Zengi'nin Müslüman dünyasının beklediği lider olduğuna, Franklara karşı olan direnişe öncülük edeceğine, İslamiyeti birleştirip yükselteceğine ve Doğu'dan Frankları püskürteceğine inanıyordu. Anılarında tutkulu bir şekilde şöyle yazmış: "Allah Frankların üzerine, korkunç eylemlerinin öcünü alacak birini gönderdi (...) bu emri yerine getirebilecek daha becerikli, daha istekli, daha amacına bağlı, Tanrı'dan bile daha etkili birini görmedi." Bu adam, II. Baudouin'in hükümdarlığının son yıllarında ve Melisende'nin ilk yıllarında Franklara karşı duran başlıca kişiydi. Korkusuz bir düşman olduğunu kanıtlamıştı.

1128'de Zengi, stratejik olarak önemli olan Suriye şehri Halep'i ele geçirmeyi başarmıştı, bu da Hıristiyanlara karşı gerçek bir tehlike olduğunu kanıtlıyordu. Zengi'nin genişlemesi korkusu ve bunun imaları, II. Baudouin'i Melisende'nin Foulque ile olan evliliğinin hızlandırılmasına teşvik etmişti. Baudouin varisini garantilemek, krallığı için güçlü bir yardımcı bulmak ve kızının bir erkek çocuk sahibi olması konusunda endişeliydi. Bunun ötesinde, II. Baudouin'in krallığının son yıllarında Outremer'de kronik bir erkek gücü eksikliği vardı. On yıl önce, 1119'da Halep'in bir önceki beyi çok acımasız bir savaşta Antakya Prensliği'ne karşı çok kesin bir zafer kazanmıştı, öyle ki savaşın adı "Kanlı Savaş" olarak geçmektedir. Bu, Outremer'deki Hıristiyanlar için uzun süreli ciddi sonuçlara sebep olan askeri bir fiyaskoydu. Antakyalı askeri asillerin çoğu yok edilmişti ve şehir bir gecede dullar şehrine dönmüştü.

II. Baudouin, tahtını halk arasında sevilmeyen Foulque'nun ellerine bırakarak Hıristiyanların Doğu'daki pozisyonlarını daha da güçsüzleştirmek istemiyordu. Gücü aynı zamanda kızına, yarı Ermeni ve tam anlamıyla bir Doğulu olan yerel asilzadelerin sadakatine sahip ve karışık kalıtımı sayesinde bölgedeki yerel Hıristiyanlarla bağ kurabilecek olan Melisende'ye bırakmak daha iyi olabilirdi.

Ortaçağ dünyasında kadın varis konusu hassas bir konuydu. Toplumun yönetildiği daha çok ataerkil prensiplerle ters düşüyordu ve bir krallıkta bir kadını tahtın varisi olarak ön plana çıkarmak hem Avrupa'da hem de Ortadoğu'da olağandışıydı. İki yerde de riskli bir meseleydi ve I. Henry'nin değil de II.

Baudouin'in elinde bulunan iki bölgenin koşulları arasındaki farkın işaretiydi. Açıkça gösteriyordu ki kendi hakları doğrultusunda Melisende'nin Kudüs Kraliçesi olabilmesini sağlayan faktörlerden biri de içinde yaşadığı bölgedeki istikrarsızlıktı. Haçlı Devletleri'nde istikrar ve devamlılık için duyulan çaresizlik erkek varislerin azlığıyla da birleştiğinde, Melisende ile Foulque'nun sorunsuz tahta çıkışı, Matilda ile Geoffrey'in yaşadığı zorluklarla arasındaki farkları da ortaya koyuyordu.

II. Baudouin'in gücü Foulque, Melisende ve bebek torunu arasında eşit bir şekilde dağıtmasının bir önemli nedeni daha vardı. Foulque'nun Melisende'yi bir kenara iterek bir başka kadınla evlenmeye çalışması olasılığından rahatsız olmuş olabilir. Böylelikle Baudouin, kızı Melisende'ye kendi miras hakkını teslim etmiş oldu. III. Baudouin'in de içinde olduğu *triumvirlik* (üçler erki) başlatmasıyla eğer Melisende ölür ya da terk edilirse ve Foulque tekrar evlenirse, taht Foulque'nun bir sonraki evliliğinden doğabilecek olan çocuğa geçemeyecekti.

II. Baudouin ve Urfa Kontu Joscelin (her ikisi de 1131'de öldü) Kudüs Krallığı'nın kurucuları ve savunucuları olan asıl Haçlıların son temsilcileriydi. Bu insanlar, Batı'da onlara verilmiş olan yaşamlarını tehlikeli bir yolculuğa çıkmak ve yeni hayatlar kurmak için terk etmişlerdi. Son derece zorlu mücadelelerden geçmiş, sayısız kez ölüm riskiyle karşılaşmış, kimse yokken Hıristiyan topraklarını kurtarabilmek ve Müslümanların devamlı saldırılarına karşı koruyabilmek için savaşan silah arkadaşlarının ölümünü görmüşlerdi. Oysa Foulque bir yabancıydı. 1120'de kutsal topraklara yaptığı ziyarete rağmen kanında Melisende'de olduğu gibi Kudüs yoktu, ne de Baudouin'in yaptığı gibi Kudüs için kan akıtmıştı. Hem Baudouin hem baronlar için çok zor kazanılmış olan Kudüs'ü, hiçbir acı çekmeden bu ayrıcalığı kazanmış bir Batılı krala vermek uygunsuz görünüyordu.

Bunun dışında, Baudouin'in krallığını neden kızına verdiğiyle ilgili asıl ve belki de en açık nedene gelelim. Kızıyla gurur duyuyor ve onun yeteneklerini kabul ediyordu. Melisende, çalkantılı iktidarı süresince güç, karizma ve alışılmadık bir bilgelik gösterdi; hiç şüphesiz bu özellikleri gençliğinde de mevcuttu.

Kişisel niteliklerinin haricinde, Melisende'nin Foulque'ya göre sayısız doğal avantajı da vardı. Haute Cour ve yerel halkın bağlılığına zaten sahipti; bunların içinde Batılı Hıristiyanlar, Ermeniler ve Yunan Ortodoksları vardı. Annesi aracılığıyla hem Ermeni hem de Yunan Ortodoks inancıyla bağı bulunuyordu. Melisende'nin çocukluğunun büyük kısmında Baudouin ya esirdi ya da savaşmak üzere uzaktaydı, bu nedenle Melisende'nin yetiştirilmesiyle daha çok Morphia ilgilenmişti. Doğulu Hıristiyan gelenekleriyle bu denli yakın bir ilişki içinde olmasına şaşırmamalı.

Daha önemlisi, Baudouin'in kızına tahtı bırakmasının nedenleri arasında Melisende'nin bunu koruma ve elinde tutma yetisine sahip olması da vardı. Daha önemsiz bir kadın, kocasının isteğine ve zamanın geleneklerine boyun eğebilir; kendi hakkı olan gücü kocasına teslim ederek, ses çıkarmaya ve kendi fikirlerini beyan etmeye cesaret edemezdi. Melisende belirgin biçimde farklı bir yaklaşımı benimseyerek, "Kudüs Kraliçesi" olarak miras yoluyla elde ettiği hakkını savunması gerektiğinde kendinden ödün vermedi.

Baudouin'in hasta yatağındaki mirasına yönelik yasal itirazlara rağmen, Melisende ile Foulque 14 Eylül 1131'de, Kutsal Mezar Kilisesi'nde birlikte kutsanarak taç giydiler.

2

ASİ ANTAKYA PRENSESİ ALICE

ALICE İLE BOHEMUND: MÜKEMMEL BİR EVLİLİK Mİ?

Morphia'nın ikinci doğan kızı Alice, hayatı boyunca üç farklı isim taşıdı: Urfa Prensesi Alice olarak doğdu, Kudüs Prensesi Alice olarak reşit oldu ve Antakya Prensesi Alice olarak öldü. Dört kız kardeş arasından ilk evlenendi. 1127'de annesinin ölümü sırasında 17 yaşındaydı ve Kudüs'ten yüzlerce kilometre uzakta, evlendiğinde gittiği yer olan Antakya'da yaşıyordu.

    Antakya, Ortadoğu'nun mücevheriydi. Bir zamanlar Doğu Roma'nın başkenti olan, Büyük İskender'in ordusundaki bir general tarafından kurulan bu şehir ve toprakları, ortaçağ döneminde Bizans İmparatorluğu, Selçuklu Türkleri ve Kilikya Ermenileri arasında önemli bir sınır yerleşimi olmuştu. Arap akınlarını izleyen zamanda ve Bizans İmparatorluğu'nun düşüşü sırasında Antakya büyük öneme sahip bir şehir olarak kaldı. İlk Haçlı Seferi sırasında zorlu geçen bir kuşatma sonrasında Bohemund tarafından ele geçirilmişti. Outremer'de kurulan ikinci Haçlı devletiydi ve Bohemund da kendini, oranın ilk prensi olarak ilan etti. Asi nehrinin kıyısındaki olağandışı ve sonsuz bir güzelliğe sahip vadide yerleşmiş bu ortaçağ şehri, kozmopolit bir kültür merkeziydi. Tepede yer alan etkileyici kalesi ve şehri çevreleyen devasa surlarıyla Antakya, savaşlar sonucu yıkılmış Nur Dağı sınır bölgesinde bir cennetti. Aynısı bugün için de geçerli. Artık savaşlar ve akınlardan yüksek Bizans surlarlarıyla değil de şehrin yalnızca 20 kilometre doğusunda yer alan Türkiye-Suriye sınırı tarafından korunmakta.

İdlib'e girmeye cesaret eden sağlık çalışanları, askerler, gazeteciler ve STK çalışanları şehri "güvenli bir yer ve Suriye'deki istikrarsızlıktan sonra hoş karşılayan bir dinlenme yeri" olarak tanımlamaktalar. İlk ve ortaçağda ışıl ışıl parlayan şehrin görkemi biraz azalsa da hâlâ yerli yerinde, günümüz Antakya'sının ambiyansı hâlâ zengin, havası tarih dolu. Eğer bir kimse şehirden çıkıp etrafındaki daha uzak yerlere giderse, bir zamanların ele geçirilemez olan surlarının dağ yamaçlarında halen durduğu görülebilir. Asi nehrinin üzerinden geçen bir köprü olan Demirkapı (Bab-ı Hadid) en etkileyici kalıntılardan biri. Bin yıldan daha eski olan bu yapı, duvarların devasa büyüklüğü hakkında bize bir fikir vermektedir: üç metre kalınlığında, masif taştan yapılmış ve hesaplanamaz biçimde yüksek. Antakya'nın sağ kalan tek duvar kapısı, zorlu Nur Dağları'na giden geçilebilir yollardan birini tutmakta. Eğer birisi Demirkapı tarafından iki yanından desteklenen bu vadide yukarıya bakarsa, her iki taraftan ilerleyen dağların tepesinde, zorlu bir sınır oluşturarak duran eski Bizans sur duvarlarını görebilir. Antakya, ticaret ve kültür cenneti olabilir ancak bu surlar sayesinde vatandaşları güvende tutulmuş ve işlerin büyümesi sağlanmıştır. En kararlı seyyahlar halen bu dağ yamaçlarının en yüksek noktalarına tırmanabilir, şehrin üstünde yer alan Bizans duvarlarının ve köprü kalıntılarının arasında gezinebilir. Dağlar ürkütücü ancak geçilemez değiller ve duvarlar da gerekli korumayı sağlamaktalar.

1126 yılı sonbaharında genç bir adam, bu şehri aramak üzere denize açıldı. İtalya'nın güneyindeki Puglia'dan yola çıkarak, Outremer'e ulaşabilmek için Akdeniz'i geçti. Annesi, güzelliğiyle ünlü bir Fransız prensesiydi. Babası ise Antakya'nın Haçlı fatihi Bohemund idi. Willermus Tyrensis, bu genç adamı detaylı olarak şu şekilde tasvir etmiştir:

Sarı saçlıydı ve biçimli yüz hatları vardı. Duruşu, kendini tanımayanlara bile bir prensi tanıtıyordu. Konuşması münasipti ve onu dinleyenlerin beğenisini kolaylıkla kazanıyordu. Karakter olarak cömert, babası gibi gerçek anlamda olağanüstüydü.

Bu gelecek vaat eden dost canlısı genç adam, Antakya Prensliği'nin kayıp varisi II. Bohemund idi. Şehir sayısız hükümdarın elleri arasından geçip gitse de gerçek varis, Tarantolu Bohemund'un tek oğlu II. Bohemund'du. Utanç verici bir yenilgi serisini takiben, I. Bohemund İtalya'da sürgün ile emeklilik arası bir duruma çekilmişti. Oğlu henüz küçük bir çocukken ölmüştü ve böylelikle II. Bohemund, annesi yaman Constance tarafından büyütülmüştü. Doğuştan Capet hanedanından bir prenses olan annesi, hem güzelliği hem de demir gibi mizacıyla biliniyordu.

Constance, bir kadına göre Batı Avrupa'da alışıldığından daha fazla güce sahipti. Bohemund'la evlenmeden ve onunla Güney İtalya'ya yerleşmeden önce, ilk eşinden boşanma talebinde bulunmuş ve alışılmadık biçimde talebi karşılık bulmuştu. Eşinin ölümünden sonra oğlunun çocukluğu süresince onun adına naip olarak hükmetti. Sonunda 1120'de, Grimoald Alferanites'in yükselişiyle İtalya'daki topraklarının çoğunun kontrolünü kaybetti. Kaçırılıp tutsak edilmiş ve Papa ile Sicilya Kralı'nın çabaları sonucunda serbest bırakılmıştı. Ancak serbest bırakılmasının koşullarından biri de hakkını devrederek oğlu adına vekil olma hakkından vazgeçmesiydi.

II. Bohemund, babasının kahramanlıklarıyla ilgili efsanelerle ve denizin ötesindeki Antakya'nın onu beklediği bilgisiyle büyütülmüştü. Reşit olduğunda ise artık hakkını almak için sabırsızdı.

Constance, oğlunun yetiştirilmesine büyük önem göstermişti ve onun Outremer'e gitmesine razı değildi. Mantıklı bir bakış açısından, bu endişesinde çok haklıydı: Doğu'da genç erkeklerin yaşam süresi cesaret verici değildi ve Antakya'da durum daha da kötüydü. Bir sınır şehri olduğundan ölüm oranları daha yüksekti. Bugüne dek bölgede ayakta kalmayı başarabilen çok sayıdaki kale ve surlar da bölgenin istikrarsızlığı ve savunma ihtiyacının bir tanığı olarak durmakta. Bohemund 11 yaşındayken, Antakya ordusu ile Halep orduları arasındaki, Hıristiyanlar için ezici bir mağlubiyetle sonuçlanan korkunç Kanlı Savaş ile ilgili anlatılanlar Puglia'ya kadar ulaşmıştı. Kelimenin tam anlamıyla Antakya'da eli silah tutan tüm erkekler bir günde katledilmişti. Katliamın boyutu ve bu yenilginin haberi tüm Outremer'e korku getirdi. Bundan kısa süre önce de Antakya'yı bir başka felaket vurmuştu: korkunç bir depremle şehir yerle bir oldu. Constance'nin böyle istikrarsız bir bölgeye oğlunu göndermeye isteksiz olması şaşırtıcı değildi.

Bir Anglo-Norman olan modern tarihçi Orderic Vitalis, Constance ile ilgili, "Endişeli anne onu engelledi, ta ki (o) zincirlerini kırıp kaçana dek," diye yazmıştı. Gerçekten de Bohemund, Doğu'ya gitme hayallerini ancak 1125 sonbaharında annesinin ölümünü takiben gerçekleştirebildi. Yas süresinin bitimiyle, askerler ve atlarla yüklü 24 gemilik bir filoyla Outremer'e doğru yola çıktı. Sonunda annesine olan bağlılığı son bulmuş, verasetten sahip olduğu toprakları almak ve kadın akrabaların her işe karışan müdahaleleri olmadan bağımsız olarak hükmedebilmek üzere yola çıkmıştı.

Kudüs Prensesi Alice, Bohemund'un gelişini hem merak hem çekinceyle beklemiş olmalı. Bu mirasyedi prens, onun kocası olacaktı. Bohemund'un kutsal topraklara gelişiyle ilgili haberler pek çok kez yayılmış, her seferinde asılsız oldukları ortaya çıkmıştı. Ancak 1126'da II. Bohemund ve filosu gerçekten de Outremer kıyılarında ortaya çıkmıştı. II. Baudouin ile Alice ise Antakya'da onu karşılamak üzere bekliyorlardı.

II. Baudouin ile II. Bohemund arasında uzun zamandır beklenen bu buluşma politika yüklüydü. 1119'daki Kanlı Savaş'tan bu yana Antakya başıboştu. Kral II. Baudouin yönetimi vekil olarak devralmıştı, ancak dikkati Kudüs ile Antakya arasında bölünüyordu ve Antakya'nın sorumluluğunun yükünden kurtulmak için çok istekliydi, aynı şekilde adanmış bir lidere hasret halk da. Bu toprakları asıl fetheden kahramanının kanından olan harika prensin gelişi, onlara Tanrı'nın bir lütfuydu ve sonunda düzenin sağlanacak olması demekti.

II. Baudouin Kudüs Kralı olarak Outremer'deki en yüksek konuma sahipti ve kendini hem bir hükümdar hem de diplomat olarak kanıtlamıştı. Hem otoriteyi hem kendi vasallarının ve bölgedeki asillerin sadakatine sahip olarak somut bir gücü de elinde bulunduruyordu. Antakya'nın nasıl yönetileceği ve Halep ordusuna karşı nasıl savunulacağına dair II. Bohemund'a çok değerli tavsiyelerde bulunabilirdi, ancak yorgundu. II. Baudouin dikkatini yeniden Kudüs'teki işlere ve kendi varis meselesine yöneltmeliydi. Bohemund'a kişisel özellikleri için değil, Puglia'dan getirdiği şövalyeler ve Bohemund'un varisi olarak halkın göstereceği sadakat açısından ihtiyacı vardı. Aynı şekilde Bohemund'un da Baudouin'e ihtiyacı vardı: uzmanlığına, korumasına ve eğer kan dökülmeden mirasına sahip çıkmak istiyorsa Baudouin'in itibarına ve işbirliğine... Krallığın kaderi, birbirinden bir nesil fark bulunan bu iki adamın buluşmasına bağlıydı.

Baudouin'in siyasi ilişkileri nasıl yönettiğine bağlı olarak II. Bohemund, Kudüs Kralı'nın ya en önemli müttefiki ya da en önemli düşmanı olacaktı. Eğer prens az da olsa babasına benziyorsa, ona karşı çok dikkatli olunması gerekirdi.

Deneyimli bir asker ve diplomat olan II. Baudouin, bu zorluklarla sakince başa çıktı. İkinci kızı Alice'yi yanına çağırtarak onunla II. Bohemund'un gelişini beklemek üzere Antakya'ya yolculuk etti. Böylece ilişkilerine iyi bir başlangıç yaptığından emin olmak için ona her türlü kompliman ve nezaketin gösterildiğinden emin oldu. Görüşme pürüzsüz ilerledi. Prens gemiyle Samandağ limanına ulaştı ve Asi'ye yolculuk etti. Antakya'ya vardığında, Baudouin ve Alice tarafından yönlendirilen şehir halkı onu büyük tezahürat ve seremonilerle karşıladı; sonunda Bohemund'un varisinin aralarında olmasından dolayı rahatlamış ve mutlu haldeydiler. Bohemund devlet töreni ve büyük bir ziyafetle karşılanmıştı.

Savurgan kutlamalardan sonra Kral II. Baudouin, II. Bohemund'a resmi olarak kızı Alice'yi eş olarak önerdi. Ancak düğünün gerçekleşme hızına bakıldığında muhtemelen bu anlaşma, Bohemund Antakya'ya varmadan çok önce yapılmıştı. Çocuklarından birinin ilk kez evleniyor olmasıyla ilgili hissetmiş olabileceği ebeveyn endişelerinin azabı, bunun iyi bir evlilik olması gerçeğiyle dağılmış olmalıydı. Genç çift arasında yalnızca iki yaş fark vardı ve Bohemund yakışıklı, sempatik ve etkileyiciydi.

Willermus Tyrensis genç adamı yere göğe sığdıramıyordu; onu "sakalsız yirmilik bir genç ama yiğit ve kuvvetli bir asker, aslana benzer yüzü ve sarı saçlarıyla uzun boylu" olarak tanımlayan Urfalı Mateos gibi. Mateos, Kilikya Ermenilerine karşı gösterdiği saldırgan askeri operasyonlar göz önünde bulundurulduğunda, II. Bohemund'dan nefret etmek için her türlü sebebi olan Ermeni bir tarihçiydi. Bu nedenle genç prensle ilgili olumlu tasviri şaşırtıcıydı.

II. Bohemund ile evlenen Alice, tüm kardeşlerinin konumundan daha üst bir seviyeye gelmişti ve Melisende'nin Kudüs Kraliçesi olmasından çok daha önce, tam 16 yaşındayken Antakya Prensesi olmuştu. Büyük hırsına dair belirtiler gösteren Alice için bu evlilik, onun mevki ve güç için duyduğu arzuya geçici olarak hizmet ediyordu.

Her şeye rağmen II. Bohemund, görünen o ki eşinden memnundu ve düğün hızla gerçekleşerek Antakya'da büyük bir şölenle kutlandı. Düğün töreninden sonra II. Bohemund tahtına oturdu, Antakya Prensi olarak bağlılık yemini etmiş ve taç giymişti. Bu törenle Alice ise Antakya Prensesi oldu. İşini başarıyla yapmış olmaktan mutlu olan II. Baudouin, Kudüs'e geri döndü. Şüphesiz sorunlu prensliğin yönetimini teslim edebilmiş olmaktan dolayı rahatlamış halde, tüm dikkatini yeniden Kudüs'teki işlere yöneltti.

Ortaçağ ile ilgili kayıtlar dikkatle incelendiğinde, bu birleşmenin iyi bir evlilik olduğu görülmektedir. Yaşlarının yakın olması, görünümleri ve çocuk doğurabilmelerinin de bunda katkısı oldu; evliliklerinin ilk yılında bir kız dünyaya geldi. İsmi Bohemund'un annesi gibi Constance idi. Yine de evlilikteki mutluluk ve başarı hafife alınmamalı. Hatta Willermus Tyrensis de bu evliliğin politik özelliğini vurgulamaktadır: "Bu beraberlik, Kral ile Prens'in ortak kararıyla, aralarındaki dostane ilişkilerin ve saygının artması umuduyla her ikisinin de uygun gördüğü koşullar altında gerçekleşmişti." Bir aşk evliliği değil, Kudüs ve Antakya kraliyet aileleri arasındaki önemli bir işbirliğiydi. II. Bohemund'un Antakya'ya gelişinden önce genç çift hiç göz göze gelmemiş ya da mektuplaşmamıştı. Evlilik, Alice'nin annesi ve kız kardeşleriyle olan hayatının bitişini belirtiyordu. Anlatılanlara göre II. Baudouin'in kızları birbirlerine çok yakınlardı.

Buna rağmen Alice pek çok ortaçağ prensesine kıyasla babasının seçtiği eş konusunda şanslıydı. Bohemund genç, yakışıklı ve asildi; ikisinin de babası Birinci Haçlı Seferi'nde silah arkadaşıydılar. Dahası Antakya, Kudüs'ten çok uzak değildi. Kraliyet ailelerindeki prenseslerin çoğu, ailelerini bir daha görme ihtimalleri olmayan denizaşırı ülkelere gidiyordu.

Prens Bohemund her anlamda Alice'nin dengiydi, ancak Bohemund bu denklikleri kabul etmediği için sorunlar ortaya çıktı.

Tüm tarihçilerin bu genç adamın ortaya çıkmasıyla nefeslerini tutmalarına ve onu cömertçe övmelerine neden olan tüm nitelikleri, Bohemund'u ideal olmayan bir eş haline getiriyordu. II. Bohemund, dünyada fark yaratmak ve babasının mirasını tüm zorluklara göğüs gererek onurlandırmak isteyen hırslı bir adam olarak Doğu'ya ulaştı. Fethetmeyi seven bir Haçlı Prensi olarak yaşam amacı, hırslı bir eş ile gücü paylaşmasına alan bırakmıyordu.

II. Bohemund, kişisel ve evle ilgili ilişkileri konusunda çok az istek gösterdi. Büyük bir hızla Alice ile bebek yapmalarına rağmen Antakya'da onunla çok az vakit geçirdi. Modern tarihçiler tükenmek bilmeyen savaş arzusunu ve sınırları olmayan enerjisini yüceltirken, savaş için duyduğu açlık evde çok az vakit geçirdiği anlamına geliyordu. Balayından sonra Alice kocasını çok az görebildi, kızları ise daha da az. Pek çok enerjik acemi gibi II. Bohemund'un da Müslümanlarla devam etmekte olan dini çekişmelerle tatmin olmayan ve yerel Hıristiyanlarla –karısının halkından olan Ermenilerle– toprak çekişmesine de sıçrayan bir kıyım açlığı vardı.

Tüm tarihçilerin methiyeler düzdükleri bu niteliklerin, aynı şekilde hırslı olan karısına kendini sevdirmesinde yardımı olmadı. Karısına hiçbir güç teslim etmedi ve Alice'nin rolü de "hükümdar eşi" olmaktan öteye geçemedi. II. Bohemund'un hükümdarlığından yalnızca tek bir ferman bulunmakta ve Alice bu fermanın tanık listesinde yer almıyor. Bu da Alice'ye, kız kardeşinin Kudüs'te keyfini sürdüğü ya da ondan önce Antakya'nın prensesi olan teyzesi Cecilia'nınki gibi olmayan çok az politik konum verildiğini gösteriyor. Tüm deliller, tutucu ve eşit olmayan bir evlilik olduğunu işaret ediyor. Sonuç olarak, güç kazanma fırsatı doğduğunda Alice'nin bu fırsata balıklama atlamasına şaşırmamalı.

II. Bohemund ile Alice arasındaki duygusal hassasiyetin mevcudiyeti ya da yokluğu nedeniyle, ilişkinin gelişmesi veya sağ kalması mümkün olmadı. Evlilik yemininden yalnızca dört yıl sonra Alice dul kaldı.

II. Bohemund, Suriye'deki Kafartab şehrini Humus Emiri'nden alarak Antakya Prensi olarak mükemmel bir başlangıç yapmıştı. Müslüman komşularına karşı durmak bilmeyen seferleri, Usame İbn Munkiz'in tanıklığında belirtilmektedir: "O şeytan, Bohemund'un oğlu, insanlarımızın başına gelen büyük bir felakettir." Ancak II. Bohemund aynı zamanda Urfa Kontu Joscelin ile arasında bir seri yıpratıcı kan davasına başladı. Bu durum da Antakya ve Urfa'nın Hıristiyan orduları arasında bir çatışmaya evrildi. Bölgedeki barış için bitmek tükenmek bilmeden çabalamış olan kayınpederi Kral II. Baudouin'i öfkelendiren bu husumet, Halep'i ele geçirme fırsatını kaçırmalarına da neden oldu.

Halep sınırı boyunca yapılan kısıtlı başarıya sahip bir sürü baskından sonra Bohemund dikkatini Ermeni Kilikya'ya yönlendirdi. Babasının krallığı süresince ellerinde olan toprakları yeniden prensliğine katma sürecinde, katliama duyduğu heyecanın açlığını Müslüman kuvvetleriyle tatmin edememişti. Aklında bu düşünceyle, Dağların Lordu ve Kilikya Kralı olan Ermeni hükümdar Levon'a savaş açtı. Eskiden I. Bohemund'un kontrolü altındaki pek çok bölge Kilikya tarafından ele geçirilmişti, II. Bohemund ise bu toprakları geri istiyordu. Ermeniler de Hıristiyan olduklarına göre bunun dini amaçlı bir savaşla karıştırılmaması gerek, dahası Bohemund'un kendi karısı da yarı Ermeniydi. Bu saldırıların Alice tarafından kabul görmesi mümkün değildi.

Çok daha kuvvetsiz olan bir düşman ordusuna yönelik daha rutin bir saldırı bekleyen II. Bohemund'un bu çabasında büyük bir risk görmediği aşikârdı. Yanında hiç müttefik getirmedi; Levon ile yüzleşmek üzere Kilikya'ya giderken yanında sadece saray içindeki muhafızları, piyadeleri ve süvarileri vardı. Bu birlik, en son adama kadar yok edildi.

Bohemund'un niyeti kulağına giden Levon, Danişment Emiri ile birlik oluşturmuştu. Çok daha büyük olan Müslüman ordusu sessizce Kilikya'ya gelmiş ve Antakyalıları bekleyerek pusuya yatmışlardı. Mücadele çok çetin geçti ancak Hıristiyan ordusu için hiçbir ümit yoktu ve II. Bohemund da düşmanları tarafından tanınmadan süvarileriyle beraber can verdi. O sarışın şövalyenin kim olduğunu bilselerdi, şüphesiz hayatını bağışlarlardı ve şehrinden cömert bir fidye talep ederlerdi. Bu hatalarını fark ettiklerinde, yerde serili duran cesetlerin ve savaş meydanındaki katliamın arasında bedenini aradılar. Bedeni bulduklarında Prens'in yakışıklı, aslana benzeyen başı kesilerek Bağdat'taki Abbasiler halifesine tüyler ürpertici bir zafer nişanı olarak gönderildi. Tarantolu Bohemund'un varisi için ani ve hayal kırıklığı dolu bir sondu.

PRENSES ALICE'İN İLK İSYANI

II. Bohemund'un ölümü, Antakya Prensesi Alice'nin yükselişinin müjdesiydi.

Kocasının ölümü Alice için bir şok değil, onu harekete geçiren şey oldu. Yas için zar zor ayırdığı tek bir günden sonra şehir için büyük bir kayıp olan Bohemund'un ölümünü avantaja çevirecek bir plan oluşturmak üzere harekete geçti. Belki de II. Bohemund'un ölümünü, hayatında ilk kez erkek akrabalarının onun üzerindeki baskıcı varlığından tamamen sıyrılma ve kendi kişisel özgürlüğüne ulaşma fırsatı olarak görmüştü. Sonunda gerçek bir şahsi ve politik temsil fırsatını yakalamıştı.

Bir dul ve genç bir anne olarak pozisyonu imrenilesi değildi. Fransa ve Batı Avrupa'dan daha bağışlayıcı olan Outremer'deki kanunlar ve gelenekler halen katıydı. Alice'nin II. Bohemund ile yaptığı evlilikteki anlaşmanın şartlarından biri; Kral'ın ölümü durumunda Alice'nin stratejik öneme sahip sahil şehirleri olan ve günümüz Suriye kıyısında yer alan Lazkiye ve Cebele'yi alarak kontrolü altında tutmasıydı. Cömert bir anlaşma olması ve kanunun bu toprakların Alice'nin olduğunu belirtmesinin yanında, yeniden evlenmesi durumunda bu toprakları yeni kocasına devretmesi gerektiği belirtilmekteydi. II. Bohemund, Kudüs'ün Antakya'nın insanları üzerindeki hâkimiyetini ve II. Baudouin'in hükümdarlığını, Alice'ninki de dahil olmak üzere üstü kapalı şekilde kabul etmişti; II. Baudouin'e kızını yeniden evlenmeye mecbur etmesi hakkını vererek.

Antakya'nın varisinin annesi ve bu denli önemli toprakların sahibi olarak konumu göz önünde bulundurulduğunda, yalnız kalmasına izin verilemeyecek ölçüde önemli bir varlıktı Alice. O toprakların kanunlarına göre, üç uygun aday arasından seçim yapma şansı verilecek ancak hepsine birden hayır diyemeden içlerinden biriyle hemen evlenmeye mecbur edilecekti. Bu izdivaç için dikkate alınan tek şey ise kimin Antakya'ya daha iyi bir hükümdar olacağıydı, kimin Alice için en uygun aday olacağı değil. Alice'nin bu kaderden kaçınma niyetinde olması şaşırtıcı değil. Kocasının ölümünden birkaç gün sonra durumunun acı gerçeklerini açıkça anlamasıyla birlikte isyan etmeye karar verdi.

O zamanın politik kültüründe kişilikler, devlet işlerinin yürütülmesi, oluşturulması ve işbirliklerinin kurulmasında politikalardan çok daha önemliydi. Bu nedenle bir lordun ölümü ve bir diğerinin tahta çıkması herhangi bir bölge, özellikle de Outremer için istikrarsızlık anlamına geliyordu. Hükümdarlığa dair herhangi bir düşünce, bir gelenek görenek sonucu değil de iki devletin hükümdarları arasında dile getirilmesi gereken bir durumdu. Kocası II. Baudouin'in yüksek hâkimiyetini kabul etmiş olsa da, Alice eğer prensliği ele geçirebilecek olursa aynısını yapmak zorunda değildi. Bunlar kanunlarla ilgili değildi, daha çok politik meselelerdi. Antakya'nın bağımsız bir prenslik olduğunu ileri sürerse, ki görünüşe göre bu böyleydi, Alice'nin tabi olduğu hiçbir hükümdar olmazdı. Eğer Kudüs'ün hâkimiyetini reddedecek olursa, bir anda şehirdeki en üst seviyedeki asil haline gelecek ve iki yaşındaki kızı da prensliğin tartışmasız tek varisi olacaktı. Babası ve orduları uzakta Kudüs'teyken, Alice'nin Antakya'yı ele geçirme ve kendi hayatının kontrolünü eline alma şansı vardı. Böylelikle Kudüs'e ve kendi babasının otoritesine karşı açık bir başkaldırışla, Antakya naipliğini ele aldı ve şehrin kontrolünü ele geçirdi.

Bir bölgenin hâkimlerinin diğer bölgenin hâkimiyetini reddetmesi özel olarak şaşırtıcı bir durum olmasa da, bir kızın babasının otoritesini reddetmesi büyük bir şoktu. Çünkü bu, hem toplumun ataerkil yapısına hem belirlenmiş toplumsal cinsiyet rollerine hem de anne babaya riayet edilmesi gerektiğine dair Hıristiyan öğretisine karşı bir başkaldırıydı. Belki de bu nedenle Willermus Tyrensis, Alice'nin bu isyandaki rolünü vurgulamakta ve eleştirmektedir:

> Alice kocasının ölümünü haber alır almaz, hatta babasının Antakya'ya gelme niyetinin farkında dahi olmadan, şeytani bir ruh onu kötü bir plana yönlendirdi (…) bir dul olarak kalsa da yeniden evlense de Alice kızını tahttan mahrum ederek Prensliği kalıcı olarak kendinde tutmakta kararlıydı.

Willermus Tyrensis, Alice'yi ve nedenlerini kınıyor olsa da Alice kanunlar çerçevesinde hareket ediyordu. Dahası, şehri o şekilde ele geçirebilmek için hem şehirdeki güçlü soylulardan hem de hatırı sayılır büyüklükte bir halktan da destek görmüş olmalıydı. Eylemleri Kudüs Kralı'nı ve destekçilerini şaşkına uğratmış olsa da tamamen uzak ya da öfkeli davranamazlardı, aksi halde Antakya halkı onları asla kabul etmezdi. Alice, öfkeli bir kadın olabilirdi ama, asi soylulardan oluşan bir şehrin tamamını sadece bakışları ve öfkeli tehditleriyle bastırmış olması mümkün değildi. Güçlerine yeni kavuşmuş olan Prenses savunmasını güçlendirmeye ve stratejilerini planlamaya devam ederken, rakipleri ona karşı harekete geçmeye başlamıştı. Babası II. Baudouin ile eniştesi Foulque du Anjou da kocasının ölümünü haber almışlardı ve çok sorunlu olan bu prenslikte Prens'in ölümünün yaratacağı iktidar boşluğunu çok iyi anlıyorlardı. Bir ordu oluşturup durumu kontrol altına almak, erkek bir hükümdar görevlendirmek, Alice'yi yeni ve politik olarak avantajlı bir kocanın kollarına atmak için sabırsızlanarak aceleyle Antakya'ya doğru yola çıktılar. Dik kafalı Alice'nin başka planları olduğundan bihaberlerdi. Kudüs'ü terk ettiklerinde Alice'nin onlara karşı gelmesi ve Antakya'yı ele geçirmesi olasılığı hakkında hiçbir fikirleri yoktu.

Kocasının ölümüyle açılmış olan fırsat penceresinden geçmekte gösterdiği bilgelik ve cesarete rağmen, Alice karşı karşıya olduğu kişilerin gücünü hafife almak gibi kritik bir hata yapmıştı. Panik duygusuyla kendine aşırı güvendi. Babasının gelişini duyduğunda, Antakya'da sahip olduğu desteğe rağmen savaşta Kudüs Kralı'na direnmeyi umamadı: Antakya'da neredeyse hiç ordu kalmamıştı, birçok şövalye kocasıyla beraber Kilikya'da öldürülmüştü. Kudüs'e karşı gelebilmek için askeri gücü olan güçlü bir müttefike ihtiyacı vardı. Outremer'deki diğer toprakların Frank lordlarının köklü Kral II. Baudouin'e karşı Alice'nin yanında olma ihtimali yoktu. Böylece babasının ilerleyişi karşısında şüphesiz dehşete düşmüş olan Alice, çaresizlikle Musul ve Halep'i almasıyla Outremer'deki Hıristiyan devletlerine karşı büyük bir tehdit haline gelmiş olan Atabey Zengi'ye bir mesaj gönderdi; babasına karşı gelirken ona destek vermesi ve Antakya'yı elinde tutmasına izin vermesi karşılığında Zengi'ye bağlılık yemini etmeyi önerdi. Bu teklif, "kendi şahsi kazancı uğruna bir Hıristiyan toprağını Müslüman hükümdarına teslim etmek" olarak yorumlandı ve şehirde sahip olduğu Frank desteği de bu manevrayla şüphesiz geri çekildi.

Zengi'ye ulaşarak bir müttefiklik öneren ilk kişi Alice değildi. Kendi şahsi çıkarını korumak için Müslümanlarla birlik olan ilk Hıristiyan asili de değildi ve son da olmayacaktı. Müslüman bir liderle yapılan birlik şaşırtıcı değildi ve İlk Haçlı Seferi'nin liderleri de Kudüs'e ilerleyebilmek için Müslümanlarla işbirliği yapmışlardı. Ancak Hıristiyan bir krala karşı, Müslüman bir liderle yapılacak olan işbirliği halen ciddi bir tabuydu. Bu adım aynı zamanda Alice'nin naifliğini de göstermiş oldu. Alice, prensliğe tek başına hükmetmesi konusunda Zengi'nin, babasından daha istekli olmamasından hoşlanmadı. Hatta Zengi bu konuda babasına göre çok daha isteksizdi. Çünkü her ne kadar Outremer yasalarında kadın varlığı gitgide daha fazla tanınmaya başlamış olsa da, İslami gelenekler için bu halen çok uzaktı.

Alice, Zengi'ye giden elçilerin yanına Atabey'e verilmek üzere özenli ve sembolik bir hediye ayarladı: Kar beyazı renkte cins bir atın nallarının gümüşten, eyerinin ve dizginlerinin beyaz ipekten gümüş motifleriyle yapılmasını emretti; bu cömert hediyenin gönderilmesi için bir elçiyi görevlendirdi. Batı atları Doğu'da çok değer görmekteydi ve atın nalına işlenmiş olan el işçiliği fevkaladeydi. Güzel bir hediyeydi. Meşhur Atabey'i memnun edeceğini; ona zarif karakterini, saygısını ve iyi niyetini göstereceğini ümit ediyordu. Elçi ve at varmaları gereken yere varamadı. O nedenle Zengi'nin, Alice'nin hediyesini ya da teklifini nasıl karşılayabileceğini bilmiyoruz. Elçi ve at, Alice'nin babasının adamları tarafından Antakya'ya geldikleri sırada engellendi. Korkunç bir işkenceden sonra elçi, görevini ve Alice'nin niyetini itiraf ettikten sonra öldürüldü. O güzeller güzeli beyaz ata ne olduğu ise bilinmemekte.

Kral II. Baudouin, Antakya'daki durumun ciddiyetini ve kendi kızının başkaldırışını anladıktan sonra şehre olan ilerleyişini, Alice'ye bir eş bulmak için değil onunla karşı karşıya gelip niyetine engel olmak amacıyla hızlandırdı. Şehre vardığında ise kızının küstahlığı nedeniyle öfkeden taşmak üzereyken kapının kapalı olduğunu; Alice'nin bağımsızlık ve Antakya'nın hâkimiyetine dair sözü olmadan içeriye girmesine izin vermediğini gördü. II. Baudouin hiçbir vassaldan gelebilecek olan bu denli küstahça başkaldırıya asla müsamaha gösteremezdi, 20 yaşındaki kızı da buna dahildi. Böylesi bir taviz kuvvetten düştüğünü gösterir ve Kudüs Krallığı'nın otoritesine tamamen zarar verirdi.

Antakya'nın kapısı önünde toplanmış olan Kudüs'ün öfkesini ve Prenses'in çaresizce çırpınmalarını gören şehirdeki pek çok Frank, Alice'nin isyanını desteklemek konusunda şüphe duymaya başladı. William of Aversa adında Frank bir şövalye, beraberinde Latin Peter olarak bilinen bir rahiple birlikte Prenses'in emirlerini görmezden gelerek kapıyı Foulque ile II. Baudouin'e açtı. Alice çaresizlik içinde iç kaleye kaçarak kendini oraya hapsetti. Daha fazla sürecek bir direnişin nafile olacağını kabul etmesi uzun sürmedi. Kuşatmacılar tarafından hayatının garanti edilmesinden sonra, utanç içinde saklandığı yerden çıktı ve herkesin içinde babasının önünde ağlayıp eğilerek pişmanlıkla af diledi.

Belki her şeyden önce yorgunluk nedeniyle II. Baudouin, kızı Alice'nin istediği hoşgörüyü gösterdi. Hapis gibi belirli bir ceza almadı ancak hemen Antakya'dan sürgün edildi, bu da varis olarak Antakya'da kalacak olan kızı Constance'den ayrılması demekti. Annesinin yokluğunda Constance'nin dedesi, eski müttefiki Urfa Kontu Joscelin'i, Prenses'in vekili ve koruyucusu olarak tayin etti. Willermus Tyrensis'in iddiasına göre şahsi cömertliği ve ailevi yumuşaklığı sebebiyle Baudouin, Alice'ye miras kalan Cebele ve Lazkiye şehirlerini kızının elinde tutmasına izin verdi. Ancak bu cömertlik gösterisinin nedeni iyilik değil, kanunlar nedeniyle ellerinin bağlı olmasıydı. Yasal hakları doğrultusunda bu topraklar artık Alice'ye aitti, ona kocası II. Bohemund'dan kalmıştı. Kendi hayatı için beş yaşındaki kızı Yvette'nin canını riske atmış olan II. Baudouin, Alice'nin gözyaşlarına boyun eğecek bir adam değildi.

Alice açık bir isyanla babasına karşı durarak Zengi ile müttefik olmaya yeltenmek yerine, şehirde güçlü bir destek oluşturup şehrin hükümdarlığı için talepte bulunmuş olsaydı daha fazla başarı elde etmiş olması muhtemeldi. Ancak evlenmemesi mümkün değildi. Alice'nin Bohemund ile olan kısa evliliği neticesinde evliliğe olan inancını yitirmiş olması muhtemeldir. Ayrıca "Kudüs'ün himayesindeyken hükmetmek" gibi daha ulaşılabilir bir seçeneğe razı gelmeyip, babasının yüksek hâkimiyetini reddederek "bağımsız bir prenslikte Antakya'nın hükümdarı olmayı" istemiş olması da olasıdır. Erkek bir yöneticinin altındaki bir kız evladının taht için hükümdar olarak kabul edilmesindeki tehlike, Kudüs Kralı'nın Alice'yi ya da Constance'yi ona uygun gelecek şekilde evlendirme hakkına sahip olmasıydı: Eğer onlardan herhangi birine bir koca dayatacak olsaydı, Alice'nin gücü hemen yeni Antakya Prensi tarafından geçersiz hale gelecekti.

Alice'nin şehirde desteği olsa da kimse Kudüs Krallığı'na karşı bir kuşatmaya dayanabileceğini sanmıyordu. Antakya'nın Ermeni halkının, Prenses'in hükümdarlığını hoş karşılamış olması muhtemel. Ancak gücü elinde bulunduran Frank nüfusu, Kudüs Kralı ya da Urfa Kontu'na karşı bir kadının hükümdarlığına müsamaha göstermeye niyetli değildi.

Willermus Tyrensis şöyle yazmıştır: "Zengi'nin yardımıyla, Antakya'yı kalıcı olarak ele geçirmeyi umdu; kendi adamlarının ve tüm bir nüfusun itirazına rağmen" ve "o şehirde, bir kadının cüreti ve aptallığını küçümseyen Tanrı korkusuna sahip erkekler vardı." Ancak Willermus, tek başına tüm şehrin kontrolünü ele geçirmeyi başarmış olan bir kadına nasıl tüm nüfus tarafından karşı çıkıldığından bahsetmemektedir ve Patrik'in ya da Konnetabl'ın[8] Alice'ye karşı çıktığına dair özel bir bilgi yoktur. Bu da en azından şehrin kapılarını Kral'a kapatmaları konusunda isteksiz olsalar da bir işbirliği yapmış olmaları mantıklı görünmektedir. Dahası, Alice bir adım daha ileri gidip onları esir almış olsaydı, böylesi bir eylem mutlaka tarih kitaplarında yerini almış olurdu.

Willermus Tyrensis'in, Alice'nin ilk bağımsızlık denemesine karşı tutumu son derece sorunlu. Kadınların başarılarına dair geniş bir çoğunluğu göz ardı etmesine rağmen, Kraliçe Melisende ile birçokları hakkındaki tasvirleri konusunda gözle görülür biçimde cömert. Ancak krallıktaki dengeyi bozan kadınlar için çok az zaman ayırmakta ve Alice'ye doğru alışılmadık bir öfke yöneltmektedir.

Ortaçağda bir kadını itibarsızlaştırmada en etkili yöntem, kadınlığına zarar vermekti. Willermus da Alice'nin bu isyandaki eylemlerini tasvir ederken, onun "kötü ve doğal olmayan bir anne" olduğunu vurgulamak konusunda helak olmuştur. Küçük kız Constance'nin annesinden yana olmadığını, Alice'nin ise prensliği daimi olarak kendinde tutabilmek için kızını reddetmeye hazır olduğunu ileri sürmüştür. Alice'nin bu niyetlere sahip olması pek mümkün değil, Willermus her ne kadar eleştirilerinde bundan iki kez bahsetmiş olsa da. Constance erişkin olana dek onun adına naip olarak hükmetmek için yasal hakkını arzu etmesi ve koca seçiminde daha büyük bir etkiye sahip olmayı istemesi daha olası. Reşit olmamış çocuklar adına kadın naiplere dair örnekler vardı. Constance'nin büyükannesi ve adını taşıdığı Fransız Constance gibi, o da Güney İtalya'da II. Bohemund adına naiplik yapmıştı.

---

[8] Kudüs Krallığı'nda ordunun başı ve en yüksek kumandan, ing. *Constable* (ç.n.)

Her halükârda Willermus Tyrensis, Alice'nin eylemlerini tasvip etmeyerek ondan "son derece kötü niyetli ve kurnaz bir kadın" olarak bahsediyordu. Bu tarz bir sözlü saldırı, genelde bir kadının erkeğin avantajına olan sosyal yapıyı tehdit etmesi nedeniyle kadınlara karşı olan bir erkeğin tutumudur. Willermus, Alice'nin suçlarını şu şekilde belirtmektedir: "Prensliğe zarar vermek niyetindeydi. Kocasından olan kızını reddetmeye hazırdı ve böylelikle kendine prensliği garantileyecekti; kendi isteğine göre yeniden evlenmek niyetindeydi." Kendisi hükmetmeyi isterken, Antakya'nın çıkarlarını görmezden gelmeye çalıştığını iddia ediyordu ancak bu hayli şüpheli. Eğer Constance'yi tahttan mahrum bırakmaya hazırlanıyor olsaydı, bu bir suç olurdu ve küçük kızına karşı böyle bir düşmanlık beslediğine dair bir kanıt yoktur. Willermus'un, Alice'nin kendi kocasını seçme isteğine dair de benzer itirazları vardı. Yazılarını yazdığı patriklikteki kitlesine onu karalamak için kadınlığına saldırmaktadır. Willermus Tyrensis'in günlüğünde belki de en az dengeli ve en az önemi olan alıntı bu olabilir.

Ancak Alice'nin babasına karşı isyanına ilişkin detaylar ve bunun yaşandığı gerçeği pek çok kaynakta kanıtlarla desteklenmiştir, Müslüman tarihçi Kemal ad-Din'in de dahil olmak üzere. Bu isyan kesin olarak babasının gazabını üstüne çekmiştir. II. Baudouin Antakya'dan sürdürmeden önce kızını azarlamıştır. Alice ise krallığın erkeklerinin, gözden ve fikirlerinden uzakta kuzu gibi sessiz bir yaşam sürmesini umduğu Lazkiye'ye utanç içinde varmıştır.

PRENSES ALICE'NİN İKİNCİ İSYANI

Alice uzun süre sürgünde kalmadı. Bu gelişme, karakteri hakkında tüm bildiklerimiz söz konusu olunca hiç de şaşırtıcı değil. İlk isyanı babasını yormuştu. II. Baudouin uzun ve savaşlarla geçen bir hayatın yıpranmalarına yenik düştü. Yanı başında sadık büyük kızı, damadı ve küçük torunu ile yatağında ölmeden önce alışılmamış vasiyetini sunmak üzere tam zamanında Kudüs'e dönmüştü.

Alice, babasının ölüm döşeğine katılmadı ve her ikisinin de birbirlerine karşı davranışları için pişmanlık duyup duymadıklarını ya da son karşılaşmalarının "baba ile kızı" olarak değil de "hükümdar ile isyancı vassalı" olması konusunda üzüntü duyup duymadıklarını bilmek imkânsız. Eğer Alice babasının ölümü konusunda bir pişmanlık ya da üzüntü hissettiyse bile, bu duygunun reddi konusunda son derece çevikti.

II. Baudouin'in ölümünden ve ablasıyla eniştesinin taç giymesinden kısa süre sonra Alice yeniden planlarına başladı. Lazkiye'de yayınladığı beyannamelerde, yurdundan kovulması ve yoksun kalmasına rağmen Antakya ile olan bağını vurgulamak için büyük zahmete girdi. Bir tarikata toprak verdiği bir tüzük düzenledi, kendi soyunu belirtmekle kalmayıp Antakya ile bağlarını ve şehirdeki hakkını da vurguladı:

> Ben Alice, Kudüs Kralı Baudouin'in ikinci kızı, bir zamanlar Büyük Bohemund'un oğlu, en mükemmel Antakya Prensi olan Lord Bohemund'un karısı, Tanrı'nın isteğiyle Antakya Prensesi, Tanrı sevgisiyle ve Lord Bohemund'un ve ailemin ruhu üzerine, kendi ve kızım Constance'nin selameti için...

Bir ortaçağ dinleyicisi için bile bunlar, biraz fazlasıyla övünmek demekti. Bunun haricinde, Alice'nin Lazkiye'den gemiler kiraladığı gerçeği bile onun hırsları hakkında fikir vermektedir. Bu, orada bir manastır *scriptoriumu* (kitapların yazıldığı, resimlendiği, ciltlendiği yer) açtığı anlamına geliyordu, küçük sayılabilecek bir sahil kabasında miras yoluyla hak kazanmış bir toprak sahibi için alışıldık bir durum değildi. Evini bu büyük ölçekte yöneterek prenses olarak statüsünü korumakta ve dünyaya ise "her ne kadar sürgüne gönderilmiş olsa da halen Outremer'in politikalarında önemli role sahip olduğunu" hatırlatmaktaydı.

Alice'nin kocasının ölümünün onun için bir fırsat yaratması gibi, babasının ölümü de benzer bir fırsat yarattı. Hükümdarlar arasındaki geçiş dönemi Outremer'de her zaman hassas dönemlerdi. Bir kral ya da prensin ölümü ya da Müslümanlara karşı yapılan büyük bir savaş ise krallığın en az istikrara sahip olduğu, politik düzenin değişimine dair bir teşebbüse daha az karşı konması olası dönemi işaret etmekteydi. Böylelikle babasının ölümünden hemen sonra Alice yeniden saldırıya geçti.

İkinci isyanı ise Kudüs'ün hükümdarlığına karşı çıkmaya odaklanacaktı; yalnızca Antakya değil, diğer iki Haçlı devleti olan Trablus ve Urfa üzerindeki hâkimiyetine de. Basitçe hükümdarlık yüksek hâkimliğe eşit demekti ve eğer Kudüs Kralı Antakya üzerinde yüksek hâkimse, teknik olarak prenslik bağımsız olarak tanınsa ve kendi yönetimine dair bazı yönleri uygulayabilse de bu bağımsızlığın uygulanabilirliği sınırlıydı.

II. Bohemund'un babası Bohemund (Tarantolu), Haçlıların geri kalanı Kudüs'ü ele geçirmeden çok önce Antakya'yı ele geçirmişti ve kralların hiçbirini hâkim hükümdar olarak tanımazken, utanç verici bir yenilgiyi takiben Bizans İmparatoru'na biat etmişti. Naibi ve halefi yeğeni Tankred, Kudüs'ün hâkimiyetinin kabulünün reddi konusunda çok daha açıktı ve Bizans İmparatoru'nunkini de reddetmişti; Antakya'nın bağımsızlığı için çetin bir şekilde savaşarak. Ancak Doğu'ya vardığında II. Bohemund önceki kuşaklardan gelen direnme görevini kabul etme konusunda başarısız oldu. Outremer'e varır varmaz, II. Baudouin'in misafirperverliğini kabul ederek ve kızıyla evlenerek Kudüs'ün kraliyet ailesinin kucağına düşüverdi.

Alice'nin kocası ile babası arasında yapılan anlaşma hakkında çok daha kuşkucu bir bakış açısı vardı. İki adam arasındaki anlaşmayı sonuçlandırabilmek için bir hediye olarak kullanılmıştı ve kocasının, babasının sunduğu arkadaşlık teklifini kabul etmesinin sonuçlarını anlamıştı. Bunu, Antakya'nın bağımsızlığının görmezden gelinmesi olarak gördü. Alice ikinci isyanını bu hatanın düzeltilmesine dayamıştı.

Babasının ölümünden sonraki sürecin uygunluğuna ek olarak, II. Baudouin'in ölümünden birkaç ay sonra, Alice'nin güç gösterisinde bulunması için altın bir fırsat sunan bir başka ölüm daha gerçekleşti. II. Baudouin'in varisi, Urfa Kontu Joscelin öldü: Doğu'da güce sahip olan, İlk Haçlı Seferi kahramanlarından sonuncusu, Alice'nin sürgünü sırasında II. Baudouin'in Antakya Prensesi Constance'nin koruyucusu olarak görevlendirdiği adam... Onun artık yoluna çıkmayacağını bilerek ve inatçı babası da öldüğüne göre, Alice bir kez daha Antakya tahtını talep edebilirdi. Outremer'in gücü artık yeni neslin elinde bulunuyordu.

Babasının ölümüyle ve eniştesinin tahta çıkmasıyla Alice'ye bir fırsat verildi. Outremer halkı Foulque'yu sevmiyordu. Kutsal topraklara yeni gelmiş, beraberinde güce aç arkadaşlarını da getirmişti. Bu dönemin politikalarının şahsi doğası göz önünde bulundurulduğunda, bu Foulque'nun yeni iktidarı için istikrar bozan büyük bir faktördü. İlk Haçlı Seferi kahramanı olan II. Baudouin, vasalların ona biat etmeye hazır oldukları bir Kudüs kralıyken, Foulque du Anjou için durum aynı değildi.

II. Baudouin ve ondan önce gelen I. Baudouin, karakterlerinin getirdiği çelik gibi bir güçle Haçlı Devletleri'ndeki kontluklar, prenslikler ve lordluklar arasında hâkim güce sahip olabilmişlerdi, ancak bu Foulque'nun yarışamayacağı bir şeydi: O dışarıdan gelen biriydi ve yerel lordlar onu yüksek hâkim olarak kabul etmezlerdi. Babasının ölümüyle, yerel baronların sadakatini Kudüs tahtına bağlı tutan ip ortadan kalkmıştı ve Alice müttefik kazanmak için çok daha iyi bir konumdaydı.

Yeni nesil lordlar Kudüs Kralı'na, babalarının duydukları minnet borcunu duymuyorlardı. Outremer'in diğer ana bölgeleri olan Trablus ve Urfa'nın varislerinin yeni Kral Foulque'ya şahsi anlamda hiçbir borçları yoktu. Onları lord yapan ve onlara toprak veren I. ve II. Baudouin'e babaları büyük bir minnet duyarken, oğulları topraklarının hakkını kan bağıyla elde etmişlerdi ve Batı'dan gelip bir anda ortaya çıkan, bir prensesle evlenen ve yabancı arkadaşlarına yerel imtiyazlar veren bu davetsiz misafire biat etmek istemiyorlardı. Kırgınlardı ve Alice hemen bu fırsatı değerlendirdi.

II. Joscelin'in, muhtemelen kahramanlarla dolu bu topraklarda gücenecek çok fazla şeyi olan güçsüz ve çirkin adamın, babasının ölümüyle Constance'nin koruyucusu olma hakkı reddedilmişti. Foulque açısından bu mantıklı bir karardı. I. Joscelin gerçek bir aslanken ve bu nedenle Antakya'nın gücünü elinde bulundurmak için doğru bir adamken, oğlu ve varisi tüm yönlerden etkisiz genç bir adamdı ve bu denli istikrarsız birinin, prensliğin koruyuculuğunu almasına izin verilmesinin hiçbir anlamı yoktu. Buna rağmen II. Joscelin'in bakış açısından bu çok ciddi bir hakaretti ve bu da genç adamı, hem entrikacı hem de öfkeyle yanıp tutuşan Prenses Alice'nin kucağına itti.

Aynı şekilde, Alice'nin güneydeki komşusu da Foulque du Anjou'nun yüksek hâkim olması fikriyle düş kırıklığına uğramıştı. Trablus Kontu Pons, pek çok farklı fırsatta topraklarının hâkimiyetini Kudüs'ten almaya çalışmıştı ve bunu yeniden yapma fırsatı çok çekiciydi. Outremer'in tarihindeki en işbirliği yapmayan baronlar, I. Bohemund ve Antakya Prensi Tankred'dı; her ikisi de kesin bir şekilde Kudüs'ün yüksek hâkimiyetini reddetmişlerdi. Pons, Antakya'da Tankred'in himayesinde yetiştirilirken Antakya, Urfa ve Trablus'un bağımsız topraklar olması gerektiğine dair bir ideolojiyle beyni yıkanmıştı. Akıl hocasının ölümünü takiben Tankred'in genç duluyla evlenerek Tankred ile olan bağını da bir adım daha ileriye taşıdı. Böylelikle Alice, kendisine katılması konusunda ağzını aramak için Pons ile iletişime geçtiğinde, Pons'un onunla müttefik olma ve tahta karşı ayaklanma fırsatına hemen atlamasına şaşırmadı.

FRANSIZ CECILE

Pons'un karısı Fransız Cecile'nin yani Tankred du Hauteville'in dulunun hikâyesi tuhaftı. Pons için mükemmel bir eşti ve Tankred ona, Antakya'nın bazı çok önemli kalelerini miras bırakmıştı. Cecile ile annesinin ise kendi ilginç hikâyeleri vardı.

Kral Foulque'ya karşı ayaklanacak olan Pons'un karısı olmanın yanında Cecile aynı zamanda Foulque'nun üvey kardeşiydi, bu da kocasının isyanının etkisini arttırdı. Cecile'nin babası Fransa Kralı, Foulque'nun babası ise Anjou Kontu iken anneleri aynı kişiydi: Bertrade de Montfort.

Bertrade, Foulque'nun babası Anjou Kontu ile genç bir kızken evlenmişti ve sonrasında Foulque dünyaya gelmişti. Ancak 1092 yılında, henüz 22 yaşındayken aynı şekilde ona âşık olan Fransız Kralı Philippe için kocasıyla oğlunu terk etmişti.

Gerçekten de Philippe'in mirasını belirleyen Bertrade'in aşkıydı ve tarihte ise Âşık Philippe (ve Şişman Philippe) olarak bilinmekteydi. Güzeller güzeli Bertrade ile evlenmek için şişman karısı Berthe'den boşandı. Bu da onun Haçlı Seferi vaazını vererek Avrupa'yı karıştıran aynı Clermont Konsili'nde Papa II. Urbanus tarafından aforoz edilmesine neden oldu. Philippe ile Bertrade'in üç çocuğu oldu, bunlardan sonuncusu ise Lady Cecile idi. Bertrade kocasından daha uzun yaşadı ve öfke dolu üvey oğlu Louis tahta çıktığında akıllıca davranarak sosyal hayattan çekilip rahibe oldu. Bu hikâye, William of Malmesbury'i şunları yazmaya teşvik etti: "Halen genç ve güzel olan Bertrade, Fontevraud manastırında rahibe oldu. Erkeklere göre daima çekici, Tanrı'ya sadık ve bir melek gibiydi."

Cecile de annesinin meleke özelliklerini miras almışa benziyordu, Foulque almamış olsa da. 1106'da henüz 9 yaşındayken, Taberiye Prensi ve Antakya hâkimi Tankred (Hauteville) ile evlenmek üzere Doğu'ya geldi. Tankred ondan 20 yaştan fazla büyüktü, ancak şüphesiz etkileyici bir adamdı. Bohemund (Taranto)'un yeğeni olan Tankred, İlk Haçlı Seferi sırasındaki kahramanlıkları ve başarılarıyla ün kazanmıştı. Tankred'in 1112'deki ölümüne dek 6 yıl evli kaldılar ve hiç çocuk yapmadılar. Bu durum şüphesiz Prenses'in genç yaşının ya da belki evliliğin asla tam anlamıyla gerçekleşmemiş olmasından kaynaklıdır. Son nefesinde Tankred genç karısına büyük bir iyilik yaparak, onun Trablus Kontu Pons ile evliliğini ayarladı. Bir koca için ölmeden önce yapılan son eylem olarak biraz garip olsa da bu bir iyilik meselesiydi. Pons ile Cecile aynı yaştalardı; Tankred'in saygı duyduğu ve iyi tanıdığı bir genç adamdı. Pons, Tankred'in sarayında yetiştirilmiş ve eğitim görmüştü. Tankred onun büyük bir lider, iyi bir eş ve genç dul kadın için başarılı bir koruyucu olacağından emindi. Tankred, Outremer'de ailesinden uzakta ve çok geniş topraklara sahip olan 15 yaşındaki dul bir kadının, onun topraklarını ve servetini ele geçirmek için sabırsız olan açgözlü ve onursuz eş adayları tarafından parçalara ayrılacağından emindi. Cecile'nin ikinci evliliğinin mutlu bir evlilik olmasını sağlamak için istekliydi. Tankred'in koruması altında Cecile ile Pons birlikte büyümüşlerdi ve ikisi arasında meydana gelmekte olan güçlü bağı gözlemlemeye başlamasından dolayı bu kararı vermiş olması da mümkündür.

Kendinden üç kat yaşlı bir adamla evlenmek için ailesini geride bırakarak denizleri aşmasına neden olan ilk evliliği ne kadar zor olsa da kocası onun geleceğini güvence altına aldı. Evliliği ayarlamasına ek olarak Cecile ile kocasına değerli kaleler olan Arcicanum, Yahmur, Tartus, Maraclea, Safita ve dünyaca bilinen Krak des Chavaliers'i (Kal'at el Hısn) bıraktı. O günlerde ise kalenin bugünlere gelebilecek etkileyici tahkimi yoktu; asıl adı Hisn al-Akrad, yani çevirisi "Kürtler Kalesi" olarak bilinmekteydi.

Krak des Chavaliers, kendi kurtuluşundan emin olmak isteyen Haçlı askeri mimarisinin harika örneklerinden biridir. Pek çok Haçlı kilisesi ve tapınağı tahrip olmuştu. En üzücüsü de Willermus Tyrensis'in Sur şehrindeki deniz kenarında yer alan büyük katedralinden geriye otlar bürümüş bir taş yığını kaldı. Ancak pek çok diğer Haçlı kalesi gibi Krak da zamana direnerek ve yılları atlatarak yaratıcılarının kararlılığının bir vasiyeti olarak günümüze dek ayakta kalmayı başarabilmiştir. Suriye'deki iç savaş hasara sebep oldu. Bazı surlarda çatışmanın izleri görünmekte ve orada burada mermi delikleri yer almaktadır, ancak halen büyük bir kısmı sağlam durmaktadır. Savunmanın kabahatiyle değil de sahte bir mektup nedeniyle yalnızca bir kez Haçlılar bu kalenin kontrolünü Memlûklere kaptırmışlardır.

Böylece Kral Foulque'nun yarı kardeşi Cecile, onlu yaşlarının sonlarında kendini birlikte büyüdüğü aynı yaşta bir erkekle evlenirken buldu. Düğünden birkaç yıl sonra Cecile ilk oğlu Raymond'u doğurdu: geleceğin Trablus Kontunu. Çiftin iki çocuğu daha oldu; Philippe ile Agnes.

Bir çift olarak birbirlerine uygun olsalar da Cecile ile Pons da Outremer'deki tüm kraliyet ailelerinin başına geldiği gibi iniş çıkışlı ve tehlikelerle çevrili bir hayat geçirdiler. Yirmi beş yıllık evlilikten sonra Pons, yıllar içinde birleşerek müttefik olan yerli Hıristiyanlar tarafından esir alındı. Şam'ın Memlûk komutanı Bazvac'a teslim edildi ve 1137'de Cecile'yi dul bırakarak öldürüldü. Evliliklerinin ilk yılları aynı şekilde çalkantılıydı. 1131'de Cecile'nin üvey kardeşi Foulque Kudüs'te tahta çıktı ve göğüslemek zorunda kaldığı ilk sorunlardan biri ise Haçlı Devletleri'ndeki diğer prens ve kontların sadakatini kazanmaktı. Cecile'nin kocası kendi Trablus Kontluğu'nun otonom olması konusunda kararlıydı ve böylece Alice'nin Kudüs'e karşı ayaklanmasında Cecile ile akrabalık dayanakları konusunda anlaşmazlık yaşamasına rağmen onunla müttefik oldu.

Trablus Kontu Pons ile Alice güçlü bir müttefike sahip oldu. Kudüs'teki erkek akrabalarının hegemonyasını ortadan kaldırmanın ve Antakya üzerinde hak iddia etmenin zamanı gelmişti. Willermus Tyrensis, Alice'yi hor görme konusundaki çabalarına devam etti, onun yalnızca kocasının emekle kazandığı altınları vererek Pons ve Joscelin ile müttefik olabildiğini iddia etti: "Gösterişli hediyeler ve sözlerle güçlü soyluları komplolarına dahil etmişti: Guarenton'un kardeşi William de Sehunna; Trablus Kontu Pons ve genç Urfa Kontu Joscelin."

Batılı tarihçiler Outremer tarihinde bu dönemi oldukça kısa anlatmakta ve bunu, "Alice'nin ikinci başarısız ayaklanması" olarak tanıtmaya çalışmaktadırlar. Ancak bundan çok daha önemli bir olaydı ve herhangi bir modern tarihçinin vermek için uygun gördüğünden çok daha fazla sayfada açıklamayı hak etmektedir. Bu isyan beraberinde ciddi bir ayaklanmayı getirdi ve Outremer'i ikiye bölecek olan bir iç savaşa neden oldu; yerli baronlar, yeni gelen Foulque'nun otoritesini reddediyorlardı. Antakya Prensesi Alice, çok daha büyük bir dramdaki bir başka oyuncuydu sadece.

Kudüs'ün kendi üzerlerindeki yüksek hâkimiyetine kesin olarak son vermek için Outremer'deki devletlerin yeni nesil hükümdarları arasında bir plan oluşturuldu. Alice de Antakya şehri içindeki kendi soylu kesimin desteğini kazanabilmeye çabalamış olmalı çünkü plan, Alice'nin amacına iyi gözle bakmayan Frank soyluların kulağına gitmişti ve onlar da Kudüs'te Foulque'yu uyarmıştı. Kral, Alice'nin isyanını bastırmak ve Antakya'daki huzursuzluğa bir kez daha son vermek için ordusunu hemen kuzeye doğru harekete geçirdi.

Antakya, Modern Türkiye'nin en güney ucunda Asi nehri kıyısında yer almaktadır. Bu şehre Kudüs'ten ulaşabilmek için günümüz Lübnan topraklarından geçilmesi gerekir, ki burası da 12. yüzyılda Trablus Kontluğu'nun yani Pons'un hâkimiyetindeydi. Foulque'nun ordusu Beyrut şehrine ulaştığında Kral, yolunun Pons'un ordusu tarafından kesildiğini gördü. Eğer Pons da ona karşı duruyorsa, bu isyan düşündüğünden çok daha ciddi bir boyutta olmalıydı. Ondan çok daha genç kız kardeşiyle evli olan bu genç adamın engellemeleriyle Foulque ve ordusu deniz yolunu tercihe mecbur bırakıldılar. Ordu gemilere bindirildi ve Trablus sahilinden yukarı doğru izleyerek Samandağ limanına vardılar. Burada ise Foulque'yu, Alice'nin planları konusunda onu uyaran endişeli soylular karşıladı ve Antakya'ya doğru yola çıktılar.

Kral şehri kontrol altına almakta pek zorlanmadı. Alice askeri bir lider değildi ve büyük bir ordusu da yoktu. Antakya'nın savaşçı erkekleri Kanlı Savaş'ta ve II. Bohemund'un ölümüyle sonuçlanan Kilikya'daki Danişmentlerle yapılan savaşta öldürülmüştü; ordular henüz kendilerini toparlayamamışlardı. Dahası Alice şehrin soylularının desteğini bir kez daha almayı başaramamıştı, böylelikle Foulque zor denemeyecek şekilde şehri yeniden ele geçirdi.

Antakya'nın teslim olmasına rağmen bu ayaklanma sona ermekten çok uzaktı. Antakya'nın ele geçirildiğini duyan Pons ise ordusunu kuzeye doğru harekete geçirdi. Akıl hocası Tankred'in dul eşi Cecile ile evlendiğinde çeyizi olarak Antakya'da geniş mal varlıkları edinmişti ve Trablus Kontu olmasına rağmen, Antakya'daki en güçlü toprak sahiplerinden ve baronlardan biriydi. Kaleleri Yahmur (Chastel Rouge) ile Arcicanum'a, Kral'a direnmeleri emrini verdi. Bunu ve Antakya soylularının harekete geçişini duyan Foulque ise ordusunu güneye doğru, Pons'la savaşmak üzere yönlendirdi.

Ordular Antakya'nın güneyindeki Yahmur (Chastel Rouge) bölgesindeki bir ovada büyük bir savaşta karşı karşıya geldiler. Acımasızca savaştılar, ancak Pons'un kayıpları çok daha fazlaydı ve sonunda teslim olmaya mecbur edildi. Willermus Tyrensis kaç askerin öldüğünün kaydını tutmamış. Yine de bu savaş, Müslüman tarihçileri tarafından bahsedilecek büyüklükte bir savaş olmuştu. Savaştan yorgun düşen Pons'un adamları Antakya'ya zincire bağlı halde getirildiler. Ancak Pons'un çirkin başkaldırısına rağmen iki soylu arasında temkinli bir barış sağlandı. Outremer'in kaderi pamuk ipliğine bağlıydı: Eğer Doğu'daki Hıristiyanlar birlik içinde olmazlarsa topraklarını uzun süre ellerinde bulunduramayabilirlerdi. Pons ile Foulque birlikte, Alice'nin haber beklediği Antakya'ya ulaştılar.

Bu yenilgiyi duyan Alice bir kez daha Lazkiye'ye çekildi. Foulque ise Alice'ye yönelik hiçbir cezalandırmada bulunmadı; belki karısının müdahalesi nedeniyle, belki de daha büyük sorunları olduğu için. Alice'nin planları hezimete uğramıştı ancak şevki kırılmamıştı.

Foulque bir süre daha Antakya'da kaldı, ondan önceki hükümdarların bölgede istikrarı sağlamak için gösterdikleri çabalara devam etti. Willermus Tyrensis şunları yazmıştır:

> O andan itibaren Kral, lordlar ve sıradan insanlar olmak üzere Antakya insanlarının tam desteğinin keyfini çıkardı. Prenses ondan nefret ediyor ve Antakya'daki varlığından rahatsız oluyordu; bu ana dek dağıttığı gösterişli hediyeler nedeniyle onu desteklemiş olan soyluların bir kısmı da hâlâ ona karşıydı. Ancak yine de çoğu kişinin sevgisini kazanmıştı.

ANTAKYA PRENSESİ ALICE'NİN SON YENİLGİSİ

Alice'nin ikinci bağımsızlık girişimi ilkinden çok daha tehditkârdı. Hem Trablus hem Kudüs ordusunda kayıplara neden olan kısa süreli, alelacele bitirilmiş bir iç savaşla sona ermişti. Foulque ile danışmanları, Alice'nin Antakya için kurduğu taht hayallerinin sonsuza dek ortadan kaldırılması konusunda hemfikirdiler.

Bu çatışmanın üzerinden çok geçmeden, şaşırtıcı şekilde Alice'ye Antakya'ya dönmesi için izin verildi. Kız kardeşi Kraliçe Melisende meseleye dahil olmuş, Foulque ise merhamet göstermişti. Aynı zamanda daha pratik bir akla sahip olan Patrik Ralph'e duyduğu sempati de etkili olmuş olabilir. Dönmesine izin verildi, ancak artık varis olarak değil Foulque tarafından kurulmuş olan, başında Markab (Margat) Lordu ve Antakya Konnetabl Reinald Mansoer (Rainaid Mazoir)'un olduğu yeni bir hükümetin altındaydı. Durumla ilgili tedirginliğini açıkça belli eden Foulque, şüphesiz dik kafalı yengesine göz kulak olmak amacıyla bir süre daha şehirde kaldı. Alice'ye göre Foulque, eril Frank boyunduruğunun ete kemiğe bürünmüş haliydi ve ondan büyük bir yoğunlukla nefret etti.

Ancak çok geçmeden, Kudüs Krallığı'nın işleri onun eve dönmesini gerektirdi ve Alice bir kez daha Antakya'da bırakıldı. Ordularını, şehri ve takıntı haline getirdiği prensliği bir kez daha ele geçirmek üzere konumlandırdı: Antakya'yı yönetmek hayatının amacıydı.

Alice ismen olmasa da şehrin pratikte sahibesi haline gelmiş görünüyor, yeni Patrik Ralph'in de rahiplerin geri kalanıyla birlikte gözden düşmesiyle. Bir kez daha tahtta hak ilan etti ve şehrin kapılarını yeniden kapattırarak Foulque'ya ve Kudüs'e karşı savaş ilan etti. Bu kez Pons gibi güçlü hiçbir müttefik yardımına gelmeyecekti ancak Alice kararlıydı. En büyük destekçileri, Antakyalı Ermeni Hıristiyanlardı ve geleneksel Frank sadakati ya da işbirlikleri umurunda değildi. Antakya'nın Bizans İmparatorluğu ile uzun süreli ve acı bir tarihi vardı ancak bu, onun 1135'te desteğini kazanabilmek adına Bizans İmparatoru John Komnenos'un oğlu Manuel ile artık 7-8 yaşlarında olan kızı Constance'nin evlenmesini teklif etmesine engel olmadı.

    Pek çok kişi teklif edilen bu izdivacı, kızının son yüzyıllık mirasına yönelik Alice tarafından yapılmış çirkin bir saygısızlık ve geleneksel Antakya dış politikasına yapılmış bir hakaret olarak görmekle beraber, eğer Alice bu evliliği gerçekleştirmiş olsaydı, "Outremer tarihinin en önemli ve göze çarpan politik birliği" anlamına gelecekti. Eniştesinin tüm gördüğü Alice'nin şansını fazlasıyla zorlamasıyken, kendi kızı Constance'nin da reşit olduğunda Alice ile aynı akla sahip olduğu görülmektedir. Annesinin geçmişte onun için İmparator Manuel ile evlenme entrikasını gerçekleştirmemiş olsa da, kendisine Bizanslı damat adaylarını seçerek sonunda Alice'nin orijinal planını uyguladı ve onlarca yıl sonra kendi kızı ile aynı Manuel'in evliliğini ayarladı. Böylelikle Alice'nin torunu Maria, tüm Antakya soylularının da tam rızasıyla Manuel ile evlenerek Bizans İmparatorluğu'nun ilk Antakyalı İmparatoriçesi oldu.

    Buna rağmen, belki de Alice'nin cinsiyetine ve sorun yaratıp haince müttefiklikler oluşturma çabalarına bağlı olarak, Kudüs Kralı Foulque bunun bardağı taşıran son damla olduğuna karar verdi. Alice'nin kızını evlendirerek ahlak dışı bir müttefiklik oluşturmasına engel olmak adına kız için kendi aracısını devreye soktu. Etrafında tüm bu entrikalar oluştuğunda Constance henüz 8 yaşındaydı.

    Eğer Manuel ile evlenseydi, Antakya'daki Bizans-Frank müttefikliğini oluşturabilir ve prensliğin Doğu'da büyümekte olan Müslüman tehdidine karşı savunmasını güçlendirebilirdi. Alice'nin bakış açısından bu aynı zamanda kızını yolundan çekmesine ve kendisinin Antakya'ya hükmetmesine olanak sağlayabilirdi.

Politik gerginlikler bir yana, Antakya'daki Yunan Ortodoks Kilisesi ve Bizans İmparatorluğu arasında büyük bir husumet vardı. Bizanslılarla ilişkiler kuruyor olması Alice'nin son kez Antakya Patrikliği'nden uzaklaşmasına sebep oldu; bu da onun felaketine giden yoldu.

Alice'nin İmparator John Komnenos ile olan pazarlıkları 1136 yılına gelindiğinde henüz bir sonuca bağlanmamıştı. İmparatorluk ile olan skandal ilişkileri Kudüs'te bir süredir bilinirken, Alice hâlâ bu skandala dair tepkilerden haberdar değildi. Bu tekinsiz sakinliğin onu alarma geçirmesi gerekirdi ancak öyle olmadı. Belki de bu mühletin, daha önce de onun yararına olacak şekildeki müdahale etmiş ve şimdiye dek kocası Foulque'yi parmağında oynattığından emin olduğu kız kardeşinin etkisi nedeniyle olduğuna inanıyordu.

Bu kısa süreli sessizlik döneminde Antakya'nın kapısına bir damat adayı geldi ve bir önceki utancından bu yana pek de evlilik teklifi almamış olan Alice ile evlenmeyi teklif etti. Bahsi geçen genç adam, Raymond de Poitiers'di; soylu ve çok eski bir kökene sahipti. Onu tanıyan tarihçilere göre, çekici ve zarif bir prensti. Adanmış, savaş yeteneklerine sahip, yakışıklı ve cömertti. Ancak tüm bu muhteşem özelliklerinin yanında bazı ölümcül kusurları da vardı: kendine fazla güven, pervasızlık ve düşünmeden hareket etmesi. Sonuç ise sonunda kendi ölümüne gidecek kadar iyi ve kötü özellikler karışımıydı.

Kibre olan yatkınlığına rağmen Raymond, uzun yıllardır bekâr olan Alice için şüphesiz çekici bir öneriydi. Alice'ten yalnızca birkaç yaş küçüktü ve bir anda damat adayı olarak ortaya çıkması, onun için kutlu bir anlaşma olarak görülebilirdi.

Bir zamanlar Alice kendi hakkı doğrultusunda Antakya'ya hükmetme yolunu ararken, iki başarısız isyan sonucunda durumu geriledi ve belki de artık çekici bir uygunluktaki güçlü bir lordla evlenmesinin o çok sevdiği şehrin kontrolünü ele geçirmesinde ona yardım edebileceğini görebiliyordu. Gerçekten de nereden çıktığı belli olmayan bu adam, Antakya'ya gizlilikle seyahat ederken, Alice kapısında görene dek adamın gelişinden haberdar değildi. Patrik Ralph, geleneksel bir erkek hükümdarın altında prensliğe yeniden düzen gelmesi konusunda sabırsız olan Alice'ye, Raymond'ın çok iyi bir seçim olduğunu garanti etti. Yakışıklı olduğu kadar iyi bir aileden geliyordu, onunla benzer yaştaydı ve ortak hükmetme sözü veriyordu. Alice, Ralph'ın kılavuzluğunda, bu öneriye razı geldi ve genç adam şehre kabul edildi. Prenses uzun zamandır beklenen ikinci evliliği için hazırlıklara başladı.

Ancak Raymond'ın kabul edilmesinden ve Alice'nin düğün hazırlıklarının başlamasından kısa süre sonra, Alice'nin haberi olmadığı bir başka evlilik gizlilik içinde yapıldı. Gelin, Alice'nin kızı küçük Constance idi ve damat ise Raymond de Poitiers'ten başkası değildi. Alice kendi düğünü için olduğuna inandığı hazırlıklarla meşgulken, şüphesiz yemek siparişi verip ziyafet için süslemelerle ilgilenirken, varsayılan nişanlısı ise onun yerine 8 yaşındaki kızıyla evlendirilmişti. Alice'nin duyduğu şahsi hayal kırıklığından öte bu evlilik onu tahttan menediyor ve Raymond'ı Antakya'nın bir sonraki prensi haline getiriyordu. Bu entrika Foulque'nun parlak bir fikriydi ve temsilcileri ise İngiltere'ye gidip Raymond'a bu teklifi yaparak onu gizlilikle Antakya'ya getirmişlerdi.

Alice kandırılmıştı. Bu onun son yenilgisiydi. Öfke ve utançtan deliye dönen Alice şehri terk etti ve son günlerini sessiz bir izolasyon içinde geçireceği Lazkiye'ye gitti. Prenses Constance'nin evlenmesiyle, Alice'nin tahttaki hakları sıfırlanmıştı: Şehrin varisi artık Constance idi. Alice ise bir koruyucu ve anne olarak kocadan sonra ikinci sıradaydı. Alice alenen küçük düşürülmüştü ve kızı ise ondan dört kat yaşlı bir adamla evlendirilmişti.

Bu mümkün olmamalıydı. Outremer'de kızlar için yasal evlilik yaşı 12'ydi, Constance ise evlilik gerçekleştiğinde 8'den daha fazla değildi. Dahası, Patrik daha önce Alice'ye bağlılık yemini etmişti ve evliliği gerçekleştiren de oydu. Bu, müttefiklikteki dramatik bir değişiklikti. Görünen o ki Raymond yalnızca Alice'yi değil Patrik'i de kandırmıştı. Yardımı karşılığında ona bağlılık yemini etmişti ve Ralph'in işbirliği olmadan bu maskaralığın gerçekleşmesi mümkün olamazdı. Alice'yi Raymond'un damat adayı olduğuna ve onu kabul etmeye ikna etmişti; çok genç olmasına rağmen Constance'nin evlenmesine de izin vermişti ve çifte mihrapta eşlik ederek nikâhlarını kıyan da Ralph'di.

Buna karşın unvanı kesinleştiğinde, Raymond hemen Patrikliğe olan sadakat sözünü tutmak niyetinde olmadığını açıkça belirtti ve Patrik'in ayağını kaydırmak için her şeyi yaptı. Bir hükümdarı tahttan indirmek için entrikalara katılan bir rahip, yeni şehrinde olmasını istediği patrik türü değildi.

Hükümdarlığının şeytani ve hilekâr başlangıcına rağmen Raymond, Antakya Prensliği'ni iyi bir şekilde yönetecekti. En azından, korkusuz ve güzel yeğeni Akitanya Düşesi Eleanor amcasını ziyaret etmek üzere gelinceye dek. Aralarında geçenler ise Beşinci Bölüm'ün konusudur.

Alice'nin Antakya'da iktidarı ele geçirme teşebbüslerinde sonunda engellenmiş olması ne bir trajedi ne de bir sürprizdi. Çok tehlikeli bir oyun oynamış ve bu sırada çok önemli hatalar yapmıştı. Kayınpederi ve diğer Haçlılar tarafından da gösterilmiş olan aynı kendini beğenmişliği, yaptığı bol keseden yardımlarla göstermişti. Gördüğü kötü muameleyi hak etmemiş olsa da hiç masum değildi. Bunların ışığında Alice, Willermus Tyrensis'in bize sunduğu gibi tarihçiler tarafından "akılsız bir hain" olarak resmedilmemelidir. Aksine, eşit olmadığı bir sistemde rakipleriyle karşı karşıya gelmiş, büyük hırslara ve makul bir zekâya sahip bir kadındı.

Altı yılını Antakya'yı ele geçirme teşebbüsleriyle geçirdi, sonu aşağılanma ve yenilgiyle bitti. Alice: istekleri gerçekleşememiş kadın azminin bir örneği. Talih kuşunun başına gelmesini bekleyecek sabıra sahip değildi, otonomluk ve gücü elde edebilmek için kendi yeteneklerini ve fikirlerini kullanmak istedi, bunun için bile itibarına leke sürülmemeli. Eğer bir erkek onun attığı adımları atsaydı, tıpkı Bohemund (Taranto) ve Trablus Kontu Pons'un yaptığı gibi, tarih çok daha affedici olabilirdi. Tarihi günlükler ve modern tarih kitaplarında Alice'ye yapılan muamele ise gerçekleri susturan ataerkil kitlenin sonucu. Alice'nin adı ve anısı sürekli yerden yere vuruldu; gücü ele alıp bir kadın olarak hükmetmek istediği için. Belki benmerkezci olabilir, ancak o sadece kendi zamanında erkeklerin oluşturduğu örneği izliyordu. Alice, sessizce oturup belki yaşlı bir dulken özgürlük elde edebileceği günün umuduyla çocuklar doğurmaktan fazlasını istedi ve bu bile hayran olunası bir özellik.

Biz günümüz okuyucularının görevi ise Alice'nin anısına daha dengeli bir yaklaşımla bakmaktır. Hem günümüz hem ortaçağ dönemi saygın Haçlı tarihçilerinden örnek alınırsa, Hans Eberhard Mayer ve Willermus Tyrensis de ona "rezil" ve "aşağılık" diyerek Alice'yi değerlendiriş biçimlerinde başarısız oldular. Bu kolaylıkla yapılabilecek bir hata. Willermus Tyrensis bilge bir adam, dâhi bir tarihçi ve yaşadığı çağda eşi benzeri bulunmayan parlak biriydi. Ancak aynı zamanda ataerkil bir toplumun ve düşünce biçiminin ürünüydü. Bu da yazımını ve düşüncelerini şekillendirdi; tıpkı yazdığı askeri toplumun da etkilediği gibi. Ondan 8 yüzyıl sonra yazan Mayer de Willermus, Tyrensis'in Prenses'e yönelik tutumunu benimseyerek onu "despot ve iktidara düşkün" biri olarak küçük görmüştür.

Çok daha yakın bir zamanda, çok saygıdeğer bazı tarihçiler de Alice'yi "uçarı, işgüzar ve muhtaç biri" olarak tanımlamışlardır. Bu tip cinsiyetçi tanımlar hangi sıklıkta erkek liderler için kullanılmaktadır? Alice'nin özgür iradesini gösterme cesareti vardı ve son derece tartışmaya açık bir toplumun parçasıyken, diğer prenslerden çok daha büyük bir kınamayı hak etmemeli ve çok daha fazla övgü almalıdır.

Alice, Morphia'nın kızları arasında ilk ölendi. Lazkiye'ye çekilmesinden kısa süre sonra, 1136'da öldü. O ve üç kız kardeşi yakınlardı; ellerinden geldikçe birbirlerine temsiller ya da güç arayışlarında yardım ettiler. Melisende, Alice ile Foulque karşı karşıya geldiğinde araya girdi ve hükümdarlığının ikinci kısmında Hodierna'ya yardım etmek için de adım atmış olmalı. Yine de dört prenses arasındaki tüm kardeşçe duygulara rağmen, Alice'nin ablasının kocası olan Foulque'ya hakareti açıktı. Kısa süreli mutsuz yetişkinliği sırasında Alice, diğer muhalif soyluların Angevin monarşisi hakkındaki hoşnutsuzluklarının dile getirilmesinin arkasındaki paravan kişi haline gelmişti ve sürgününün zirvesinde, krallığın en güçlü lordlarından biri olan Yafalı Hugue'ye Lazkiye'de ev sahipliği yapmıştı.

Hugue kuzeniydi ve Kraliçe Melisende'nin ise yakın sırdaşıydı. Tarihi kayıtların iddiasına göre, Alice'nin manastırdaki yazıhanesinde onayladığı bazı yasaların tanıklarının listesinde adı yer alacak kadar Alice'nin Lazkiye'deki sarayında vakit geçirdiği anlaşılmaktadır. Gözden düşmüş olan Alice'nin saraydaki önemsiz varlığı ise onun Foulque'nun düşmanı olduğunu doğrular nitelikte. Hugue de çok geçmeden kendi isyanını başlatacak; Alice'nin Antakya'nın varisi olarak haklarını korumak için değil, ama Melisende'nin "Kudüs Kraliçesi" olarak mirasla gelmiş olan haklarını korumak için savaşacaktı.

3

KUDÜS KRALİÇESİ MELİSENDE

Tarih, Melisende'yi kız kardeşinden çok farklı şekilde hatırlıyor. Bunun kabahati ise adil biçimde Kraliçe Melisende'nin sadık destekçisiyken, Prenses Alice'yi tamamen küçümseyen Willermus Tyrensis'e yüklenebilir. Willermus'un kadınlarla ilgili tasvirlerinden açıkça öğrenebileceğimiz; onun Melisende'yi sevdiği ya da en azından Melisende'ye sadakat duyduğu, ancak Alice'yi hor gördüğü ve ona hiçbir sadakat duymadığıdır.

Alice'yi "kötücül ve kendi mutluluğu için kızının mutluluğunu takas etmeye hazır" biri olarak tanıtırken, Melisende'yi ise "akıllı bir siyasetçi, sadık bir arkadaş ve mükemmel bir kraliçe" olarak sunmaktadır. Willermus'a hak vermek gerekirse Melisende, Kudüs Krallığı yönetiminde kendi cinsiyetinden herkesi hatta erkekleri de geride bırakmak konusunda başarılı oldu.

Willermus Tyrensis'in Melisende için beslediği aşikâr hayranlığa rağmen, bu takdir onu gelecek nesiller için Kraliçe Melisende'nin fiziksel tanımını yazmaya itmemiştir. Okuyucu kitlesini kadınların detaylı tasvirleriyle donatmayı hiçbir zaman gerekli görmemiştir, erkekler söz konusu olduğunda çoğunlukla aksini yaptığı halde. Buna rağmen, Melisende'nin en büyük oğlu III. Baudouin'i tasvirinde Willermus istemeden bize bu gizemli ve hayranlık uyandırıcı Kraliçe'ye dair ufak bir bakış sunmuştur. III. Baudouin hakkında şunları yazmıştır: "Çehresi alımlı ve zarifti, yüzü kırmızı renkteydi, bu doğal gücünün bir kanıtıydı. Bu açıdan annesine benziyordu." Willermus, Baudouin'in vücudunun "annesi gibi ince değil daha ağır olduğunu" belirterek devam ediyordu. Bundan Melisende'nin çekici yüze sahip, zayıf bir kadın olduğunu ve güçlü bir karaktere sahip olduğu sonucunu kesinlikle çıkartabiliriz. Teni Avrupalılarınki gibi pembemsi renge sahipti; bu da Ermeni annesindense, Frank babasına daha çok benzediği anlamına geliyordu. Bütün bunlara ilaveten her iki oğlu da parlak gözlere sahip sarışın çocuklardı, böylelikle belki aynısının Melisende için geçerli olabileceğini benzer bir şekilde söyleyebiliriz.

Ortaçağ kraliçesinin belirgin bir portresi ortaya çıkmakta. Ata binmeyi ve doğayı seven atletik bir kadındı; evde yapılması gereken kadınlık görevleri söz konusu olduğunda hemen sıkılan biriydi. Tartışmalarda erkeklere kafa tutmaktan korkmazdı. Tıpkı kız kardeşi Alice gibi büyük bir tutkuya sahip, ancak duyguları daha oturaklı bir kadındı. Ve öfkelendiğinde bu öfkesini ifade etmekte hiçbir tereddüt duymazdı.

II.Baudouin ölüm döşeğinde, Melisende'ye Kudüs Krallığı'ndan bir pay bıraktı. Gücün el değiştirmesi başta amaçladığı kadar sorunsuz geçmedi, ancak Melisende sonunda krallıktaki gücü ele geçirmesinde kendini göstermeyi başardı.

Kraliçe Melisende'nin hükümdarlığından geride kalan en büyük hazine, Melisende'nin de bir zamanlar geçtiği kubbeli tavanların ve heybetli kemerlerin altında değil Londra'daki British Kütüphanesi'nin sığınaklarındadır. King's Cross metro istasyonunun yakınındaki bu modern binanın derinliklerinde, Kraliçe Melisende'nin şahsi dua kitabı olan süslü elyazması ve fildişi ciltler bulunmaktadır.

Eğer doğru kelimeleri kullanacak olursanız, küratörler ufak bir incelemeye razı gelebilirler. Kral Davud'un hikâyesini anlatan fildişi cildi süsleyen birbirlerine karışmış oymaların, av motifleriyle çevrili ustaca karışıklıkları görülebilir. Zamanla kararan fildişi cilt, göz kamaştıran lal taşlarıyla ve turkuaz rengi yarım dairelerle işlemeli. Donmuş av hayvanlarının doğal ışıkta kırmızı taştan gözlerinin canlanmasını görmek için kitabı alıp gün ışığına çıkarmanın cazibesi çok büyük. Elyazmasının değeri göz önünde bulundurulduğunda bu mümkün değil ve ancak çok özenle kontrol edilen bir ortamda gözlem altında bakılabilir. Bu fildişi levhalar, bir zamanlar iyi Bizans ipeğiyle sırtlarından birbirine bağlıydı ve Melisende'nin şahsi *Mezmurlar* kitabının müsrifçe aydınlatılmış sayfalarını içeriyordu. Bugün, fildişi levhalar ayrı duruyor ve koruma için plexiglass ile kaplanmış durumdalar, dokuma ipekten kitap sırtı ise ayrı bir şekilde durmaktadır. Elyazmanın sayfaları kırmızı deriyle yeniden ciltlenmiş. Kitap sırtında altın renginde kabartmalı işlemelerde ise şu cezbedici kelimeler yazılı: *Melisende'nin Mezmurlar Kitabı*.

Kemik kapaklar dini sahnelerle, şiddet sahneleriyle ve Kudüs tarihiyle işlenmiş. Av hayvanları ısırırken, hırlaşırken ve takip ederken kovalamacanın ortasında sonsuza dek donmuş. İçlerinde en çok birleştirilmiş olan ise arka kapağın tam ortasında kırmızı gözlü bir şahin, etrafındaki abartılı kargaşayı izliyor. Bu kuş sıklıkla Melisende'nin kocası Foulque'nun sembolü olarak yorumlanmakta ve kitabın ondan karısına bir hediye olarak verildiğinin kanıtı olduğu ileri sürülmektedir. Bu kapak, Melisende'nin hükümdarlığının ilk yıllarını kapsayan farklı unsurları mükemmel biçimde temsil etmektedir: din, vahşet, tutku ve Foulque... Hatta tarihçiler arasındaki yaygın bir düşünceye göre bu muhteşem ve derin bir biçimde şahsi kitap, Foulque'dan Melisende'ye, neredeyse evliliklerini bozacak çok büyük bir skandaldan sonra verilmiş bir barış teklifiydi.

Melisende'nin kitabı, Outremer'in el işçiliğine dair sağ kalan örneklerin en iyilerinden biri ve Melisende'nin kendisine ait olduğundan emin olabildiğimiz tek eser. Kutsal Mezar Kilisesi'nin scriptoriumunda oluşturulmuştu, içindeki resimlemeler de en iyi malzemelerle ve o günün en iyi el işçiliğiyle yapılmıştı. Tezhibinde altın ve lacivert taşı kullanımından kaçınılmamıştı.

Bu elyazması bizzat görüldüğünde tüm etkisini gösteriyor. Tezhibin ilham verici ve ruhani değerleri belirginleşiyor. Bir sayfayı çevirmek, üzerindeki varakların ışığı yakalamasına neden oluyor; resimlemelere uhrevi bir kalite, tasvir edilen figürlere ise canlılık katıyor. Tezhibi yapan Yunan sanatçı Basileus, meleklerin kanatlarındaki tüyler ve dijitalleştirilmiş görüntülerde fark edilemeyen kendi imzası da olmak üzere ustaca yapılmış detayları altına kazımış.

Bu nesne, enfes ve paha biçilemez sanatsal değerinin yanında hem Kudüs hem Kraliçe Melisende'nin kendisinin çok kültürlü doğasına dair bir tanık olarak da hâlâ ayaktadır. Doğu ile Batı'nın harikulade bir şekilde bir araya gelişi; Doğu ile Batı filozofisinin ve sanatının benzersiz bir birleşimi. Hepsi farklı eğitimlere, uzmanlıklara ve muhtemelen farklı etnik kökene sahip en azından altı farklı sanatçı Yunan, Frank, Ermeni, Anglo Sakson ve İslami etkileri harmanlayarak bu kitabın yaratımına katkıda bulundu.

Kitabın üstüne Melisende'nin adı yok, ancak giriftli süslemeler ve içeriğinde bulunan çeşitli ipuçlarına göre pişmanlık içindeki Foulque'dan ona bir hediye olduğuna dair çeşitli sinyaller mevcut. Kitabın ön kısmında bir takvim bulunuyor ve içinde iki önemli tarih işaretlenmiş: Melisende'nin annesi Morphia'nın ölümü (1 Ekim) ve babası Baudouin'in ölümü (21 Ağustos). Bunlar kitabın sahibine, ölüm yıldönümlerinde ruhları için dua etmesini hatırlatmak üzere işaretlenmiş. Bu tarihler üzerindeki vurgu, bu kitabın Morphia ile Baudouin'in kızı için yapıldığını açıkça belirtiyor. Ancak dört kız çocukları vardı. Özellikle Melisende için yapıldığını söyleyebiliriz çünkü fildişi kapağın üzerinde oyulmuş Foulque'nun şahini yer almakta. Bir başka geçerli seçenek de var: Melisende'nin kendisi tarafından, kardeşi Yvette için yapılmış olması. Ancak akademisyenler arasındaki ezici görüşe göre bu kitap Melisende'ye aitti.

Melisende'nin önemini, dindarlığını ve kişiliğini yansıtan bir nesne. Metinlerdeki tezhipleri ortaçağ kullanımına dair işaretler için incelemek mümkün. Bazı sayfalarda bulunan İsa'nın resimlemelerinde, ayaklarının ve ellerinin etrafındaki boya ve yaldızların daha çok zarar gördüğüne dair kanıtlar bulunmakta. Bu kitaplar ibadet araçlarıydı; Kraliçe Melisende'nin de şahsi ibadeti sırasında İsa'nın ellerini ve ayaklarını öptüğünü hayal etmek mümkün.

Pek çok yönden takvim, Batı'da tezhip edilmiş elyazmalarına benzemekte ve Winchester'da kullanılmış bir kitabın kopyası olduğu görülmektedir. Ancak Basileus tarafından yapılmış olan özgün çizimler bariz bir şekilde stil ve uygulaması yönünden Doğulu. Bizans İmparatorluğu sanatı ve Yunan Ortodoks Kilisesi ile Roman Katolikliğiyle olduğundan çok daha fazla ortak yönleri var. Melisende Kudüs'ün Latin Kraliçesiyken, annesi ise Yunan Ortodoks inancına göre yetişmiş olan Ermeni Morphia idi. Bu nedenle bu sanat tarzı, Melisende'ye şahsi yönden de hitap etmektedir.

Eğer Foulque bu benzersiz nesneyi gerçekten de karısı için yaptırdıysa, hediye seçiminde çok başarılıydı. İlişkilerini kutlayan bir hediyeydi. Karısını anladığı, onun dindarlığını ve mirasını kabul ettiği, Kudüs tahtına ve ailesine olan bağına saygı duyduğu anlamına gelmektedir. Ebeveynlerinin ölüm tarihleri dışında takvimde yer alan üçüncü anahtar tarih ise Kudüs'ün ilk Haçlıların, Melisende'nin kuzenleri Godefroi de Bouillon, I. Baudouin ve babası II. Baudouin, eline geçtiği tarih olan 15 Temmuz 1099.

Bu kitabı anlamamız bize Melisende'nin hayatına, kültürel geçmişine ve tahttaki ilk yıllarını sarsan skandala dair meraklı bir bakış kazandırıyor. Bu skandalın merkezinde ise güçlü kişiliğe sahip yakışıklı bir genç adam olan Yafa Kontu Hugue var.

KRALLIKTAKİ GİZLİ AŞK

II. Baudouin, Prenses Alice'nin ilk isyanını bastırmasının üzerinden çok geçmeden öldü, ama en çok sevdiği en büyük çocuğuna Kudüs tahtının veraset haklarını veren vasiyeti hazırlamadan değil. Bu vasiyette bulunurken II. Baudouin, damadı Foulque'ya hakaret ederek "tek hükümdarlık" hakkını elinden aldı. Foulque, Anjou'da etkili şekilde ve kararlı bir yönetim göstermişti; ondan onlarca yaş küçük karısıyla gücü paylaşmak için Doğu tarafından aklı çelinmemişti.

Kutsal Mezar Kilisesi'ndeki Âdem Şapeli'nde yapılan babasının defnini takip eden üç haftanın sonunda Melisende ile Foulque birlikte yağ sürülüp aynı kilisenin nefinde büyük bir törenle taht giydiler. Hükümdarlık bir sonraki nesle geçerek, Outremer'deki yeni bir dönemin başlangıcını belirtiyordu. Foulque ile Melisende bu yerde beraber taht giyen Kudüs Krallığı'nın ilk kraliyet ailesi üyeleriydi. Melisende'nin anne babası ve ondan öncekiler, Beytüllahim'de taç giymişlerdi. Böylece Kudüs'ün kaybına ve Haçlı Devletleri'nin çöküşüne dek devam edecek bir geleneği başlatmış oldular. Yerden bağımsız olarak bu taç giyme töreniyle bir ilk gerçekleşti. Çünkü bir kadının "hükümdar eşi kraliçe" yerine "hâkim kraliçe" olarak taç giydiği ilk törendi. Bu seremoni sırasında Melisende kutsal yağ ile kutsanarak "Kudüs'ün Hâkim Kraliçesi" oldu, gücü hem kocası hem de oğluyla paylaşmasına rağmen.

Alice'nin isyanlarından da anlaşılacağı üzere, isyanların ikisi Foulque ile Melisende'nin ortak hükümdarlığının ilk başlarında oldu; yeni hükümdar çiftin krallığı çok sorunsuz başlamadı. Outremer'in kuzey devletlerini, hâkimiyetlerini tanımaları için ikna etmek adına hemen işe koyuldular. Outremer bir ülke değildi; günümüzde bildiğimiz anlamda ülkeler ortaçağda mevcut değildi. Bağlılık, kapsayıcı milli bir kimliktense; lordlara, ailelere, bağışçılara, aynı dili konuşanlaraydı. Foulque beraberinde zenginlik, toprak, mevki vermekle ödüllendirdiği Fransız hizmetlilerden oluşan bir güruhu getirdiğinde Outremer'in saygın soylularını kızdırma hatasına düştü. Bu işgal, yerel baronların ağrına gitti.

Modern Müslüman tarihçisi İbnü'l-Kalanisi Dımaşk'ın iki kez valisi olmuş olan Şamlı önemli bir soylu, Foulque'yu ondan önce gelen hükümdar ile loş ışık altında kıyasladı. II. Baudouin'in ölümünden sonra bu olayla ilgili şunları yazdı:

> Aralarında (Outremer'in baronları) sağlıklı karar verebilen ve yönetme kapasitesine sahip kimse kalmamıştı. Ondan sonra yerine yeni Kont-Kral, Anjou Kontu (...) gelmişti, ancak ne kararlarında mantıklıydı ne de yönetimde başarılıydı. Böylelikle Baudouin'in ölümüyle kargaşa ve uyumsuzluğa sürüklenmişlerdi.

İbnü'l-Kalanisi tecrübelerinden edindiği bilgilere dayanarak yazıyordu ve belki miras aldığı çok karmaşık politik durum söz konusu olduğunda Foulque hakkındaki yargılarında acımasızdı. Yine de Foulque'nun kral olarak geçirdiği zamanın başarı olarak görülemeyeceği konusundaki değerlendirmesinde haklıydı. Belki de tarih Foulque'yu haksızca yargılıyor. II. Baudouin, yeri doldurulamaz bir kraldı ve Melisende, hükümdarlıklarının en başından itibaren çok daha dinamik bir figür olduğunu kanıtladı.

Foulque, Kudüs tahtıyla gelen uluslararası ün ve şöhretin yanında, kayınpederinden darmadağın bir miras teslim aldı. Hükümdarlığının başında hem işi hem ünü yalnızca kendisi için kazanmaya ve ondan daha genç, daha meşru olan ortak hükümdarı bir kenara bırakmaya koyuldu. Birlikte taç giymelerine rağmen, hükümdarlıklarının ilk kararları sadece Foulque'nun adına verilmişti, Melisende'nin sözbirliği ya da iznine dair hiçbir ima olmadan. Bu da Foulque'nun Outremer'in dizginlerini tek elde bulundurup, karısını ise uzakta tutmayı istediğini anlatmaktadır. Ebeveynlerinin ölümünün yasını tutan ve belki de ilk çocuğuyla meşgul olan Melisende, olayları birkaç yıl oluruna bırakmışa benziyor. Ancak bu rehavet, onu kısa sürede ani bir silkinişle ortaya atılmaya mecbur bırakacaktı.

Melisende'nin babasının ölümünden sonra duyduğu kedere ve oğlunu yetiştirme sorumluluğuna; ondan oldukça küçük olan, evlenmemiş ve bir anda öksüz kalmış iki küçük kız kardeşinin sorumluluğu da eklenmişti. Hodierna 20 yaş civarında, küçük Yvette ise yalnızca 10 yaşındaydı. İkisinin de gözetime ve en büyük kız kardeşlerinin onlar için ya evlilik ayarlamasına ya da başka çeşit bir gelecek oluşturmasına ihtiyaçları vardı.

Bu ev içi sorumluluklarına ilaveten yeni kraliyet mensuplarının başına iki kriz geldi: İlki, daha önce anlatıldığı gibi, beraberinde Urfa Kontu Joscelin ve Pons ile Alice'nin ikinci isyan teşebbüsüydü. Bu isyan kız kardeşi ile kocası arasında kaldığı için Melisende'yi mutlaka zor bir duruma soktu. Alice'ye sempati duyduğu açık, çünkü kardeşine daha sert cezaların uygulanmasının engellenmesi onun müdahalesi sayesinde oldu.

İkinci kriz daha kişiseldi; sadık danışanı ile gitgide daha kızgın ve kışkırtıcı hale gelen kocasının arasındaki gerginlik ve kıskançlık...

Melisende'nin Kudüs Krallığı'ndaki arkadaşları arasında onunla aynı yaşta olan genç bir adam vardı. Fevkalade yakışıklı bir gençti. Kraliyet ailesiyle yakın kan bağı, yaşı ve yüksek konumu söz konusu olduğunda hem Melisende'nin babasının hayatta olduğu sürede daha o prensesken hem de babasının ölümünden sonra kraliçe olduğunda uygun bir refakatçiydi. Yafalı Hugue, Melisende'nin ikinci kuşak kuzeniydi ve ailesiyle vakit geçirme hakkı olan biriydi. Ancak Outremer'de ne zaman bir kadın ile erkek baş başa vakit geçirse, kan bağlarına rağmen dedikodu kazanı kaynamaya başlıyordu.

Bir kuşak önce Fransa'da yüksek mevkide asiller olan Hugue'nin ebeveynleri, uzun yolculuğa cesaret ederek Kudüs'e hac yolculuğu yapmaya karar verdiler. Kendi adı da Hugue olan babası, II. Baudouin'in kuzeniydi ve annesi Mamilia ise Bohemund'un yeğeniydi. Fransa'dan yola çıktıklarında Mamilia hamileydi ve Güney İtalya'ya ulaştıklarında doğum yaptı. Orada Hugue dünyaya geldi. Bebek güçlü değildi ve babası bebeği, Bohemund'un evinde onların bakımına bırakmaya karar verdi. Mamilia'nın bu plana karşı itirazlarına dair herhangi bir kayıt bulunmamaktadır.

Büyük Hugue, Outremer'e vardığında kuzeni olan Kral II. Baudouin, Doğu'daki kalıtsal lordluk olması için ona "Yafa Kontu" olarak yetki verdi. Büyük Hugue'nin kaderi burada sona erdi: Yafa'ya yerleşmesinden sadece aylar sonra öldü. Mamilia da kocasından daha şanslı değildi. Kayda değer topraklara sahip önemli bir dul olarak çabucak Albert of Namur adında bir adamla evlendirildi. Düğünlerinden kısa süre sonra ikisi de öldü.

İtalya'da bırakılmış olan Hugue ile Mamilia'nın oğlu, hastalıktan ve anne babasının kötü talihinden kaçarak görece sakinlikte büyüyerek yetişkin oldu. 16 yaşına geldiğinde Yafa Lordluğu üzerindeki hakkını almak üzere Doğu'ya gitti. II. Baudouin de doğuştan hakkı olduğu için ona bu yetkiyi tereddütsüz verdi. Genç Hugue de tıpkı Alice'nin kocası II. Bohemund'un Doğu'ya vardığındaki aynı nezaketle karşılandı ve hemen kendini sarayda sevilen bir misafir olarak buldu.

II. Baudouin, kuzeninin oğlunun gelişinden açıkça mutluydu ve onun ailesiyle vakit geçirmesine izin verdi. Hugue burada Kudüs'ün dört prensesiyle tanışarak Melisende ve Alice ile özel bir arkadaşlık oluşturdu. Bu kız kardeşler yaş olarak ona öyle yakınlardı ki her şey doğal gelişti. Hugue'nin Melisende ile olan yakınlığı ise onların neslinin en büyük skandalı haline gelecekti.

II. Baudouin, belki de aile fertleriyle olan gözle görülür yakın ilişkisi nedeniyle Hugue'ye daha da büyük iyilikler sundu: Yaşlı kral, Hugue'ye krallıktaki en zengin dullardan birinin karısı olması fırsatını verdi. Adı Emelota idi; iki büyük oğlu vardı ve neredeyse Hugue'nin iki katı yaşında bir kadındı, ancak evliliğe hem servet hem toprak getirdi. Kudüs Patriği'nin yeğeni olarak aynı zamanda ilişkileri çok kuvvetliydi.

Hugue ile Melisende'nin birbirlerine duydukları sevgi çok güçlüydü. Ne II. Baudouin'in ölümü ne Hugue'nin Emelota ile ne de Melisende'nin Foulque ile olan evliliği bu ilişkiyi durdurabildi. İkisinin de kendilerinden çok daha yaşlı ve çocukları olan eşlerle evlenmeleri, Melisende'nin babasının ölümü, çifti sadece daha da yakınlaştırmışa benziyordu.

II. Baudouin'in ölümü Melisende'yi yalnız bıraktı. İki ebeveyni de ölmüş, ona yaş olarak en yakın kız kardeşi Alice Kudüs'ü terk ederek Antakya Prensesi olmuştu. İki küçük kardeşi Hodierna ile Yvette ise belki de ona arkadaş olmak için fazlasıyla küçüklerdi. Aynı şekilde kocası da ondan yaşça büyüktü ve oğlu ise henüz bir bebekti. Hugue, genç kraliçenin kalan birkaç sırdaşından biri olmalı.

Foulque, Melisende'den 15 yaş; Hugue'nin karısı Emelota da ondan 20 yaş büyüktü. Emelota enerjik genç kocasına bayılıyor gibi görünse de artık yetişkin olan oğulları bu izdivaç konusunda hiç de heyecanlı değillerdi. İsimleri Sayda Lordu Eustache ve Kaysariye Lordu Walter idi. Kendi yaşlarından bir adamın, orta yaşlı anneleriyle evlenerek aksi halde onlara geçecek olan toprakları aldığı için Hugue'den hoşlanmamaları mantıksız değildi.

Ayrıca Hugue'nin annelerine sadık olmadığına dair yaygın dedikodular vardı. Bu durum kendi başına skandala yol açmaya pek de yeterli olmasa bile, kısa sürede Hugue'nin yasak ilişki yaşadığı kişinin Kraliçe Melisende olduğu konuşulmaktaydı, ki bu da basit bir sadakatsizlikten çok daha kötüydü. Kraliçe'yle olan bir ilişki, prensin yani krallığın varisinin soyuna dair şüphelere neden olabilir ve böylelikle veraseti tehlikeye atabilirdi. Hugue'nin Melisende ile olan yakın ilişkisi herkesçe biliniyordu ve bu dedikodu gerçekten de tehlike barındırıyordu. Bu çeşit bir suçlama, hem kraliyet evliliğinin sonlandırılmasına hem Melisende'yi tahttan etmeye hem de onun tıpkı Kudüs'ün ilk kraliçesi Arete gibi bir rahibe manastırına gönderilmesine neden olabilirdi.

Bu sözde ilişkinin aslı hiçbir zaman öğrenilemedi ya da modern tarihçiler tarafından bu iddia çürütülmedi. Çift arasındaki özel ilişkiye dair her şey kayıp ve bize ise kanıt olarak tek kalan şey, Willermus Tyrensis tarafından bildirilen dedikodudur ancak kendi de buna inanmamaktadır. Gerçekten de dedikodunun, karısını itibarsızlaştırarak tahttan inmeye zorlamak için Kral Foulque'nun kendisi tarafından yayıldığına dair güçlü bir görüş de vardır. Bu dedikodudan en büyük faydayı sağlayacak kişi, gerçekte aldatılmış eş olacaktı. Eğer Melisende'den boşanırsa tek başına hükmedebilir, Melisende'yi daha az göze batan ve uysal biriyle değiştirebilirdi.

Dahası, Melisende'nin gücünü ele geçirmekten öte bu dedikoduya dayanarak Hugue'yi öldürerek Yafa Kontluğu'nu ve beraberinde gelen yüklü gelirleri kendine alma gücüne sahip olabilirdi. Bu tam da II. Baudouin'in vasiyetinde engel olmaya çalıştığı tarzda bir entrika olurdu.

Melisende ile Hugue'nin cinsel anlamda birbirlerinden etkilenmeleri ya da bir ilişki içinde olmalarından bağımsız olarak, Foulque'nun Hugue'den hoşlanmamak ya da onu kıskanmak için her türlü sebebi vardı. Foulque'dan daha gençti, hayatının en güzel dönemindeydi, eşit bir zenginlik ve soyluluktan geliyordu. Willermus Tyrensis, Hugue'yi şu şekilde hatırlamaktadır:

> Genç, uzun boylu, yakışıklı çehresi olan biriydi. Askeri hünerleriyle ayırt edilen ve herkesin gözünde hoşa giden biriydi. Onda doğanın hediyeleri büyük bir bolluk içinde toplanmıştı; sorgusuz sualsiz, fiziksel güzelliğe gelince (...) krallıkta dengi yoktu.

Hangi eş olsa böyle bir adamın karısının yanında saatler geçirmesinden rahatsız olurdu ve Hugue yalnızca Melisende'nin evliliğini değil, varisin meşruiyetini ve tahttaki hakkını tehdit ediyordu. Willermus Tyrensis şöyle yazmış:

> Kral, Kraliçe ile fazla samimi olduğuna dair dedikodusu yapılan ve bununla ilgili pek çok kanıt varmış gibi görünen Kont'a karşı derin bir güvensizlik duyuyordu. Dolayısıyla, bir kocanın kıskançlığının uzantısı olarak, Kral'ın bu adama karşı önlenemez bir nefret duyduğu söyleniyordu.

Melisende'nin Hugue ile olan sadakatsizliğine dair dedikodulara inanmayanlar, Foulque'nun genç adam için duyduğu vahşi nefretin daha çok Hugue'nin küstahlığı, Hugue'nin "kraliyetteki diğer soylular gibi krala tabi olmayı ve inatla kralın emirlerine uymayı reddettiği için" olduğuna inanmayı tercih ediyorlardı. Bu da Hugue'nin Foulque'nun yerel soyluları bir kenara itmesini mesele ettiği, belki gençliğine ve Kraliçe ile olan arkadaşlığına dayalı olarak yeni Kral'a duyduğu güvensizliği ve kendi fikirlerini dile getirmekten korkmayan bir azınlığın parçasıydı.

Outremer'e vardığında her anlamda dört ayağının üzerine düşen Hugue, hemen zengin Yafa Kontluğu'nda insani ilişkiler ve onu dertten uzak tutabilecek bağlar kurdu. Alice ve Melisende ile hemen arkadaşlık kurmuştu, ancak üvey oğulları Eustache ile Walter'da başarısız olmuştu. Bu adamlar kendi doğum hakları doğrultusunda güçlü baronlardı, güçlü savunmaya sahip önemli kıyı topraklarına hükmetmekteydiler. Sayda'nın deniz kalesi günümüzde Lübnan'da hâlâ ayaktadır ve Haçlı dönemine ait kıyı kalıntıları arasında en güzel ve en etkileyicilerinden biridir.

Eustache ile Walter, anneleriyle olan bu evliliği mirasını ele geçirmek için yaptığından Hugue'yi küçümsüyorlardı. Bu nefret çok köklüydü ve üç adam arasındaki gerginlik, Walter'ın bir gün kalabalık asillerden oluşan toplantı esnasında ayağa kalkarak üvey babası Hugue'yi ihanetle ve Kral'ı öldürme komploları kurmakla suçladığında arşa vardı. Eğer Hugue bundan suçlu bulunsaydı ya sürgünle ya da idamla cezalandırılırdı.

Bu suçlamaların yalnızca üvey bir çocuğun öfkesine dayanmadığı, Kral Foulque'nun Hugue'nin onuruna leke sürmek ve onun tehditlerini etkisiz hale getirmeye yönelik bir teşebbüsü olduğu düşünülmekteydi. Bu durum, Walter'ın anlaşılır şekilde şaşırmış olan Hugue'yi düelloya davet ederek meydan okumasıyla çok daha anlam kazanmıştı. Eğer Foulque kendi ellerini temiz tutarak Hugue'nin ölümünü sağlamak istediyse, kesinlikle en doğru yöntemi ve adamı seçmişti. Bir adamın suçluluğu ya da masumiyeti kanıtın mantıklı ve adil değerlendirilmesi yerine, ortaçağda adaletin sağlanmasına yönelik bu en özgü yöntemle, suçlanan ve suçlayan kişi arasındaki göğüs göğse mücadele ile karara varılırdı. Teoriye göre Tanrı'nın bu düelloyu, eğer adam masumsa kurtulacak ya da eğer gerçeğe dayalı olmayan şekilde suçlanıyorsa iftiracının ölümle cezalandırılabileceği şekilde etkileyeceğine dayanıyordu. Walter, Outremer'de büyük gücüyle ün salmıştı ve güçlü Walter ile daha çelimsiz Hugue arasında az bir çekişme olacağa benziyordu. Walter'ın

Hugue'den hoşlanmamak için her türlü nedeni vardı ve ateşli bir coşkuyla onu katletme görevini yerine getirebilirdi.

Hugue hemen ona karşı yöneltilen suçlamaları reddetti ve ismini temize çıkarmak için Walter ile düelloyu kabul etti. İki adam arasındaki düello için bir gün seçildi. Üvey babasını hemen öldüreceğine ve Kral'ın minnettarlığını kazanacağına dair beklentisi nedeniyle şüphesiz neşe içinde olan Walter bu düello için hazırlandığında, Hugue ortalıkta yoktu. Genç Kont kesin olarak iri kıyım üvey oğluyla yapacağı mücadeleye dair anlaşmasını tekrar değerlendirmişti. Olayın heyecanına kapılarak herkesin içinde ihanet suçlaması gibi bir şeyle hakarete uğradığında, saklayacak hiçbir şeyi olmadığını ve düellodan korkması için bir neden olmadığını göstermek için teklifi kabul etmişti. Gün ağardığında Walter ile karşılaşmasının tam da düşmanlarının isteyeceği bir şey olduğunu fark etti ve bu kavgadan sağ çıkması da mümkün değildi. Belki de karısı Emelota ile kuzeni Kraliçe Melisende de ona dövüşmemesini tembih etmişlerdi. Nedeni ne olursa olsun Hugue belirlenen saatte ortaya çıkmadı, bu da onu etrafındaki herkesin gözünde suçlu durumuna düşürdü. Outremer'de hain olarak duyuruldu.

Şartlar onu zorlayınca Hugue Kudüs'ü terk etti. Foulque'nun oldukça şeffaf şekilde canına kastının misillemesi olarak, takip eden aylarda Foulque'ya karşı gelecek ve onu tahttan indirecek bir isyan yaratma girişiminde bulundu. Bu fırtınanın bir süredir, Walter'ın suçlamasından bile önce büyümekte olması muhtemeldir. Bu maskaralıklar ise muhtemelen, Hugue'nin isyana dair entrikalarını gerçeğe dönüşmeden bertaraf etmek amacındaydı. Bunun yerine ayaklanmasını harekete geçirmek için gerekli olan katalizör olmaya yaradı. Daha önce de belirtildiği üzere Alice Lazkiye'de sürgündeyken, onun tarafından verilmiş kararlarda görgü tanığı listelerinde adı yer almaktadır; bu da Hugue'nin bir süredir Foulque'ya karşı olanlarla aynı cephede olduğu anlamına gelmektedir. Benzer şekilde, Transürdün'de (Oultrejourdain ya da Ürdün Ötesi) kendi toprakları olan Romanus Le Puy adlı hainlikle suçlanan bir baronun, kendi fermanlarındaki listelerde de Hugue'nin adı geçmektedir. Bu durum tıpkı Hugue'nin da Alice gibi "Foulque'nun otoritesinden hoşlanmayanlar için" bir lider haline geldiğini göstermektedir.

Outremer'in hükümdar lordları iki ayrı tarafa bölünüyordu: Kız kardeşler Alice ile Melisende'nin haklarını Foulque ile Angevin arkadaşlarına karşı savunanlar; Foulque'nun tek başına hükümdarlığını ve Outremer'deki diğer lordlar üzerindeki hâkimiyetini iddia edenler. Foulque, Melisende'nin kraliçe olarak güçlerini bertaraf etmeye ve onu devlet işlerinden menetmeye çalışıyordu. Hem Melisende'nin sadık arkadaşı hem de babasının sadık vassalı olan Hugue ise bu nedenle öfkeye kapılarak Melisende'nin çıkarlarını kocasının bencilliğine karşı savunmaya çalışıyordu. Bu da Foulque'nun onun için duyduğu nefretin asıl sebebiydi. Hugue'nin destek toplamaya başlamasının korkusuyla Foulque, açık bir hainlik suçlamasıyla Hugue'yi isyana itti. Kaysariye Lordu Walter ile entrika planlayarak aynı zamanda karısının itibarını zedeleyebilir ve Alice'nin son isyanından bu yana krallığına en büyük tehdit olarak gördüğü Hugue'yi yenilgiye uğratabilirdi.

Hugue hainlikten suçlu bulunduğunda, Foulque'nun planının bir sonraki aşamasının onu Yafa Kontluğu'ndan indirmek olduğunu biliyor olmalıydı. Anlaşılır şekilde panikledi. Babasına karşı Zengi'den yardım isteyen Alice'nin düştüğü tuzağa o da düştü. Hugue esasen Foulque'ya karşı vasallarının desteğine sahip olsa da Askalan Mısırlılarından yardım alma hatasına düştüğünde tüm desteklerini yitirdi. Mısırlılar Müslümandı ve bazı geçici işbirlikleri zaman zaman yapılmış olsa da Outremer'deki Frankların daimi düşmanlarıydılar. Alice'de olduğu gibi Kudüs Kralı'na karşı Müslümanlarla birlik yapmak bir tabuydu. Hugue ile Outremer'e doğru Hıristiyan topraklarını ele geçirmek üzere ilerlediler. Görünürde Hugue'nin Foulque'ya karşı Yafa'yı savunabilmesi içindi, ancak asıl neden açgözlülük ve şahsi çıkarlarıydı.

Bu saldırıyı duyan Foulque, Kudüs'ün ordularını güneye gönderdi. Hugue bugüne dek kendi kontluğunun önemli vasallarının desteğine sahipti. Ancak Mısırlılarla yapılan bu tehlikeli müttefiklikten ve Kral'a karşı gelerek Yafa'yı koruma girişiminden rahatsızdılar. Bu beyhude bir girişimdi. Hugue'yi bu alelacele verilmiş karardan vazgeçirmeye çalıştılar, ancak kızgın ve kararlı kontu ikna konusunda ilerleme kaydedemediler. Hugue halen ona karşı yapılmış olan sayısız aşağılama ve suçlamalardan, ayrıca halka açık bir mahkemede üvey oğlu tarafından hainlik suçlamasına hazırlıksız yakalanmış olmanın getirdiği utançtan dolayı acı içindeydi. Hugue'nin vasalları, lordlarına laf anlatmaya dair çabalarının kulak arkası edildiğini gördüklerinde onu terk ederek Foulque'ya katıldılar.

Askalanlılar ise Kudüs ordusu yaklaşırken Hugue'nin kendi adamlarının bile ona karşı durduklarını görünce, geldikleri gibi hızlı bir şekilde Hugue'yi terk ettiler. Hugue tek başına müttefikleri olmadan kalmıştı ve Yafa hiçbir direnç olmadan Kral'ın eline geçti. Hugue hem güçsüz hem de rezil olmuş haldeydi ve tamamen Foulque'nun merhametine kalmıştı.

Ancak Kraliçe Melisende onun tarafında, kilise de Kraliçe'nin yanındaydı. Melisende kendisini "kilisenin koruyucusu" olarak konumlandırmıştı. Adanmış Hıristiyan bir kraliçe olarak anlattığı hikâyeye kilise inanmıştı; yani sadakatsizliğine değil, Hugue'nin Melisende ile yerel asillerin haklarını Foulque'ya karşı savunmasına... William of Malines adında Flaman bir rahip olan Kudüs Patriği, Foulque'nun öfkesini yatıştırmak ve Hugue ile Melisende'nin çıkarlarını korumak için araya girdi. Bunu yapmış olması açıkça hem Melisende'nin etkisini hem de adaletin Hugue'nin yanında olduğunu gösteriyordu. Mısırlılarla müttefik olmakla aptallık eden Hugue, bunun için açık bir şekilde cezalandırılmalıydı. Ancak yeteri kadar insan, ağır bir cezanın uygunsuz olacağını düşünüyordu.

Melisende ile Patrik William'ın yakarışları etkili oldu ve belki de Foulque kendisine karşı olanların büyüklüğü nedeniyle sarsılarak gönülsüzce merhametli bir cezayla Hugue ile aralarındaki anlaşmazlığı gidermeyi kabul etti. Şanssız müttefiki Romanus of Le Puy gibi topraklarından men edilmek ya da Alice gibi itibarının zedelenmesine ve temelli bir sürgüne mecbur edilmek yerine, Hugue yalnızca üç yıllık bir sürgüne gönderildi. Bu süre boyunca Kral Foulque topraklarından gelen gelirleri elde edebilecek, ancak sürgün sona erdiğinde Hugue yeniden tek başına Yafa Kontu olarak devam edebilecekti. Bu gerçekten de merhametli bir cezaydı. Melisende ile rahiplerin müdahalesi olmasaydı, Hugue en hafif şekilde ya topraklarını tamamen kaybedecekti ya da daha kötüsü ölüm cezası alacaktı.

Foulque'nun hainlik suçu öncesi Hugue'nin bu denli açık bir şekilde ona karşı olduğu ve hiçbir suçtan yargılanmamış olması gerçeği, Foulque'ya karşı isyanının yasal gerekçeleri olduğunu önermektedir ya da en azından hareketlerinin ülkenin soyluları tarafından onaylandığını. Bu da karşılığında Foulque'nun yasal olmayan ya da en azından politik olmayan şekilde hareket etmekte olduğunu göstermektedir. Bu da Foulque'nun Melisende'yi politik gücünden menetmeyi denediği ve Hugue'nin da bunu korumak için mücadele ettiği tartışmasına ağırlık kazandırmaktadır.

Cezasına yönelik pazarlıklardan sonra Kont, İtalya'ya dönerek yetiştirilmiş olduğu Apulia şehrinde sürgün süresini geçirmeye yönelik planlar yaptı. Onu oraya götürecek bir gemiyi beklerken Kudüs'te zamanını geçirdi. Bir akşam, Kürkçüler Sokağı'nda, yerel bir tüccarın dükkânı önündeki masada tavla oynuyordu. İsyanın bastırılmasıyla Hugue'nin koruması yoktu ve kendi güvenliğinden endişe etmesini gerektiren hiçbir şey yoktu. Cadde kalabalıktı; her zamanki gibi tüccarlar, hacılar ve Haçlılarla olan yoğunluğundaydı. Bir anda, kabalığın arasından kılıcı kılıfından çıkmış olan bir Frank şövalye öne atıldı. Bir şeyden kuşkulanmamış olan Hugue'yi dehşete kapılmış kalabalığın önünde defalarca bıçaklayarak güpegündüz korkunç bir şekilde yaraladıktan sonra kaçtı.

Hugue'nin yaraları başta ölümcül görünmüyordu, ancak yine de çok derinlerdi ve ortaçağ dünyasında, modern ilaçların ve antibiyotiklerin bulunmasından önce, kan kaybından öldürmeyen bir yara sıklıkla iltihaplanarak enfeksiyondan öldürürdü. Şehir, sivillerin olduğu bir yerde böylesi barbarca bir eylemin hem de yüksek derece bir soylunun başına gelmesinden dolayı dehşete kapılmıştı.

Foulque ile Hugue arasındaki herkesçe bilinen anlaşmazlık göz önünde bulundurulduğunda, kısa sürede herkesin bunu konuşması ve Kral'ın suçlanması şaşırtıcı değildi. Saldırı önceden tasarlanmış bir cinayet teşebbüsü olmalıydı. Hugue'nin Kral ile yaşadığı çekişmeden sonra amaçsız bir şövalye tarafından saldırıya uğraması tesadüf olamazdı. Saldırıyı gerçekleştiren ve kısa sürede yakalanan şövalye ise Breton'dan önemsiz biriydi. Bir başkasının emirleri doğrultusunda hareket ediyor olmalıydı. Bu "başkası"nın kim olduğu açıkça bir sırdı: Kimsenin, Hugue'nin ölmesini istemek için Kral Foulque'dan daha fazla sebebi olamazdı. Hugue'ye zaten savaş açmış, onu hainlikle suçlamıştı ve onun karısıyla beraber olduğu ise herkesçe inanılan bir durumdu.

Bu Foulque için bir halkla ilişkiler felaketiydi, zaten halk arasında popüler değildi. Halk Melisende ile Hugue'den yanaydı. Hugue'yi desteklediler, tartışmasız incinen taraf oydu ve bu acımasız kan davasındaki güçsüz kişiydi. Foulque masumiyetini kanıtlamak için çok çaba sarf etti. Ortaçağ Haçlı kültüründe kan davası olsa da, sırtından bıçaklama ve üstü kapalı cinayetler kültürün bir parçası değildi. Bu çeşit bir gizli dalavere halkın hâlâ tepkisini çekiyordu. Hugue'nin hayatına yapılan bu korkakça, sinsi ve ek olarak başarısız saldırı Kral'ı güçsüz ve çaresiz gösterdi ayrıca Hugue'ye karşı davasına zarar verdi. Centilmenlik şövalyeliğe dair ortaçağ ideallerinin temel taşıydı, suikast ise kesinlikle centilmenliğe yakışmıyordu.

Foulque elinden gelen tek şeyi yaptı ve kendisini bu saldırıdan soyutladı. Halkın geri kalanı gibi onun da bu olay karşısında dehşete düştüğü, şövalyenin tutuklandığı ve halk önünde yapılacak bir mahkemeyle cezalandırılacağına dair net bir mesaj gönderdi. Çokça tanık olan bu olayda adamın suçluluğu kesindi, ancak insanların ortaya çıkarmak istediği asıl şey saldırının nedeniydi. Foulque hem sözde suikastçıyı ibret olsun diye cezalandırmak hem de karısına ve Kudüs halkına saldırının emrini onun vermediğini göstermek istiyordu.

Talihsiz saldırgan en gaddar cezaya çarpıldı: uzuvlarının kesilmesi. Foulque kesilebilecek her şeyin kesilmesini, yalnızca onu susturmak istediğini iddia etmelerine engel olmak için dilinin kalmasına karar verdi. Dili yerinde olan adam işkence sırasında neden bu suçu işlediğini itirafa zorlandı. Sonuna kadar itaat eden adam, Kral'ın bilgisi dışında hareket ettiğini, Kral'ın emriyle değil ancak Foulque'dan fayda sağlamayı umduğunu çünkü Hugue'ye duyduğu öfkeyi bildiğini ve en nefret ettiği düşmanından kurtularak onun dikkatini çekmeyi umduğunu söyledi.

Bu itirafla Foulque'nun itibarı bir dereceye kadar kurtarılmıştı ancak gidişat halen pek de iyi değildi. Böyle bir hikâyenin inanılırlığı şüpheliydi. Sonuç olarak kraliyetten fayda sağlamak uğruna o topraklarda en çok tanınan kişilerden birini bağımsız bir şekilde öldürmeye teşebbüs etmek fazlasıyla riskli bir stratejiydi. Hikâye doğru olsa bile yine de Hugue'nin böylesine acımasız bir şekilde bıçaklanmasının sebebi, Foulque'nun Hugue'ye duyduğu nefret ve kıskançlıktı ve Kont'un hayatı hâlâ tehlikedeydi.

Hugue sağlığına kavuşacak kadar Outremer'de kaldıktan sonra Apulia'ya gitti ve o toprakların kralının gösterdiği sıcak karşılamaya rağmen orada oldukça ağır bir depresyona girdi. Halen yaralarının acısını hissediyordu; yalnızca Kudüs sokaklarında aldığı saldırının sonucu olanlar değil, aynı zamanda Foulque ile Kaysariye Lordu Walter'ın suçlamalarından onuruna ve gururuna yönelik saldırılardan. Bunun yanında şüphesiz, sevgilisi değil ama kraliçesi ve yakın sırdaşı olan Melisende'den ayrılığı nedeniyle de yas tutuyordu. Bu mutsuz dönem ve ayrılıktan sonra tam sağlığına hiçbir zaman kavuşamamış gibiydi ve İtalya'ya varmasından kısa süre sonra öldü. Bu genç ve yakışıklı Kont'un suçlanması ve ona yönelik suikast girişiminin ardından gelen ani ölümü, Kudüs halkında büyük bir öfke yarattı.

Kızgın olan yalnızca halk değildi.

KRALİÇENİN ÖFKESİ

Melisende, Hugue'nin ölümü ve tüm bu felaket nedeniyle öfkeden deliye dönmüştü. Dikkate şayan derecede bir kendine hâkim oluşla, o ana dek hükmetmekten alıkonmasına duyduğu öfkeyi kontrol altında tutmuştu. Hugue'nin onun için savaşmasından da memnundu. Hugue'nin ölümüyle, bu kendini tutma hali dramatik bir şekilde son buldu. Kral ile Kraliçe arasında herkes tarafından görülen büyük bir uçurum açıldı ve saray eşrafından pek çok kimse de bunun içine çekilme tehlikesi altındaydı.

O ona dek Melisende, kocası tarafından yapılan haksızlıklara rağmen oldukça sessiz bir eş sayılırdı. Hugue'nin ayaklanmasının farkında olup belki de bir parçasıyken bile Foulque'yu asla açıkça terk etmedi. Hakkı olan ortak hükümdarlık için kendi adına hiçbir zaman mücadele etmedi; zorlu koşullara rağmen en azından iyi bir eş, anne ve dini bütün bir kraliçe olmaya uğraştı. Ancak artık, Melisende'nin kocasına duyduğu öfkenin sınırı yoktu.

Willermus Tyrensis şöyle yazmıştır: "Kalbi, sürgüne gönderilmiş Kont için duyduğu derin kederden dolayı büzülmüştü ve kendi iyi ünü de yüz kızartıcı suçlama nedeniyle lekelenmişti." Hugue'ye karşı Foulque'yu destekleyen adamlar artık can korkusuyla Kraliçe'den kaçıyorlardı. Melisende hem Hugue'nin ölümü hem de Hugue ile iddia edilen ilişkisini çevreleyen herkesin gözü önündeki skandalın onuruna ve ismine yönelttiği korkunç hakaretler nedeniyle de öfkeliydi. Foulque'nun kıskançlığı destekçileri tarafından dolduruşa getirilmişti, özellikle de Nabluslu Rohard tarafından. Ve Melisende onu, diğerlerinden çok daha kötü bir şekilde cezalandırdı. Bu adamları saraydan kovdu. Hepsi de Hugue'ye olduğu gibi kendilerinin de bir suikast girişimine maruz kalabilecekleri korkusuyla kalabalık buluşmalardan uzak durdular. Foulque'nun kendisi bile canı için endişe ediyordu ve Kraliçe'ye bağlı olanların arasında yalnız veya silahsız olmasını gerektiren durumlardan kaçınıyordu. Willermus Tyrensis, Melisende'nin gazabıyla ilgili şunları yazmıştır:

> O andan itibaren, Kont'a karşı bilgi veren ve böylelikle Kral'ın öfkesini fitilleyen herkes, Kraliçe Melisende'nin öfkesine maruz kaldı ve kendi güvenlikleri için dikkatli önlemler almak zorundaydılar.... Bu muhbirlerin Kraliçe'nin huzuruna çıkmaları güvenli değildi, hatta toplu buluşmalardan uzak durmak konusunda ihtiyatlı davranmayı uygun gördüler. Kral bile Kraliçe'nin akrabaları ve yandaşları arasında hiçbir yerin güvenli olmayacağını anladı.

Melisende'nin, Hugue'nin isyanına ne derece katılıp katılmadığını anlamak zor. Bu dönemle ilgili detaylı bir anlatım sunan tek tarihçi olan Willermus Tyrensis ise onu tam olarak Hugue'nin kışkırtıcı eylemlerine bağlamamakta, ancak çiftin adeta "fazla yakın" olduklarına dair dedikoduları tekrarlamaktadır. Ancak Hugue en azından Kudüs'teyken, Kraliçe'nin bu işe dahil olduğu fark edilmektedir. Eğer çift dedikoduya neden olacak kadar yakınsa, Hugue onun ve yerel soyluların hakları için mücadele ediyordu. Dahası Antakya'da isyankâr kız kardeşini ziyaret ettiğinde, Melisende'nin Hugue'nin planlarının farkında olması lazımdı. Foulque ile Hugue arasında ciddi bir düşmanlık olduğu ve bu düşmanlık ister politik ister romantik olsun, olayların tam ortasında Melisende'nin olduğu açıktı.

Foulque, yerel soyluların pahasına Outremer'i kendi zevkleri ve amaçlarına uyarlamak için sabırsız olan Batı'dan yeni gelenleri temsil ediyordu. Onun beraberinde getirdiği çok sayıdaki eşlikçinin, Melisende ve Hugue'nin de içinde olduğu yerel soylular arasında kızgınlığa ve fikir ayrılıklarına sebep olduğu aşikâr. Foulque, Melisende'yi hükmetmekten alıkoymayı denerken, Kraliçe malına el konmuş asillerin doğal sembolü halini aldı. Hugue ise ona yardım etmek için giriştiği bu mücadelede, Foulque'nun tanıtmayı denediği tüm bir rejime karşı mücadele veriyordu.

Neredeyse aynı zamanda yazan Anglo-Norman rahip Orderic Vitalis, tüm bunlar olduğunda çok genç olan Willermus Tyrensis'e göre olaylara çok daha yakındı ve Hugue'nin isyanının arkasındaki nedenlere dair belki de çok daha doğru bilgiler yazmıştır:

> Öncelikle Foulque, göstermiş olması gereken öngörü ve akıllılık olmadan hareket etti ve valilerle diğer erkanı fazlasıyla hızlıca ve düşünmeden değiştirdi.

Yeni kral olarak baştan itibaren azimle Türklere karşı savaşmış olan ileri gelenleri konsillerinden çıkardı (...) ve onların yerine, sözlerine önem verdiği Angevin yabancıları ve diğer deneyimsiz yeni gelenleri getirdi; kıdemli savunucuları kovdu, krallık konsilindeki başlıca konumları ve kale muhafızlığı görevlerini yeni dalkavuklara verdi. Netice itibarıyla büyük bir hoşnutsuzluk yayıldı ve ileri gelenlerin inatçılıkları, lanet şekilde bütün yetkilileri böylesi uygunsuz şekilde değiştiren adama karşı yükseldi. Uzun bir süre, kötücül güçlerin etkisi altında savaş becerilerini ortaya çıkardılar. Kâfire karşı gelmek için birleşmiş olmak yerine, kendilerini parçaladılar. (...) Tanrı inancı olmayan paganlarla bile birbirlerine karşı müttefik oldular.

Melisende'nin adı burada geçmese bile, kıdemli savunucuların yerlerini Angevin davetsiz misafirlerinin alması fikri onundu. Orderic Vitalis bu olayların anlatımı sırasında ufak bir hata yapmakta, çünkü Foulque'nun krallığı sırasında Godefroi'nin Müslümanları sindirmesine yardım eden gerçek kıdemli savunucuların az çok hepsi ölmüştü. Foulque'nun güçlerini ellerinden aldıkları kişilerin çoğu, onların Outremer'de doğmuş oğulları, kızları ve mirasçılarıydı. II. Baudouin'in yaptığı gibi güvendiği adamlara hediyeler sunarak onların bağlılıklarını garantilemeye ve karısını dinlemeyerek gücünü sağlamlaştırmaya çalışıyordu. Ancak Foulque'nun hatası, böylesi bir entrikanın yerleşik Hıristiyan asilleri üzerinde işe yaramayacağını ve taht üzerindeki hakkının yalnızca onu Kudüs'ü alan ilk Haçlılarla kan bağı aracılığıyla bağlamış olan Melisende tarafından mümkün olabileceğini fark etmedeki başarısızlığıdır.

Melisende'nin bu durumla ilgili hisleri sonuna kadar Hugue'nin eylemleri tarafından maskelenmişti. Melisende'nin davasına destek verdi ve dikkati onun üzerinden alarak kendine çekti. Hugue öldüğünde, Melisende'nin öfkesi kıyas kabul etmeyecek kadar büyüktü; gerçek tavrı ve bu işteki katılımı ise tepkisinde ortaya çıktı. Kocasını saraydan attı ve yalnızca, krallığı daha büyük darbelerden korumak için Patrik William'ın ve Melisende'nin yakınındaki kişilerin çaresiz arabuluculuğu sayesinde öfkesi yatıştırılarak Kral ile Kraliçe arasında uzlaşma sağlandı. Melisende'nin öfkesi için kesinlikle gerekçesi vardı. Babasının krallığı sırasında, aldatan kadınları cezalandırmaya yönelik pek çok kanun yapılmıştı. 1120'de Nablus'taki konsilde, Kudüs Krallığı'nda evlilik dışı bir ilişkide yakalanan kadına *rinotomi* yapılmasına karar verilmişti. Burun deliklerinin yarıldığı ya da burnun tamamen kesildiği barbar bir uygulamaydı. Melisende'yi sadakatsizlikle suçlayan Foulque, yalnızca politik konumunu tehdit etmiyor, aynı zamanda onu ciddi bir tehlikeye atıyordu.

Karısının önünde diz çöken, öfkesinin şiddeti karşısında dehşete düşmüş ve sinmiş olan Foulque, belki de hayatında ilk defa nasıl bir kadınla evlenmiş olduğunu anlıyordu. O günden itibaren, Melisende ilişkilerindeki baskın taraf oldu ve Foulque tamamen karısına bağlı biri haline geldi. Hiçbir zaman herkesin gözü önünde karısına karşı gelmedi ya da Melisende'ye rahatsızlık verecek şekilde Kudüs Krallığı'nın yoluna çıkmadı. Hugue'nin başkaldırışı, başarısız olarak sürgüne gitmesine ve sonunda ölümüne neden olmuş olabilir ancak yerel asillerin konumu korunmuştu. İsyanın ardından Kudüs Krallığı'nda Foulque tarafından düzenlenen kanunların her birinde Melisende'nin adı yer aldı; ona hem muvafakat hem de gittikçe artan bir güç vererek.

Ancak bu son derece küçük düşürücü evlilik ve politik felaketin küllerinden, Foulque ile Melisende arasında daha yakın bir ilişki doğdu. Willermus Tyrensis, "bazı yakın arkadaşların müdahalesiyle (…) bazı ısrarcı çabalar sonucunda kralın affedilmeyi başardığını" yazıyordu. Foulque'nun karısından af dilediğine ve bunda başarılı olduğuna dair iki kanıt bulunmaktadır: İlki, Foulque'nun bir barış hediyesi olarak Melisende'ye verdiği başlarda anlatılmış olan zarifçe yazılmış *Mezmurlar* kitabı. İkincisi ise isyandan birkaç yıl sonra doğmuş olan ikinci çocukları Amalrik.

ŞAMLI ZÜMRÜT HAN

1130'lu yıllarda Ortadoğu'da erkek hükümdarlara meydan okuyan ve sorun çıkaran tek güçlü kadın Melisende değildi. Melisende ile benzer kökene sahip soylu bir kadın da Şam'daki sarayda politikaları yönetiyordu. Kudüs ile Konstantinopolis'in dışında Şam da o zamanlarda Yakındoğu'daki üçüncü mücevherdi. Şam sarayı, Kudüs'ün Hıristiyan sarayının Müslüman karşılığıydı; entrikalar, gerginlikler ve şeytani kötülüklerle dolup taşan. Ortasında ise Melisende gibi korkusuz ve kararlı olan güçlü bir kraliçe yer alıyordu.

Khatun Safwat al-Mulk Zumurrud, ileri gelen Müslümanlardan Büyük Selçuklu Emiri Çavlı'nın kızıydı. İsmi *Zumurrud* yani Zümrüt'ün Arapçasıydı. Zümrüt Şam, anne tarafından, doğuya doğru ilerlemekte olan ilk Haçlıların liderlerine karşı savaşmış Müslüman bir lider olan Dukak'ın yarı kardeşiydi. Abisi, Melisende'nin babasına karşı zaman zaman mücadele vermiş ve Zümrüt'ün kocası Dımaşk Atabeyi Böri de II. Baudouin'e karşı savaşmıştı. Hatta Zümrüt kendini, 1129'daki Şam istilası sırasında Melisende'nin babası ve kocası tarafından kuşatma altında bulmuştu.

Zümrüt, Şam'ın son emiri Böri'nin dul karısıydı. Zümrüt'ün oğlu İsmail, babasının ölümüyle gücü ele geçirmişti. Genç ve değişken bir karaktere sahipti. 1133'te tahtı ele geçirdiğinde zar zor 20 yaşında olan genç adam, açgözlülük ve acımasızlığıyla çabucak ün saldı. Maiyeti arasında babasının hükümdarlığı döneminden, Yusuf Bin Firuz adında, kraliyet ailesine yakın olan bir danışman vardı. O zamanlar Zümrüt bu adamla evlilik dışı bir ilişkiyle suçlanmış, Müslüman Suriye'nin politikalarını ve hanedanını derinden etkileyecek Şam sarayında bir skandal meydana gelmişti.

Yafalı Hugue Kudüs'te mecazi ve somut alaverelerden kurtulurken, benzer adaletsizlikler silsilesi Golan Tepeleri'nin öteki tarafında da vuku bulmaktaydı.

Zümrüt'ün kocası, daha çok Haşhaşiler (Assasins) olarak bilinen Nizari İsmailleri cemaatiyle, Müslüman cemaatlerinin hem en gizemli hem de en ünlülerinden biriyle karşı karşıya gelmişti. Gizlice Haşhaşilerin üyesi olan maiyetindeki iki köle tarafından saldırıya uğramış, aldığı yaralar sonrası hayatta kalmış olsa da nekahet dönemini çabuk bitirerek fazla erken sefere çıkmış, yarasının yeniden açılmasına neden olmuş ve Haziran 1132'de ölmüştü. Şam emiri olarak oğlu İsmail yerine geçmişti. Zümrüt görünürde bir yas dönemine girdi ve "dul kalmış anne sultan" olarak kendini sosyal hayattan geri çekti. Kocasının ölümüyle ilk yaptığı şey ise kocasının adına yapılacak büyük bir medrese oldu. Medresetü'l Hatuniyye olarak bilinen, Şam'da kurulmuş olan sadece beşinci medreseydi ve otuz yıl sonra Nureddin'in devasa türbe-cami-medrese kompleksinin inşasını etkileyecekti. Surlu şehrin batısındaki üst kısımda yer alıyordu ve Kraliçe Melisende'nin Kudüs'teki kendi mimari projelerinin önüne geçmişti.

İsmail'in hükümdarlığı iyi başladı, Banyas Kalesi'ni Frankların elinden tekrar alarak Kral Foulque'ya, Doğu'daki sivrilen yeni düşman olduğunu gösterdi. Halep emiri Zengi de İsmail'in askeri gücünü dikkate aldı. Ancak İsmail kötü bir diplomattı ve fazlasıyla paranoyaktı. Kendisine yakın olanları adil olmayan vergilendirme ve tutkulu öfke ataklarıyla uzaklaştırdı; sonuç olarak sürekli bir suikast tehlikesinde olduğundan korkuyordu.

Zümrüt'ün gurur duyacağı bir evlat olamazdı. İbn Al-Athir'in aktardıklarına göre, "para elde edebilmek için en ileri işkencelere başvurmuş, büyük açgözlülükleriyle rezil bir örnek olmuştu. Ailesi, destekçileri ve tebaası da ondan tiksiniyordu."

İsmail'in hanesinde yer alan bir kölenin, sevilmeyen atabeyi gerçekten de öldürmeye teşebbüs etmesiyle dananın kuyruğu kopmuştu. Köle ele geçirildiğinde, "dünyayı İsmail'in korku krallığından kurtartarak Allah'ın rızasını kazanmak üzere" hareket ettiğini ilan etti ve sorgulaması sırasında bu entrikada yer alan diğer kişilerin isimlerini verdi. Hiçbir mahkeme ya da ileri soruşturma olmadan bu şüpheliler işkence görerek idam edildi. İçlerinde İsmail'in kendi yarı kardeşi de vardı; sağ bir şekilde duvarlar arasına kapatarak açlıktan ölmeye bıraktığı. Bu bahtsız erkek kardeş Zümrüt'ün öz oğlu değildi, Böri'nin diğer eşlerinden birinin oğluydu. Ancak şahsi bir acı hissetmemiş olsa da oğlunun eylemlerinin zalimliğinden şüphesiz dehşete kapılmıştı.

İsmail ona karşı bu kötücül duygularını ileri seviyedeki paranoyasıyla (geçmişte haklı çıktığı) yoğunlaştırdı, artık Şam sarayında güvende olmadığına inanıyordu. Servetini ve sahip olduklarını Sarkhad şehrine taşıtmaya başladı. Sonrasında ise Halep Atabeyi Zengi'ye yazarak, Şam'ı terk etme niyetinin altını çizdi ve eğer gelip Şam'ın yönetimini ele geçirmez ise Frankların eline geçeceğini söyledi.

Ancak sevgili başkentlerini Halep Atabey'inin eline öylece vermek niyetinde olmayan Şamlılar, Zümrüt'e koşarak ondan oğluna müdahale edip bu çılgınlığa bir son vermesini istediler.

Zümrüt, İsmail'in eylemlerine dair aldığı duyumlar sonrasında sinirlenmiş ve harekete geçerek durumu çözeceğine söz vermişti. Dahası, Melisende ile Yafalı Hugue etrafında dönen dedikodulardan çok da farklı olmayan aynı dedikodular bir süredir Zümrüt'ün, ölen kocasının başdanışmanı Yusuf Bin

Firuz arasındaki ilişki hakkında da dönüyordu. Zümrüt bu dedikoduların herkes tarafından bilindiğini, dahası haberlerin oğluna da ulaştığını ve Yusuf'u öldürtmeyi planladığının haberini aldı. Bu Zümrüt'ü zor bir duruma soktu. Sonunda mesele şaşırtıcı biçimde kolay çözümlendi. Oğlu gelişigüzel biçimde saray mensuplarını öldürtüyor ve önemli toprakları terk ederek ortalığı yakıp yıkıyordu. Zümrüt'e yakın bir adamın hayatı tehlikedeydi. Eğer İsmail, babasının en yakın danışmanıyla Zümrüt'ün yasak bir ilişkiden suçlu olduğuna karar verirse, kendi de güvende olamazdı. Yusuf Bin Firuz, Şam'dan kaçıp giderek Tedmür'de saklandı ve Zümrüt oğlunu karşısına emretti. İsmail'e karşı çıkıp onu kararları ve anlaşılmaz davranışları nedeniyle ciddi bir şekilde azarladıktan sonra oğluna artık hiçbir sözün etki edemeyeceğini anladı.

Şartlar da onu zorlamış olabilir ancak Zümrüt benzersiz bir soğukkanlılıkla hareket etti. Dul sultan sessiz ancak kararlı bir şekilde tahtını, aşkını ve kendi hayatını korumak için kendi oğlunun suikastini planladı. İsmail'in kölelerini altınla mı değil mi bilinmiyor, efendilerine karşı gelmeye ikna etti. Genç adamın mizacı da göz önünde bulundurulduğunda çok fazla dil dökmeye gerek kalmamış olması ihtimal dışı değil. Bir fırsat olduğunda onu hemen öldürmelerini emretti ve köleler de öyle yaptılar. Öldüğünde İsmail yalnızca 21 yaşındaydı. Köleler Zümrüt'e anlaşmanın sonuçlandığını haber ettiklerinde, bir adım daha ileri giderek bedeninin halka açık bir yere götürülmesini, insanların onun ölümünü öğrenerek kutlama yapmasını söyledi. İbn-ül Kalanisi, Zümrüt'ün "oğlunun kötücül eylemleri, aklındaki yozluk, adi ve menfur davranışları nedeniyle ölümü için ne merhamet ne de acı duyduğunu" yazmıştır.

Zümrüt'ün bir sonraki adımı ise diğer oğlu Mahmut'u Şam Emiri yapmaktı. Bu skandalın son bulmasından kısa süre sonra ölmüş olan İsmail'in istekleri doğrultusunda Atabey Zengi

Şam'ın kapısına dayandı, nazik ancak sert bir biçimde Şam'ın onun emrine karşı geldiğini duyurdu. Zengi geri çekildi, ancak aklında Şam'ı kan dökülmeden kendi imparatorluğuna eklemenin yollarını arıyordu ve düşünceleri açıkça tahtın arkasındaki güç olarak gördüğü güzeller güzeli dul Zümrüt üzerinde yoğunlaştı. Kısa süren müzakereler sonucunda çift evlendi ve Zümrüt çeyiz olarak Humus'u beraberinde getirdi. Zümrüt ile evliliği neticesinde Zengi, Şam'a hükmetmeyi ummuştu ancak bu plan hiçbir zaman uygulanamadı.

Evlenmelerinin üzerinden çok geçmeden Zümrüt'ün oğlu Mahmut da 1139 Haziran'da öldürüldü. İlk oğlunun ölümüne kıyasla annesi dert ve üzüntü içindeydi, kaybının yasını tuttu. Musul'daki kocasına yazarak "onu ilerlemeye ve intikam almaya" davet etti. Onun intikam nesnesi ise kardeşinin ölümüyle Şam Emiri olan Zümrüt'ün üçüncü oğlundan başkası değildi. Adam, Zengi'nin şehri ele geçirmeyi başarmasından önce hastalıktan öldü ve saldırının sorunlu olması gerçeğiyle emirin ölümünden sonra Zengi şehri terk etti.

Zümrüt muhtemelen Melisende'den yedi yaş daha büyüktü. 1113'te bir oğlan dünyaya getirdiği göz önünde bulundurulunca, bu da kendisinin de en az 1100'de doğması anlamına geliyordu. 1095 ila 1100 yılları arasında doğmuş olması daha büyük olasılık. Ancak iki kadın kraliçe olarak son derece benzerdi. Melisende Kudüs'e hükmederken, Zümrüt Şam'da gücü ele geçirmişti. Melisende gibi hiçbir şekilde varis ya da kraliçe olarak tanınmadı. Ancak şehrin emirine müdahale etmesi için çaresizce ona başvuran politikacıların varlığı, sahip olduğu saygıyı ve Şam sarayındaki gücünü göstermektedir. Politik olarak ikisi de akıllı, kararlı ve asil kadınlardı; sanat ile mimarinin koruyucularıydı. Melisende kendi oğlunun ölümünü kesinlikle planlamamış olsa da Foulque'nun Yafalı Hugue'nin yaşamına yönelik saldırıya geçtiğine emin olduğunda Hugue'yi koruması altına almış ve kocasıyla öfke içinde yüzleşmişti. Benzer şekilde hükümdarlığının ilerleyen yıllarında oğlunun onun otoritesine karşı gelmekte olduğunu anladığında ise ona karşı harekete geçmekte tereddüt etmemişti.

İki kadın da kendi inançlarının yorulmak bilmeyen savunucularıydı. Melisende Kutsal Mezar Kilisesi'nin büyük restorasyonunu başlatmış, Zümrüt de halen bugüne dek ayakta kalan etkileyici bir kubbeli yapı olan Şam'daki Medresetül Hatuniyye'yi (Madrasa Khatuniyya) yaptırmıştı. Selahaddin'in egemenliğine dek Şam'ın dini yapısına katkı sağlamış olan son kadın etkisiydi.

UZLAŞI

Melisende ile Foulque arasındaki uzlaşıdan sonra, Outremer'e benzeri görülmemiş bir sakinlik dönemi hâkim oldu ve bu dönem boyunca Melisende'nin sanat ve mimari üzerinde koruyuculuğu başladı. Diğer dini işler ve süslemeler arasında, çocukluğu sırasında bir yıl boyunca Müslüman lider Timurtaş tarafından rehin tutulmuş olan küçük kız kardeşi Yvette adına bir şey yapma fırsatı kendini gösterdi. Yvette'nin geleceği, Melisende'nin üç kız kardeşi arasında en karmaşık olandı, ancak pek çok yönden aslında en basit olduğunu zamanla gösterdi. Melisende, Alice'nin yazgısını değiştirmek için elinden geleni yapmış ancak Alice kendi sonunu hazırlayarak genç yaşta ölmüştü. Sonrasında Melisende, Outremer'deki en önde gelen kadınlardan biri olma pozisyonunu garantiye almak için kız kardeşi Hodierna'yı Trablus kontu Raymond ile evlendirmişti. Ancak Melisende, Yvette için hiçbir damat adayı bulamıyordu. Aslında bunu denediğini gösteren herhangi bir kanıt da bulunmamaktadır. Herkes kadar o da, düşman arasında bir süre yaşamış bir kadının iyi bir evlilik yapmasının pek mümkün olmayacağının farkındaydı.

Tutsaklığı sırasında tecavüze uğramış olsun ya da olmasın, yine de bu deneyim bile Yvette'nin adını lekelemişti. Evlenemez durumdaki asil bir kız için seçilebilecek en saygı duyulan yol ise rahibe topluluğuna katılmaktı. Böylelikle Yvette çok genç bir yaşta, Aziz Anna Manastırı'na katıldı. I. Baudouin'in ikinci eşi Arete'nin çokça hor gördüğü aynı manastırdı bu ve Melisende, ondan daha düşük mevkideki bir başrahibenin gözetiminde Aziz Anna'nın kemerleri altında sessizce gezinerek geçirilen bir hayatın, en küçük kız kardeşi için yeterince iyi olmayacağına karar verdi.

Bunun yerine, krallık politikaları ona izin verdiği anda, "kız kardeşinin doğrudan yönetebileceği" yeni bir dini kurum oluşturma planını harekete geçirdi. Yvette'ye zengin bir dini cemaatin kontrolünü vermek, onu bazı dini erkek hâkimlerden çok daha güçlü hale getirecekti. Kilisenin kendi kanunları, hiyerarşisi ve toprakları vardı; muhafazakâr dünyanın vasallık ve tabi olmak gibi kıstaslarına dahil değildi. Bir rahibeler tarikatının başrahibesi olarak Yvette, Outremer'deki en güçlü kadınlardan biri ve Morphia ile II. Baudouin'in dördüncü çocuğu olarak kraliyet statüsüne yaraşır şekilde anlamlı ve saygıdeğer bir yaşam sürebilirdi.

Kraliçe Melisende, kız kardeşi için yapılan bu manastırın yaratılması işini şahsi olarak üstlendi. Uygun alanları taradı ve kutsal topraklarda uygun durumdaki pek çok dini alan arasındaki seçenekleri değerlendirdikten sonra, dikkatle Beytanya köyünü seçti. Bu köy, Kudüs Eski Şehri'nden yaklaşık üç kilometre uzaklıkta bulunuyordu ve Melisende'nin kız kardeşini görece daha rahat bir şekilde ziyaret edebileceği bir yerdi. Köy aynı zamanda dini açıdan da önemliydi; İsa'nın ölümden dirilttiği ve iki kız kardeş Mary ile Martha'nın onu beslediği Lazarus'un İncil'inde geçen memleketiydi. İncil'deki iki kadın figürün olduğu böylesi önemli bir toprak parçası, Melisende'nin rahibelerden oluşan bir topluluk kuralabilmesi için uygundu. Kutsal Mezar Kilisesi'ne ait olan bu köye yerleşir yerleşmez, Beytanya için Hebron (El-Halil) topraklarını takas etti.

Sonrasında Melisende bir inşaat programı başlattı. Hem uygun büyüklükte bir manastır hem de rahibeler için koruma sağlayacak olan sağlam bir gözlem kulesi inşa ettirdi. Kız kardeşinin yeni evinin diğer manastır, rahibe manastırı ya da kiliseden daha zengin olmasını sağlamak amacıyla manastıra servet ve toprak bağışladı. Nepotizm suçlamalarına engel olmak için Yvette'yi hemen başrahibe olarak yerleştirmedi. Onun yerine ileri yaşta ve sağlığı kötü bir saygıdeğer kadını seçti. Bu kadın uygun bir biçimde kız kardeşlere hizmet ederek göreve gelmesinden kısa süre sonra öldü. Diğer rahibeler görevlerine uygun biçimde Yvette'yi yeni başrahibeleri olarak seçtiler ve Yvette hayatının sonuna dek Beytanya Manastırı'nı yönetti. Korumalı kemerlerin içerisinde tüm kız kardeşlerinden daha uzun yaşadı. Yıllar boyunca hem onun hem de manastırın bir numaralı bağışçısı olan Kraliçe ablasına yakın ve bağlı kaldı. Melisende, yirmi yıl sonra ciddi bir şekilde hastalandığında Yvette hemen kız kardeşinin yanı başına giderek bizzat kız kardeşine bakmıştır.

Yvette'nin başrahibe olmasıyla Melisende manastıra daha fazla varlık bağışladı. Daha da ileri gidip, Eriha ve çevre toprakların tüm mülkiyetini bağışlayarak Beytanya'yı Outremer'deki en zengin dini kurumlardan biri haline getirdi. Aynı zamanda manastıra yeni sürekli gelir de kazandırdı, bu da Kudüs'ün sonraki hükümdarları manastıra destek vermekle ilgilenmese bile onların ayakta kalmasını sağlayacaktı. Melisende manastıra aynı zamanda mücevherlerle süslenmiş altın ve gümüşten yapılma kutsal kâseler de sundu. Aynı şekilde Tanrı'nın evinin dekore edilmesi için ipekten eşyalar ve her türlü cübbe de verdi; hem rahiplere uygun hem kilise kanunlarının isteği doğrultusunda.

Belki de Melisende, tıpkı babası gibi mirası ve ölümsüz ruhu için endişeliydi. Kilise, dini cemaatlere verilen bağışların ölüm sonrası bir kişinin ruhuna fayda sağladığı inancını zekice işlemişti ve belki de bu, Melisende'nin bu yeni dini cemaate böylesi yüce gönüllülükle bağışlarda bulunma kararını etkilemişti. Belki o da kendi başarıları ve hükümdarlığına ithafen yapılmış kalıcı yapılar bırakmakla ilgileniyordu. Beytanya Manastırı'nın yıllar boyunca ayakta kalacağını umduysa ne yazık ki yanılmış olurdu, çünkü yüzyıldan bile kısa bir süre sonra burası Memlûkler tarafından tahrip edildi.

Aziz Lazarus Cüzzam Hastanesi'ne para bağışladığı fermanında –hatta kendi soyunun da yakından etkileneceği bir hastalık haline gelmesinden çok önce– Kraliçe Melisende, dini topluluklar ve yapılar üzerindeki gelişmiş hâkimiyetine dair bazı nedenleri belirtmiştir: "(...) işlerini yazarak kayıt altına almak akıllı adamların geleneğidir, böylelikle onları hafızadan silmek imkânsız hale gelir (...) ve böylelikle onlardan sonra gelenler de atalarının yaptıklarını taklit edebilir." Bu fermanda Kraliçe'nin kadınlara değinmemesi ilginçtir. Eylemleri ve başarılarıyla prensesler ve eşlerle değil, prensler ve krallarla bir tutulmayı umduğunu bu ifadeden anlamak mümkün.

Beytanya'daki işlerine ilaveten Melisende aynı zamanda kocasıyla birlikte Kutsal Mezar Kilisesi'nin iyileştirilmesine yönelik iddialı bir projeye de girişti. Birlikte bu kiliseyi, Kudüs Krallığı'nın resmi kilisesi olarak Beytüllahim'deki Kutsal Doğuş Kilisesi'nin üzerine çıkarttılar, geleneği bozarak taç giyme törenlerini orada yapmak gibi cesur bir tercih gösterdiler. 12. yüzyılda kilise büyük bir inşaat ve restorasyon altına girmiş, bu proje ise Foulque ile Melisende'nin ortak hükümdarlığı sırasında başlamıştır.

Hükümdarlıklarının son kısmındaki ortak yönetimleri sırasında yeşeren bu hâkimiyet incelendiğinde, Foulque ile

Melisende'nin evliliğinin ikinci bir çocuk yapacak kadar toparlandığı ve krallığın ise ortak hükümdarlık sırasında zenginleştiği açıktır. Kusurlu bir hükümete dair en büyük işaret, işlerin yapılamaması ile belirgin ekonomik durgunluktur ve hiçbiri Melisende ile Foulque'nun ortak hükümdarlığı sırasında gözlemlenmemiştir. Krallık sınırları iyi korunuyordu ve gördüğümüz gibi, onların himayesi altında sanat ve mimarlık da gelişmişti. Bu süre zarfında yeni hiçbir skandal krallığı sarsmadı ve bir zamanlar birbirine karşı kötü davrandıkları bilenen Kral ile Kraliçe ise ortak bir ilgi geliştirmeye başlamışa benziyordu. Eşitliğin olmadığı, yaş farklarının ve Foulque'nun kişisel hırslarının girdabının gerginliği altında başlamış olan ilişkileri, sevgiye çok benzeyen bir şeye evrilmişti.

Çift gittikçe artan şekilde bir kez daha yönetmeye ve bahsettiğimiz gibi, ortak isim ve yetki altında mektuplar yazmaya ve ferman çıkarmaya başlamıştı. Ancak zorlukla kazanılan bu evlilik mutluluğu uzun sürmedi. 7 Kasım 1143'te sonbahar sona yaklaşırken kraliyet çifti, krallığın kuzeyinde güzel tepelerin arasında ve sahilde, günümüz Lübnan ile sınırda yer alan Akka'da kalıyordu. Belki de sonbaharın son ışıklarından olabildiğince faydalanmak üzere ve şehrin yüksek duvarlarından sıkıldıkları için Melisende değişiklik olması ve surlarla korunan şehrin çevresindeki çiçekleri gözlemlemek için atla gezintiye çıktı. Ortaçağ şehirleri hoş yerler değildi ve önemli ticari bir liman olarak Akka da pek çoğundan daha az hoştu. Ticaret ve hareketlilik nedeniyle çok kalabalıktı, temiz hava arayışıyla tepelere yapılan gezintiler rutindi. Foulque, Kraliçe'ye eşlik etmeyi teklif etti ve çift beraberlerinde küçük bir grupla birlikte at sürdüler.

Grup birlikte ilerlerken bir oyukta yer alan yaban tavşanı aniden ortaya çıktı. Kral inişli çıkışlı arazide dörtnala sürerek takip emri verdi, karısını avcılık becerileri ve biniciliğiyle etkilemek istiyordu. Foulque'nun ısrarlarının yoğunluğu altında panik haldeki atın ayağı takıldı, ani sıçramasıyla başı kayalık zemine gelecek şekilde Foulque'yu sırtından attı. Düşüşle hemen orada kendinden geçmişti ve yere çarpmasından saniyeler sonra ağır eyeri de yerinden çıktı ve Kral'ın kafasına sert bir şekilde çarptı. Yarasının boyutu belirgindi, kan ile beyin sıvıları burnundan ve ağzından çıkıyordu. Beraberindekiler kısa sürede ona yetişip yardım ve hizmet teklif ederek etrafına toplandı, ancak o anda Kral çoktan kıpırtısız halde ve cevap veremeyecek durumdaydı.

O noktada Melisende olay yerine ulaştı. Foulque'nun görüntüsüyle kendinden geçmişti; histerik halde, saçlarını çekerek kendini onun yanına yere attı. Çılgınlar gibi ağlayarak, hıçkırıkları arasında konuşamaz halde ona sarıldı. Gözyaşlarında yalnız değildi, acısı bulaşıcıydı ve zaten trajik bir görüntüydü. Kısa süre içinde evin çalışanları da kıpırdamadan yatan yaralı Foulque'nun başında gözyaşları içindeydi. Ortaçağ zamanında Outremer'deki bu ciddiyetteki bir yaralanma çoğu zaman idam cezasıyla eşti.

Kazanın haberi kısa sürede şehre yayıldı, kasaba insanlarının ve asillerin oluşturduğu kalabalıklar Melisende'nin yas sahnesine ulaştılar, muhtemelen askerleri halen kendilerini toparlayıp kanamayı durdurmaya çalışıyorlardı. Şahit olan kalabalığın yardımıyla ve büyük bir hassasiyetle Foulque'nun tepkisiz ancak hâlâ yaşamakta olan bedeni kaldırılarak şehre getirildi ve burada özenle bakıldı. Hiç uyanmadan üç gün boyunca yaşadı, sonunda 10 Kasım'da yaralarına teslim oldu.

Outremer'de 12 yıl hükümdarlık yapmıştı ve 14 yıldır Melisende'nin kocasıydı. Başlangıçta hem hükümdarlığı hem de evlilikleri zorlu olsa da, sonunda hem krallığın hem de Kraliçe'nin yasını tutacağı bir istikrar ve zenginlik döneminde girmişlerdi.

Foulque'nun bedeni törenler eşliğinde Kudüs'e getirildi, hem rahipler hem sıradan insanlarla tüm şehir onu karşılamak ve cenazeye katılmak için sokaklarda toplandı. Kutsal Mezar Kilisesi'ndeki Adam Şapeli'ndeki Golgota Tepesi'nin ayaklarında, Hıristiyanlığın en kutsal yerinde kayınpederi ve ondan önce gelen tüm Kudüs krallarının yanı başına defnedildi. Kudüs Patriği William cenaze ayinini yönetti. Kudüs'ün kraliyet tabutları uzun süredir kayıp, sonraki yüzyıllarda Türkler tarafında tahrip edilmiştir. Ancak Foulque'nun defnedildiği yer hacı izdihamının arasında Golgota'nın basamakları altında halen ziyaret edilebilmektedir.

Foulque'nun ailesi onun yasını tuttu. Geride artık 38 yaşında olan Melisende ile 13 yaşındaki oğlu Baudouin ile 7 yaşındaki oğlu Amalrik'i bıraktı.

4

KRALİÇE MELİSENDE'NİN İKİNCİ HÂKİMİYET DÖNEMİ

Büyük gelecek vaat eden genç Kudüs Kralı Baudouin ile bilge ve ihtiyatlı, kararlı ve hiçbir prensten bilgelik açısından geride kalmayan annesi...

Willermus Tyrensis

Foulque'nun ölümüyle Melisende 14 yıllık eşini kaybetti, aynı zamanda Kudüs Krallığı'na hükmetme fırsatını yakaladı. Kocasının yasını samimi bir şekilde tutuyor görünse de ölümü ona altın bir fırsat sundu: Hıristiyanlığın en kutsal şehrinde tartışmasız hâkimiyet. Bu arzuya pek çokları sahip olmuş, ancak çok azı başarabilmişti. Eğitimli ve hırslı bir kadın olarak, erkeklerin gölgesinden çıkma fırsatı gerçekten de beklenmedikti ve bu, hem Doğu hem Batı'daki soylu kadınların ona gıpta etmesine neden oldu.

Melisende o ana dek kraliçe olarak görevini, krallık için iki sağlıklı varis vererek tamamen yerine getirmişti. Ancak hem Baudouin hem Amalrik babalarının ölümü sırasında halen küçüklerdi. Melisende, Yafa Kontu Hugue'nin ölümünden bu yana krallıktaki otorite temsilcisi olmuştu ve bu noktaya dek büyük sadakate, özellikle de eski müttefiki Patrik William'dan ötürü sahip olmuş ve aynı şekilde maddi bir güce de hâkim olmuştu. Tesadüfen bir araya gelmiş bu unsurların sonucunda ise Melisende'nin genç oğlu Baudouin ile birlikte Kudüs

Krallığı'nın ortak hâkimi olmasını önleyecek çok az bariyer ya da rakip vardı.

Bu ise zavallı kız kardeşi Alice'nin, II. Bohemund'un ölümünden istifade ederek Antakya'da gücü ele geçirmeye çalıştığı zamankinin tam tersi bir durumdu. Melisende, kız kardeşinden çok daha güçlü bir konumdaydı. Kocasının hayatta olduğu dönemde "eş hükümdar" olarak onunla eşit konuma gelmeyi başarmıştı. Bunun ötesinde, tahtta ve Kudüs Krallığı'nda doğuştan gelen hakkı varken, Alice ise artık ölü olan eşiyle kısa süren evliliği nedeniyle Antakya Prensesi olmuştu.

Melisende zaten 1131'de tahta çıkarak ortak hâkim olması gerçeğine rağmen, 1143'te Noel gününde büyük oğlu III. Baudouin ile tekrar ortak hükümdar olarak yeniden taç giymişti. Birlikte tahta çıkmış olmalarına rağmen Baudouin'in gençliği ve Melisende'nin krallıktaki etkisinin gücü göz önünde bulundurulduğunda, Willermus Tyrensis'in ileri sürdüğüne göre; "doğum hakkı ile ona ait olan kraliyet gücü, Tanrı tarafından sevilen bir kraliçe olan Leydi Melisende'ye geçti." İlk anlardan itibaren Melisende'nin artık tek başına Kudüs Krallığı'ndaki gücü elinde bulundurduğu açıktı.

Tahta çıkışından kısa süre sonra Melisende hiç beklenmedik bir kaynaktan destek mektubu aldı: Clairvaux Başpapazı Bernard. Avrupa'daki manastır topluluklar üzerinde Papa'nın kendisinden daha çok etkiye sahip olan Bernard, bölgede en güçlü ve en etkili adamlardan biri haline gelmişti. Foulque'nun ölümünü takiben Melisende'ye şu mektubu yazdı:

> *Eşiniz Kral'ın ölümüyle ve Genç Kral'ın henüz krallığın işlerini göğüslemeye ve krallık işini sürdürmeye hazır olmamasıyla bütün gözler size çevrildi, krallığın tüm yükü ise yalnızca sizin üzerinizdedir. Elinizi güçlü şeylere götürmeli ve bir adama, tavsiye ve dayanıklılık ruhuyla neler yapılacağını gösteren bir*

kadın olmalısınız. Her şeyi öyle dikkatle ve ılımlı bir şekilde düzenlemelisiniz ki, bunları gören herkes sizi eylemleriniz nedeniyle bir kraliçeden çok kral olarak görmeli, insanlar "Kudüs Kralı nerede?" demesin diye. "Ama bu yetiye sahip değilim," derseniz, "Bunlar büyük meseleler, benim gücümün ve bilgimin ötesinde. Bunlar erkek meseleleri, ben ise bedeni güçsüz ve istikrasız bir kalbe sahip, nasihatlere temkinli olmayan, işlere alışık olmayan bir kadınım." Kızım biliyorum ki bunlar büyük meseleler, ancak şunu da bilmekteyim ki denizdeki kabartılar pek fevkaladedir ve Tanrı da yükseklerde fevkaladedir. Bunların hepsi büyüktür, ama Tanrımız da gücü de.

Modern bir okuyucuya bu mektup biraz küçümseyici gözükse de bir ortaçağ okuyucu kitlesi için önemli derecede açık fikirli ve ileri görüşlüydü. Bu mektup benzeri olmayan bir belgeyi içeriyordu: Katolik kilisesindeki en güçlü kişilerden biri, bir kadının kendi hakları doğrultusunda bir Hıristiyan krallığına hükmetmesini yürekten teşvik ediyordu. Bernard, Melisende'ye içgüdülerini takip ederek kendi kararlarını vermesini tavsiye etti. Bernard, Melisende'nin bir kraliçe olarak gerçekleştireceği herhangi bir başarıyı kişisel bir yeteneğe ya da ferasete değil de Tanrı'nın büyüklüğüyle ilişkilendiriyor olsa da hükümdarlığın zorluklarında eşit olacağını söylüyordu. Mektubu, kesin olarak Kraliçe Melisende'nin erkek çocuklarından çok daha kabiliyetli olacağı gerçeğini kabul ediyordu; ortaçağ Avrupa'sında her zaman garanti edilebilecek bir şey değildi. İsa'nın Krallığı'na erkek bir hükümdar yerleştirmek için yeniden evlenmesini ya da daha iyi ve akıllı danışmanların tavsiyelerine uymasını tavsiye etmemişti, ancak hükümdarlığın zorluklarını göğüslemek için dualarla ve özgüvenle kendini donatması gerektiğini söylüyordu. O zamanlarda Avrupa ve Outremer'de mevcut olan dini oluşumlar bağlamında bu olağanüstüydü. İngiltere'nin en bilinen evlenmemiş kraliçesi olan ve Melisende'den 4 yüzyıl sonra hükmeden I. Elizabeth dahi kendini, evlenmesi ve erkeklerin tavsiyelerine dönmesi için baskı altında bulmuştu.

Bu olağandışı mektubun yazarı Bernard of Clairvaux, Melisende'nin yaşamında cesaret verici, aynı zamanda ise küçümseyici bir mektup arkadaşı olarak önemli bir figür haline gelecekti. Melisende'nin kıyılarına Avrupalı soylu dalgasını getiren İkinci Haçlı Seferi'ni başlatmaktan sorumlu kişi olacaktı.

Yaşamının sonuna dek bir dul olarak kalmayı başarması, Kraliçe Melisende'nin şahsi irade gücünün bir işaretidir. Ancak Foulque'nun ölümünden birkaç yıl sonra bir âşığa dair dedikodular vardı, bu da Kraliçe'nin Bernard of Clairvaux'tan ikinci bir mektup almasına neden oldu. "İyi bir dul" olmadığına dair dedikodular nedeniyle onu yerden yere vuruyordu:

İsa'nın sevgili kızı Kudüs Kraliçesi Melisende:

İtiraf ediyorum ki duyduk, hangi haince şeyler olduğunu bilmem, ancak bunlara kesin olarak inanmazken bunların gerçek olsun olmasın sizin adınıza leke süreceğinden korkarım (...) eylemleri saygıdeğer olsun ya da olmasın, bir kraliçe kendini gizleyemez. Onlar şamdanların üstündedir, böylece herkes tarafından görülürler. Bir erkeği neyin memnun edeceğiyle artık ilgilenmeyen, böylelikle yalnızca Tanrı'yı memnun edebilecek o dulu hatırla. Eğer Mesih'e senin vicdanını koruması için bir duvar ve rezaletleri dışarıda tutacak bir de dış duvar örersen kutsanırsın. Kutsanırsın, derim ki eğer terk edilmiş ve dul olarak kendini tamamen Tanrı'nın emrine bırakırsan. Aksi halde iyi bir şekilde hükmedemezsin, sana hükmedilmezse. Bu nedenle bulunduğun yüksek makamı da düşünerek, dullukla ilgilendiğinden, eğer hissettiklerimi tamamen sana ifade edecek olursam, iyi bir dul olmazsan iyi bir kraliçe de olamazsın.

Bu mektup Bernard'ın bir önceki resmi, öğüt veren mektubundan daha az kayda değerdi. Melisende'nin bir ilişki yaşadığına dair dedikoduların Bernard'ın kulağına gittiği açıktı. Ancak gerçekten bir ilişkide mi, değil mi, eğer öyleyse kiminle olduğu ise tarihe gömülü haldedir. Bu olayın faydası ise mektubun yazıldığı zaman Melisende'nin tek başına ve bir miktar kişisel özgürlükle hükmetmekte olduğu bilgisini doğrulamaktır.

Onun yaşındaki pek çok prensesin aksine Melisende'nin babası ile belki de annesi Morphia, ona krallığı yönetmesi için gerekecek olan araçları ve deneyimi vererek onu hükümdarlığa iyi hazırlamışlardı. Eğer II. Baudouin, kızının yaşından beklenen standartların ötesine geçerek kızını eğitmemiş, daha da ileri giderek onu konsey toplantılarına dahil etmemiş, çok küçük yaşından itibaren onu varis olarak tanımamış olsaydı; o zaman babasının ve ölmüş kocasının yerini doldurarak tacı taşımak onun için bu kadar kolay olmazdı.

URFA'NIN KAYBEDİLMESİ VE İKİNCİ HAÇLI SEFERİ

Melisende'nin tahta çıkışının kolaylığına kıyasla hükümdarlığı son derece zorluydu.

1144'te, Foulque'nun ani ölümünden yalnızca bir yıl sonra, bir facia Haçlı Devletleri'ni sarstı. Outremer'in en doğudaki devleti Urfa (Edessa), Musul ve Halep Emiri Atabey Zengi'nin ordusu tarafından ele geçirildi.

Zengi'nin Urfa'yı ele geçirişi gaddarca ve şok ediciydi. Şehrin hâkim ailesi Courtenay'lar kaçtı ve onların hikâyesi, özellikle de en büyük kızları Agnes'inki sonra aktarılacaktır. Ancak aynısı, nüfusun büyük bir kısmı için geçerli değildi. Latin yerleşik halkın katledilmesi, 1099'da Haçlıların Kudüs halkına yaptıklarının bir yansımasıydı.

Urfa şehrinin Kraliçe Melisende için özel bir anlamı vardı. Babasının esas hâkimiyetinin olduğu, kendisinin doğduğu ve çocukluğunun geçtiği yerdi. Bununla beraber Zengi'nin saldırısı sırasında şehir çok kısıtlı bir savunmaya sahipti. Urfa Kontu II. Joscelin ortada yoktu. En eski Hıristiyan şehirlerinden biriydi ve halkın çoğunu askerlerden çok Ermeniler, Keldani tüccarlar ve esnaf oluşturuyordu. Urfa her zaman Haçlı Devletleri için zayıf bir noktaydı ve o zamanlar şehrin savunması, rahipler tarafından işe alınmış paralı askerlerin ellerine bırakılmıştı. Paraları sıklıkla ödenmediği için de adanmış askerler değillerdi. Zengi'nin saldırısı başladığında Urfa'nın halkı, ona karşı koymak için ne yazık ki yeterli donanıma sahip değildi.

Melisende çoğu açıdan babasına eşdeğerdi, ancak hükümdarlığının ilk başlarında önemli bir açıdan babasının gösterdiği örneğe uygun davranamamıştı. Babasının ölümünden ve Foulque'nun sevilmeyen hükmünden sonra Kudüs Krallığı'nın Trablus, Antakya ve Urfa'nın hükümdarları üzerindeki kontrolü zayıflamıştı. Melisende'nin tahta çıktığı zamanlarda Haçlı Devletleri'ndeki hükümdarlık meselesi hassas bir dengedeydi ve Outremer hükümdarları arasındaki lord-vassal ilişkisi ise her yeni hükümdarla yeniden müzakere edilmekteydi.

Foulque'nun ölümünü takiben Melisende'nin mutlak hükümdarlığa yükselmesinden sonra Kudüs'ün, Outremer'in baronları üzerindeki otoritesini göstermek için gerekli adımları atmadı. Bu belki de krallığa göre kraliçeliğin sınırlarıyla ilgili olabilirdi, ancak tarih kayıtları Melisende'nin Antakya Prensi'ni, Trablus ve Urfa Kontlukları'nı ayağına getirmeyi özel olarak denediğini belirtmemektedir; belki de bunun nafile bir çaba olacağını biliyordu. Hükümdarlığının ilk yıllarında kız kardeşi Hodierna ile Trablus Kontu arasındaki evliliği ayarlamış olsa da bu evlilik başarılı olmamıştı. Bağlılık ve işbirliğini garanti etmek için askeri gücünü kullanmaya hiç yeltenmedi. Melisende'nin Antakya, Trablus ve Urfa üzerinde egemenlik kurmak konusundaki suskunluğunun nedeni ise Foulque'nun hükümdarlığı sırasında çok fazla toprak yitirildiği için II. Baudouin tarafından uygulatılan hâkimiyet bağlarının tamamen kopması da olabilir. Hatta Trablus, Antakya ve Urfa hâkimlerinin Melisende'yi böylesine istekle kraliçe olarak kabul etmelerinin nedeni, belki de bir kraliçenin krala göre daha az müdahaleci olacağını öngörmeleriydi.

Bu dönemde merkeziyetteki hâkimiyetin azalmasının tüm Outremer için ciddi sonuçları oldu, özellikle de Urfa ve Antakya için. Antakya Prensi Raymond ile Urfa Kontu II. Joscelin arasında ise daha ciddi bir düşmanlık gelişmekteydi, bu ise Urfa'nın felaketine yol açtı. Willermus Tyrensis'in açıkça belirttiği üzere Foulque'nun ölümü sırasında "Raymond ile Joscelin arasındaki bu çatışma açık bir nefrete dönüşmüştü ve her biri diğerinin derdinden keyif alıyordu." II. Baudouin zamanında kral kavga eden iki baron arasında zoraki bir barış sağlamakta zorluk çekmeyebilirdi, ancak Melisende bu ihtilafla yüzleşmek üzere kuzeye gitmemişti. Sonuç olarak yönetimi devralmasından bir yıldan kısa süre sonra krallığın başına büyük bir felaket gelecekti.

Atabey Zengi süvarilerden, piyadelerden ve özellikli kuşatma ekipmanlarından oluşan güçlü bir ordu bir araya getirmişti. Joscelin'in yokluğunu ve Raymond'la olan çatışmasını hemen fırsat bilerek Urfa'yı abluka altına aldı. Şehir bu saldırıya karşılık vermek için fazlasıyla teçhizat yoksunuydu.

Zengi, şehrin tüm giriş çıkışlarını kapattı; bu da kimsenin kaçamayacağı anlamına geliyordu ya da şehre yiyecek giremeyeceği. Willermus Tyrensis, örtülü bir şekilde içeriye hapsedilen halkın açlık nedeniyle ölmekten kurtulabilmek için "aşırı şeylere" mecbur edildiğini yazmıştı. Çok daha net kaynaklara göre kuşatma sırasında aşırı uçlara gitmeye zorlandıklarında, askerler her şeyi yemeye başlamışlardı; attan ağaçlara hatta insanlara kadar.

Zengi'nin saldırısının haberi Joscelin'e ulaştığında hemen Kudüs ile Antakya'ya yardım talep eden mektuplar yolladı. Melisende hemen bir konsil oluşturup güvenilir Konnetabl Manasses de Hierges adlı bir adamın altında bir ordu bir araya getirirken, Raymond ise Joscelin'in yalvarmaları karşısında kılını kıpırdatmadı. Durumun vahameti aralarındaki husumete son verecek kadar büyük değildi. Yardım sunacaklarına dair temel duruşlarına rağmen Antakya, Urfa kuşatmasını kaldırmaya yardım etmek için hiçbir asker göndermedi. Tıpkı 11. yüzyılda Müslüman gruplar arasındaki ihtilafların Haçlılara ilerlemeleri ve Müslüman topraklarını almasına izin vermesi gibi, Haçlı grupları arasındaki bu ihtilaf da Müslümanların kaybettiklerini 12. yüzyılda yeniden ele geçirmelerine imkân tanıdı.

Zengi'nin saldırısı durmak bilmiyordu. Halka saldırmak için surların üzerinden ok ve taş yağdırmasına ek olarak, duvarları zayıflatmak için tünel kazıcıları da gönderdi. Dört haftalık kararlı kuşatma neticesinde bir kule çöktü, bu da duvarı yıkarak surlarda boşluk yarattı ve Zengi'nin askerlerinin 1144 Noel arifesinde şehre akın etmesini sağladı. Noel arifesinde Hıristiyan halk öldürülmüştü. Latin Hıristiyanlar ayrım gözetmeksizin katledilirken, yerel Ermeniler ve Keldani Hıristiyanlarının infazı ise ertelendi.

Kendilerini kurtarabilmek için çaresiz bir teşebbüste bulunan halk, şehrin merkezindeki surlarla çevrili kale içine yığıldı. Heybetli kale ve önlerinde ezildikleri tırmanılamaz duvarlar bugün bile ayakta. Kapıların Başpiskopos tarafından onlara kapandığını gördüklerinde panik yerini hiddete bıraktı ve çoğu kişi izdiham sırasında ezilerek öldü. Kalabalık içinde ezilenlerden biri de kendi şehrinin insanlarına kapıları kapatmış olan Urfa Başpiskoposu idi. Halkı yatıştırma teşebbüsüyle kalabalığın arasına girmiş ancak palalar ile taş duvarlar arasında sıkışmışa benziyor; dehşete düşmüş Hıristiyanlar sükûnet çağrılarına cevap vermekte gönülsüzdü. Hugue'nin ölümünün yası tutulmamıştı, pek çok kişi şehrin kaybı nedeniyle onu sorumlu tuttuğu için: Büyük serveti vardı ancak bunu, daha fazla asker alarak ordusunu güçlendirmek için kullanmayı reddetmişti.

Melisende'nin gönderdiği yardım ve Kont Joscelin'in bir araya getirdiği destek kuvvet hem yetersizdi hem de geç kalmıştı. Joscelin, Urfa'nın batısındaki Gündoğan'da kuvvetleri bekletmişti, Kudüs ile Antakya ordularının da eklenmesiyle bir destek kuvvet göndermeyi umuyordu. Kulelerin, hendeklerin ve surların hepsi iyi durumdaydı ancak orayı dolduracak eğitimli ve hevesli bir asker birliği olmadıktan sonra işe yaramazdı. Bu doğrudan Melisende'nin kabahati olmasa da onun açısından askeri ve politik bir başarısızlık olarak görülebilir. Hangi kraliyet mensubu bu denli önemli bir Hıristiyan toprağını savunmasız ve böylesi bir saldırıya açık halde bırakırdı ki?

Bu olay, Melisende'nin bir hükümdar olarak saltanatına ve namına yönelik büyük bir darbeydi. Ancak krallığı yöneten kişinin oğlu değil de o olduğunu göstermeye yaramıştı. Asil konsilini bir araya getirerek bir ordu oluşturan III. Baudouin değil Melisende idi. Anlaşılan Kraliçe, oğlunu askeri müdahalelerden ve ordudan uzak tutmak için etkili adımlar atıyor gibi görünüyordu. Urfa'da Zengi ile karşı karşıya gelecek olan orduyla hareket etmesine ya da ona liderlik etmesine izin vermedi. Bu basitçe oğlunun ve krallığın varisinin sağlığı için duyduğu endişe nedeniyle olabilirdi, ancak politik nedenleri de olasıydı. Melisende'nin cinsiyetine dayalı olarak hariç tutulduğu tek ortaçağ hükümdarlık yönü, askeri eylemler ve orduya liderlik etmek olabilirdi. Kraliçeler kuşatmalar sırasında şehri savunsa ve bir askeri plan oluştursa da sahada ordulara liderlik etmezlerdi. Eğer oğlu asker olarak çok büyük bir üne sahip olsaydı,

Melisende'nin otoritesine karşı gelmek konusunda çok daha güçlü bir konumda olurdu. Melisende'nin büyük oğluna güvenmediğine ve onun ayağını kaydırmaya teşebbüs edebileceğine dair belirtiler gözüküyordu bile. Bu korkular, başta yersiz gibi görünse de zamanla haklı çıkacaklardı.

Melisende, Urfa'nın kaybına cevaben nasıl ilerleneceğini tartışmak üzere Antakya'ya elçiler gönderdi. Edessa yani Urfa, onun doğduğu ve çocukluğunu geçirdiği yerdi. Onu kaybettiği için büyük bir acı duymuş olmalı ve yeniden kazanmak için sabırsızdı. Memleketindeki insanların içinde olduğu zor durum karşısında kesinlikle etkilenmişti. Kan dökmek ve barbarlık, ortaçağda bugüne kıyasla çok daha yaygın olsa da Urfa'daki katliamın haberleri tüm Hıristiyan dünyasına yayıldı; hem Avrupa'daki hem Doğu'daki kralların kalplerini yaraladı. Katliamdan kurtulan az sayıdaki insandan bir kısmı tutsak edilmiş ve köleleştirilmiş, çoğu ise işkence edilmiş ya da işkenceyle öldürülmüştü. Bu dehşetin boyutu, ortaçağda çeşitli kuşatmaların ve çokça bulunan katliamların çeşitli yönlerini bir araya getirmişti. Hatta bu felaketin görsel tasvirleri aynı şekilde Arap, Latin, Yunan, Fransız ve Ermeni kaynaklarında yer almaktadır. Melisende'nin oradan kaçan göçmenler için duyduğu hoşgörü, Kudüs'e geldiklerinde onlara sundukları imkânlarla gösterilmektedir. Verdiği desteği onurlandırmak üzere yapılmış oyma taştan levha bugüne dek gelmiştir. Aynı şekilde Suriyeli ve Ermeni mültecilere yardımlarından dolayı Kraliçe için yazılmış bir duanın yer aldığı Suriyeli hutbe kitabında geçen bir bölüm de.

Şehri yeniden almanın, Haçlı Devletleri'nin olanaklarının çok ötesinde olduğuna hemen karar verildi. Eğer tüm topraklarındaki bütün askerleri bir araya toplasalardı belki mümkün olabilirdi, ancak böylesi bir eylem farklı taraflardan gelecek saldırılara karşı topraklarını savunmasız bırakmaları anlamına gelirdi. Melisende'nin ihtiyacı olan şey, Avrupa'dan gelecek yeni ordulardı. Aklında bu düşünceyle Roma'ya bir elçi gönderip, Doğu'ya yardım göndermeleri için Avrupa'daki lordların desteğini istedi. Bu elçiliğin sonucu ise 1145'te, 1095'ten bu yana görülmemiş büyüklükteki ordulara seslenen Hıristiyan çağrısıydı ve bizzat Avrupa'daki en güçlü iki Hıristiyan tarafından, Papa III. Eugenius ve Melisende'nin mektup arkadaşı güçlü Bernard of Clairvaux tarafından destekleniyordu.

1 Aralık 1145'te Papa, Fransa'daki krallara ve soylulara, "inançsız güruhlara karşı kılıçlarını kuşanmayı" emrettiği bir papalık fetvası yayınladı. Bernard azimle ve yorulmak nedir bilmeden tüm Avrupa'da Haçlı Seferi vaazı verdi; Outremer'in Latin ve Doğulu Hıristiyanlarının katliamına dair güçlü anlatımlarıyla. Hıristiyanlığın en kutsal şehirlerinin Müslüman derebeylerine kulluk ederken nasıl acı çektiklerini, inançlı kadın ve erkeklerin zincirler ve prangalara bağlı olduklarını, açlıktan tükendiklerini, korkunç durumdaki hapishanelerde tutulduklarını, pislik ve sefalet içinde yaşamaya mecbur bırakıldıklarını anlattılar. Bernard'ın olayla ilgili anlattıkları öyle ikna ediciydi ki Avrupa'nın baronlarının en güçlülerinden Fransız Kralı VII. Louis ile Almanya Kralı III. Konrad bu yakarışlardan etkilenmişlerdi. Bu girişim, sonraki yıllarda İkinci Haçlı Seferi olarak adlandırılacak olan, bir sonraki bölümün konusudur.

Avrupa, Outremer'den gelen çağrıya cevap vererek Doğu'ya gitmek üzere birliklerini bir araya getirirken Urfa için zorluklar devam ediyordu. Urfa Kontu Joscelin, hükümdarlığını yeniden almak için sabırsızdı ve şehri tekrar kazanacağına dair umutlarından vazgeçmemişti.

Şehri ele geçirmesinin üzerinden çok geçmeden Zengi'nin gaddarlık geçmişi onu da etkiledi. Maiyetindeki açıkça çok fazla zorlanmış Frank kölelerden biri tarafından öldürüldü. Zengi'nin sonu kanlı ve tanınmaz haldeydi, Hıristiyan dünyası bu haberle rahat bir nefes aldı. Zengi'nin 28 yaşındaki oğlu ve Suriye topraklarının varisi Nureddin ise gaddar babasının yasını tutmak yerine, Zengi'nin soğuk cansız elinden mühür yüzüğünü çekip çıkararak Suriye'deki mirasının güvenliğini sağlamak üzere hemen işe koyuldu.

Bu dramatik ve ani güç değişimi, dikkatleri Urfa'nın üzerinden aldı. Katliamdan kurtulmuş ve şehirde kalmasına izin verilmiş olan Hıristiyan vatandaşlar şehrin hassas durumuyla ilgili sürgündeki Kont Joscelin'e haber gönderdiler, o da hiç zaman harcamadan ordularını bir araya getirerek şehre doğru ilerlemeye başladı.

Şehir savunulmadığı için Joscelin çabucak dış savunmayı yararak şehre girdi. Bu öncelikli başarısına rağmen kale içini alamadı. Saldırıya geçmedeki sabırsızlığı nedeniyle yanında kuşatma ekipmanları getirmeyi ihmal etmişti ve yanında hiçbir malzeme yoktu. Dahası Joscelin, zamanında babasına ayaklanan Hıristiyanları yağmalayarak ün salmış ve Selahaddin'in yükselişine dek hiçbir kumandan tarafından gölgede bırakılamayacak Nureddin'in kabiliyetini hesaba katmamıştı.

Nureddin, Joscelin'in saldırısına rekor bir sürede karşılık verdi. Hemen şehre ilerledi, öyle ki Joscelin ile şehrin Hıristiyan sakinleri kendilerini bir anda Müslümanların elindeki kale içi ile duvarları çevreleyen Nureddin'in ordusu arasında buldular. Kale içini ele geçirmeyi umamadığından, Joscelin'in kaçış için dişe dokunur stratejisi ise şehri serbest bırakıp Müslüman ordusu arasında bir koridor oluşturarak kaçmaktı. Bu plan silahlı askerler için iyiydi ama yaralı ve silahsızlar için geçerli olamazdı. Zengi şehri ele geçirdiğindeki asıl katliamdan kurtulmuş olan Hıristiyan halk zor durumdaydı. Şehrin ele geçirilmesinden sonra iyi muamele görmüş, ibadetlerine izin verilmiş ve belirli derecede bir serbestlikle önceki gibi yaşamaya devam edebilmişlerdi ancak böylesi ılımlı bir muameleyi ikinci kez görmeyi umamazlardı; özellikle de böylesi açık bir biçimde Joscelin'le işbirliğinde bulunup Nureddin'in dikkati başka yerdeyken şehri ona verdikleri göz önünde bulundurulduğunda. Willermus Tyrensis, Joscelin'in askerleri Müslüman saflarından ilerlemeye mecbur bırakıldıklarında olanları şu şekilde tasvir etmektedir:

> Kılıçla bir yol açılmıştı (...) Savaşçı olmayan halk, yaşlı erkekler, hasta insanlar, yaşlı kadınlar ve hassas genç kızlar, orta yaşlı kadınlar ve çocuklar hatta halen sütten kesilmemiş bebeklerin hepsi dar geçişte bir araya toplandılar. Kimi atların ayakları altında çiğnenmiş; diğerleri büyük bir baskıyla ezilerek ölürken kalanlar ise Türklerin merhametsiz kılıçlarıyla öldüler. Kadın erkek halkın büyük bir kısmı, ayrılmakta olan orduyu takip etmeye karar veren hepsi o zaman ortadan kayboldular.

Yalnızca siviller acı çekmedi; savaş askerler için de kanlıydı ve Kont Joscelin canını kurtardığı için şanslıydı. Nureddin ilerledi ve geri çekilmekte olan orduyu Fırat nehri kıyılarına kadar sürdü. Her yöne kaçışan Hıristiyanlarla tüm düzen bozulmuştu.

Joscelin'in silah arkadaşı ve ortak kumandan olan Maraşlı Baudouin ise beyi kadar şanslı değildi, isimsiz asker ve halk yığının yanı başında öldürüldü. Willermus Tyrensis hiç de alışık olmadığımız bir duygu patlamasıyla yazmıştır: "Hatırlanmaya değer pek çok başka olağanüstü erkek de o anda ortadan yok oldu... İsimleri unutulmuş olabilir, ancak eminiz ki cennete kabul edildiler."

KAYSARİYE'DE CİNAYET GİZEMİ

Melisende'nin küçük kız kardeşi, II. Baudouin ile Malatya Prensesi Morphia'nın üçüncü kızları Hodierna, 1135 yılı civarında

Trablus Kontu II. Raymond ile iyi bir evlilik yapmıştı. Bu evlilik şüphesiz, kendinden küçük kız kardeşlerinin geleceğini garantilemek isteyen Kraliçe tarafından organize edilmişti.

Raymond, Hodierna için iyi bir eş adayıydı. Trablus Kontu Pons ile Kral Foulque ile Tankred of Hauteville'in dulunun yarı kız kardeşi Fransız Cecile'nin oğluydu. Raymond, babasını öldüren insanlardan aldığı hızlı ve kanlı intikamla nam salmış, tutkulu ve çabuk sinirlenen bir adamdı. Babasının ölümünü duymasının üzerinden çok geçmeden suçluları bulmak için Lübnan Dağı'na bir ordu çıkardı. Adamları, eşleri ve çocuklarıyla birlikte esir alıp işkence ederek hepsini öldürdü. Bu eylemler her ne kadar aşırı ve kan dondurucu görünse de bu ona Outremer'de, "hafife alınmaması gereken ve kararlı saldırılarla sözlerinin arkasında duran bir adam" olarak ün kazandırdı. Bu ün ve babasından miras aldığı Trablus Kontluğu Raymond'a, Prenses Hodierna ile evlenme fırsatını sundu. Bu evlilikle Hodierna da Trablus Kontesi oldu.

Urfa'nın kaybıyla başlayan İkinci Haçlı Seferi sırasında, bu unvan tehdit altına girdi. Doğu'ya varan Fransa ile Almanya krallarının yanında, Fransa'dan bir başka asil geldi: Toulousse Kontu Alphonse Jourdain ile oğlu Bertrand. Alphonse Trablus'u asıl alan kişi Raymond de Saint-Gilles'in, Birinci Haçlı Seferi'nin resmi olmayan liderinin oğluydu. Alphonse Outremer'de doğmuştu, Raymond'ın yasal eşi Elvira'ya, Toulousse'a yetiştirilmesi için geri götürülmeden önce. Elvira, Raymond'ın üçüncü karısıydı; akraba olarak fazlasıyla yakın olduğu için aforoz edilmediği tek evliliği buydu. Kuzeni ile olan ilk evliliği sonucu bir oğlu olmuştu. Bu oğul Bertrand idi; Hodierna'nın kocası II. Raymond'ın dedesiydi. Bertrand, Trablus Kontu olarak babasının varisiydi ve şehrin kendisinde hükümdarlık yapan ilk konttu. Ancak yasadışı bir çocuktu; bu, anne babasının çok tartışmalı evliliğinin bitişiyle gerçekleşmişti. Böylelikle Alphonse

Jourdain'in, Outremer'deki bir Trablus kalesinde doğmuş yasal bir çocuk olduğu için Trablus Kontluğunda II. Raymond'dan çok daha fazla hakkı vardı.

Alphonse'un aynı zamanda, Bizans sarayında tercih edilen bir miras sistemi olan tuhaf *porphyrogeniture* denen konseptinde ağırlığı da vardı ve bu sistem onun yanındaydı. *Porphyrogeniture* "morlara (kraliyete) doğan" anlamına geliyordu; bu da "hükmetmekte olan krala doğan çocuk" anlamındaydı. Alphonse, babası Trablus Kontu olduktan sonra doğduğu için, babası daha o unvanı taşımadan önce doğmuş olan bir adamın Trablus üzerinde iddia ettiği haktan daha fazlasına sahipti.

Onun Doğu'ya varışı, II. Raymond için kötü haber demekti ve Hodierna için de. Eğer Alphonse, kocasının topraklarını elinden almakta başarılı olursa doğuştan prenses olan Hodierna ise kontes unvanı elinden alınmış halde ve toprağa sahip olmayan evlilik dışı bir çocuğun soyundan gelen biriyle evli kalmak zorunda olacaktı.

Bu senaryo tahammül edilemezdi, ancak Hodierna'nın şansına ve ne yazık ki Alphonse'un şanssızlığıyla buna mecbur kalınmadı. 1148'de Akka'ya vardı, açıkça Kudüs'ü ziyaret ederek Trablus üzerindeki haklarını almadan önce sözlerini yerine getirmek istiyordu. Akka'dan çıktığı yolculuğa bir kıyı şehri olan Kaysariye'de mola verdi. Burada, doğuya olan yolculuğundan haftalar geçmişken ve 45 yaşındayken Alphonse aniden ve açıklanamayan bir sebepten öldü. Bunun zehir olduğuna dair yaygın bir dedikodu vardı: Raymond ile Hodierna tarafından organize edilmiş bir suikast ya da kardeşi adına Kraliçe Melisende'nin kendi tarafından. 13. yüzyıldan bir Fransız tarihçi olan Guillaime de Nangis, suçu özel olarak Kudüs Kraliçesi'ne yöneltmektedir.

Bu dedikoduların aslı var mı bilmek mümkün değil. Ancak öncesinde hareketli ve sağlıklı olan bir kontun, başka kimseyi etkilemeyen bir hastalıktan bir anda ölmüş olması pek mümkün durmuyordu. Cinayete kurban gitmiş olması çok daha muhtemeldi ve onun ölümünden en çok fayda görecek kişiler de Hodierna ile kocasıydı. Daha da şaşırtıcı olan ise kendisinin ölümünden bir yıl sonra Alphonse Jourdain'in oğlu Bertrand'ın da Outremer'de bir suikasta kurban gitmesiydi.

Bertrand, babasının beklenmedik ölümüne rağmen Trablus Kontluğu'ndaki avantajını zorlamaya meraklı görünüyordu. Hatta babasının ölümünün intikamını almak arzusu onu, kendi miras hakkı olarak inandığı şeyi almakta daha da kararlı hale getirmiş olabilirdi. 1149'da Trablus Kontluğu'na ilerleyerek, Trablus'un hemen hemen 64 kilometre uzağında bugün Suriye'nin Suriye-Lübnan sınırında yer almakta olan Arima Kalesi'nin kontrolünü ele geçirdi. Raymond ile Hodierna bunu, Trablus Kontluğu'ndaki hükümdarlıklarına yapılmış doğrudan bir tehdit olarak gördüler. İki Müslüman tarihçi olan İbn Al-Athir ve Kemaleddin'e göre; Raymond, Nureddin'den Arima'yı alması için yardım talep ettiği acil bir mektup gönderdi. Bertrand, açıkça II. Raymond'un onu Arima'dan uzaklaştıracak güçlere sahip olmadığını biliyordu ve bu nedenle kendini güvende sanıyordu. Aklına getirmediği şey ise II. Raymond ile Hodierna'nın düşmanlarından yardım isteyebileceğiydi.

İbn Al-Athir'e göre, ne tesadüf ki Nureddin, II. Raymond'ın mektubunu aldığında Şam Emiri Muineddin ile Baalbek'teydi. Raymond'ın çağrısına karşılık vermekten fazlasıyla memnundu. Şam Emiri ve Seyfeddin, onlara eşlik etmesi istenen kişi, Nureddin ordusuyla Trablus Kontluğu'na ilerledi, II. Raymond ile Hodierna'nın orduları tarafından engellenmeden ve Arima'da Bertrand'ı kuşattı.

Bertrand'ın iyi bir savunma yığmış olmasına rağmen Nureddin şehri almayı başardı ve Bertrand ile annesini esir aldı. Bertrand neredeyse 10 yılı esir olarak geçirerek, 1158 yılına dek fidye talep edilmedi. II. Raymond ile Hodierna, Trablus'taki güvenlikleri için önemli bir kalelerini takas etmek zorunda kalmışlardı, belki de eğer yapmasalardı tüm kontluğun kontrolünü kaybedeceklerinden korkuyorlardı. İbn Al-Athir, Bertrand'ın Arima ile Trablus'u ele geçirmeye çalışma azmine dair alaycı bir şekilde şunları yazmıştır: "Devekuşu, iki boynuz aramak için çıktı ve iki kulağını da kaybederek döndü." Bertrand kumar oynamış ve kaybetmişti.

KUTSAL MEZAR KİLİSESİ'NİN RESTORASYONU

İkinci Haçlı Seferi utancı, Kudüs'ün duvarları dışında utanç verici şekilde yayılırken ve üst üste gelen skandallar Trablus Kontluğu'nu sallarken, Melisende evine daha yakın bir yerde daha fazla başarı elde etmekteydi: Hıristiyanlığın en kutsal yeri ve Kudüs'ün ruhani merkezi olan Kutsal Mezar Kilisesi'nin restorasyonu ve yenilenmesi.

Melisende'nin kilisede sanatsal bir restorasyona ilişkin hırslı programının öncelik olduğu yıllardı. Dini öneminin ötesinde, bu yerin Melisende için kişisel bir anlamı da vardı. Evlendiği, iki kez taç giydiği, babası ve kocasının gömüldüğü yerdi burası. İkinci Haçlı Seferi'nin yarattığı hayal kırıklığından kutsal bir dikkat dağıtıcı olarak, geniş kapsamlı restorasyonundan sonra 15 Temmuz 1149'da İlk Haçlı Seferi'nin muzaffer liderleri tarafından alınmasından 50 yıl sonra, kilise sembolik olarak yeniden adandı.

Melisende krallık hâkimiyetini aldığında ve restorasyon işlerini yönetmeye başladığında, Kutsal Mezar Kilisesi halihazırda 8 yüzyıldır ayaktaydı. Roma İmparatoru Konstantin'in ve beraberinde tüm Roma İmparatorluğu'nun Hıristiyanlığa geçiş yapmasından sonra inşa edilmişti. Annesi Azize Helena Kudüs'e gelmişti ve varsayıldığına göre, İsa'nın mezarının ve haçın olduğu alanın yanındaki bir mağarada yatan Gerçek Haç'ı keşfetmişti. Anne ile oğlu, büyük kubbesi olan yuvarlak bir yapının o alanda inşa edilmesi emrini verdiler ve MS 335 yılında bu yer kutsandı.

Kilise o zamandan beri, Melisende kilisenin yenilenmesi işine soyunmadan önce pek çok kez zarar görmüş ve yeniden inşa edilmişti. Konstantin'in kilisesine ilk büyük saldırı, 614'te İran Sasanilerinden II. Hüsrev Kudüs'ü alıp Gerçek Haç'a el koyarak kiliseyi yaktığında gerçekleşti. Bizans İmparatoru Heraklius şehri geri almak için hemen harekete geçmiş ve 20 yıl içerisinde başarıya ulaşmıştı. Kiliseyi yeniden inşa etti ve şehrin 7. yüzyıldaki Arap istilalarında Müslümanların eline düşmesine rağmen, kilise sonraki yüzyıllar boyunca Hıristiyanların dua edeceği bir yer olarak bütün ve işler halde kalmaya devam etti.

Ancak şehrin bu bölgesi, Müslüman valilerinin hoşgörüsüne rağmen sırasıyla 8, 9 ve 10. yüzyıllarda meydana gelen depremler ve yangınlarda zarar gördü. 966'da Müslüman orduları tarafından korkunç bir yenilgiden sonra genelde toleranslı olan halk arasında korkunç bir isyan başladı, kilise bilerek yakıldı ve Patrik öldürüldü. Bunun gibi pek çok saldırıya rağmen Konstantin'in yaptırdığı esas yapı halen ayaktadır.

1009'da kilise, onu sonsuza dek ortadan aldırmak için Ebu Ali Mansur adındaki ya da Deli Halife olarak da bilinen Hâkim Biemrillah tarafından tasarlanmış barbarca bir saldırıya da dayanmıştır. Bu Fatimi lider, Hıristiyanlığa karşı genel bir savaş başlatmış ve kilisenin tamamen yıkılmasını emretmişti. Yıkım sistematik ve korkunçtu. İşine kendini adamış yıkım ekipleri, kazmalar ve ateşle çalışarak, duvardan ve kubbeden geriye kalanları paramparça etmişti; kaya mezarın kendisini kazarak, molozlar tüm alanı kaplayıp da daha fazla ilerleyemedikleri an durana dek parçalamışlardı. Bu noktada büyük bir ateş yaktılar ve geride ne kaldıysa ateşe verdiler.

Yıkımları konusunda gösterdikleri azme rağmen alanın tamamının yok edilmesini başaramadılar. 6 yüzyıl öncesinden Konstantin'in yapısından birkaç parça ayakta kaldı; bunların arasında kubbelerle duvarlar vardı ve çok daha önemlisi, İsa'nın kayalık mezarı yıkılmamıştı. Hıristiyanlık dünyasındaki en kutsal alana yapılmış bu kapsamlı saldırı, Avrupa'daki tüm Hıristiyanları dehşete düşürdü. Bu olay, Bizans İmparatorluğu ve papalıktakilerin akıllarına Haçlı Seferleri'nin ilk tohumlarını atmış olabilir.

19 yıl sonra Deli Halife'nin ölümünden ve Bizans İmparatorluğu ile Fatimiler arasındaki çetin pazarlıklardan sonra, kilisenin detaylı inşaatına *Byzantium* pahasına izin verildi; Konstantinopolis'te bir caminin yeniden açılması karşılığında. Bu yüce gönüllülük gösterisiyle bile böylesi düşman bir ortamda beklenebileceği gibi, Konstantinopolis'teki Ayasofya ya da en büyük Avrupa katedralleri gibi büyük yapıların inşaatı mümkün değildi.

Kilise yeniden inşa edilse de görece çok daha iddiasız bir yapıydı ve Melisende ile Foulque büyük nefinde birlikte taç giydiklerinde, Hıristiyanlığın en kutsal mekânından beklenebileceğinden göreceli olarak alçakgönüllüydü. Bu da şüphesiz en başta Melisende'nin böylesi detaylı ve etkileyici bir inşaat programını oluşturmasının nedeniydi. Hatırlanmalıdır ki tüm Frank mirasına ve şehirliliğine rağmen Melisende, Outremer'in sınırları dışına asla çıkmadı. Hıristiyanlığın en büyük mimari zaferlerini asla görmedi ve içlerinde ölen kocası Kudüs Kralı Foulque, yaşlı müttefiki Patrik William ve William'dan sonra gelen Patrik Foulque'nun da olduğu çok seyahat eden Avrupalılar tarafından vizyonu yönlendirilmiş olmalıydı.

Melisende'nin himayesinde kilise kompleksinin içindeki kutsal mekânlar, içlerinde Golgota Tepesi, Aziz Helena'nın Gerçek Haç'ı bulduğu yer ve İsa'nın istirahate bırakıldığı kayadan oyulma mezarlığın olduğu, tek bir mimari kompleks altında birleşti. Konstantin'in kubbesinden geri kalan öğelerin diğer yerlerle birleştirilmesiyle yeni bir plan oluşturuldu, Avrupa Katedrallerinin Roman tarzında bir bina yaratmak. Kilisenin yeni görüntüsünde sadece tek bir büyük kubbe değil iki kubbe vardı, ek olarak bir çan kulesi ve her yıl ziyaret eden Hıristiyan hacıların geçebileceği iki kapılı devasa bir güney girişi. Bu çift kapılı giriş yolu, detaylı bir şekilde oyulmuş bir ön cephe bugüne dek ayakta kalmıştır ve her ne kadar kapılardan biri Selahaddin tarafından kapatılmış olsa da bugün hacı kalabalıkları halen ortaçağ hacılarının bir zamanlar geçmiş oldukları bu aynı kemerli girişten geçmektedirler.

İç kısım da yenilenerek Batı ile Doğu stillerinin birleştirilmiş sütun başları ve lentolara oyulmuş süslemelerle dekore edildi. Bu birliktelik bugün halen kilisede açıkça görülmektedir, özellikle de kilisenin oyma cephesinde ve bugün Ermeni Şapeli olarak bilinen 12. yüzyıl sütun başlarında. Kubbeli ve kavisli tavanların her yanına yayılmış olan renkli ve ışıldayan altın mozaik bolluğu mevcuttur. Bu dönemden yalnızca tek bir İsa resmi sağ kalmıştır; Aziz Helena mağara şapelinin kötü korunabilmiş fresklerinin yanında.

Yeni girişin üstünde İsa'nın Kudüs'e girişini tasvir eden Batılı tarzda lentolar ve Doğulu tarzda sarmal dallara dolanmış mitolojik yaratıkları gösteren taş rölyef oymalardan narin bir set yerleştirilmiştir. Bu frizler yüzyıllar boyunca sağ kaldılar, ta ki görünürde korunmaları ve restorasyonları için çıkarılıncaya dek. Ve şimdi büyük kapıların üstünde kalan yer çıplak halde. Kudüs Eski Şehri'nin duvarları dışında yer alan orijinal oymalar Rockefeller Müzesi'nde görülebilir.

Melisende'nin Kudüs şehrinin mimarisindeki hamiliği, dini binalardan öteye zar zor geçerek şehrin başlıca pazarının (souk) onarımı ve genişlemesini gördü. Kudüs'ün labirentimsi pazar alanı bugün de ayaktadır. Restorasyon projelerinin arasında hacılar için bir cadde uzunluğundaki yiyecek satıcılarının olduğu Rue de Malquisinat da yer almaktadır. Hacılık ticareti bugünün turist ticaretinin ortaçağ karşılığıydı (hacılar ruhani turistlerdi) ve tıpkı bugün gibi, fast-food mekânları kutsal yerler civarında revaçtaydı.

Kudüs Krallığı'nın kutsal mekânlarına dair *Lonely Planet* rehberinin 13. yüzyıldaki karşılığı olan *La Citez de Jherusalem* [Jerusalem Kitabı] kitabını yazan anonim bir Fransız hacının sözleri aracılığıyla, Melisende'nin kapsamlı yapı işlerinin ardından ortaçağ Kudüs'ünün nasıl göründüğüne dair bir fikir elde edilebilir. Bu seyahat rehberinin gizemli yazarı, şehri Müslümanların elindeyken ve Hıristiyan turistlere yönelik ağır kısıtlamaların olduğu bir zamanda yazmıştı. Buna karşın, üstü kapalı baharat pazarları, hastaneler, kalabalık misafirhaneler, avlular ve kiliseler hakkındaki tasvirlerine bakıldığında modern okuyucular, Melisende'nin Kudüs'üne ilişkin fikir elde edebilirler. Melisende'nin yeni ve gelişmiş kapalı pazarları hakkında bu yazar şu hatırlatıcı tanımı yapmıştır:

> Davud Caddesi'nin sona erdiği geçiş noktasına geldiğinizde Sion Dağı Caddesi adında bir cadde yer almaktadır, doğruca Sion Dağı'na kadar gittiği için adı böyledir (...) Ve kesişimin sol tarafında üstü kaplı kapalı bir cadde vardır: adı Baharat Caddesi. Şehrin tüm meyveleri ve baharatlarının, otlarının satışının yapıldığı yer. Caddenin sonunda ise balık satılan bir yer var...

Kelimeleri, ortaçağ Kudüs'ünün koşuşturmacasına, manzaralarına ve kokularına dair bir fikir vermektedir.

Melisende'nin Kutsal Mezar Kilisesi'nde ve şehrin çevresinde yaptığı restorasyonların ne kadar sürdüğü bilinmemektedir, ancak Müslüman coğrafyacı Muhammed el-İdrisi'nin 1154'teki ifadesi en azından Kutsal Mezar'ın çan kulesinin o noktada bitirildiğini göstermektedir, çünkü günlüğüne burasının detaylı bir tasvirini dahil etmiştir. Bu da inşaatın büyük kısmının Melisende'nin Kudüs Krallığı'ndaki iktidarı sırasında sürdürüldüğünü göstermektedir. Dini hamiliğe karşı göstermiş olduğu ilgi de göz önünde bulundurulduğunda, bu restorasyonun düzenlenmesi ve yetki verilmesinde, Kudüs Patrikliği ile işbirliği içinde büyük rolü olmuştur.

Dahası, Melisende'nin Kutsal Mezar Kilisesi'ndeki iyileştirmelerdeki şahsi katılımı, Kutsal Mezar Kilisesi ile uzun süre boyunca Melisende'nin ailesindeki kadınlarla ilişkilendirilen Aziz Anne Kilisesi arasındaki stil benzerliklerinde göstermektedir. Meşhur Haçlı tarihçisi Hans Eberhard Mayer ise Melisende'nin Kutsal Mezar Kilisesi'nin restorasyonuna verdiği desteğin şahsi bir hürmet ve hamilik dışında, oğlu büyüdüğü için kilisenin desteğini kazanmak üzere politik pozisyonunu güçlendirmek için bir girişim olduğunu iddia etmektedir. Bunun önemi sonraki yıllarda kendini gösterecekti. Anne ile oğlu arasındaki ilişkiyi koparacak bir fırtına patlamak üzereydi.

ANNE İLE OĞUL ARASINDAKİ SAVAŞ

Melisende kocasının ölümünden beri, oğullarının da işbirliği sayesinde hemen hemen hiç meydan okunmamış bir yönetimin tadını çıkarmıştı ve Baudouin büyüyüp de rüştünü ispatladığında, krallık içindeki güç dengesizliği karşısında huzursuzlanmaya başlamıştı.

Melisende'nin en büyük oğlu ile gergin bir ilişkisi vardı. Tüm yaşamı boyunca onun baş destekçisi olan küçük oğlu Amalrik'i kayırdı. Kraliçe, III. Baudouin konusunda hep huzursuzdu. Veraset yasaları göz önünde bulundurulduğunda Melisende'yi yerinden edecek kişinin o olduğu belliydi ve Melisende de tıpkı Foulque'nun denediği gibi oğlunun da onu hükmetmekten men edeceği korkusunu yaşamış olmalı. Dahası, III. Baudouin bir varis ya da düşmandan daha fazlasıydı: Atanmış bir ortak hükümdardı ve kraliçelik krallıktan daha az güvence altındaydı. Tıpkı Matilda'nın İngiliz tahtındaki haklarının fırsatçı bir kuzen tarafından bir kenara itilmesi gibi, Melisende'de oğlunun ondan hükümdarlığı çekip alacak bir erkeğe dönüşmesi korkusu vardı. Bazı krallar, yalnızca öldüklerinde onların yerine geçecek olan, miraslarını ve soylarını devam ettirecek oğullarıyla ilişkilerinin tadını çıkarırken; Melisende bu tip bir güven duygusunu tadamadı. Oğlunun rüştü yaklaştıkça Melisende'nin güç üzerindeki pençeleri de gevşemeye başlamıştı.

Tersine Amalrik, annesine karşı bir tehdit değildi. Melisende, büyük oğlundan esirgediği sevgi ve desteği ona gösterebilmişti. Zamanı geldiğinde küçük oğlunu, büyük oğluyla mücadelesinde bir piyon olarak kullanacaktı. Onu Yafa Kontu olarak yetiştirerek, tıpkı kuzeni Yafa Kontu Hugue'nin bir zamanlar Foulque'ya karşı olduğu gibi, abisine karşı güçlü bir piyon olarak kullanacaktı. Bu nedenle ya da belki buna duyduğu minnet nedeniyle Amalrik annesinin davasına büyük bir sempati besledi ve belki de Willermus Tyrensis'in Kraliçe hakkındaki tasvirlerinde bu adanmışlığın yansımalarını görüyoruz. Willermus, Amalrik'in saray tarihçisiydi ve Melisende'nin niteliklerini oğluna duyduğu hürmetten vurgulamıştı.

III. Baudouin, büyüdükçe annesinin onlarla paylaşması gerektiği taht üzerindeki tekeline kızmaya başlamıştı. Birlikte taç giymişlerdi. Küçük bir çocukken görevleri ve gücü, tek hükümdar olarak annesinin üstlenmesi uygundu. Ama erkekliğe yaklaştıkça, kanıtladığı askeri becerileriyle hazırda beklemekte olan yetişkin bir adam dururken, orta yaşlı dul bir kadının krallığa hükmetmesi gittikçe daha tuhaf görünmeye başlıyordu. Dahası III. Baudouin, hükmetmek için mükemmel şekilde uygun bir adaydı. Kraliçe Melisende'nin sadık destekçisi

Willermus Tyrensis bile günlüğünde genç kraldan övgüyle söz etmektedir. Genç adamın "zihninin canlılığı ve mükemmel konuşmasıyla" herkesten daha üstün olduğunu; anormal keskin bir zekâya ve doğal bir etkili konuşma yeteneğine sahip olduğunu anlatmaktadır. Ayrıca daha da ileri giderek, erkek kardeşi Amalrik'ten daha eğitimli olduğunu belirtmiştir.

Bu sırada Melisende, kurnaz olduğu kadar bu gücü elinde tutmakta kararlı olduğunu da kanıtlamaktaydı. Hükümdarlığının ilk yıllarından beri oğlunun gücünü elinden alma tehdidinin yıllarca uzakta olduğunda, Outremer'deki gücünü ve etkisini sağlamlaştırarak kendini mücadeleye hazır hale getirmeye başlamıştı. Melisende'yi, Willermus Tyrensis'in, kız kardeşi Alice'yi gördüğü şekilde "güce aç ve anaç olmayan şekilde" görmek kolaydı, ancak Melisende'nin daha geniş çaptaki konumu da dikkate alınmalıdır. Çekinmeden konuşmayan ve güç için mücadele etmeyen kadınlar güç kazanamıyor, evlilik piyasasında bir mal gibi satılıyorlardı. Makul ve ölçülü şikâyetlerde bulunanlar susturuluyor, hak ettiklerinden çok daha azına sahip olabiliyorlardı. Melisende hiçbir zaman tüm krallığın kontrolünü elinde tutma niyetinde olmamış olabilir, ama azını bile elde edebilmek için hepsini amaçlaması gerektiğini biliyor olmalıydı.

Nedenleri ne olursa olsun, Melisende müttefiklerini garantilemek konusunda riske girmedi ve kilise ile seçilmiş soylulara karşı kazanmanın yanında, Kudüs halkının gönlünü kazanmaya da girişti. Hükümdarlığının ilk döneminde kocasının onu dahil etmediği gibi, o da oğlunu krallık işlerine dahil etmemek konusunda başarılıydı. Bu nedenle kendi kanından ve canından oğlunun, benzer bir kararlılıkla kendisine karşı aynı şekilde ayaklanması onu şaşırtmamıştı.

Willermus Tyrensis, Melisende'ye duyduğu hayranlık nedeniyle, yaklaşmakta olan çatışmanın sorumluluğunu Kraliçe'ye yüklemekte rahat değildi. Bunun yerine suçu, en güvenilir vekili Manasse de Hierges'in güç zehirlenmesine attı.

Foulque'nun ölümünden sonra Melisende'nin kraliçe olarak yaptığı icraatlardan ilki, Manasse'yi Kudüs *konnetabl*'ı yapmaktı. Bu, krallıktaki en önemli ve etkili görevlerden biriydi; Kraliçe'nin ordusunu yönetecekti. Annesi politik işlerle ilgilenirken, askeri işlerin başında olması gereken Baudouin'in elindeki potansiyel gücü alan bir rol. Willermus, gücün Manasse'nin kafasına işlediğini ve kendini beğenmiş, küçümseyici tavırlarıyla krallıktaki asil sınıfını kızdırmaya başladığını belirtmiştir. Melisende, Foulque'nunkine benzer bir hata yapmıştır: O topraklardaki en yüksek mevkilerden birine, çok daha saygın ve daha nitelikli yöreden adayların yerine Fransa'dan yeni gelen birini atamak. Konnetabl görevine ek olarak, Ramleli Helvis'i ona eş olarak verdi. Bu kadın, Balian d'Ibelin'in dul eşiydi ve onun aracılığıyla Ramle ile Mirabel gibi önemli kaleleri ele geçirdi; böylelikle yeni sembolik rütbesini büyük güç, toprak ve servetle taçlandırdı. Willermus Tyrensis şöyle yazmıştır:

> Krallıktaki kıdemlilere karşı küstah bir tavır takındı ve onlara gerekli saygıyı göstermeyi reddetti (…) En çok da Kral hem duyguda hem eylemlerinde Manasse'den en çok nefret edenler arasındaydı ve onun, annesi ile iyi ilişkilerini bozduğunu iddia ediyordu.

Manasse tarafından saygı görmeyenler Kral'ın etrafında toplandılar. Krallığa hükmetme hakkı olduğunu, artık bir erkek olduğuna göre annesinin ona hükmetmesinin "uygun" olmadığını hatırlattılar. Foulque öldüğünde, III. Baudouin sadece 13 yaşındaydı, ancak 1152'de 22 yaşına geldiğinde tam 7 yıldır hükmetme yaşındaydı. Tek şaşırtıcı olan ise annesinden gücü almak amacıyla daha önce savaşmamış olmasıydı.

Genç Kral'ın, annesinin ellerinden gücü almak için ilk çabası tamamen sembolikti. Belki de açık bir mücadele olmaksızın değişimin gerçekleşebileceğinden ve annesinin zarifçe onun otoritesini kabul edeceğinden emindi. Annesine özel olarak mı yoksa olmadan mı yaklaşıp yaklaşmadığı bilinmiyor, ancak 1152'de Paskalya yaklaşırken Kudüs Patriği Foulque'ya garip ama derinden anlamlı bir istekle yaklaştı. Paskalya Yortusu sırasında Kutsal Mezar Kilisesi'nde pek çok tanığın katılacağı törende, Foulque'nun ona sembolik olarak yeniden taç giydirmesini, daha da ileri giderek annesinin bu olayın dışında tutulmasını istedi.

Foulque, Baudouin'in talebini kabul etseydi, bu eylem politik ve tamamen sembolik olacaktı. III. Boudouin'in yanında annesi olmadan taç giymesi, Melisende'nin bir önceki taç giyişini geçersiz hale getirmese de krallıktakilere, "asıl hükümdarın artık oğlu olduğuna" dair net bir mesaj verecekti. Anne ile oğlu 1143'te birlikte taç giymişlerdi, ancak Baudouin'in asıl gücü o zamandan beri artık reşit olmasına rağmen büyük derecede kısıtlanmıştı. Olgunluğunu ve baskınlığını göstermek istiyordu. Genç Kral'ın talebinin içerdiği anlamın farkında olan Patrik Foulque, Melisende'nin uzun yıllardır süregelen yönetimi ve kiliseye sunduğu destek nedeniyle bunu kabul etmeye gönüllü değildi. Eğer Kraliçe olmadan ve bilgisi ya da rızası dışında oğluna taç giydirecek olsaydı, kendisiyle sebat ederek çalışan ve işbirliği yapan, kiliseyi ve kurumlarını hiç usanmadan destekleyen birine karşı alçak bir ihanet içinde olacaktı.

Baudouin, Kraliçe'ye karşı düzenlenen böyle bir entrikada yardım isteyerek Patrik Foulque'yu çok zor bir duruma sokmuştu. Paskalya'da ona taç giydirmeyi açıkça reddedemese de ki bu gelenekseldi, Genç Kral'ı bu kutlamada yer alması ve onun yanında taç giymesi için ikna etmeye çalıştı. Annesiyle yeniden taç giyme törenini yapması, planlanmış politik manevrasını tamamen boşa çıkarırdı ve böylece yüzü asılarak bu teklifi reddetti.

Paskalya etkinlikleri planlandığı gibi gerçekleşti, ancak o gün Kutsal Mezar Kilisesi'nde hiçbir kraliyet mensubu taç giymedi. Patrik Foulque, iki hükümdar arasında daha büyük ve halka açık bir çekişmeden kaçınıldığına inanarak şüphesiz rahat bir nefes aldı. Melisende'yi, hükümdarlığının merkezinde halka açık bir şekilde gücünün devrilmesini nazikçe kabul etmeyeceğini bilecek kadar uzun süredir tanıyordu. Kudüs Şehri tabii ki onun inşa ettiği en güçlü müttefik ağının olduğu yerdi ve Kutsal Mezar Kilisesi hem şehrin kalbi hem de Melisende'nin projelerinin şahsi ilerleyişi, hamiyeti ve restorasyonun kalbiydi.

Bir sonraki gün olan 31 Mart 1152'de, Baudouin kilisenin dışında, başında yeni bir baş aksesuarıyla belirdi: bir kral tacı değil, Roma İmparatoru stilinde bir defne tacıydı. Bu resmi bir taç giyme değildi, Patrik Foulque'nun bununla ilgili bir fikri yoktu ve Kral'ı ne yağ ile kutsamış ne de tacı başına yerleştirmişti. Ancak Baudouin'in kilisedeki varlığının sembolü açık ve kesindi. İşleri ele alıyor, kendisini hem sembolik olarak hem de pratikte Kudüs Krallığı'nın tek hükümdarı olarak gösteriyordu. Bu eylemle de tartışmasız bir şekilde annesinin rejimine karşı geliyordu.

Bölgedeki asiller şaşkındı. Haute Cour yani Yüce Divan bu olayı ve ne anlama geldiğini tartışmak üzere bir araya toplandı. Hem III. Baudouin hem Kraliçe Melisende hazır bulundu; Kudüs Krallığı'nın tahtı üzerindeki hakları tartışıldı. Baudouin verasetten üzerine düşen payı açıkça talep etti. Krallığın ikiye bölünmesini, böylelikle kendi kısmında annesinin müdahalesi olmadan tek başına hükmetmeyi istedi. Konsil tartıştı ve olumlu yönde karar verildi. Bu teklifi reddedecekleri yasal bir dayanakları yoktu. Bugüne dek Melisende'nin yararına olan II. Baudouin'in vasiyeti artık ona karşı işlemeye başlamıştı. Güç ona, kocasına ve oğluna eşit şekilde bırakılmıştı. Artık kocası öldüğüne ve oğlu reşit olduğuna göre, Kral'ın ortak hükümdarlık hakkını reddetmesi için nedeni yoktu.

Görünürde konsil, Baudouin'e krallığın hangi bölümünü yönetmek istediğine karar vermesi için izin verdi ancak hiçbir seçeneği yoktu. Melisende'nin Kudüs ve yakınlardaki Nablus üzerindeki politik nüfuzu sarsılmazdı. Haute Cour'un vereceği hiçbir karar, onun bu bölgelerdeki etkisini ortadan kaldıramazdı.

Böylelikle Baudouin, kendisinin de daha yerleşik durumda olduğu Akka ve Sur şehirlerini "seçmekten" mutluydu. Aslında krallığın bu bölüşümü zaten iki yıl öncesinde pratikte yapılmıştı. Melisende kendi şahsi scriptorium'unu kurmuş, Kudüs ile Nablus'ta neredeyse bütün etkinin tadını çıkarırken; Baudouin kararlılıkla kuzeydeki gücünü ve etki alanını oluşturmaktaydı. Krallıktaki bu bölünme yalnızca 1150'den beri yürürlükte olan bir politikanın resmi olarak doğrulanmasıydı. Ancak bu, II. Baudouin'in vasiyetinin niyetine karşı bir ihlaldi. Eski kral, varislerinin güç için duyduğu ortak hırs nedeniyle krallığının bölündüğünü duysaydı şüphesiz dehşete kapılırdı.

Kraliçe Melisende bu kararı kabul etti, ancak topraklarından vazgeçmeye zorlanmaktansa daha mantıksız bir şeye razı gelmişti. Krallığın yarısının kontrolüne razı gelse bile, hakkının krallığın tamamı olduğunu özellikle belirtmişti. Melisende aslında durumun böyle olmadığını biliyor olmalıydı. Kızının çıkarlarını ve haklarını korumuş olan babası, bir kocası olmadan ve oğlu pahasına gücü elinde tutmasına niyet etmemişti.

Bu olaylara geriye dönüp tecrübeyle sabit şekilde bakabiliyoruz. O zamanlar Melisende'nin tek gördüğü, büyük oğlunun saldırgan bir tavırla onu yerinden etmeye teşebbüs ettiğiydi. Elinden gelen en iyi şekilde ödün verdi ve krallığın bölünmesini kabul etti, ancak bu bölünmenin yalnızca Melisende'nin hükmüne yönelik bir saldırı planının ilk aşaması olduğu anlaşıldı. Baudouin, annesinin gücünü yavaş yavaş azaltmak ve sahip olduklarının geri kalanını da kendine istemek niyetindeydi. Bunların hepsi, Kral'ın Nablus ile Kudüs'ü ele geçirmek ve anlaşmalarına rağmen annesini tamamen safdışı etmek istediğini gösteren adımlar atmaya başladığında bir anda açıklığa kavuştu.

Melisende oğlunun planını öğrendiğinde anlaşılır şekilde öfkelendi. Hemen harekete geçti. Kudüs'ün kuzeyindeki surlarla korunmayan ancak zengin bir şehir olan Nablus'ta ilgi odağıydı. Surları olmayan bir şehirde yerleşemeyeceği için sadık vasallarıyla beraber Kudüs'e gitmişti, hem surlarla iyi bir şekilde korunan bir şehirdi hem de krallığın sembolik merkeziydi. Bunu yaptığında oğlu, annesinin konumunu sarsmak için adımlar atıyordu. Ordusuyla Mirabel'e giderek, annesinin sadık ancak baş belası destekçisi Manasse de Hierges'i kuşattı. Baudouin'in şehri ele geçirmesi uzun sürmedi ve Manasse sürgüne gönderildi. Topraklarından koparılarak Avrupa'ya giden bir gemiye bindirildi ve bir daha Outremer'e ayak basması yasaklandı. Böylelikle Melisende'nin en güçlü savunucularından biri sahneden inmiş, Melisende krallıktaki en mühim dayanağını yitirmişti.

Bu başarısından sonra Baudouin bir kez daha annesine karşı harekete geçti ve Nablus'a doğru ilerleyerek surları bile olmadığı göz önünde bulundurulduğunda sorunsuz bir şekilde orayı ele geçirdi. Bu şansının dönmesi demekti. Çünkü Melisende'ye şahsi bir bağlılıkla değil de uygun geldiği ya da pozisyon açısından bağlılık yemini edenler hemen saf değiştirerek Kral'ı desteklemeye başladı. Hangi çatışmada olursa olsun, hep doğru zamanda kazanan tarafa geçen birileri vardır ve Nablus'un işgali de bu çatışmadaki "o an" olduğunu kanıtladı. Ve o anda kraliyet ailesindekiler, aralarındaki politik bir anlaşmazlıktan Kudüs Krallığı'ndaki bir iç savaşa evrildi.

Bazı baronlar tarafından terk edilmesine rağmen Melisende'nin halen sadık ve güçlü müttefikleri bulunuyordu. Bunların arasında genç oğlu Yafa Kontu Amalrik, Nablus Kontu Philip (toprakları elinden alınmış olan) ve Yaşlı Rohard da vardı.

Çok tantana yapmadan Genç Kral Kudüs'te annesine karşı ilerlemeye başladı. Beklenildiği üzere şehrin kapıları kendisine kapalıydı ve surlar korunuyordu, böylece hem annesi hem oğlu kuşatma için hazırlanmaya başladılar. Hıristiyan bir oğulun Hıristiyan annesine, Hıristiyanlığın en kutsal şehrinde kuşatma yapması kaçırılmaması gereken bir olaydı ve Kudüs Krallığı'nın hükümdar ailesindeki çatlakların derinliğini gösteriyordu.

Baudouin'in Haute Cour ile annesinin elinde kalması konusunda anlaştıkları toprağı annesinden almaya çalışmasının bahanesi, artık kral olduğu için savunma görevlerini tam anlamıyla yerine getirebilmek üzere krallığın tüm kaynaklarına erişimi olması gerektiğiydi. Şehirleri elinde tutmak sadece politik kararlar verme meselesi değil, aynı zamanda bu topraklardan gelirlerini ve vergilerini de toplamaktı. Melisende'nin Kudüs ve Nablus şehirleriyle birlikte Samarya ve Yahudiye'nin de dahil olduğu etrafındaki şehirleri elinde tutması, Baudouin'in gelirinde büyük bir delik demekti. Ancak Baudouin'in toprakları olan Sur ile Akka'dan gelen gelirlerin yeterli olmadığını ima etmek bir abartı olur. Çünkü bu iki şehir, krallıktaki en zengin ve ticari olarak en refah şehirlerdi. Yafa ise Outremer'deki en önemli ticari limanlardandı. Haute Cour'da verilen kararı alenen görmezden gelmesine ahlaki bir gerekçe vermek için bahaneydi ve Melisende'nin büyük oğluna güvenmemekte haklı olduğunu da gösteriyordu.

Melisende, Baudouin'in kuşatma için ordusunu hazırladığını öğrendiği zaman kale içine, Yafa Kapısı yanındaki Davud Kulesi'ne çekildi ve konumunu elinden geldiğince güçlendirdi. Oğlunun ihanetini eli kolu bağlı seyretmeyecekti. Daha önce anne ile oğul cepheleri arasında bıçak sırtında yürümeye çalışan ve alenen iki tarafa da desteğini açıklamayan Patrik Foulque, artık tüm desteğini kilisenin açıkça en büyük bağışçısı olan Kraliçe Melisende'ye veriyordu. Din adamlarının da safını belirlemesiyle, dahası Kral'a karşı durmayı seçmeleriyle, iç savaş çok daha büyük bir boyuta taşındı. Ancak şehrin patriği olarak Foulque, görevini öncelikle ve en çok "koruyucu-barışı sağlayan kişi" olarak görüldüğünden dikbaşlı kraliyet ailesinden hasmıyla görüşmek üzere yola çıktı.

Dikbaşlı, kraliyet ailesinden ve hasım olan Baudouin, tüm bunları kanıtlamış oldu. Foulque'nun yakarışlarıyla aklı çelinmedi, Patrik yakınırken ve uzlaşıyla anlaşmayı överken o ifadesiz bir şekilde dinledi. Foulque beraberinde kiliseden bir heyet getirmişti, belki de eylemleri nedeniyle Kral'a nasihatler ederken ve onu hemen vazgeçerek asıl anlaşmaya uyması gerektiğini söylerken tavrı fazlasıyla cezalandırıcı ve kibirliydi.

Baudouin cüretkârca gösterdiği üzere, bir önceki nesilden orta yaşlı soylular tarafından itilip kakılmaktan ve yönetilmekten bıkıp usanmıştı. Patrik, tamamen annesinin esiri olduğunu gösterdi. Bu adamın talebiyle politik ve askeri avantajını bir kenara iter de yeniden kendini dizginlerini kaptırmış halde bulursa lanetlenirdi. Kudüs Krallığı'nın özerkliği ve hükümdarlığı çok yakınındaydı; bu yaşlı din adamının sözlerine razı gelmeyecekti.

Gerçekte onu dinlemesi aptallık olurdu. Kraliçe'nin elinde başka hiçbir koz yoktu: Baudouin onu kuşatmıştı ve Melisende'nin bir kuşatmaya süresiz olarak karşı gelmesi mümkün değildi. Onu kurtarmaya gelecek hiçbir kuvvet yoktu. Baudouin eğer yüklenecek olursa, sonunda mutlaka bir zafere ulaşırdı.

Yakarışlarını dinlemeyi reddetmesiyle öfkelenen ve aşağılanan Foulque kızgınlıkla şehre döndü, Baudouin'in tedbirsiz ve şizofren bir suçlu olduğunu duyurdu. Bu alenen söylenmiş öfkeli konuşmalar, yaşlı bir rahibin kızgın serzenişlerinden çok daha önemliydi. Dahası Baudouin'in kilisenin desteği olmadan zafere ulaşıp tek hükümdar olacağını ima etti. Bu, barış isteyen halkı endişelendirmişe benzemiyordu. Barışa ulaşmanın en kolay yolunun Baudouin'i zafere ulaştırmada yardım etmek olduğunu gördüler, böylece çatışma mümkün olan en çabuk ve sorunsuz şekilde sonlanabilirdi. Bu düşünceyle hem kraliçelerine hem de bağışçılarına karşı gelerek, Kudüs'ün kapılarını Baudouin'in ordusuna açtılar.

Kral, annesinin direnişine hazırlıklı gelmişti ve kendi başkentini kuşatmakta bir tereddüttü yoktu. Yanında savaş topları, yaylar ve fırlatma makineleri getirmişti; ortaçağ kuşatma ekipmanlarından tam bir liste! Kral Davud'un kulesine yapılacak olan sert ve amansız bir saldırıya hazırlandı; Melisende'nin kendisini koruma altına aldığı kale içine. Kuşatmayı, bir Sarazen kalesine karşı yapıyormuşçasına büyük bir azimle sürdürdü:

Saldırılar öyle aralıksızdı ki kuşatılanlara hiç dinlenme hakkı tanınmıyordu. Onlar da kendi taraflarında tüm güçleriyle direndiler ve güce güçle karşılık vermeye çabaladılar. Kuşatan kuvvetlerle aynı yöntemleri uygulayarak, düşmanlarına zarar vermekte ve onlar üzerinde aynı yıkımı sağlamak için çalışmakta tereddüt etmediler.

Melisende elinden gelenin en iyisini yapmışa benziyor. Ancak hem şansı hem de kaynaklar ona karşıydı ve üç gün süren çetin savaşın sonucunda teslim oldu. Bu noktada kale içindeki koşullar korkunç durumda olmalıydı. Uykusuz, yaralı ve aralıksız saldırıdan tükenmiş haldeki Melisende ve kuşatılanlar teslim olmaya karar verdiklerine göre dayanacak güçleri kalmamıştı.

Haçlılara dair yazılmış pek çok tarih kitabında bu bölüme yalnızca birkaç satır ayrılmış olmasına rağmen önemsiz bir olay değildi. Davud Kulesi bir kale içiydi ve kuşatma ekipmanları, eski şehrin surları üzerinden çekilmiş olmalıydı. Hıristiyanlar, Hıristiyanları Kutsal Şehir'de öldürüyordu. Haçlı dönemi Kudüs'ünde bunun bir örneği daha görülmemiştir.

Dahası, kale içinin küçüklüğü de Melisende'nin her nerede konumlanırsa konumlansın düşen taşların ve okların altında kalma tehlikesi altında olduğu anlamına geliyordu. Daha önce hiç kuşatma yaşamamış olan orta yaşlı Kraliçe için bu şok edici bir deneyim olmalıydı. Tüm olanaksızlıklara rağmen bu şekilde dayanabilmiş olması büyük bir olaydı ve bu da kendi mirasına dair sarsılmaz inancını, gerçek bir azim gücünü ve bariz inatçılığını gösteriyordu.

Belki Kraliçe'nin yanındaki biri, belki de Kraliçe'nin kendisi tarafından bir karar verildi. Kral onlara karşı az ilerleme kaydetse de belirsiz bir şekilde karşı çıkmak nafile bir çaba olurdu. Bu Melisende'nin nihai yenilgisi ve başkentin önemli savunma yapılarından birinin tahribi anlamına gelecekti. Barış adına bir elçi, Kral ile şartları konuşmak üzere öne çıktı. Melisende Kudüs'ü oğluna teslim etmeye ikna olmuştu; yalnızca Nablus'u "daimi olarak" elinde bulundurması ve Kral'ın asla bu toprakları onun elinden almaya çalışmaması koşuluyla. Anne ile oğlu arasında kırılgan bir barış sağlandı. Belki ikisi de her şey sona erdiği için rahatlamıştı.

Melisende yenilmişti. Ancak bu durum, onun hükümdarlığının ve ortaçağ kraliçelerinin mizacına ilişkin nadir bir örnek olarak gücü devretmemek için gösterdiği direncinin önemini azaltmamaktadır.

KONTES HODIERNA ve TRABLUS'TA SUİKAST

Gücü kaybetmesinden sonra Kraliçe Melisende, Nablus'taki evini elinde tuttu ve politikanın kadın sahasında güçlü bir figür olarak kaldı. III. Baudouin annesini askeri meselelerden uzak tutmak için açıkça gayret etmesine rağmen, yine de onun aile politikaları ve izdivaçlarla ilgili konularda söz sahibi olmasına izin verdi, bir danışman olarak onu yakınında tuttu. Melisende, yeğenleri Antakya Prensesi Constance ile Trablus Prensesi Melisende'nin hayatlarında ve hatta kız kardeşleri Hodierna ile Yvette'nin hayatında etkin bir rol benimsedi. Kilise üzerindeki etkisi yoğun olarak devam etti, 1157'de kız kardeşi Hodierna ve üvey kızı Flandre Düşesi Sibylle ile başarılı şekilde Kudüs Patrikliği seçimini belirledi. Ayrıca kendi şahsi papazı Amalric de Nesle'nin konumunu garantiledi.

Alphonse Jourdain'in, Hodierna ile Trablus Kontu II. Raymond'ın Trablus'taki mevcut hâkimiyetine karşı çıkılamayacağı anlamına gelen İkinci Haçlı Seferi sırasındaki ani ölümüne rağmen, Hodierna ile Raymond mutsuzlardı. Pratik bir açıdan bakıldığında evlilikleri başarılıydı, akıllı ve gücü yerinde bir erkek varisleri olan III. Raymond ve teyzesinin ismi verilen Trabluslu Melisende gibi güzel bir kızları olmuştu. Ancak çift, mizaçları ve eğilimleri bakımından birbirlerine münasip değillerdi. Çiftin arasında yaş farkı vardı ve Hodierna'nın kocasına sadık olmadığı hakkında söylentiler mevcuttu. Dahası, Hodierna'nın daha üstün konumu nedeniyle aralarında başka gerginlikler de vuku etmiş olabilirdi. II. Baudouin'in kızı, Kraliçe Melisende'nin kız kardeşi ve III. Baudouin'in teyzesi olarak sosyal statü bakımından yalnızca Toulouse Kontu Raymond (Raymond de St. Gilles) ile gayri meşru olarak kan bağı bulunan kocasından daha üst konumdaydı. Hodierna, Kudüs Krallığı'ndaki ailesiyle yakın bağlarını korumuştu ve yanında kocası olmadan kız kardeşini sarayda ziyaret ettiğine dair kanıt bulunmaktadır.

1152'de olaylar doruk noktasına ulaştı. Çift arasında öyle büyük bir mesele oldu ki Melisende, Trablus'a yapacağı ziyareti sırasında aralarını bulmaya ve bir uzlaşı yaratmaya çalışmayı uygun gördü. Tartışma, "evliliğe dair bir kıskançlıktan çıkan nefret" üzerinde yoğunlaşıyordu. Kraliçe'nin çabaları başarısızdı ve bunun yerine çiftin ayrılmasına izin vererek Hodierna'yı beraberinde Kudüs'e getirdi. Belki ayrı geçirecekleri zamanın evliliklerini kurtarabileceğini düşündüğü için ya da kalıcı bir ayrılık sağlamak için. Hodierna'nın iki çocuğunun Trablus'tan anneleriyle ayrıldıklarına dair bir bilgi yoktur.

Kont II. Raymond, karısı ve baldızına şehirden çıkarken eşlik etti. Onların Kudüs yolunda güvende olduklarından emin olduktan sonra, kız kardeşlere veda ederek Trablus'a doğru döndü. Şehrin kapılarına yaklaştığında bir grup erkek tarafından ablukaya alınarak ölümcül şekilde bıçaklandı. Bunlar sıradan katiller ya da eşkıyalar değil, meşhur Nizari İsmaililiği tarikatının mensuplarıydı. Bu tarikat, ondan sonra başka bir isimle daha bilindi: Haşhaşiler (*Hashashins*) ya da İngilizcede *Assasins* (Suikastçılar).

Haşhaşiler, bu tip hedefli ve sansasyonel cinayetleri ordu olarak eksiklerini telafi etmek için politik araç olarak kullanan dini-politik bir gruptu. Haşhaşiler ismi ortaçağ Fransızca ve Latince kelimenin *assassin* olarak bozulmasıyla ortaya çıkmıştı, bugün modern İngilizcesinde hâlâ mevcut bir kelimedir ve cinayeti işleyenlerin, onlar için bir günahtan çok dini ve mesleki bir eylem olan korkunç işlerini yerine getirmeden önce esrar içmeleri alışkanlığıyla ilgili hikâyelerden gelmektedir. Cinayetlerinin ani ve şok edici doğasından dolayı ve kendilerini yüksek dağlardaki kalelerde toplumdan uzakta tuttukları için tarikatları tam bir muammaydı.

Pek çok modern okuyucunun varsayacağı şekilde kiralık katil değillerdi. "Assassin" kelimesi "kiralık katil" ile eş anlamlı hale gelmişti. Bunun yerine, kendi politik ideolojileri ve İslamiyette bir İsmaili hükümdarlığı, Doğu'da ise İslami bir hükümdarlık kurmak gibi hedefleri vardı. Öngörülemez ve tespit edilemez manevraları, 12. ve 13. yüzyıllarda çok korkuldukları anlamına gelmektedir. Eylemlerini korku ve gizem içerisinde gerçekleştiriyorlardı.

Raymond'ın hedeflenmiş, ani ve önemli bir kurban olması İslami tarikatı için tipik bir operasyondu ancak Hıristiyan bir hedef için alışılmadık bir durumdu. II. Raymond tarikatın ilk kaydedilen Müslüman olmayan kurbanıydı ve öldürülmesinin sonuçları çok büyük oldu. Hemen sonrasında, Trablus'taki Latin Hıristiyanlar ayaklanarak şehrin yerli halkını katlettiler; Hıristiyan, Yahudi ya da Müslüman demeden. Edessa (Urfa)'daki Hıristiyanların Müslümanlar tarafından katledilişinden daha az vahşi şekilde değil. Barış içindeki bir Haçlı şehrinde öngörülemez boyutlardaki bir ırk kavgasıydı bu. Willermus Tyrensis belki de hafif bir utanç imasıyla şunları yazmıştır:

> Kont'un cinayetine dair haber gelmesiyle tüm şehir karıştı. İnsanlar silahlara sarılarak hiçbir ayrım gözetmeksizin dil ya da kıyafet olarak Latinlerden ayrılan herkesi kılıçtan geçirdiler. Bu şekilde, bu iğrenç eylemin faillerinin bulunabileceği umulmuştu.

Willermus'un katliamı açıklayan son cümleyi ekleme ihtiyacı hissetmiş olması, katliamın gelişigüzel beyhudeliğini açığa vuruyor.

Bu korkunç olay, Hodierna için yeni ve beklenmedik bir güç anlamına geliyordu. Onu varis olan iki çocuğuyla bırakan kocasının ölümüyle, kendini Foulque öldüğünde Melisende'nin düştüğü aynı durumda buldu. 12 yaşındaki oğlu kontluğun tartışmasız varisiydi ve o uygun yaşa gelinceye dek 3 yıl boyunca hükümdarlığın tadını çıkarabilirdi. Böylelikle Trablus Kontluğu, kendini bir kontes tarafından yönetilir halde buldu. Haşhaşilerin neden, tabii eğer öldürenler onlarsa, II. Raymond'u öldürmeyi seçtikleri bilinmemektedir.

II. Raymond'un ölümünü öğrenen III. Baudouin hemen annesiyle teyzesine, atlarını geri döndürerek Trablus'a gitmeleri haberini gönderdi; o da orada olayların kontrolünü eline alıyordu. Hodierna Trablus'a vardığı zaman ise III. Baudouin, dedesi II. Baudouin'in ölüm döşeğinde yaptığından pek farklı olmayan bir üçlü yönetim şeklini hemen yarattı. Tüm Trablus asillerine Hodierna'ya, 12 yaşındaki oğlu III. Raymond'a ve daha küçük kızı Trablus Prensesi Melisende'ye sadakat yemini etmelerini emretti. Asiller bunu tereddüt etmeden yapmışa benziyor. Hodierna için bir başka eş adayının düşünüldüğüne dair hiçbir kayıt bulunmamaktadır; bu da III. Baudouin'in teyzesi Hodierna'ya Trablus'u bir eş olmadan yönetme iznini verdiğini gösteriyor. Bu da tüm açılardan Hodierna'nın oğlu uygun yaşa gelinceye dek şehrin hükümdarı olduğu anlamına gelmektedir. Bu tarz bir karar ne Avrupa'da ne de Outremer'de sıradışı değildi. Ancak III. Baudouin'in bu tarz bir senaryoya karşı gelmemesi, babasının ve dedesinin Antakya Prensesi Alice'ye olan davranışlarından tamamen farklıdır. Hodierna'nın ablası Alice, Antakya'da tam olarak bu güçten men edilmiştir.

III. Baudouin'in açıkça tıpkı annesi gibi Hodierna'nın da başarılı bir hükümdar olacağına inancı vardı ve böylelikle Trablus Kontluğu'nu, oğlu uygun yaşa gelinceye dek onun ellerine teslim etmekten memnundu. Hodierna tıpkı diğer kız kardeşleri gibi bağımsız, güçlü, dikbaşlı bir kadındı. Ancak tarihte özellikleriyle değil de daha çok "13. yüzyıl ve sonrasında meşhur ozan Jaufre Rudel'in cinsel fantezisi ve istemsiz esin perisi olarak" efsanevi bir konuma sahip olmasıyla hatırlanmaktadır. Jaufre,

Fransa'nın güneybatısındaki Blaye'den gelen ve *L'amour de loin* (uzaktan aşk) motifini Batılı aşk edebiyatına dahil eden orta sınıftan bir asildi. Âşık olduğu uzak diyarlardaki bir prensese duyduğu sevdasına dair sözlerinden yüzlerce satır üretmişti. Onun gezgin biyografi yazarı ise elli yıl sonrasında yazdıklarında, bu şarkıların muhatabı olan kadının bir hayal ürünü olmadığını, Trablus Kontesi Hodierna'nın ta kendisi olduğunu iddia etmiştir. Bu biyografinin iddiasına göre Jaufre'nin aşkı, Antakya'dan Fransa'ya dönen seyyahlardan Hodierna'nın güzelliği hakkında duyduğu hikâyelerle büyümüştür ve aşkını görme şansıyla risk alarak Outremer'e giden bir gemiye atlamıştır. Ancak planladığı aşk umduğu gibi gitmemiş, Trablus kıyısına vardığında bu efsanevi aşık gemide bir hastalık kaparak ölümün pençesine düşmüştür. Bu bağlılığı ve zor durumu duyan Hodierna ise Trablus kale içindeki kulesinden inerek ölmekte olan adamı beslemiş ve son nefesine kadar kollarında tutmuştur.

Bu hikâye neredeyse tamamen hayal ürünü, ancak bazı açılardan gerçek payı olmalı. Jaufre'nin İkinci Haçlılarla Doğu'ya gitmesi, Trablus'a inmesi ve orada ölmesi alkışlanacak bir hareket. Hodierna'ya âşık olması ve onun da son anlarına kadar yanında olması muhtemeldir. Ancak şüpheli 13. yüzyıl biyografi yazarı tarafından verilen bilgi dışında bunu destekleyen bir kanıt yoktur. Bu hikâyenin tarihçilere sunabileceği şey, Avrupa'da Haçlı Devletleri'ndeki kadınlara ithaf edilen cazibeye ve aşka dair bir bakış ile pek çok ortaçağ kraliçesini çevreleyen tarihsel anlatıları etkileyen aşk romanlarının yükselişine dair bir fikir vermesidir.

THEODORA – KUDÜS'ÜN YENİ KRALİÇESİ VE BİZANS MÜTTEFİKİ

Haute Cour, II. Raymond'un öldürülmesi şokunu atlattıktan ve iç savaşın bitmesinden sonra dikkatini bu sefer Kral'ın evliliğine yöneltti. III. Baudouin Kudüs'teki üstünlüğünü kanıtlamış, annesinin etkisini tatmin edici şekilde kısıtlamıştı ve artık verasetini garantileyecek bir varis için evliliğin ayarlanma zamanı gelmişti. III. Baudouin'in kendisi acele içinde değildi, evlilik dışı ilişkiler yaşıyordu ve önünde meşru çocuklara sahip olacağı çok uzun bir hayat vardı. 1157'de meseleyi tartışmak üzere toplanan konsil atılacak en önemli adımın, Bizans İmparatorluğu ile Frank ittifakını tazelemek ve pekiştirmek olduğuna karar verdi. İmparatorluğun o zaman başındaki kişi, İmparator Manuel Komnenos idi. Antakya Prensesi Alice'nin, kızı Prenses Constance için koca olarak düşündüğü aynı kişi.

Konstantinopolis sarayına gitmek üzere bir elçi gönderildi; bir Bizans gelini ile büyükçe bir çeyiz sağlamak umuduyla. Aylar süren pazarlıklar sonucunda bir gelin seçildi ve evlilik anlaşması yapıldı. Kudüs'ün yeni kraliçesi, Manuel'in yeğeni "meşhur genç hanım" 12 yaşındaki Prenses Theodora idi. Beraberinde 100 bin altın sikke *iperpiron* (hyperpyra, dinar, bezant ya da solidus'un yeni Bizans karşılığı) çeyiz ile Kudüs'teki gelmiş geçmiş en şaşalı düğünün yapılması için 10 bin altın daha getirdi.

Willermus Tyrensis, kadın güzelliğinden sıklıkla etkilenmezdi ancak Theodora'nın güzelliğinden çok etkilenmişti. "Hem bedeni hem yüzüyle, tüm görünümüyle onu gören herkesi etkileyen alışılmadık güzelliğe sahip bir genç kız" olduğunu yazmıştı. Beraberinde getirdiği kıyafetler ve kişisel eşyaları da olağanüstüydü: inciler ve taşlarla süslenmiş ipek giysiler, paha biçilmez değere sahip kilimler, değerli içecek kapları ve benzerleri. Willermus'un tahminine göre genç kızın eşyalarının toplam değeri 14 bin altın *iperpirona* yakındı.

Varis, nakit para ve güzellik arayan Kral Baudouin için bu evlilik mükemmeldi. Theodora beraberinde Bizans sarayındaki en soylu Yunanlardan bir grup ve zenginlik gösterisi eşliğinde, Eylül 1158'de gemiyle Sur'a vardı. Grup oradan Antakya Patriği tarafından III. Baudouin ile olan evliliğinin yapılacağı ve kutsal yağ sürülüp Kudüs Kraliçesi olarak taçlandırılacağı Kudüs'e geçti. Theodora'nın kocası üzerindeki etkisi çarpıcıydı. Evlendikleri günden itibaren tüm önceki serseriliklerinden vazgeçtiği, eşine tamamen sadık olduğu, onu sevdiği ve takdir ettiği, hem bir erkek hem de bir kral olarak tamamen yenilendiğine dair bilgiler mevcuttur.

Tüm bu ilgiye rağmen Theodora'nın belki gençliği belki de Konstantinopolis'teki saray tarafından dikkatle korunduğundan, krallığın yönetiminde neredeyse hiç rolü olmadı. "Hükümdarın karısı" rolünü karşı çıkmadan kabul etti. Melisende de halen yaşıyor ve Nablus'tan etkisini hissettiriyordu. III. Baudouin, çocuk yaştaki gelinine hiçbir sorumluluk yüklememeyi tercih eden aktif ve sağlıklı bir kraldı. Annesiyle ilgili olan geçmişi göz önünde bulundurulduğunda, bir kadınla gücü paylaşmaktan sakınması da mümkün.

TRABLUS PRENSESİ MELİSENDE, ANTAKYA PRENSESİ MARIA VE YENİ BİZANS İMPARATORİÇESİ

Bizans İmparatorluğu ile olan ittifak, bir sonraki yıl karısı ölünce Manuel'in Outremer'in kraliyet aileleri arasında yeni bir imparatoriçe aramaya karar vermesiyle daha da güçlendi.

Trablus Kontu olan babaları II. Raymond'un öldürülmesinden sonra Kraliçe Melisende artık babasız olan yeğenlerinin geleceğine dair aktif bir ilgi duydu. 1160'ta, Raymond'ın ölümünden 8 yıl sonra İmparator Manuel, Outremer'de bir eş aradığını duyurdu. III. Baudouin'e akrabaları arasından bir gelin seçme işini vererek büyük bir iltifatta bulundu.

"Trablus Kontu'nun kız kardeşi, iyi bir karaktere ve yeteneğe sahip genç kız olan Melisende" ve III. Baudouin'in kuzeni, Kral tarafından İmparator Manuel ile evlenecek Frank aday olarak seçildi. Onunla aynı adı taşıyan teyzesi Kraliçe Melisende'nin o noktada artık yaşı ilerlemişti ve sağlığı bozulmaya başlamıştı. Politikadan çekilmiş, ancak buna rağmen diplomasinin evlilik gibi daha geleneksel kadınlara ilişkin konularında aktif rol oynamaya devam ediyordu.

Kraliçe Melisende de sunulan bu evliliği açıkça onaylıyordu, nihayete ermesi için büyük enerji sarf etmesinden belli olduğu üzere. O ve kız kardeşi Hodierna'nın birlikte topladıkları çeyiz de açıkça genç ve güzel Theodora'nın beraberinde getirdiği çeyizin büyüklüğünü yansıtmak üzere toplanmıştı.

Devasa bir süs tanzimi, kraliyet ailesinin kendisini bile gölgede bırakan, bu konum için karar verilmiş olan genç kızı, annesi ve teyzesinin sonsuz harcamaları sayesinde hazırlanmıştı; abisi ve pek çok arkadaşı da dahil olmak üzere: bilezikler, küpeler, başlıklar için kullanılan iğneler, halhallar, yüzükler, kolyeler ve en saf altından taçlar. Aynı pahada ve büyüklükte gümüş çatal bıçak takımı da hazırlanmıştı... dizginler ve eyerler... tüm bu şeyler büyük bir şevkle hazırlanmıştı... kralların lüksünü (geçecek)...

Bu hazine, 12 adet heybetli kadırgaya yüklenerek Konstantinopolis'e gönderildi.

Genç Melisende'nin çeyizine dair bu tasvirler bize, Kraliçe Melisende'nin kadın akrabalarının çıkarlarını korumada gösterdiği özeni göstermektedir; aynı zamanda Kudüs kraliyet sarayındaki moda dünyasına da hiç görülmedik bir bakış sağlamaktadır. Taçlar, duvaklar, halhallar gibi süslenebilecek her şey mücevherle süslenmişti. Aynı zamanda Kudüs Krallığı'nın ve Trablus Kontluğu'nun servetinin, Bizans İmparatoru'na gösterilmesinin de devlet için bir öncelik olduğuna işaret ediyor.

İki kraliyet ailesi arasındaki bu evlilik, sevgi ve iyi niyete dayalı bir politik müttefiklikten daha fazlası anlamına geliyordu. Olsa olsa bir tutsak değişimine daha yakındı. Bir prensesin Konstantinopolis sarayına gönderilmesiyle iki kraliyet ailesi birleşiyordu ancak daha da fazlası, Kudüs kraliyet ailesinin üst düzey bir üyesi Komnenos Hanedanı'na katılıyordu. Daha az öneme sahip Hıristiyan krallıkları arasındaki evlilikler, Bizans dış politikasının temel unsuruydu.

Melisende'nin çeyizi ve başlık parasının tüm abartısına rağmen evlilik asla gerçekleşmedi. III. Baudouin'in tavsiyesi ve başlık parasının aşırılığına rağmen Manuel'in elçileri halen bu izdivacın uygunluğuna dair şüphe içindeydiler. Görünürde evliliğe razı gelip Outremer kraliyet ailesinin hazırlıklar için büyük harcamalar yapmasına izin verirken, Konstantinopolis'ten gelecek olan elçiler kararsız ve gecikmiş haldeydi. Genç Lady Melisende'nin karakteri ve tutumuna dair münasebetsizce araştırmalar yaptılar ve aynı zamanda genç kızın "en gizli fiziksel bölümlerine" inceleme yapılmasını talep ettiler; onun ve ailesinin, kızın bekâreti konusunda dürüst davranıp davranmadıklarını görmek için. Böylesi bir inceleme genç kız için utanç verici olurdu ve kesinlikle normal evlilik pazarlıklarının bir parçası değildi. Buna dair bir ima, Trablus'un hükümdar ailesi için büyük bir hakaret demekti.

Aylar geçip gitti ve bu sırada ise Lady Melisende'nin abisi Trablus Kontu III. Raymond, yöredeki tüm soyluları başkentte büyük bir harcama yaparak ağırlıyordu. Genç kızı, Bizans İmparatoriçesi olmak için yapacağı yolculuk öncesi görmek için toplanmışlardı ve III. Raymond da kız kardeşine kesişme sırasında eşlik edecekti. Kont ile misafirleri bu sürekli gecikmeden dolayı bir hayli öfkeliydiler, evliliğin gerçekten gerçekleşip gerçekleşmeyeceğini bilmeyi talep ediyorlardı. Willermus Tyrensis aleni bir sorgulama ve ültimatom verilmesine rağmen elçilerin belli belirsiz cevaplar verdiklerini, lafı kıvırmaya çalıştıklarını yazmıştır. III. Raymond öfke içinde kendi elçilerini Konstantinopolis'e gitmek üzere görevlendirdi. Karşılıklı sert atışmalar ve çeşitli hakaretlerden sonra, bir yıl süren bekleme ve pazarlık neticesinde Lady Melisende ile İmparator Manuel arasındaki evliliğin gerçekleşmeyeceği anlaşıldı. Kont III. Raymond, Kral III. Baudouin ve Trablus ile Kudüs'teki diğer asiller, İmparator'un neden fikrini değiştirdiği ve onları böylesi ağır bir şekilde aşağıladığı konusunda bihaberlerdi. Lady Melisende nişanın sonlanmasına çok üzüldü. Kendini resmi belgelerde çoktan "Konstantinopolis'in Müstakbel İmparatoriçesi" olarak yazmaya başlamıştı. Bu reddediliş, genç kız için büyük bir aşağılanma demekti.

Bu sırada kuzeydeki Antakya'da, İmparator'un ve elçilerinin neden fikir değiştirdikleri konusuna açıklık getirebilecek bazı konuşmalar gerçekleşiyordu. Trablus'tan ayıplanarak kaçtıktan sonra, İmparator'un cevap vermekten kaçınan elçileri daha önce sanıldığı gibi Konstantinopolis'e doğru yola çıkmamış, gemilerini Antakya'ya yöneltmişti. Orada, Prenses Constance'den kızı ve Kraliçe Melisende'nin büyük yeğeni olan Antakyalı Maria'yı istemek için müzakere etmekteydiler. Belki de Maria daha güzeldi ya da Trabluslu Hodierna'nın sadakatsizliğine dair dedikodular Lady Melisende'nin meşruiyetine dair sorular sorulmasına neden olmuştu. Durum ne olursa olsun, Trablus Prensesi Melisende reddedilmişti. Çok incinmiş halde, bu meseleden kısa süre sonra öldü. Abisi Raymond öfkeliydi ve öç almak için kız kardeşini Konstantinopolis'e götürmek üzere oluşturulan kadırgaları Bizans kıyılarını rahatsız etmeleri için korsan gemi haline getirdi.

Bizanslı tarihçiler Trabluslu Melisende'nin acımasızca reddedilişiyle ilgili olaylara dair farklı bir versiyon sunmaktalar. Ioannes Kinnamos, her şeyin hazır olduğu ve Melisende'nin

Konstantinopolis'e gitmek için gemiye binmek üzereyken kötü bir şekilde hastalandığını yazıyor:

> Ciddi hastalıklar kızın peşini bırakmadı (...) daha önce ışıldayan dış görünüşünün görkemi, kısa sürede değişerek karardı. Biri onu böyle zamansız solmuş halde gördüğünde gözyaşlarıyla karşılardı. Genç kız kötü bir durumdaydı (...) onu bırakmayan çok daha kötü hastalıklar da kaptı. Bu durum sürekli şekilde devam ettiğinden, elçilerin evliliği tekrar değerlendirmelerine neden oldu.

Elçiler yol göstermesi için dua etmişlerdi ve Trabluslu Melisende'nin İmparator Manuel'e göre olmadığına dair bir işaret aldılar. Kinnamos bunun, elçilerin kızın evlilik dışı olabileceğine dair dedikoduları duymasıyla yıkıma uğradıkları gerçeğiyle birleşince, bu izdivaçtan vazgeçmelerine neden olduğunu söyler. Bunun ardından elçiler Antakya Prensi Raymond'un olağanüstü güzellikteki iki kızı üzerinde yoğunlaştılar. Antakya Prensesi Constance'nin kızlarıydılar; 8 yaşında evlenmiş olan kız, Maria, İmparator'un karısı olarak seçildi ve Kinnamos şunları yazdı: "Çağımızda bir daha böyle bir güzelliğe rastlanmamıştır."

Trablus Prensesi Melisende'nin hastalığı ve ailesine yönelik dedikodular, Bizanslıların bayağı ikiyüzlülükleri için uygun bir bahaneyken muhtemelen bir doğruluk payı da vardı. Ioannes Kinnamos güvenilmezliğiyle bilinen bir tarihçiydi, ancak Melisende'nin anne babasının evlilikleri herkesçe bilindiği üzere mutsuzdu ve genç kız da başarısız olan evlilik pazarlıklarından kısa bir süre sonra öldü. Ancak İmparator'un fikrini, gizemli bir hastalık nedeniyle değil de kızın meşruluğuna dair dedikodular nedeniyle değiştirmiş olması muhtemeldir: Lady Melisende ölümün pençesinde olup evlilik için uygun olmasaydı, Franklar arasında çok daha az öfke ve şaşkınlık yaratırdı.

III. Baudouin'in seçilmiş adayının reddinden ve Kraliçe Melisende'nin çeyizi toplamaya çalışmasından daha da şaşırtıcı olan ise Antakya Prensesi Constance'nin kuzeninin arkasından iş çevirerek, Kudüs'ün planlarını bozması ve Trabluslu Lady Melisende'nin yerini kendi kızı Maria ile değiştirmesiydi. Constance'nin yaşamı ve Antakya'daki saltanatı daha sonraki bir bölümün konusu. Ancak bu olay, onun açısından gerçek bir politik hesabı olduğunu ve annesi Prenses Alice'nin isyankâr, hırslı ve hesapçı doğasına sahip olduğunu göstermektedir.

KRALİÇENİN ÖLÜMÜ

Bu bölüm Kudüs Kraliçesi Melisende'nin uzun ve renkli hayatına dair son politik skandal olacaktır. Antakya Prensesi Maria'nın Konstantinopolis'e gitmek üzere yola çıktığı ay Melisende'nin öldüğü aydı. 1161'in başlarında onu yatağa bağlı ve önceki pek çok kabiliyetinden yoksun bırakan ani bir hastalığın pençesine düşmüştü. İki kız kardeşi tarafından itinayla bakılmıştı. Willermus Tyrensis şunları yazmıştır:

> Alışılmadık bir bilgeliğe ve sağduyuya sahip olan Kraliçe Melisende, o sırada ölüm dışında hiçbir çaresi olmayan ve tedavisi mümkün olmayan bir hastalığa yakalanmıştı. İki kız kardeşi Trablus Kontesi ile Betanya Aziz Lazarus Başrahibesi sürekli bir dikkatle ona bakmışlardı; en yetenekli doktorlar çağırılmış ve onların tavsiye ettiği tedaviler titizlikle uygulanmıştı. Otuz yıldan daha uzun bir süre kocasının yaşamı sonrasında da oğlunun krallığı süresince Melisende, pek çok kadının gücünü geçen bir kuvvetle krallıkları yönetmişti. Onun hükümdarlığı bilgece ve adaletliydi. Artık vücudu tükenmiş ve hafızası bozulmuş halde, yatağında uzun bir süredir ölüymüşçesine yatıyordu ve onu çok az kişi görebiliyordu.

Sonunda, Eylül 1161'de, aylarca süren mücadelenin sonucunda hastalığına yenildi:

...dindar annesi, geçmek bilmeyen bir hastalık sonucu sürekli acı içinde tükenmiş olan annesi, ölmüştü. Ölümü Eylül ayının on birinci gününde meydana geldi. Kral haberi aldığında, kendini acıya teslim ettiğindeki duygularının derinliği ise onun annesini gerçekte ne kadar çok sevdiğini gösterdi, günler sonra bile teselli edilememişti.

Oğlu Kral tarafından samimi bir şekilde yası tutulan Melisende, Josaphat Vadisi'ndeki Azize Mary Kilisesi'nde, annesi Morphia'nın yanı başına gömüldü; Meryem Ana'nın mabedinin yanına.

Aynı sene Şamlı Zümrüt Hatun da öldü. 1146'da Zengi'nin ölümünden sonra Zümrüt, kutsal şehir Medine'ye çekilerek kendisini Dımaşk'ın kanlı politikalarından uzak tuttuğu tam bir yalnızlıkta yaşamıştı.

5

AKİTANYA DÜŞESİ ELEANOR

Kanatlarını iki ulusun, İngiltere ile Akitanya'nın üzerine geren Eleanor bir kartaldır; aynı zamanda "olağanüstü güzelliği" nedeniyle ülkeleri mahvetti ya da yaraladı.

Matthew Paris

Melisende'nin ölümüyle Outremer'deki güç dönemi sona erdi. Oğulları krallığı iyi yönetecekti ancak Haçlı devletleri huzursuzluk içindeydi. Kudüs Krallığı'nın çöküşü, Melisende'nin hastalığı ve ölümünden on yıldan uzun bir süre önce başlamıştı, açıkça onun hükümdarlığının ilk büyük felaketinin göstergesiydi: Urfa'nın kaybedilmesi ve İkinci Haçlı Seferi'nin başarısızlığı.

Bu başarısızlığın tam olarak nedeni, yüzyıllardır tarihçiler arasında yoğun ve usandırıcı tartışmaların konusu olmuştur. Yetersiz organizasyon, yiyecek ve su kıtlığı, deneyimsiz ordu, zayıf disiplin ve ordunun yanındaki kadın varlığı gibi şeylerin hepsi neden olarak gösterilmiştir.

Felaketin ardından yazan tarihçiler şunları ortaya koymakla ilgilenmişlerdi: Kadınlarla olan birliktelikleriyle azmış olan ordunun günahkârlığı, Fransa ile Almanya'nın askerlerinin Tanrı'nın iyi niyetini ve zafer haklarını yitirmelerine sebep oldu. Orduyla beraber ilerlemekte olan en önemli kadın olan Akitanya Düşesi Eleanor, Fransa Kraliçesi ve Haçlı Seferi'ne çıkan ilk kraliçeydi.

Eleanor'un hikâyesi ve Outremer ile olan karışık ilişkisi, surlarla çevrili kale şehirleri olan Urfa, Antakya, Trablus ya da Kudüs'te değil; Fransa'nın geniş arazilerinin olduğu binlerce kilometre uzaklıktaki Batı'da, sürekli genişlemekte olan Akitanya Dukalığı'nda başladı.

Eleanor'un bir Haçlı kraliçesi olarak deneyimi, Outremer'de hükmeden hemcinslerinden tamamen farklıydı. Haçlı Devletleri'nde doğan bir kraliçe değil, Haçlı Seferi'ne çıkarak Avrupa boyunca yolculuktaki zorlukları ve maceraları paylaşan bir kraliçeydi.

Eleanor, Outremer'deki kadınlar için bir hayranlık nesnesiydi ve egzotikti, tıpkı onların da Eleanor'a egzotik gelmesi gibi. Bu kitapta söz edilen kraliçeler arasında en çok seyahat eden kraliçeydi. Her ne kadar canlı ve korkusuz olsalar da Morphia'nın kızları ya da torunları, Konstantinopolis'ten ötesine yolculuk yapmamışlardı. Çoğu Outremer'den dışarı çıkmamıştı bile.

Nasıl olmuştu da Eleanor, onu Kudüs Kraliçesi Melisende ve Antakya Prensesi Constance ile buluşturan bu yolculuğu yapmıştı? 1147'de, Urfa'yı özgürleştirme yardım çağrısına verilen bir cevap ile Fransa ve Almanya Kralları ordularını toplayarak doğuya doğru ilerlemeye başlamışlardı. Fransa Kralı VII. Louis, ya onsuz olmaya dayanamadığı için daha fazla çocuk sahibi olmak ya da onun sadakatinden şüphe ettiğinden karısını da yanında Haçlı Seferi'ne getirmeye karar verdi. O eş, Akitanya Düşesi Eleanor idi.

Eleanor'un görüntüsüne dair çok güzel olması dışında şüphesiz çok az şey bilinmekte ve bu güzellik de şüphesiz Louis'in onu yanında götürmesi kararında rol oynamıştı. Fontevraud Kilisesi'ndeki mezar büstünde saçları sarı temsil edilmiştir. Eleanor ile kocası ve oğulları, Loire Vadisi'ndeki güzel ortaçağ şehri ve kalesi olan Chinon'daki bir duvar resminde ise kırmızı saçlı resmedilmiştir. Bir modern tarihçi onunla ilgili "güzel ötesi" olduğunu yazmıştır ve ozan Bernard de Ventadour da otuzlu yıllarında onun hakkında "zarif, güzel ve cazibenin vücut bulmuş hali" tanımını yapmıştır. Gerçekten de Kraliçe'nin güzelliği ve kişisel özellikleri tarih anlatılarında sürekli yer bulmuştur. Richard of Devizes de onu, "eşsiz bir kadın" olarak tanımlamıştır. Tüm bunlar, yıllar boyunca süregelen Eleanor mitini de doğrulamaktadır. Esasen gerçek Eleanor'a dair çok az şey bilinmektedir. Ancak takip eden sayfalarda neler bilindiğine dair parçaları bir araya getirerek, Haçlı Seferi'ndeki deneyimlerine ve bir Haçlı kraliçesi olarak etkilerine dair bir anlatı oluşturacağız.

ELEANOR'UN ÇOCUKLUĞU

1124 senesinin başlarında, şehvet ve skandallarla adı çıkmış bir ailede doğdu. Kısa sürede soyunun şehvetli ününe yaraştığını kanıtladı. Eleanor doğduğunda halen yaşamakta olan dedesi IX. William, ünlü bir şair ve hovardaydı; aynı zamanda Birinci Haçlı Seferi başarısını takiben 1101'de doğuya giden bir Haçlıydı. William'ın Haçlı olarak kariyeri dikkate değer değildi, ancak bir âşık olarak yaptığı işler öyleydi. Bestelenen şarkı sözlerinden biri, 12. yüzyıl şarkı yazımından geriye kalan az örneklerdendir ve hem kusursuz hem de etkili olarak takdir görmektedir. Eğer Eleanor çocukken onun işine aşina olsaydı, "Yükselen ortaçağ romantizmi bir yetişkin olarak onun yaşamını nasıl etkilerdi?" diye insan merak ediyor.

Eleanor'un büyükannesi Toulouse Kontesi Philippa, varis doğurma görevlerini yerine getirir getirmez kocasını terk ederek sağduyulu bir karar vermiş ve Eleanor'un kendisinin de sonradan gömüleceği Fontevraud Manastırı'na çekilmiştir. IX. William onun yerine birini bulmakta hiç vakit kaybetmedi: komşu bir lordun karısı olan metresi Dangereuse, onunla yaşamak üzere getirtilmişti. Çocuk odasında hangi aile haberlerinin sansürlendiğinden bağımsız genç Eleanor, büyükannesinin ayrılışı ve bu kadının gelişini zar zor fark etti. Şüphesiz büyükbabasının mirasını çevreleyen skandallar, Eleanor'un kendisinin çevresinde dönen dedikodulara katkıda bulunmuştur.

Doğumundan üç yıl sonra ölen büyükbabasını çok az tanıyordu. Bununla beraber büyükbabasının bıraktığı mirasın daha görkemli oluşu, oğlu Dük X. William'dan, yani Eleanor'un babasından çok daha renkli ve zorba bir karaktere sahip olması anlamına geliyor olmalıydı. Talihsiz geçen hacılığından sonra X. William 1137'de Santiago de Compostela'da öldüğünde karısı Aenor ondan önce öldüğünden, iki kızlarını Avrupa'nın en zengin bölgesinin varisi olarak bıraktılar. Eleanor ile Petronilla bir anda yetim kalmışlardı ama büyük bir servete sahiptiler. O zaman 13 yaşında olan Eleanor, doğru bir aday bulunduğu takdirde evlenmek için uygun bir yaştaydı.

Akitanya ve kontrolü altında bulunan yakınlarındaki topraklar, Fransa'nın en zengin bölgeleriydi. Normandiya ve Anjou kuzey dukalıklarının birleşiminden daha büyük ve Fransa Kralı'nın topraklarını çevreleyen Ile-de-France'dan çok daha önemlilerdi. Gaskonya ve Poitou da dahil olmak üzere ülkenin güneşli ve bereketli güneybatı köşesine uzanan; doğuda Toulouse Kontluğu ve kuzeyde Anjou ile sınırlanan bölge, görünüşte Fransa Kralı'nın tımarındaydı. Ancak pratikte Fransa'nın Capet Hanedanlığı'ndan kralları, onu kontrol etmek bir yana hiçbir zaman Akitanya topraklarına girmemişti. Dukalık dil, kültür, miras bakımından bağımsızdı ve Akitanya'daki Fransa ile Fransa'nın Paris'i arasında çok az benzerlik vardı. Fransa'nın güneybatısında unutulma tehlikesindeki bir diyalekt olan Oksitaca dilini konuşuyorlardı.

Akitanya yalnızca geniş topraklarıyla değil, aynı zamanda ihracat ve ticareti nedeniyle de önemliydi: Bölgenin geniş Atlantik sahillerinde tuz, tıpkı bugün de olduğu gibi Gaskonya ve

Bordeaux'daki bağlarda ise şarap üretilmekteydi. Bu endüstriler Akitanya'yı zengin etti. Lobbes Başrahibi, 11. yüzyılda Akitanya hakkında şunları yazmıştır: "Bereketli Akitanya, her türlü meyveyle dolup taşan ormanlarıyla çevrili üzüm bağlarının sayesinde bir nektar kadar şeker ve bol miktardaki çayırlarla kutsanmıştı." Bu toprakların hükümdarı gerçekten de şanslıydı.

Babasının gömülmesinin üzerinden çok geçmeden ve ölüm haberi yaşlı Fransa Kralı "Şişman Louis"e ulaştığında, Eleanor'un hiç vakit kaybetmeden oğluyla evlenmesi konusunda kararlıydı; Akitanya'yı bilfiil ismiyle de kontrolü altına alabilmek için. Fransa Kralı'nın, Akitanya Dükü'yle Kudüs Kralı ile Antakya Prensi arasındaki ilişkiye benzer bir ilişkisi vardı; o da her birinin statüsünün ve ilişkilerindeki hiyerarşinin kişiye bağlı olmasıydı. Eğer Akitanya'da güçsüz bir dük olsaydı, Fransa Kralı teknik otoritesini onun üzerinde kurabilir, güneyde etkisini artırabilirdi. Ancak Akitanya'da güçlü bir hükümdar olsaydı, Kral'ın Akitanya toprakları üzerindeki gücü minimal olurdu. Kral Louis, en önemli topraklarının kontrolünün, evlenmemiş 13 yaşındaki bir yetim kızda olduğunu öğrendiğinde çok sevinmiş olmalı. Eğer büyük oğlu (onun da adı Louis) bu kızla evlenerek onu yönetecek olsaydı, bu Akitanya'nın kontrolünü Capet Hanedanı'nın ellerine geçirecekti: Devamlı olarak hayali kurulmuş, ancak nesiller boyunca gerçekleşememiş bir istek.

Görünen o ki Eleanor'un bu konuda pek seçeneği yoktu, dahası karşı çıkmak da aptalca olurdu. Politik seviyede bu izdivaç mükemmeldi ve onunla benzer yaşta, arkasında Capet gücünü bulunduran bir adamla evlenmek onun miras hakkından men edilmesine engel olacaktı. Evliliğinden sonra ne kadar otonomi almayı başaracağı sonra görülecekti. Bir kere daha, gücün uygulanabilirliği karaktere bağlıydı. Bazı eşler vasallarının bağlılığında yönetebilmeyi ve bunu evlilikten sonra da korumayı başarırken, bazıları ise sessiz ve pasif hale geliyorlardı.

Böylelikle babasının ölümünden üç ay sonra, 14 yaşındaki Eleanor kendini Bordeaux Katedrali'nde, bu Fransız şehrinin halen tam merkezinde duran ortaçağ nefinde dururken buldu. Prens Louis'e evlilik yemini ederek Fransa'nın gelecekteki kraliçesi oldu ve Akitanya Düşesi olarak da sahip olduğu mirasını garanti altına aldı.

Genç Prens'in, Eleanor'la tanışmak ve evlenmek üzere Poitiers'in güneyindeki Bordeaux'ya seyahat etmesi, Fransa'da değişen güç dinamiklerinin önemli bir göstergesiydi. Daha önce hiçbir Capet kralı, Akitanya topraklarına kadar yolculuk yapmamıştı. Onun bu yolculuğa ve beraberindeki risklere cesaret etmesi hem Eleanor'un değeri hem de izdivacın önemine dair çok şey anlatmaktadır.

FRANSA KRALİÇESİ

Bordeaux'daki kubbeli katedralde nikâhın yapılmasından kısa süre sonra, Eleanor'un kayınpederi bir anda öldü. Yeni evliler, topraklardaki en üst pozisyona itildiler; Akitanya Dük ve Düşesliğine ek olarak Fransa Kralı ve Kraliçesi oldular. Artık birlikte, büyük ve zorlu bir bölgenin başındaydılar.

Bu yeni onur, bulundukları yerden ayrılmaları demekti. Eleanor Bordeaux ile Poitiers'a ve çocukluğunu geçirdiği sıralı tepelere veda ederek kuzeye, Paris ile Ile-de-France bölgesine, kocasının krallığının merkezine yolculuk yaptı. Eleanor, Louis ile ilk evlendiğinde tıpkı babasının da yaptığı gibi Bordeaux ile Poitiers'de sarayın işlerinden sorumlu olarak, evlilik hayatlarını yıllar boyunca Akitanya'da geçireceğini ummuş ve beklemiş olabilirdi. Louis'in babasının ölümünden önce, öncelikli görevleri Dük ve Düşes olarak Akitanya'yı yönetmekti. Buna karşın Fransa Kralı geleneksel olarak Paris'te oturmaktaydı. Böylece, ondan önceki pek çok kraliyet gelini gibi o da toplanarak hiçbir arkadaşının olmadığı ve konuşma dilinin farklı olduğu yeni bir yere gönderildi. Küçük kız kardeşi Petronilla'nın da ona kuzeye giderken eşlik etmesine izin verildiği için şanslıydı. Görünüşe göre iki kız kardeş çok yakındı ve Eleanor'un kız kardeşinin çıkarlarını koruması, kısa sürede hem onu hem kocasını zor durumda bırakacaktı.

Poitiers'tan Paris'e yapılan yolculuk, ortaçağda bir kraliyet gelini tarafından yapılmış olan en uzun yolculuk değildi ancak eşit şekilde tecrit ediciydi. Eleanor, Fransa sınırları içinde kalabildiği için şanslı sayılabilse de kuzeyin dili ve görenekleri, güneyde doğmuş ve yetişmiş bir kız için yine de tamamen yabancıydı. Dahası, babasının dukalığının varisi olarak Eleanor, evinde yüksek konumunun keyfini çıkarırken, şimdi ise her ne kadar aristokrat hiyerarşisi içinde Fransa Kraliçesi olarak daha üst bir konumda olsa da Fransa Kralı'nın karısıydı. Bu durum, kendi topraklarında keyfini çıkarabileceğinden çok daha az özgürlüğe sahip olması demekti. Eleanor için Paris, rüyaların ya da aşkın şehri değil, daha çok münzevi bir mizaca sahip güçsüz bir adamla evlendiği soğuk ve kirli bir şehirdi.

İkinci Haçlı Seferi'nin gelip çatması, Eleanor'un Paris'teki varlığının monotonluğunu kesinlikle kalıcı şekilde değiştirecekti.

CEHENNEME GİDEN YOL

Eleanor'un doğuya yolculuğunun temelleri, Urfa'daki katliamın haberlerinin Papa'ya ulaşmasından ya da Aziz Bernard'ın Louis'e Haçlı Seferi vaazı vermesinden çok önce atılmıştı. Yine de Hıristiyanların katledilmesiyle başladı, ancak bu seferki evinin çok daha yakınında, kocasının isteğiyle gerçekleşti.

1142'de Eleanor'un kız kardeşi Petronilla, kralın kuzeni Raoul ile bir evliliğe zorlandı. Bu izdivaç her anlamda mükemmel görünüyordu, tek bir aksaklık dışında: Raoul zaten evliydi. Sağlıklı, yürekli ve doğuştan soylu karısı Eleanor de Champagne'nin varlığı ciddi bir engeldi. Petronilla'nın Raoul'un yatağına giden yolunun açılması ve bu kadının bir kenara itilerek evliliğin iptal edilebilmesi için haksız gerekçeler uyduruldu.

Bu plan, yozlaşmış ve itaatkâr piskoposların mevcudiyeti göz önünde bulundurulduğunda Louis'in uygulayabileceği kadar basitti, ancak kapsamlı sonuçları oldu. Piskoposlar kilise kanunlarının pervasızca boş verilmesine göz yummaya niyetli olsalar da Eleanor de Champagne'nin ailesi, kendi ailelerinin bir ferdinin böylesi adi bir muameleye uğramasını görmezden gelmeye hazır değildi, görünen o ki Papa da.

Petronilla ile Raoul hemen kiliseden aforoz edildi ve kraliyet ailesi, bir kenara atılmış olan düşesin abisi Thibaut de Champagne ile şiddetli bir anlaşmazlığın içine girdi. Thibaut, genç kraliçe ve onun kız kardeşi istedi diye bir kenarda durup kız kardeşinin mutluluğu ile kendi ailesinin itibarının paramparça edilmesine ve kralın kuzeninin ergen bir gelinle evlenmesine göz yumamazdı.

Champagne'nin kraliyet ailesi tarafından istilası, şehirlerin yakılması ve halkın genel olarak korkutulmasıyla başlayan bu çatışma, "Vitry Soykırımı" olarak bilinen olaylara evirildi. Kral Louis'in orduları, Paris'in doğusu Vitry le-Francois'de bulunan Thibaut'un topraklarındaki küçük ve savunmasız bir kasabaya girdiler. Kralın süvarilerinin kılıçlarından ve mızraklarından kaçan kasaba sakinleri, o kutsal mekânda güvende olabileceklerini düşünerek kiliseye sığındılar. Kilise duvarlarının yakılmasıyla içeride canlı bir şekilde yanarak öldüler. Bunun bir kaza mı, yoksa kendini savaşa kaptıran askerler tarafından yapılmış kasıtlı bir katliam mı olduğu bilinmiyor. Her durumda, kilisenin yıkılması sırasında muhtemelen bin civarında masum Hıristiyan öldürüldü. Bu vahşet ve barındırdığı sembolizm, VII.

Louis'in krallığında, yalnızca kendi yaşam süresi boyunca değil tarih boyunca kara bir leke olarak kalacaktı.

Louis bu felaketin ardından son derece pişmandı ve dindar kralın karşısına, Haçlı Seferi'ne katılarak günahlarının kefaretini ödemek imkânı doğduğunda bunun üzerine atlaması şaşırtıcı değildi. Eleanor da Vitry'de öldürülen şehir sakinleri için suçluluk duymuş olabilir. Pek çoklarının inandığı üzere taş kalpli olsa da böylesi korkunç bir trajedinin haberi karşısında etkilenmemesi mümkün olamazdı ve bu katliamda mutlaka onun da payı vardı; onun etkisinin Eleanor de Champagne'nin reddine sebep olduğu göz önünde bulundurulduğunda.

Vitry katliamından sonra Fransa'nın kraliyet çifti Hıristiyan dünyası içinde kınama ve korku nesneleri haline geldi; hiç kimse hem takdirini göstermek hem tavsiye vermek üzere sürekli Kraliçe Melisende'ye yazan Bernard de Clairvaux kadar bu olayın kınanmasında cesaretli davranmadı. Bernard, gevşediklerine inandığında Hıristiyan kraliyet ailesini azarlamayı kesinlikle hayattaki rolü olarak gördü.

İnatçı kraliyet ailesinin kulağını bükmek söz konusu olduğunda Bernard lafını hiç esirgemezdi. Zaten tövbekâr durumdaki Louis'e öfkeli yargılarını yağdırdı. Spartalı Bernard'ın, zaman içinde kilise hukukunu küçümsediğini defalarca kanıtlayacak olan itibarını yitirmiş Eleanor için çok az zamanı olduğuna şüphe yok. Ancak şimdilik, tüm farklılıklarına rağmen, ikisi birbirine belli bir saygıyla yaklaşmak zorundaydı. İkisinin takdirinin de Kral üzerinde büyük etkisi vardı.

11 Haziran 1144'te Louis ve Eleanor, Paris'in dışında yer alan ve yakın zamanda yeniden kutsanan St. Denis Katedrali'nde Bernard ile bir araya geldiler. Louis'in kulaklarında halen Vitry'deki kurbanların çığlıkları yankılanırken, Eleanor'u en çok etkileyen mesele çok daha şahsi ve özel bir konuydu. Louis çok aşk dolu ve enerjik bir koca değildi,

Eleanor'un onu bir kral yerine keşişle karşılaştırmaya itiyordu. 1144'te yedi yıldır evli ve sağlıklı bir çocuk sahibi olma yaşında olmalarına rağmen, çift henüz çocuk sahibi olmayı başaramamıştı. Eleanor'un daha sonraki anne olma kariyerine bakılırsa (içlerinde Arslan Yürekli Richard'ın olduğu sağlıklı on çocuğu oldu), sorunun onda değil çekingen ve dindar Louis'de olduğu açıktı.

Ortaçağda bu tip olaylarda suç her zaman kadına atılırdı. Şüphesiz Eleanor da bir kraliçe ve eşin en büyük görevini yerine getirememiş bir kadın olarak bunun getireceği sonuçlar nedeniyle korkuyordu. İlk elden de sadık eşlerin kısırlıktan çok daha az bir sebeple nasıl reddedildiklerini görmüştü. Eğer Eleanor bir varis doğurmayı başaramazsa, kocası ondan boşanmayı isteyecek ve onun ise yeniden bir koca bulması mümkün olmayacaktı. Benzer şekilde, hiçbir zaman servetinden yoksun kalmayacak olsa da mirası ve veraseti nedeniyle eğer reddedilir ya da çocuk doğurmazsa, o zaman aile toprakları bir başka hanedanın eline geçerdi. Doğurganlığını kanıtlamak ve konumunu garantilemek için zaman çok önemliydi.

Eleanor "korkusuzluk, karizma ve cesurca konuşma isteği" dışında hiçbir ortak noktasının olmadığı bir adam olan Bernard de Clairvaux ile buluştuğunda, birlikte bir anlaşma yaptılar. Bernard, Eleanor'un sağlıklı bir çocuğa sahip olması için dua edecek; Eleanor da adanmış ancak beceriksiz kocasının iç ve dış politikalarını kilise öğretilerine uygun şekilde hizaya getirmesi için etkisini en iyi şekilde kullanacağına söz verecekti.

Her iki taraf da sözlerine sadık kaldılar ve belki de yenilenmiş optimizm ya da ilahi müdahale nedeniyle Eleanor 1145'te, Bernard'ın dualarını teklif etmesinden yaklaşık 9 ay sonra Marie isimli bir kız çocuğu dünyaya getirdi. Ne kadar sağlıklı olsa da bir kızın dünyaya gelişi, +

Eleanor'un konumunu tam anlamıyla sağlamlaştıramazdı. Bir kız ne de olsa bir oğul ve varis değildi ancak bu doğum, kısır olmadığını gösterdi ve ona biraz daha zaman kazandırdı.

Marie'nin doğumundan kısa süre sonra Urfa'daki katliamın haberleri Fransa kıyılarına ulaştı. Bernard ise tüm Avrupa'da İkinci Haçlı Seferi için çağrısına başladı. Gördüğümüz üzere bu çağrı büyük bir başarı sağladı ve bu macera için yalnızca asiller değil, aynı zamanda kraliyet üyeleri de gönüllü oldu.

Louis'i Haçlı Seferi'ne kendini adamaya iten şey, sadece Bernard'ın tatlı dili ya da kendi kişisel suçluluk duygusu değildi. Fransa'nın hükümdar ailesinin, Outremer'deki Haçlı Devletleri'yle güçlü aile bağları vardı. Eleanor'un amcası, Alice'nin son isyanı sırasında aniden Antakya'da ortaya çıkarak tatlı dilini kullanıp Prenses Constance'yle evlenen ve Prenses Alice'yi saf dışı bırakan aynı Raymond de Poitiers idi. Louis'in de Antakya ile bağlantısı vardı: Teyzesi Fransalı Constance ilk Antakya Prensesi idi ve Raymond'un karısı, şimdiki Prenses Constance'nin da büyükannesiydi. Raymond'un pahalı hediyelerle yeğeni Eleanor ile kocası Kral Louis'e gönderdiği elçiler, onları Antakya'nın kurtarılması için yapılacak yolculuğa davet etmişti. Kraliçe Melisende de Papa Eugenius'a yazarak Papalık fetvasının çıkarılmasını, Fransa Kralı ve geniş topraklar üzerindeki tüm inançlı Hıristiyanların silahlarını kuşanarak Outremer'i inançsızlardan kurtarmaya davet etmişti.

Bernard, Urfa'nın kaybedilmesini insanın günahları için Tanrı'dan gelen bir cezalandırma olarak resmetmişti. Haçlı Seferi ise Tanrı'nın insanlığa uzattığı yardım eliydi; borcunu ödeyerek günahlarından arınmak ve Müslümanlar tarafından alınan toprakları yeniden almak için bir fırsattı. Dindar Louis'in Vitry'deki felaket nedeniyle duyduğu pişmanlıktan arınması ve biraz maceraya atılmak için mükemmel bir fırsata benziyordu. Genç Kral yirmi yedi yaşındaydı ve Fransa'nın ötesine neredeyse hiç yolculuk etmemişti. Dahası, krallığının topraklarını genişletmeye yönelik en büyük hareketi ise savaş meydanında yer almak değil, Eleanor'la olan evliliğiydi. Bu nedenle Haçlı Seferi'nin ona, kendini askeri anlamda kanıtlayabilmesi için bir fırsat sunmuş olması muhtemeldir. İlk Haçlıların başarısına dair efsanelerle büyümüştü. Kendi teyzesi Constance, Tarantolu Bohemund'la evlenerek Antakya Prensesi olmuştu ve şüphesiz o da Doğu'da benzer zaferlerle anılmak istiyordu.

Durum ne olursa olsun, maalesef yanılmıştı. Haçlı Seferi itibarını, işe yaramaz bir asker ve daha da işe yaramaz bir koca olarak pekiştirecekti. Bunun ötesinde Antakya'da meydana gelen olaylar, yüzyıl içerisinde ailesi tarafından sağlanan en büyük toprak kazanımı olanAkitanya'nın kaybına giden olayların temeli olacaktı.

Eleanor ile bir erkek varis doğurmadaki başarısızlığına rağmen, kaynaklar Louis'in karısına bağlı olduğunu ve onu kıskançlıkla gözlemlediğini doğrulamaktadır. Eleanor'un Haçlı Seferi sırasında kocasına eşlik etme kararına dair akademisyenler genellikle üç neden üzerinde durmaktadırlar: İlki, karısını çok sevmesi ve onu yanında istemesi. İkinci neden, eğer karısını Fransa'da kendi haline bırakırsa sadık olmayacağından endişe etmesi. Üçüncüsü ise basitçe Eleanor'un gelmek istemesi ve bu isteğe karşı gelen herhangi birinin olmamasıydı. Büyük ihtimalle üçünün bir birleşimiydi. Louis'in farkına varmadığı şey, sarayın katı çevresinden onu uzağa götürerek sadakatine dair tüm tehditleri savurması değil daha çok yağmurdan kaçarken doluya tutulmasıydı. William of Newburgh, Louis'in nedenleri ve bunun sonuçlarına dair şunları yazmıştır:

> Başta Eleanor, güzelliğiyle genç adamı öyle etkilemişti ki, meşhur Haçlı Seferi'ne çıkma arifesinde genç karısına kendini öyle bağlı hissetti ki, onu geride bırakmayıp yanında

Kutsal Savaş'a götürmeye karar verdi. Onun örneğiyle pek çok asil de yanlarında eşlerini götürdüler; bayan hizmetlileri olmadan hayatta kalamayacak olanlar, böylelikle cinsel ilişkiden arınmış Hıristiyan kamplarına bir sürü kadın götürmüş oldular, bu da ordumuz için bir skandal halini aldı.

Eleanor ve maiyetindekilerin bu sefere katılımına dair William'ın tepkisi ve düşmanlığı alışılmadık ya da beklenmedik bir şey değildi. Eşler seferlere sıklıkla götürülmezlerdi. I. Baudouin, karısı Godehilde'yi Haçlı Seferi'ne götürmüştü ve Anadolu'daki yolculuğunu tamamlayamadan esir düşmüş, sonrasında da ölmüştü. Diğer liderlerin hiçbiri asil Frank eşlerini yanında getirmemişti. 1101'de doğuya yolculuk yapmış olan bir başka asil kadının da Zengi'nin efsane haline gelen annesi olmasından önce bir Haçlı Seferi sırasında esir alındığına ve Türk bir savaş liderine seks kölesi olarak satıldığına dair söylentiler vardı. Bu yolculuk, bir grup kadın bir kenara, silahlı şövalyeler için bile yeterince tehlikeliydi ve dahası, ordunun yanında yer alan büyük öneme sahip asil kadınların varlığı bir yük halini aldı. Savaş kadar hacılık üzerine de yoğunlaşmış bir ordu için güzeller güzeli bir Fransız Kraliçesi ve beraberindeki kadınların varlığı dikkat dağıtıcı bir etkendi. Ancak Eleanor bunlara rağmen sefere çıktı.

CENNETE GİDEN YOL

1145 Noel'inde saraydaki oturumda Louis kalbini açarak, Eleanor ile Outremer'den gelen yardım çağrılarına cevap verme niyetlerini açıkladı. Kendi ve vasallarının Haçlılara olan desteğini resmi olarak açıklaması ise bundan üç ay sonra olacaktı. Bu yüce kutlama, dini öneme ve coğrafi uygunluğa sahip Vézelay kasabasında gerçekleşti. Paris ile Fransa'nın bazı büyük manastır evleri arasında yer alan ve Avrupa'daki Hıristiyan hac merkezi olan Santiago de Compostela'ya giden yollardan birinin başlangıcında yer alan bu şehir, ortaçağda Haçlı Seferi vaazı vermek için bulunabilecek en uygun yerdi. Bugün ise elverişli bir konumdan daha ötesi değil. Burgonya bölgesinin kalbinde bir tepedeki mükemmel manzaraya sahip noktada yer alan bu şehirde, aynı konsildeki ortaçağ katılımcıları tarafından hissedilen atmosfere dair bazı şeyler kalmış olmalı. Şehrin merkezi noktası, Mecdelli Meryem'in mezarının ve kalıntılarının bulunduğu tepede yer alan bir bazilika. Günümüz ziyaretçileri için antik kilisenin hâkim olduğu Burgonya bölgesinin etkileyici manzarası ve büyük huzur duygusu için kesinlikle tırmanmaya değer.

Bu sakinlik muhtemelen Bernard'ın Haçlı Seferi'ni yüceltmesini dinleyecek Fransız asilleri için gerekliydi. Vaaz olağanüstüydü ve ortaçağın en büyük söylevlerinden biri olarak tarihe geçti. Bernard'ın yeni Haçlı Seferi vaazını vermesini dinlemeye gelenlerin sayısı şehirdeki herhangi bir yapının kapasitesini aştığından, Bernard'ın vaazı verebilmesi için arazide platform kuruldu. Epey etkileyici bir görüntü olmalıydı: Alçak gönüllü papaz kıyafeti içindeki orta yaşlı bir başrahip, kendi münzevi hayatından çıkıp tutkuyla harekete geçerek tarihteki en heyecan uyandırıcı konuşmalardan birini vermek üzere yola çıkmıştı. Askerlerden oluşan kalabalık dinleyicilerini, binlerce kilometre ötede bilinmeyene sürükleneceği ve çoğunun ölümüyle sonuçlanacak bir maceraya atılmaları için hemen orada ikna etmesini sağlayan bir yetenekle etkisi altına aldı.

Bu kışkırtıcı vaazın sonrasında, Louis ile Eleanor rahibin önünde diz çökerek Papa tarafından gönderilmiş olan, omuzlarında gururla taşıdıkları cüppelerine dikilmiş kumaştan haçları sergilediler. Heyecanla vaazı dinlemekte olan topluluğa bu haçlardan dağıtılması için büyük bir patırtı koptu ve söylenenlere göre, malzeme bittiğinde Bernard talebi karşılamak için kendi cüppelerindeki haçları da söküp vermişti. Avrupa'da yeni bir Haçlı Seferi için gereken ateş yakılmıştı.

12. yüzyıl İngiliz tarihçisi olan Gervase of Canterbury, bu seremoninin ardından Eleanor ile Haçlı Seferi'nde ona katılmak için yemin eden diğer kadınların, beyaz atlar üzerindeki Amazonlar gibi giyindiklerini ve destek toplamak için şehirde at sırtında gezdiklerini iddia etmektedir. Daha sonraki bir tarihte, Eleanor ile diğer Haçlılara dair efsanelerden yazılmış olan bu hikâyenin yanlış olduğu az çok kesindir. Gervase, Haçlı Seferi'nden yirmi ila otuz yıl sonra olanları kaleme alıyordu ancak Eleanor'a dair yazdıkları, Kraliçe'nin ve Haçlı Seferi'ne katılanların onun hayatta olduğu dönemde nasıl algılandıklarını göstermektedir. Belki de ondan "ulusları yok eden işgüzar biri" olarak nefret etmeyen çağdaş tarihçiler, onu harikulade bir örnek ve önderlik eden enerjik bir kahraman gibi gördüler.

Vézelay'deki gösteriden sonra son bir ortaçağ gösterisi, İkinci Haçlı Seferi'nin resmi başlangıcını belirtti. Haziran 1147'de Eleanor, Louis, annesi Adelaide, Rahip Suger ve Papa'nın kendisi Ile-de-France'daki St Denis Katedrali'nde gerçekleşen Lendit Fair'i (Paris'te gerçekleşen bir panayır) kutladılar. Oradaki kilisede Kral, kutsal şehitlerin ruhlarına dua etti. Sonrasında, büyük mihrabın önünde Rahip Suger seremoniyle Louis'e *Oriflamme* ya da *Vexillum*'u yani Vexin Kontluğu'nun törensel bayrağını, savaşa giden Fransa krallarının taşıdığı sancağı teslim etti. Bu bayrağın bağlantılı olduğu pek çok efsane var: *Roland Destanı*'nda adı geçmekteydi ve söylendiğine göre Charlemagne'nın kendisi tarafından kutsal topraklarda savaşta taşınmıştı. Efsaneye göre sancaktaki alevlerin uçları, Sarazenleri uzaklaştırmak için fırlıyordu. Louis'in bu sancağı devralmasıyla İkinci Haçlı Seferi başlamış oldu.

Efsaneler hep olmuştu. Katharine Hepburn'un 1968 yapımı *The Lion in Winter* (Kış Aslanı) filminde canlandırdığı Eleanor,

Amazon kadınları gibi giyinmiş ve Dımaşk'a kadar göğsü çıplak halde at binmişti. Bu söylentiler kesinlikle modern tarihçiler tarafından çürütülmüştü. Eleanor kesinlikle göğsü açık şekilde hiçbir yere at üstünde gitmemiştir. Eğer yapmış olsaydı, zamanın tarih anlatılarından en az bir tanesinde yer almış olurdu. Ancak Willermus Tyrensis, ordunun yanında yolculuk yapan kadın ve çocuklara ek olarak orduda göğüs zırhı takılı 70 bin kadından söz etmektedir. Bunun doğru olması pek mümkün değil, ancak belki bazı zırhlı kadınların orduyla beraber ilerlemiş olabileceğini öne sürmektedir. Niketas Khoniates ile Gervase of Canterbury'nin ikisi de Avrupalı ordudaki kadınların Amazon kadınları gibi giyindiklerini iddia etmektedir. Frank ordusu tüm azametiyle vardığında Konstantinopolis sarayında olan Niketas, Eleanor'u görmüş olmalı ve Gervase, Eleanor'u şahsi olarak hükümdarlığının sonraki yıllarından biliyordu. Niketas yaklaşmakta olan Alman ordusu hakkında şunları yazmıştır:

> Aralarında sayılı kadın vardı; örtü ya da kadınlara özgü yan eyer üzerinde değil erkekler gibi at sırtında giden, hiç utanmadan bacaklarını ayırarak ve erkeklerin yaptığı gibi silah ve mızrak taşıyarak; erkeksi kıyafetler giymiş halde tamamen askeri bir görüntüye sahiplerdi; Amazonlardan çok daha erkeksi. İçlerinden biri Penthisilea (Yunan mitolojisinde geçen Amazon Kraliçesi) gibi öne çıkıyordu, başlığı etrafında dönen oyma altın ve zırhındaki püsküller nedeniyle Goldfoot olarak anılıyordu.

Niketas'ın, Batı Avrupalılara karşı duyduğu geleneksel bir Yunan kibiri vardı ve Almanlardan İtalyanlara herkese "Fransız" diyordu. Böylelikle kadınlardan oluşan askeri eşlikçilerin, Alman kuvvetlerindense Fransız kuvvetleri arasında görülmüş olması gayet mümkündür. Konrad'ın ordusuyla ilgili benzer bir birliğe dair hiçbir ima yoktur, oysaki asil bir kadının ölçüsüz bir şekilde giyinip Fransız ordusuyla beraber at üstünde ilerlediğine dair ikinci güncel referanstır.

Yola çıkışlarındaki tüm tantana ve şatafatla, Louis ile Konrad'ın orduları Anadolu'ya doğru kararlı şekilde ilerlemekteydi. Fransız birliği, ordunun toplandığı Metz'den kara yoluyla, 4 Ekim 1147'de geldikleri Konstantinopolis'teki Manuel Komnenos'un görkemli sarayına ulaşmıştı. Bu, Eleanor'un Doğu'nun harikalarına dair ilk fikriydi ve gördüklerinden çok etkilenmiş olmalıydı. Konstantinopolis'teki savurganlık ve ihtişam, erken yaşta yaptığı evliliği sırasında onu çok korkutan Paris'in tutucu sarayından daha ileri olamazdı. Louis'in Konstantinopolis'teki ziyaretine dair Eleanor'dan söz edildiğine rastlamıyoruz. Bu da belki Louis'in halka açık gezintilerinde ondan ayrı olup, Manuel Komnenos'un ilk eşi İmparatoriçe Irene'nin başını çektiği Bizans sarayındaki kadınlar tarafından gizlice eğlendirilmiş olabileceğini önermektedir.

Eleanor'un dindar İmparatoriçe Irene ile çok ortak özelliği olması pek mümkün değil. Doğuştan Alman olan Irene, çökmekte olan ve hovarda İmparator Manuel'e kıyasla Louis ile yapılacak bir evlilik için çok daha uygundu. Niketas Khoniates, İmparatoriçe hakkında şunları yazmıştır: "Dış güzelliğiyle, iç güzelliği ve ruhunun durumuyla ilgilendiğinden çok daha az ilgiliydi. Yüz pudrasını, göz kalemini, gözün altına sürülen göz farını ve doğanın rengi yerine kullanılan ruju küçümseyerek bu tip malzemeleri ahmak kadınlara atfediyordu.... Yatak meselelerinde ise mağdur durumdaydı... Manuel, cinsel ilişkide hiçbir kısıtlama olmadan hem genç hem de arzu doluydu ve (çiftleşiyordu) belirlenememiş pek çok kadın partneriyle."

İsraf ve süs zevkiyle Eleanor, İmparatoriçe tarafından beğenilmeyen "ahmak kadınlardan" biriydi muhtemelen. Yine de Fransız ordusuna liderlik eden asiller evlerindeki gibi rahat ettiler. Görünüşe göre Eleanor'un misafirperverliğin ve farklı bir arkadaşın tadını çıkardığı Konstantinopolis'teki konukluklarını biraz fazla uzattılar. Daha sonra o ve Louis, ordularıyla Anadolu'ya ilerlediler. Konstantinopolis ile Antakya arasındaki doğa hem çeşitli hem de zorluydu. Fransız ordusu, Orta Anadolu platosunun nefes kesici ancak elverişsiz coğrafi yapısından kaçmak ve Selçuk Türkleriyle olası çekişmeleri en aza indirgeyebilmek için onları olabildiğince Bizans topraklarında tutacak daha uzun ve dolaylı bir yolu tercih etti. Dümdüz şekilde ilerlemek orduları gereksiz tehlikelere açık hale getirebilirken, en güvenli opsiyonu tercih etmek ve sahili dolanmak ise fazla uzun sürerdi. En sonunda seçtikleri rota risk yönetimi ile verim arasındaki bir uzlaşıydı.

Konrad ve beraberindeki Alman ordusu, Louis ile Eleanor'dan önce yola çıkmıştı. Louis, İmparator Manuel'in sözü üzerine Konrad'ı yakaladığında Alman hükümdarın Türklere karşı pek çok zafer kazanmış olmasını umuyordu. Bu, gerçeklerden ancak bu kadar uzak olabilirdi. Antakya'ya doğru ilerleyişleri sırasında Fransız ordusu, yaralı ve yarı aç durumdaki başıboş Almanlarla karşılaştı. Konrad'ın ordusundan geriye sadece kendilerinin kaldıklarından yakınıyorlardı. Şaşkına uğramış Louis'e, ordularının İkinci Dorylaion (Eskişehir) Savaşı'nda[9] Selçuk Türklerine karşı korkunç bir yenilgi aldıklarını anlattılar.

Konrad, Konstantinopolis'e doğru yavaş bir geri çekilme emretmiş ancak ordusunun muzaffer ve takipçi Müslümanlar tarafından sürekli tuzağa düşürüldüğünü ve taciz edildiklerini görmüştü. Lopadion'da (Uluabat), Eleanor ve Louis ile buluştuğunda şahsi olarak başından öyle korkunç bir yara almıştı ki görüntüsü bile Louis'in ağlamasına neden oldu. Fransızlar, Al-

---

9 Birinci ve belki de en bilinen Dorylaion Savaşı, Birinci Haçlı Seferi sırasında meydana gelmiş ve Franklar için büyük bir zaferle sonuçlanmıştı.

man yenilgisinin haberleriyle "yastan sersemlemiş" haldeydiler, belki de ilk defa Haçlı Seferi'nin çok kanlı gerçeği ve tehlikesini anlamaya başlamışlardı.

O ana dek heyecan ve bağnazlık dalgasıyla, ilk Haçlıların zaferleri ve başarıları üzerine anlatılmış masallara dayalı şüphesiz yenilmezlik inançlarıyla desteklenmiş, at sürmüşlerdi. Buradaki fark ise İlk Haçlı Seferi liderlerinin hiçbir şeyi hafife almamaları ve hiçbirinin deneyimsiz gençler olmamalarıydı. Aralarında hepsi deneyimli askerler olan Bohemund ile Raymond de Toulouse gibi tecrübeli savaş liderleri vardı. Toy Fransız Kralı ise bunun tam tersiydi. O güne dek en hırslı askeri seferi, Vitry Soykırımı ile sonuçlanan ve korkunç şekilde yanlış yönetilmiş olan askeri operasyondu. Louis savaşa hazırlıklı bir şekilde yetiştirilmemiş ve abisinin ölümüne dek rahiplik yapması için yönlendirilmişti.

Almanlar yanlış bilgi ve zayıf hazırlığın kurbanı olmuşlardı. Bu yolculuk için eksik tedarikleri vardı ve gerçekte karşılaştıklarından çok daha az direnç bekliyorlardı. Almanların kaderi, kendileri de yola çıkacak olan Fransız ordusu için bir uyarı olarak hizmet etti. Konrad'ın ordusundan geride kalanlar, Eleanor ve Louis ile Aralık 1147'de Efes'e vardılar. Konrad ile ordusu yaralarını sararken, Louis ile Eleanor ise saldırı için sabırsızlardı. Konrad, Konstantinopolis'e doğru gemiyle yola çıkarken Louis ile Eleanor, Mart 1148'de Fransız ordusunu şanslı olanların korkunç bir yolculuk sonunda varmayı başardıkları Antakya'ya yönlendirdiler.

Dorylaion'dan (Eskişehir) başlayan üç ay süren yolculukları sırasında, kaynaklar tarafından asla ima edilmemesine rağmen Eleanor hem dayanıklı hem de ortaçağ Avrupa'sındaki bir prensesten bekleneceğinden daha azimli olduğunu kanıtladı. İlerleyiş hiç de olaysız değildi ve ilerledikçe Eleanor ile beraberindekiler kısa sürede onlardan önce buraya gelmiş olan bahtsız Alman ordusunun gömülmemiş cesetlerinin yanından geçerken buldular. Kötü bir his ile ölüm kokusu etrafı sarmıştı. Günümüz Antalya'sına yakın kıyı kesimine yaklaştıklarında Fransız ordusu, adı Cadmus (Topçambaba) Dağı olan çok ciddi bir engelle karşı karşıya kaldı. Bu dağın çevresinden dolaşılamayacağı için tırmanarak çıkmak gerekiyordu. Dik çıkışı, dar ve tehlike dolu patikalarıyla, eşya yüklü ordunun bunu yapabilmek için günün büyük bölümünü harcaması gerekti. Geçebilmek için ordu üç ayrı bölüme ayrıldı. Birincisi deneyimli asiller tarafından yönetilen silahlı bir öncü kuvveti; Eleanor'un vassalı Geoffrey de Rancon ve Kral'ın amcası Count de Maurienne liderleriydi. Bu iki adam ordunun savaşçı erkeklerinin çoğu tarafından eşlik edilerek yolu açacak ve tehlikeleri belirleyeceklerdi. Hemen arkalarında daha yavaş hareket eden eşya taşıyıcı bölüm bulunuyordu; içlerinde hayvanlar, teçhizat ve kamp malzemeleriyle yüklü at arabaları ve yürüyerek hareket eden silahsız göçmenler vardı. Onların gerisinde ise kırk atlı soylu adamdan oluşan Kral Louis'in liderliğindeki artçı birlik ilerliyordu.

Pek çok tarihçi, özellikle de popüler olanlar, 19. yüzyıl tarihçisi Alfred Richard tarafından öne sürülen "Eleanor ile beraberindeki kadınların öncü kuvvetle ilerlediklerine" dair renkli ama dayanağı olmayan bir iddiayı kabul etmektedirler. O ve beraberindeki kadınlar, ordunun kırılgan ve değerli bir bölümünü oluşturduklarından, Eleanor'un özellikle riskli bölgelerde ordunun en iyi koruyabileceği güçlü bölümle ilerlemiş olması muhtemeldir. Bu kesinlikle hem öndeki hem gerideki askeri birlikler tarafından korunan orta bölümdü. Bu orta bölüm, Kral'ın şahsi papazı ve tarihçisi olan Eudes de Deuil'in de yolculuk yaptığı yerdi.

Dağ öyle büyük bir engel gibi görünüyordu ki Fransızlar arasında onu en iyi ne şekilde geçebileceklerine dair pek çok tartışmaya neden oldu ve sonunda tam bir gün onu geçmek için harcanmasına karar verildi. Gerçekte coğrafi olarak en azından beklendiğinden daha az zorluydu. Öncü birlik beklenmedik bir rahatlıkla dağı tırmanmış, böylelikle dikkatle oluşturulmuş planı görmezden gelmeyi uygun görmüştü. Zirvenin yakınındaki daha önce belirlenmiş toplanma alanında ordunun geri kalanını beklemek yerine, ilerlemeye devam ederek diğer taraftaki düzlükte kamp yaptılar. Bu manevra etraflıca düşünülmemiş naif bir eylemdi, çünkü ordunun geri kalanını savunmasız hale getiriyordu. Öncü kuvvetin ilerleyişinin bu denli kolay olmasının tek nedeni, Türkler tarafından rahatsız edilmeden geçmelerine izin verilmeleriydi. Ayrıca hantal yük katarlarıyla uğraşmadıklarından, kaygan ve sarp dağ yollarında çevik bir asker grubundan çok daha fazla güçlük çekebilirlerdi. Ordunun geri kalanı daha az şanslıydı.

Yük katarı dağı yavaşça ve tamamen savunmasız şekilde geçmesi için bırakılmıştı. Geçişin kendisi dik yamaçlar ve dar patikalar nedeniyle tehlikeliydi. Ordunun ilerleyişini yakından takip eden ve saldırı için zayıf anlarını kollayan Türkler, bu bölümü bekledikleri an olarak gördüler ve açıktaki bu ordu bölümüne ok yağmuruyla bir saldırı düzenlediler. Sonuç tam bir felaketti ve cehennemden çıkmış bir sahneye benziyor olmalıydı: Savunmasız yük kantarındaki erkek ve kadınlar, düşman kılıçları ve gökyüzünden inen ok yağmuruna ve ölüme giden dik yamaçlara maruz kaldılar.

İkinci Haçlı Seferi'nin ana tarihçisi, Kral Louis'in de şahsi papazı olan Eudes de Deuil (tesadüf ki Eleanor'dan nefret eden bir adam) saldırıya uğramış olan bölümle yolculuk yapıyordu; aslında Kraliçe'nin de olması gerektiği gibi. Türk saldırısının ortasında, pek çok adamın kılıçla öldürüldüğü ya da ölümlerine atladıkları yerde Eudes, Kral'ın artçı birlikle beklediği dağın diğer tarafındaki alana geri döndü. Louis kurtarmak için hızla ilerledi ve Türkler geri çekildi, ancak konvoyun değerli ve en zayıf kısmına önemli bir zarar verdikten sonra.

Hem piyadelerde hem de asiller arasında ağır kayıplar yaşanmıştı. Louis, bu felaketten haberdar etmek üzere Fransa'daki bakanlara yazdığında daha sonraki bir tarihte onlara kayıpların tam listesini sunacağını belirtti; askeri bir kamptan aceleyle gönderilmiş bir mektupta yazamayacak kadar fazla sayıda asil adamın öldüğünü ima ederek.

Ordudaki üç bölüm de öncü kuvvet ve artçı kuvvet ile birleştiğinde, Louis'nin hayatta kalmasıyla yaşanan rahatlama ve ölülerin yası böylesi bir felaketin hiç olmaması gerektiğine dair duyulan öfkeyle birleşti. Öncü kuvvet emirlere uymamakla kalmamış, attıkları adımları arkalarındaki yük kantarına ya da artçı kuvvete iletmek üzere haberci de göndermemişlerdi. Eleanor'un Poitierli vassalı ve öncü kuvvetin lideri Geoffrey de Rancon'un asılmasına dair güçlü bir istek vardı.

Eleanor bu tartışmayı büyütmemişe benziyor. Herkes gibi o da bu olayla sarsılmış olmalıydı. Bir Türk pususunun ortasında panik, vahşet ve dik yamaçlara yakalanmış olması onun için korkutucu olmalı. Bu yolculuktaki gerçek tehlikeye dair ilk tecrübesiydi. Ancak sinirlerinin bozulduğuna ve Haçlı Seferi için duyduğu isteği kaybettiğine dair hiçbir bilgi mevcut değildir.

Antakya'ya yapılan yolculuğun geri kalan kısmı, daha fazla askeri yenilgiyle öne çıkmasa da Haçlılar için sorunsuz olmadı. Anadolu'nun coğrafi yapısı, ilerleyen bir ordu için acımasızdı ve halen aşılması gereken iki nehir vardı. Dahası, teçhizatlarının çoğunu kaybetmeleri nedeniyle Fransız Haçlılar kısa süre içinde onlardan önce gelen Almanların da başına gelen musibete yakalandı: yiyecek kıtlığına.

Ordu sonunda ocak ayında Adalia (Antalya) limanına vardı ve bir tartışmanın ardından Louis ile Eleanor'un ve maiyetindekilerin bir kısmının Antakya'ya deniz yoluyla gitmelerine karar verildi. Piyadeleri ise daha tehlikeli toprakların olduğu rotaya terk ettiler. Kral ile Kraliçe beraberindekilerle meşhur şehrin surlarına 19 Mart 1148'de vardı.

ELEANOR ANTAKYA'DA

Eleanor'un amcası ve Prenses Constance'nin kocası Antakya Prensi Raymond, önemli misafirlerine iyi bir izlenim yaratmak konusunda gergindi. Kraliyet çiftinin oraya vardığı zaman Constance ya hamile ya da doğum sonrası iyileşmeye çalıştığı bir dönemdeydi. Ancak kocası, sunabileceği en büyük abartıyla onları karşıladı ve yol yorgunu misafirlerine Doğu misafirperverliğinin harikalarını boca etti. Eleanor ile Louis'e göre Antakya, çöldeki bir vahaya benziyor olmalıydı. Bir Poitevin lordu tarafından yönetilen zengin bir prenslik; egzotik Doğu'nun tatlarını kendi ana dilinin tanışıklığının ve Güney Fransa'nın göreneklerinin verdiği rahatlığın birleşimiyle Eleanor için cennete yakın bir şey olmalıydı.

Antakya'nın kraliyet ailesinin konutuna dair güvenilir resimler ya da tasvirlere sahip değiliz. Ancak bir Kudüs Kraliçesi ile Trablus Lordu'nun çocuğu olan Jean d'Ibelin'in sarayına dair neredeyse moderne yakın bir tasvir var ve Antakya Prensesi'nin ihtişamını geçmese de benzer bir sarayda yaşıyor olması muhtemeldir. Jean'ın sarayı çok gösterişliydi; Suriyeli, Yunan ve Müslüman sanatkârlar tarafından yapılmıştı. Kabul salonunda, ortasında mermer çiçeklerin, hayvanlar ve kuşların heykellerinin yer aldığı mermer bir havuz bulunuyordu. Tavanı sürüklenen bulutların freskleriyle süslenmiş, mermer zemin kumsalı ve akan suyu öneren şekilde resmedilmişti. Kudüs kraliçeleri şüphesiz benzer ihtişama sahip aynı Doğulu ve Batılı tasarımların birleşiminden etkilenen mahallelerde oturdular ve Trablus Kontesi Hodierna'nın "La Gloriete" adında kendine ait bir süs bahçesi olduğu da bilinmektedir.

Kan bağının dışında, Prens Raymond'un asil misafirlerine kırmızı halıları sermesi için her türlü sebebi vardı. Cadmus (Topçambaba) Dağı'ndaki kayıplarına rağmen kraliyet çifti beraberlerinde makul bir ordu ile değerli kaynaklar getirmişlerdi. Raymond hevesle onların dikkatini, Urfa'nın yeniden ele geçirilmesinden Halep'in alınmasına yöneltebileceğini umuyordu.

Halep, Antakya'nın doğudaki düşmanıydı ve Raymond için daimi bir belaydı. II. Joscelin de Courtenay tarafından başarısız bir yeniden alınma girişiminden, katliamdan ve Hıristiyan ordusunun ortadan kalkışından sonra Edessa (Urfa) artık Haçlılar için gerçekçi bir hedef değildi. Ancak Halep kenti Nureddin'den alınacak olursa, o zaman Antakya Prensliği ve Outremer'in kuzey sınırları çok daha güvende olacaktı.

Bu projenin mantığa uygun fikrine rağmen Louis'in aklı, her zamanki gibi pratik olandansa Tanrısal olana odaklıydı ve Anadolu'dan geçerken yaşadığı zorlu yolculuktan henüz sarsılmışken, doğudaki fazlasıyla gerçekçi bir düşmana karşı savaşa koşmak için hiç acelesi yoktu. Bunun yerine, yeminini yerine getirebilmek ve Kutsal Mezar Kilisesi'nde dua edebilmek için Kudüs'e barışçıl şekilde ilerleme niyetini duyurdu. Bunu öğrenen Raymond isyankâr bir hale geldi.

Kan bağları, dilleri ve Louis için duydukları nefretlerinde ortak olan Eleanor ile amcası yakın bir bağ kurmaya başladılar. Gizlice buluşup taktikleri, stratejileri ve politikaları tartışıyorlardı. Yeğenini yalnızca onlu yaşlarının başındayken tanımış olan Raymond, kısa sürede yeğeninin güzelliği kadar aklından da etkilenmişti ve açıkça Kral Louis ile harcandığını görebiliyordu.

Etkisiz Louis'in aksine Raymond çok daha dünyevi ve askeri deneyime sahip, etkileyici ve çekici bir erkekti. Haçlı Seferi'nde o ana dek Eleanor ile Louis arasındaki hiçbir zaman şehvet dolu olmayan evlilik baskı altındaydı. Birlikte seyahat etmeyip, gittikçe daha az vakit geçiriyorlardı.

Aralarındaki yaş farkına ve akrabalık ilişkisine rağmen Eleanor ile Raymond arasında cinsel ilişki olduğuna dair söylentiler yayılmaya başladı. Bu hikâyenin gerçekleri ortaçağ dünyasının en heyecanla tartışılmış gizemlerinden biridir. Pek çok çağdaş buna kesinlikle inanırken, çoğu modern tarihçi ise asılsız dedikoduları hemen görmezden gelmiştir ve bu kitabın okuyucuları da kendi fikirlerini oluşturmaya davetlidirler. Olan olayların ve kanıtın hikâyesi ise aşağıdadır.

Prens Raymond gizlice Antakya'ya gelerek, Prenses Alice'yi kandırıp onun genç kızıyla evlenen, böylelikle kendine prensliği alan Poitevin lorduydu. Willermus Tyrensis tarafından "dünyadaki tüm krallardan ve prenslerden daha yakışıklı" ve "dost canlısı, hoşsohbet" olarak tasvir edilmiştir. Her ne kadar Willermus Tyrensis, aristokrat erkek güzelliğine övgülerinde genelde coşkulu olsa da bu kesinlikle en abartılı tasvirlerinden biriydi. Eleanor, Raymond'un Constance ile aceleci evliliğinden tam 11 yıl sonra Antakya'ya vardığında Raymond'un yakışıklılığı halen yerindeydi.

O zamanlarda muhtemelen hamileliğinin son aylarındaki Constance, bu yakışıklı adamla olan evliliğinde muhtemelen mutsuzdu. Eleanor ile Raymond'un ise çok fazla ortak noktaları vardı ve birlikte çok vakit geçirdiler. Ortaçağın en aklı başında tarihçilerinden ikisi olan Willermus Tyrensis ile John of Salisbury, bir sadakatsizliğin olmuş olabileceğini ileri sürmektedirler. Willermus şunları yazmıştır:

> Raymond, Louis'in yardımıyla Antakya Prensliği'ni genişletebileceği fikrini aklına düşürmüştü... Kral'ı ona yardım etmeye ikna edemeyeceğini anladığında Raymond'un tavrı değişti. Hırslı tasarılarıyla kızmış halde Kral'ın her şeyinden nefret etmeye başladı; açıkça ona karşı entrikalar düzenledi ve onu incitmek için gereken her şeyi yaptı. Aynı zamanda

karısını da ondan almak için ya kaba güçle ya da gizli bir şekilde harekete geçti. Kraliçe aptal bir kadın olduğundan, hazır bir şekilde bu entrikalara razı geldi. Ve sonrasındaki tavırları, daha önce berlittiğimiz gibi her şeyi hesaba katan birinden çok uzaktı. Soylu itibarına rağmen evlilik yeminine saygısızlık ederek kocasına sadık olmadı.

John of Salisbury olaylara biraz daha farklı bir açıdan bakmaktadır:

> ...Frankların en Hıristiyan Kralı Antakya'ya ulaştı, Doğu'daki ordularının yenilgisinden sonra ve burada, merhum Poitiers Kontu William'ın kardeşi Prens Raymond tarafından eğlendirildi. Kraliçe'nin amcasıydı ve Kral'a pek çok açıdan sadakat, sevgi ve saygı borçluydu. Ancak orada kaldıkları sürede... Prens'in Kraliçe'ye gösterdiği dikkat ve Kraliçe'yle sürekli, gerçekten de hiç bitmek bilmeyen konuşmaları Kral'da kuşku uyandırdı. Kral ayrılmaya hazırlanırken Kraliçe'nin geride kalmayı istemesi ve Prens'in, Kral'ın buna izin vermesi için her şeyi yapmasıyla kuşkuları daha da güçlendi. Kral onu zorla götürmek istediğinde ise dördüncü ve beşinci dereceden akraba oldukları için kan bağlarından söz ederek karı koca olarak kalmalarının kanunlara uygun olmadığını belirtti. Bunu duyan Kral çok duygusallaştı... Kraliçe'yi akıl almayacak şekilde seviyordu. Kral'ın yardımcıları arasında Thierry Galeran adında bir şövalye vardı. Kralı, karısının Antakya'da daha uzun süre oynaşmasına izin vermemeye cesurca ikna etti, çünkü akrabalık kisvesi altında suçun üstü örtülebilirdi ve bu Frank krallıkları için kalıcı bir utanç olurdu; eğer tüm felaketlere ek olarak Kral'ın karısı tarafından aldatıldığı ya da elinden karısının çalındığı bilinecek olsaydı.

İlişkinin arkasındaki neden, teşvik eden ve itici güç üzerinde anlaşamasalar da iki tarihçi de Eleanor ile Raymond arasında bir çeşit ihanetin döndüğünde hemfikirdi. Hiçbiri apaçık cinsel sadakatsizliğin var olduğunu söylemese de ikisi de bunu ima etti. John of Salisbury, Ovid tarafından yazılmış meşhur bir şiiri referans olarak göstermektedir: Şiirde evli yaşlı bir kadın olan Phaedra'nın üvey oğluna tutkulu bir mektup yazarak onu ayartmaya çalışmasından bahseder. Dahası, Willermus Tyrensis ile John of Salisbury'nin ikisi de Louis'in karısını amcasından ayırmayı denediğinde, Eleanor'un dindar ve adanmış eşini, elindeki en güçlü silah olan boşanmayla tehdit ettiğini belirtirler.

Belki de en çarpıcı kanıtlardan biri, Louis'in başrahibi Suger tarafından gönderilen mektuptu. Başrahip mektubunda Eleanor'un etrafında dönen skandaldan bahsederek, dedikoduları görmezden gelmesi yerine Kral'a öfkelenmemesi yönünde tavsiye vermekte ve onu Doğu'da aşırı bir tepki vermediği için kutlamaktaydı. Bu da Eleanor'un sadakatsizliğine ya da boşanma tehdidine dair güvenilir bir istihbarat aldığını gösteriyordu ve durumun tam olarak farkındaydı. Eğer bunu bozuk ağızlı kişilerden duymuş olsaydı, hemen duymazdan gelirdi. Kral'ı öfkesine hâkim olması için uyarmak yerine, bu asılsız dedikodulara aldırış etmemesini söylerdi. Başrahip Suger şunları yazmıştır:

Eşiniz Kraliçe ile ilgili olarak, eğer öfkeniz varsa, Tanrı'nın izniyle kendi krallığınıza dönene kadar öfkenizi bu derecede bastırdığınız için sizi tebrik etmeye cüret ediyorum.

Willermus Tyrensis ise iddiaları güçlendirircesine, Raymond hakkında şunları yazmıştır:

İhtiyatlı değildi, tavla gibi oyunlardan ve şanstan fazlasıyla keyif alıyordu. Karakterindeki diğer bozuklukların yanın-

da aceleci bir yaratılışı, içgüdüleriyle düşüncesizce hareket etme alışkanlığı vardı ve hiçbir sınır ya da gerekçesi olmadan sıklıkla öfkesine teslim olurdu.

Ahlaksız yaşama ve risk almaya kendini adamış bir adam portresini çizmesine ek olarak, bu tanımlama aynı zamanda, Louis'in Halep'e karşı yardım isteğini reddettiğinde Raymond'un öfkeli ve hınçlı bir hale gelmesi fikriyle de örtüşmektedir. Fransız Kralı ne de olsa Raymond'un gösterişli misafirliğini ve hediyelerini kabul etmiş, şimdi ise onun sunduğu cömertliği yüzüne çarpmıştı. Bunun dışında Louis'in Eleanor'a uygun bir eş olmadığı açıktı, belki aile sevgisi ve bağlılığından yola çıkarak mutsuz yeğenine yetersiz kocasından kurtulmasında yardım etmek istiyordu. Bu da Willermus'un ileri sürdüğü, "Raymond'ın çifti, Louis'in istenen yardımı reddetmesi" nedeniyle ayırmaya çalışması iddiasıyla örtüşüyor, ayrıca John of Salisbury'nin de Eleanor'un Antakya'da kalarak boşanmak istediğine dair önerisiyle. Bu hareketin amcasına duyduğu cinsel çekim nedeniyle gerçekleşmesi gerekmezdi. Raymond Eleanor'a, Louis'den kurtulması için seçmesi gereken yolu göstermiş olabilirdi ve ondan boşanmayı kafasına koymuş olan Eleanor'un, kocasından ayrı kalarak akrabasıyla rahat ve meşhur Antakya'da kalmak istemesi çok doğaldı.

Daha önce Eleanor'u Vézelay'da beyaz bir savaş atı üzerinde hareket halinde görürken tasvir etmiş olan Gervase of Canterbury da iddia edilen bu sadakatsizliğe tarih anlatısında yer vermiş, Haçlı Seferi sırasında meydana gelen olaylar nedeniyle Doğu'dan dönüşleri sırasında bu kraliyet çiftinin arasında geçen önemli gerginliklerden çok fazla detay vermemeyi tercih ederek üstü kapalı bir şekilde bahsetmiştir. Benzer şekilde, Eleanor'u genelde destekleyen tarihçi Richard of Devizes de Antakya'da meydana gelen olayın Avrupa'nın en tutulmamış sırrı olduğunu söyler: "Çoğu, benim dahil hiçbirimizin bilemeyeceği şeyi biliyor. Bu aynı Kraliçe, ilk kocasının zamanında Kudüs'teydi. Bundan daha fazla şey söylemeye gerek yok."

Belki de bu yasak ilişkinin var olduğuna dair en güçlü kanıt olmasa bile, Louis'in Eleanor'un amcasıyla olan ilişkisini kıskandığı ve evliliklerinin çatırdadığının kanıtı; Louis Antakya'dan ayrılmayı talep ettiğinde, Eleanor'un bunu reddederek kalacağını belirtmesiydi. Louis'in buna verdiği tepki ise onu gecenin yarısında zorla alıp Kudüs'e getirmek oldu. Bir tarihçi şöyle yazmıştır: "Antakya'ya gelişi şatafatla ve görkemle karşılanmıştı, ancak kaderin cilvesidir ki ayrılışı yüz kızartıcıydı."

ELEANOR KUDÜS'TE

Louis ile Eleanor, Trablus'tan geçerek Kudüs'e vardılar. Onlar ve yük katarları kente vardığında tüm saray, Kraliçe Melisende de dahil olmak üzere, bu kraliyet çiftini karşılamak için hazır bulundu. Gelişlerini bekleyen tüm din adamları ve asillerle onurlarına büyük bir tören alayı düzenlendi ve şehirdeki insanlar sokaklarda sıralandılar. Louis ile Eleanor, İsa'nın mezarı başında dua etmek için beraberindekilerle Kutsal Mezar Kilisesi'ne doğru ilerlerken şarkılar ve ilahiler söylendi.

Eleanor, Louis ve beraberindekiler kutsal yerleri ziyaret ettikten sonra doğudaki orduların stratejisinin ne olacağına karar verebilmek için kuzeyde Akka yakınlarında bir konsil oluşturuldu. Kudüs Yüce Divan'ı, Alman ve Fransız ordularındaki başlıca soylularla birlikte 24 Haziran 1148'de toplandı.

Willermus Tyrensis konsilde bulunan kırk yetkilinin isimlerini listeliyor ve Melisende'nin de orada olmasından "Kudüs Kralı, büyük umut vaat eden genç Baudouin ve annesi, akıllı ve ihtiyatlı bir kadın, güçlü ve hiçbir prensten bilgelik olarak geri kalmayan" şeklinde bahsediyor. Eleanor'dan bahsetmiyor, eğer orada olsaydı böylesi detaylı bir liste hazırladığına göre şüphesiz bahsederdi. Eleanor'un kendi vassallarının lideri olmasına rağmen bu konsile dahil edilmemesi, gözden düşmüş olduğunu önermektedir. Bundan fazlası da bu bariz dışlama karşısında bir kenara atılmış ve kızgın hissetmiş olması: Kudüs Kraliçesi'nin devlet meselelerinde söz sahibi olduğunu görürken, kendisi Fransa Kraliçesi olarak ayrı tutulmuştu. Durumları tam olarak kıyaslanabilir değildi; Melisende ne de olsa hükümdar kraliçe idi, Eleanor ise yalnızca hükümdar kralın eşiydi. Ancak yine de kendi hakları doğrultusunda Akitanya Düşesi olduğu düşünülürse, bu duruma içerlemiş olmalıydı. Bu tip olaylar ve Antakya'dan zorla koparılması, kocasından ayrılarak kişisel bağımsızlığını kazanabilmek için onu daha da kararlı hale getirmiş olmalıydı.

Eleanor'un yokluğunda bu konsilde, Antakya Prensi Raymond'ın istediği gibi Halep'i almak için ilerlemek yerine, Şam'ı kuşatma kararı alındı. Kesinlikle çok daha büyük bir ödül olurdu ancak aynı zamanda daha zor elde edilebilirdi. Eğer ordular Raymond'ınkilerle birleşecek olursa, doğuda Nureddin'in güçlerine karşı kesin bir darbe yaratmakta daha başarılı olurlardı.

Ordular Şam'a ilerlediler. Trompetlerin, duaların tantanasına ve orduların heyecanına rağmen sonuç tam bir başarısızlıktı. Şehri almayı başaramadılar ve ordu küçük düştü.

Topallayan ve cezalandırılmış Avrupa krallarının orduları Avrupa'ya geri döndüler. İkinci Haçlı Seferi, Louis için tam anlamıyla bir başarısızlıktı. Bu askeri macera, ordusuna yönelik ağır kayıplara ve aşırı altının harcanmasına neden olmakla kalmamış, evliliği ve uluslararası ünü de yerle bir olmuştu. 1149 yılı ilkbaharının son günlerine dek Kudüs'te kaldı, bu sırada borç para alarak Kudüs'ün savunmasını artırmak üzere cömertçe harcadı. Bundan sonra ise ordularıyla birlikte eve döndü.

EVE DÖNÜŞ YOLU

Öfkeden içi içini yiyen Louis ile Eleanor, Avrupa'ya dönüş yolculuğunda beraberce yapılan uzun bir yolculuğun beklentisine katlanamayacak halde ayrı gemilere bindiler. Bu ayrılığı Eleanor ya da Louis mi istedi, yoksa ortak bir karar mıydı bilinmez ama Kral ile Kraliçe arasındaki anlaşmazlığın mevcudiyetine dair güçlü bir delildi.

Kral'ın gemileri makul rüzgârlarla karşılaşırken, yolculuk Kraliçe için sorunsuz değildi. Fransız konvoyu Bizans gemileri tarafından taciz edildi ve Eleanor'un gemisi ele geçirilerek tekrar yolculuğuna devam etmesine izin verilmeden önce bir süreliğine alıkondu. Denizde geçirdiği aylar sonunda temmuz ayında Palermo'ya vardığında pek çokları gemisinin kaybolmuş olduğuna inanıyordu. Palermo'da belki de âşığı olan amcası hakkında ağır bir haber aldı: Antakya Prensi Raymond bir çatışmada öldürülmüştü.

Afrin Savaşı, Mayıs 1149'da gerçekleşmişti ve Nureddin'in korkusuz bir askeri lider olduğuna dair ününü pekiştiren kesin bir andı. Orduları Frankların elindeki kaleye doğru ilerlemiş ve kaleyi ele geçirmişti. Raymond, Antakya'dan bir destek kuvvet getirmişti.

Franklar bilindik süvari akınını Müslüman rakiplerine karşı da uyguladılar ancak Nureddin'in adamları geri çekiliyor gibi yaptılar. Birliklerini ortadan bölerek öfkeli Haçlıları, kendilerini her iki yandan da düşman tarafından kuşatılmış halde buldukları boşluğa hücum etmeye çektiler. Ardından gelen mücadelede Antakya ordusu ortadan kaldırıldı ve Raymond da adamlarıyla birlikte öldürüldü. Tüyler ürpertici bir geleneğin parçası olarak Antakya Prensi'nin başı vücudundan kesilerek gümüş bir kutunun içinde, kılıcıyla beraber, Bağdat Halifesi'ne gönderildi; şüphesiz ondan önce gelen Constance'nin babası bahtsız Bohemund'un yanında sergilenmek üzere. Eleanor'un yüzü bu haberi duyduğunda bembeyaz olmuş olmalı. Çünkü kocasını Frank ordusunun Şam'a kötü biten saldırıyı yapmak yerine Antakya'da kalmasına ve Halep'e ilerlemesine izin vermesi için ikna edememesi, şüphesiz Raymond'ın yenilgisine giden yolu da hazırlamış oldu. Kafasından ayrılmış olan vücudu daha sonra Antakya'ya giden keşif birliği tarafından bulunarak cenazesi için karısına geri götürüldü.

Eleanor kocasıyla Sicilya'da buluştu ve doğrudan yolu tercih ederek Fransa'ya dönmek yerine Papa Eugenius'u ziyaret etmek üzere Roma'ya uğramaya karar verdiler, şüphesiz evlilik meselelerini danışmak için. Belki de amcasının boşuna ölümünü öğrenmesiyle hissettikleri, kocasının Antakya'dan onu zorla götürmeden önce yaptığı tehdit, Louis ile evliliğinin sona ermesi için onu her zamankinden daha kararlı hale getirdi. Durum ne olursa olsun, Papa Eugenius, Fransa Kralı ile Kraliçesi arasındaki evliliğin iptali fikrinden hiç hoşlanmayarak bu fikre şiddetle karşı çıktı. Bunun yerine evlilik yeminlerinin tekrar edilmesine dair adımlar atarak, onlar ayrılmadan önce anlaşmayı demir zırhla kapladı. John of Salisbury şunları yazmıştır:

> Her ikisinin Antakya'da başlayan yabancılaşmaya dair verdikleri bilgilerden sonra Kral ile Kraliçe'yi uzlaştırdı ve ileriye yönelik kan bağlarına dair söz edilmesini yasakladı: Evliliklerini hem sözlü hem de yazılı olarak onaylayarak, aforoz edilme riskiyle buna karşı bir daha tek söz edilmemesi ve hiçbir şekilde bu evliliğin iptal edilemeyeceğini emretti. Kraliçe'yi tutkuyla sevdiğinden bu emir Kral'ı mutlu etti, neredeyse çocuk gibi. Papa, paha biçilmez örtülerini serdirttiği aynı yatakta uyumalarını sağladı ve kısa ziyaretleri süresince günlük olarak, aralarındaki sevgiyi geri getirebilmek için arkadaşça konuşmalarla çabaladı.

John bu olaylarla ilgili doğru bilgi yazabilecek bir konumdaydı. İkinci Haçlı Seferi'ndeki kilit oyuncuların birçoğuyla iyi ilişkilere sahip olduğundan, muhtemelen güvenilir kaynaklara ulaşımı vardı. Aynı zamanda yazılarında denge ve doğruluk hissi mevcuttu. Eleanor ile Louis'i olanlara dair farklı açılardan tanımlayabilmektedir.

Eleanor'un eve yolculuğu hoşa giden bir yolculuk değildi: Bizanslılar tarafından esir alınıp Sicilyalılar tarafından serbest bırakılmış, amcası için yas tutmuş ve Roma'da kocasıyla utanç verici bir uzlaşıya mecbur bırakılmıştı.

Bu zorlu zamandan iki yıl sonra Eleanor, Louis'e son çocuklarını doğurdu: Alix adından ikinci bir kız. İkinci kız çocuğuyla ilgili bu hayal kırıklığı, Eleanor'a arzu ettiği boşanmayı sonunda getirdi. Evliliğin sonlandırılabilmesi için bardağı taşıran son damlaydı. Bir tarihçi Louis ile Eleanor'un evliliği hakkında şunları yazmıştı:

> Kral, beraberinde karısıyla, tasarısını gerçekleştirememiş olmanın getirdiği utançla damgalanmış halde eve döndüğünde, eski tutkuları geri geldi. Azar azar içleri soğudu ve aralarında geçimsizlik başladı. Kraliçe, Kral'ın davranışı karşısında gücenmişti ve bir kraliyet üyesiyle değil de bir keşişle evlendiğini ileri sürdü.

Evliliğin iptal belgesinin mürekkebi kurur kurumaz, Eleanor yeniden Avrupa'daki en revaçta kadındı ve pek çok aday ilgisini çekmek için yarışıyordu. Yeni özgürleşmiş olan Kraliçe hiç vakit kaybetmedi. Gençliğinin, doğurganlığının ve Akitanya Düşesliğinin kıymetini biliyordu. Böylesi bir değer ona bağlı haldeyken uzun süre evlenmezse, kaçırılmak ya da zorla evlendirilmek gibi bir tehdidin altında olduğunun da farkındaydı. Hiç geciktirmeden geleceğin İngiltere Kralı, 20 yaşındaki

Henry Plantagenet ile kendi atalarının evi olan Poitiers'taki katedralde evlendi. Kariyeri eşit derecede çalkantılı ve harikulade olmaya devam etti. Henry'e 10 çocuk verdi, 16 yılını kocasının mahkûmu olarak geçirdi ve oğlu Arslan Yürekli Richard'ın İngiltere krallığına ve ölümsüz şana sahip oluşunu görecek kadar uzun yaşadı. Eleanor, ortaçağdaki tüm kraliçeler içinde popüler hayal gücünde en skandal dolu, en şanlı ve saygıdeğer kraliçeydi. Henry Plantagenet'in Eleanor'u karısı olarak kabul etmekte hiç vakit kaybetmeden ilan etmesi bile zamanındaki seçkinler arasındaki namını anlatmaya yeter: Eğer Eleanor herkes tarafından utanılacak, zinada bulunmuş bir kadın olarak görülüyor olsaydı; hanedanını sürdürmek ve varislerinin meşruluğunu garanti etmek isteyen bir İngiltere Kralı ona kesinlikle elini bile sürmezdi. Akitanya bile sadık olmayan bir gelin tehdidi için yeterli telafi gibi görünmezdi ancak belki de Henry basitçe Eleanor'u, önceki kocasından daha iyi bir şekilde kontrol altında tutabileceğine inanmıştı. Gerçekten de bunu yapabilmek için her çareye başvurmuştu, evliliklerinin sonraki yıllarında karısını 16 yıl boyunca ev hapsinde tutmuştu.

Eleanor hakkında yazılan tüm şeylerle beraber aynı zamanda ortaçağdaki en gizemli kadınlardan biriydi. Ölümünden önce bile ortaçağ aşk romanına konu olmuştu. Öyle şekilde efsaneleştirildi ve hikâyeleştirildi ki, gerçekler ile hikâyeyi birbirinden ayırmak çok zor bir hal aldı. Sadakatsizliğine dair söylentiler dedikodu kazanının altına sürekli odun ekledi ve kısa sürede, amcasıyla bir ilişki yaşamanın dışında Eleanor'un Selahaddin ile kaçmaya çalıştığı ve kocası tarafından tek ayakla, gün batımında yarılmaya hazırlanan Sarazen gemisinden kurtarıldığına dair bu hikâyeler edebiyat aracılığıyla ve ağızdan ağıza dolaşmaya başladı. Eleanor'un kutsal topraklara yaptığı yolculuk sırasında Selahaddin'in 12 yaşında bile olmamasının bir kıymeti yoktu.

Ortaçağ aşk romanının doğuşu, edebiyat öğrencileri ve dünya çapındaki okuyucular için bir armağanken tarihçiler arasında ise bir baş belasıydı. Ortaçağda tarih ve kurgu türleri arasında gerçek bir sınır yoktu: tarihçiler de şair ve masal anlatıcılarıydı. Klasik epik edebiyatında eğitilmiş ve bunun işlerini etkilemesine izin vermişlerdi. Tarih yazımlarında Virgil, Ovid, Homer ve Horace'den bölümler ve referanslar vermeleri, yetenekli yazarlar ve büyük bilginler olduklarının göstergesiydi. Böylelikle tarih mitlerle bulanıklaşmıştı.

Eleanor'un özellikle mirası da bu trende yenik düştü. 13. yüzyıl şarkılarındaki tanımlamalarından 20. yüzyıldaki *The Lion in Winter* (Kış Aslanı) filmine kadar arketiptik şirret kadın, ayartıcı ve hadım eden olarak tasvir edildi. Matthew Paris, Eleanor'un güzelliğinin ulusları mahvettiğini yazdı ve Shakespeare ise onu "cennet ile dünyanın canavar yaralayıcısı" olarak sundu. Gerçekte kim olduğunu, nasıl düşündüğünü, hareket ettiğini ve hissettiğini tahmin etmesi çok zor. En güvenilir ve güncel anlatılardaki iddiaları bir araya getirmeye çalışsam da bu bile yoruma alan bırakmaktadır.

Eleanor'un gerçek mirası gizem içindeydi. Kendi içinde bir efsaneydi. Bu kitaptaki diğer kadınların toplamından çok daha büyük bir uluslararası ve tarihi üne sahipti. Kısmen daha uzun yaşadığı için, en fazla çocuğa sahip olduğu ve yaşamı boyunca iki taç giydiği içindir. Bu nedenle onun hakkında filmler ve oyunlar yapılmıştır.

Kendi yaşam süresi içinde dahi bir ünlü haline geldi, şarkılar ve ozanların dizelerine konu oldu. Ancak bu ilgi odağındaki yaşamı, Doğu'ya yaptığı yolculukla başlamıştır. Belki Eleanor Haçlı Seferi'ne gitmemiş olsaydı, istenmeyen kızları doğuran ve tüm hayatı boyunca soğuk kalelerden çıkmayan mutsuz bir Fransız Kraliçesi olarak kalabilirdi. Doğu'da öğrendiği özgürlük ve aldığı ilham, kişiliğini belirledi. Konstantinopolis, Antakya ve Kudüs'te geçirdiği zaman ona yeni bir hayat ve irade gücü aşıladı. Louis'den boşanmasını teşvik edip İngiltere Kralı II. Henry ile evliliğinin temellerini attı. Bir süre sonra Haçlı takıntısıyla ün salacak Arslan Yürekli Richard dünyaya geldi. Eleanor'un en sevdiği çocuğuydu. İngiltere Kralı ve Angevin İmparatorluğu'nun lideri olarak 10 yıllık hükümdarlığını tahakküm altına alan Doğu'ya olan takıntısı ve macera açlığı, annesi ve annesinin Doğu'da geçirdiği zamanla ilgili anlattıkları nedeniyle olmalıydı.

6

ANTAKYA PRENSESİ CONSTANCE

Prenses ise evlilik bağından çekiniyor, özgür ve bağımsız bir yaşamı tercih ediyordu.

Willermus Tyrensis

Antakya Prensesi Constance, Prens Raymond'ın fazlasıyla ihmal edilmiş olan karısıydı. Eleanor ile Raymond arasındaki sözde yasak ilişkinin ihtimalini öğrenmeye çalışırken çoğu tarihçi, Louis ile Eleanor arasındaki evlilik sorunlarının değerlendirmesine odaklanmıştır; Raymond'un bir karısı da olduğu gerçeğine çok az dikkat gösterilmiştir. Annesi Alice'nin 1136'daki üçüncü ve son isyanı sırasında, henüz 8 yaşındayken kandırılarak evlendiği küçük Prenses Constance idi. 1148'de Eleanor'un Antakya'ya yaptığı gezi sırasında Constance artık o kadar da küçük değildi: 20 yaşında yetişkin bir kadındı, iki kız çocuğu doğurmuştu. Büyük ihtimalle de henüz doğurmadıysa ilk oğluna hamileydi. Bu çocukların isimleri Philippa, Maria ve III. Bohemund idi.

Hayatının büyük kısmında Constance, politik sahada önce kocaları sonra ise oğlu tarafından daha önemsiz bir konuma atılmıştı. Annesinden çok daha büyük bir başarı kaderindeydi; annesinin tercih ettiği gibi aktif hücum yerine pasif bir direnişi benimsemişti ve 12. yüzyılda Outremer'de hükmeden en başarılı kadınlardan biri oldu. Constance, hayatının iki döneminde kendi için bir güç seviyesi barındırmayı başardı. Özgürlük ve otonomlukla geçen bu iki dönem bu bölümün de konusudur.

Ortaçağ perspektifinden bakıldığında, Constance'nin Raymond ile olan evliliği başarılıydı. Hodierna ile Trablus kontu Raymond'ınkine benzer halkın bildiği hiçbir evlilik problemi yaşamadılar, güzellikleriyle ün salan çocuklarla kutsandılar, her ikisi de vatandaşlarının ve rakiplerinin saygısını elde ettiler. Constance çekiciydi ve hamileliklerinin sıklığına bakılacak olursa evlilikleri, Eleanor ile Louis'in evliliklerinden çok daha barışçıldı. Willermus Tyrensis'in Raymond ile ilgili tasviri de karısına sadık olduğuna dair bir gözlem içermektedir. Bu Willermus'un ağızdan ağıza dolaştırdığı bir detay değildi; esasen erkeklerin nefis hâkimini övmek yerine sadakatsizlikle suçlaması daha olasıydı. Raymond hakkında: "Evlendikten sonra, ilişkisinde gözlemleme ve sadık kalmakta daha dikkatliydi." diye yazmıştır.

Tüm bunlar nedeniyle Constance, Eleanor'un Antakya'ya ziyareti sırasında dikkat çekmemiş gibi görünmektedir. Kendi şehrinde Fransa Kraliçesi'nin ziyaretiyle kıdem olarak altta kalmıştı; hem statü hem de Raymond'ın gösterdiği ilgi bakımından. Hiçbir tarihçi bize Prens Raymond'ın yeğeniyle olan yakınlığı ve sözde zinalarına dair Constance'nin tepkisiyle ilgili bir bilgi yazmamıştır.

Constance, Louis ile Eleanor'un Antakya'da geçirdiği ay ya da daha fazlasında sosyal hayattan uzak kalmış olabilir. Eleanor'un kalışına dair hikâyeler, Constance'nin üçüncü çocuğu III. Bohemund'un doğumuyla yaklaşık aynı zamandadır. Asil kadınların âdetlerinde, hamileliğin son aşamasında ve doğum sonrası toparlanırken bebeğe risk oluşturmamak adına sosyal hayattan ve hatta ev yaşamından uzak kalmak vardı. Ortaçağda modern tıbbın yokluğu ve çoğu annenin genç yaşı nedeniyle hem hamilelik hem de doğum çok daha riskliydi. Âdet olduklarında, hamileyken, bebek emzirirken ve doğum sonrası kırk güne kadar kadınlar geleneklere göre pis sayılırlardı. Bu pis olma döneminde cinsel ilişki yasaklanırdı. Bu da Raymond'ın Constance'nin yatağından yasaklandığı anlamına gelir.

1148 baharı Constance için hem büyük endişe hem de duygusal stres dolu bir zaman olmalı: Ya doğuma hazırlanırken ya da iyileşmeye çalışırken, komşuları Edessa (Urfa)'nın kaybından beri Antakya çok daha kötü bir konumdaydı ve kocası ise çoğu zamanını güzel, sofistike başka bir kadınla geçirmekteydi.

Dahası, eğer Fransa Kralı ile Kraliçesi'nin boşanmasına dair şehirde bir dedikodu dönecek olsaydı, bu Constance'nin kendi evliliği için korku duymasını haklı çıkarırdı. Bu boşanma için gerekçeler vardı: Evlenme yaşına gelmeden, ne annesinin ne de babasının izni olmadan evlendirilmişti. Constance'nin kuzenlerinde daha sonra da göreceğimiz üzere, eğer her iki taraf da yeni birini bulma niyetindeyse, bir evliliği sonlandırmak için gereken bu ayrıntı mutlaka uygulanabilirdi. Evlilik yeminleri çevresindeki kanunların katılığı Outremer'de gevşemişti ve bu nedenle eşlerin korkmak için her türlü sebebi vardı.

Sorun, Louis'in Eleanor'u Antakya'dan çıkarması ve onu ev hapsine almasıyla çözümlendi. Antakya, Fransa Kraliçesi'nin ayrılışından sonra istikrara kavuşmadı ancak Halep'ten gelen saldırılara karşı savunmasız kaldı. Eleanor'un ayrılmasından bir yıldan kısa bir süre sonra Raymond, Afrin Savaşı'nda öldü. Tıpkı Kral Foulque'nun ölümünün teyzesi Melisende'ye gücü ele geçirme fırsatı sunması gibi, Raymond'un ölümü de Constance'ye kendi hakkı doğrultusunda hükmetme şansını verdi.

Raymond'un ölümü, istikrarsız ama her şeye açık bir durumda onu dul bıraktı. Prensliğin kurucusunun tek yetişkin varisi olduğu ve sağlıklı varislere doğum yapmasıyla Antakya'da konumu güvendeyken, geleceği ise belirsizdi.

Melisende'nin oğlu III. Baudouin adına hükmetmesi ya da annesi Alice'nin onun adına yapmaya çalıştığı gibi, Constance'nin da kendi oğlu adına hükmetmesine izin verilmesi pek olası değildi. Edessa'nın kaybedilmesinden beri Antakya bir sınır devleti halini almıştı ve güçlü bir askeri lidere ihtiyacı vardı. Constance, Patrikliğin desteğine ve rehberliğine sahipti ancak hiçbirinin bir orduya liderlik edecek askeri eğitimi yoktu. Kuzeni Kudüs Kralı III. Baudouin, şüphesiz hiç vakit kaybetmeden, Antakya'yı Halep'e karşı onun adına savunacak deneyimli ama uysal bir generalle evlendiğini görmek isterdi.

Yeni bir dul olarak Constance çok istenen bir gelindi, ancak en azından o anda evlilikten kaçınmaya karar verdi. İlk evliliği küçük bir çocukken ona dayatılmıştı ve bunun sonucu olarak hayatında ya çok az ya da hiç özgürlük olmadığından kararı şaşırtıcı değildi. Constance'nin Raymond ile öylesi genç bir yaşta evlendirilmesine bağlı gelen zorluklara ilaveten evliliklerinde yaş ve deneyim farkı, kocasıyla ilişkilerinde hep üst konumdaki kişi olacağı için bir statü ya da eşitlik talep etmede umut vaat etmiyordu. Raymond onunla evlenmesi için bilerek getirilmişti, böylelikle onun mirasında hak talep ederek onunla değil onun adına hükmedebilirdi. Annesi Alice'nin yaptıkları, Antakyalı prenseslerin hırslarına yönelik pek sempati duyulmadığı anlamına geliyordu. Constance'nin doğumu ona, Raymond'ın hükümdarlığı süresince hükmeden prenses olma hakkını vermişti. Ancak pratikte çok az gücü vardı ve yalnızca eş rolünü üstleniyordu.

I. Bohemund'un torunu, II. Bohemund'un kızı ve III. Bohemund'un annesi olarak Antakya'nın meşru prensesiydi. Bu durum, prensliğin içinde bağlılık oluştururken onun yararına olmuş olmalı. Ancak kocasının ölümü sırasında ne kadar bölücü taraftara sahip olduğu ve gerçek politik etkiyi tattığı ise tartışılır. Krallığı boyunca Raymond, Constance'ye ya az ya da hiç politik konum tanımadı. Krallıktan geriye kalan kanunların yaklaşık yarısı Constance'den söz etmektedir ve hiçbiri özel olarak onun izniyle yayınlanmamıştır; Melisende ile Foulque'nun birlikte hükmettiklerinde olduğundan farklı olarak. Bu da Constance'nin otoriteye sahip olduğu ama bunun güce çok fazla yansımadığını göstermektedir.

Raymond, Constance'nin konumunu, "hak sahibi Antakya varisi" olarak yalnızca onun işine geldiğinde tanıdı ve bu da krallığında yalnızca tek bir belgede görünüyor. 1137'de Bizans İmparatoru John Komnenos ile Antakya'daki pek çok toprak üzerindeki hakkını devreden bir anlaşma yaptı. John Komnenos bu anlaşmayı yürürlüğe sokmak isteyince, Raymond anlaşmanın kendi tarafına düşenini yapmayı reddetti. Bu toprakların Constance'nin miras hakkı olduğunu, kendisiyle hiçbir alakası bulunmadığını ve yasal olarak bunu verme hakkı olmadığını söyleyerek anlaşmanın geçersiz sayılmasını istedi.

İmparator'a verilen bu mesajda aynı zamanda; Constance'yi topraklarından vazgeçmeye zorlamaya yeltenemeyeceği, Antakya Prensesi'nin bölgedeki asillerin kabulü olmadan topraklarını hediye etmesi ya da onları takas etmeye hakkı olmadığı kesin olarak belirtildi. Bu mektup Raymond'ın, Constance'nin yasal konumunun tamamen farkında olduğunu belirtse de gerçekte onun şehirdeki konumunun ya da gücünün çok az olduğunu kanıtlıyordu. Daha ziyade dolandırıcılıktan kaçış fırsatıydı.

Raymond öldüğünde, Constance hem bir eş hem de ona baskı yapan kişiyi kaybetti. Willermus Tyrensis, Raymond'ın ölümünden sonra Antakya sakinlerinin ölümün yasını tuttuklarını, Constance'nin "devlet işlerinin ve prensliğin bir şekilde başında" olduğunu yazmıştır. III. Baudouin ismen Antakya'nın hükümdarlığını almıştı, ancak pratikte Outremer'deki sorumlulukları nedeniyle işi başından aşkındı. Raymond'ın ölümünü takip eden sene, dul Constance kendisini "Constance, Tanrı'nın izniyle Antakya Prensesi, Genç Bohemund'un kızı" olarak tanıttı. Bunu yaparak kendisini açıkça "prensliğin hükümdarı" olarak belirledi, mirasına ve Bohemund'un hayattaki varisi olarak hükmetme hakkına vurgu yaptı. Aynı zamanda çocuklarının haklarını da garantiledi.

Müslüman bir tarihçinin aktardıklarına göre, bu dönem boyunca Antakya bir prenses tarafından yönetildi. Görünen o ki Constance sonunda Antakya'da hükmeden bir prenses olmuştu. Onun için ferman ve benzeri şeyler çıkarması kesinlikle mümkünken, bir orduya liderlik etmek halen amacının çok ötesindeydi ve Antakya gibi kırılgan bir devletin acilen askeri bir kumandana ihtiyacı vardı. Constance hükümdar olduğu müddetçe prenslik tamamen Kudüs Krallığı'ndan gelen askeri yardıma bağlıydı. Bu nedenle Constance'nin yeniden evlenmesi meselesi ivediydi.

Dullar Outremer'de uzun süre bu konumda kalamazlardı. Bir lordun, dul bir kadını yeniden evlenmeye mecbur edebilmek için bir yıl beklemesi gerektiğine dair kanuna rağmen bu yas dönemi nadiren görülürdü. Constance'nin annesi Prenses Alice ve teyzesi Kraliçe Melisende örnekleri istisnayken, bunlar Constance'nin özendiği istisnalardı. Bir kadının sahip olmayı umabileceği en büyük özgürlük, dulluğu sırasında sahip olduğu özgürlüktü ve erkek lordlar arasında kaldığı bu belirsiz mutlulukta kalabildiği kadar kalmayı istemesi şaşırtıcı olamazdı.

Willermus Tyrensis, Constance'nin Antakya'daki hükümdarlığı hakkında pek bir şey düşünmemişti. Antakya ile Urfa lordlarının ölümünden sonra bu toprakların "kadın hükmüne" terk edildiklerine dair yakınmaktadır. Constance'nin Antakya'daki hükümdarlık döneminden bahsederken onu, Joscelin'in dul eşi Urfa Kontesi Beatrice ile kıyaslamış ve şunları yazmıştır: "Böylelikle günahlarımızın telafisinde, kendi kendilerine zar zor ayakta kalan, daha iyi konsey üyelerinden yoksun iki bölge de kadınların takdirine göre yönetiliyordu." En azından bu örneklerinde Willermus, kadın hükümdarlığını ve erkek varis yokluğunu politik olarak ideal olmaktan uzak görmekle kalmamış, aynı zamanda Tanrı tarafından verilen bir ceza olarak da görmüştür.

Bu tip şikâyetlere rağmen, Constance yeniden evlenmekten dört yıl boyunca kaçınmayı başardı. Bu süre boyunca hangi açıdan bakılırsa bakılsın Antakya'nın hükümdarıydı ve kendi hakkı doğrultusunda hüküm sürüyordu. Bizans İmparatoru Manuel Komnenos, 1152'de onun için bir aday önerdi. Bahsi geçen adam, üvey oğlu Caesar John Roger idi; Norman kökenleri olan bir Bizans aristokrat. Etkileyici bir soyu ve sosyal konumu vardı. Ona evlilik teklif etmek için Konstantinopolis'ten Antakya'ya hiç de kolay olmayan bir yolculuk yaptığına bakılırsa, Constance'nin ikinci kocası olarak yeterince gerçekçi bir adaydı. Ancak bunda başarılı olamadı. Constance, Bizans İmparatoru'na bir eş için verdiği öneri için teşekkür ederken, adamı reddederek ona büyük bir hakaret de etmiş oldu. Görünüşe göre Caesar John Roger'ı yaşı ve kişisel cazibe yoksunluğu nedeniyle reddetmişti. Bizanslı tarihçi John Kimnenos şunları yazmıştır:

> Caesar John, Antakya'ya gitti ancak gelme nedeni olan şeyi başaramadı (yaşı büyük olduğu için Constance ona hoş olmayan bir şekilde davrandı) ve Bizans'a döndüğünde hastalık onu sarınca başını tıraş ederek siyah cüppeyi giydi.

Constance tıpkı annesi ve teyzesi gibi kendisinin de sağlam duruşlu ve kararlı bir kadın olduğunu ortaya koyuyordu.

Constance'nin kuzeni Kudüs Kralı III. Baudouin, en yakın erkek akrabası ve belki de hükmeden lord olarak, ona içlerinden istediğini seçebileceği üç evlilik önerdi. Bu, Outremer'deki ortaçağ evlilik kanunlarının en garip özelliklerinden biriydi. Mecbursa dul bir kadın evlenmeyi reddedemezdi, ancak üç adaylık bir seçenek sunulması gerekirdi. (Altmış yaşına gelinceye dek, o zaman ilerlemiş yaşı onu kurtarabilirdi.) III. Baudouin'in Constance'ye sundukları; Soissons Kontu Yves, Walter of Falkenburg ve Ralph von Merle idi. Hepsi farklı nedenlerden ötürü çekici seçeneklerdi ve Antakya Prensi rolünü gerçekleştirebilecek kapasiteye sahiplerdi. Yves "seçkin bir adam, akıllı ve ketum, büyük etkiye sahip" biriydi; Walter "ketum bir adam, nazik, danışılacak bilge ve yiğit" biriydi ve Ralph ise "en yüksek rütbeden asil bir adam, silahlarla ilgili deneyimli ve sağduyusuyla bilinen biriydi". Çok yönlü niteliklerine ve uygunluklarına rağmen Constance hiçbirini kabul etmeyerek bu konuda eleştiriye tutuldu. Evliliği ertelediği için inatçı ve bencil olarak algılandı, pek çokları da bunu "Antakya'nın istikrarını bilerek tehlikeye atmak" olarak gördü.

Willermus Tyrensis, Constance'nin bu adayları reddiyle ilgili hem anlayışlı hem de suçlayıcıydı:

> Prenses, evlilik bağından çok korkuyor, özgür ve bağımsız bir yaşamı tercih ediyordu. Halkının ihtiyaçlarına aldırmıyordu ve hayattan keyif almakla çok daha ilgiliydi.

Constance'nin evliliği reddini açıklaması, ortaçağdaki kadınlar için evlilik kurumunun dayattığı kötü vaziyeti ve baskıyı anladığını gösteriyor. Onlara göre bu esaretti. Kadınlar boyunduruk altına alınıyordu, bir maldılar ve bu paragrafta da Willermus buna dair bir kabulleniş göstermektedir. Günlüğünde en azından bir kez Ovidius'un zorla yapılan evlilikler, tecavüz ve savaş üzerine kadınların bakış açısını anlattığı bir kitap olan *The Heroides* [Heroides: Kadın Kahramanların Aşk Mektupları] kitabından alıntı yapıyor. Böylece bir kadına bu konuda anlayış göstermek, onun için tamamen yabancı bir kavram olamazdı.

Ancak pek çok tarihçinin düştüğü tuzağa o da düşüyor; bağımsız bir kadın ile toplum kurallarına uymayanları ve fahişe kadınları eş tutuyordu. Ona göre Constance öyle basitçe kendi başına ya da kendi kurallarına göre yaşamayı isteyemezdi. Onu da, boşandıktan sonra Konstantinopolis'e giden ve fahişeye benzer bir şekilde hayatını sürdürmüş olan, I. Baudouin'in eşi Arete'yi tanımladığı şekilde tanımlıyordu. Dul Constance'ye de aynı şekilde parayla satın alınabilen tutkuyu atfediyordu.

İsyankâr kadınların özellikle de dulların bu şekilde azarlanması, görülmemiş bir durum değildi. Dullar ne de olsa artık bakire değillerdi ve cinsel anlamda doyumsuz manipülatörlerdi. Başında onu kontrol eden bir erkeği olmayan kadın, ortaçağ din adamlarına göre tehlikeli bir şeydi. Ayrıca kadın bir hükümdarın görevlerinin bir kısmı da yeniden evlenmekti ve elinden geldiğince bekâr kalmaya çalışan Constance'nin görevlerini ihmal etmesi anlamına geliyordu.

Constance'nin dikbaşlılığının neticesinde, sadece onun için bir evlilik ayarlanması amacıyla Trablus'ta bir konsil oluşturuldu. İki teyzesi, Kraliçe Melisende (bu noktada iktidardan düşmüştü) ve Trablus Kontesi Hodierna da bu konsile katıldı. Willermus Tyrensis şunları yazmıştır:

> Eğiliminin (Constance'nin özgürlüğü yeğ tutması) gayet farkında olan Kral, Trablus'ta, krallığın ve prensliğin soylularından oluşan bir genel konsil çağrısında bulundu (...) ne Kral ne Kont ne Constance'nin akrabaları ne Kraliçe ne de Trablus Kontesi yani iki teyzesi onu pes ettiremedi.

Gerçekten de Melisende'nin oğluyla sivil savaşa dönen anlaşmazlığının, Constance'nin evliliği için bir aday bile düşünmemesine neden olmuş olması muhtemeldi. Melisende kadın hükümdar olarak ayakta kaldığı müddetçe Constance da kendi prensliği içinde aynı konumu ve özgürlüğü düşleyebilirdi. Kanı Melisende'nin kanındandı. Ancak Melisende'nin başında bulunduğu taraftar desteğine ve eğitime sahip değildi. Melisende çocukluğundan itibaren hükümdarlık yapması için eğitilmiş, konsil toplantılarına katılmış ve babasının varisi olarak fermanlara tanıklık etmişti. Constance ise aksine, güçlü ve baskıcı bir adamla alelacele evlendirilmiş ve hükümdarlıkta ilk elden hiçbir tecrübe edinmemişti.

Ancak Antakya Patrikliği ondan taraftı. Constance'nin ölen eşi tarafından atanmış olan Aimery de Limoges, Constance'nin yeniden evlendirilmesine şiddetle karşı çıktı. Bu ya Prensesine olan sadakatinden ya da kendi şahsi çıkarları nedeniyleydi, belki de prenslikteki "en yüksek konumdaki erkek" olmanın tadını çıkarıyordu. Dulları desteklemek bir kilise geleneğiydi ve Aimery de bu işi layığıyla yerine getirdi. Onun bakış açısını görmek kolay. Constance zaten prenslik için erkek varis verme görevini yerine getirmişti ve beraber hükümeti öyle ya da böyle yönetiyorlardı. Eğer yeni bir prens sahneye çıkacak olsaydı yalnızca Constance'nin gücünü gölgelemekle kalmayacak, aynı zamanda Patrik'in gücü de azalacaktı.

Bu desteğe rağmen Constance'nin günleri sayılıydı. Ona bir eş dayatma amacındaki Trablus konsilinde sağlam bir duruş sergilese de, sakin süren kısa bir dönemin üzerinden çok geçmeden, kuzeni ve diğer soylu akrabalarının tüm dikkatleri tekrar bu evlilik meselesine yönelmişti. Bir sonraki durumda ise onları yeniden kolayca püskürtemeyecekti.

Şüphesiz bunu fark eden Constance, müthiş bir performans sergileyerek ailesini atlatıp kendi eşini seçti. Bahsi geçen erkek öyle beklenmedikti ki adaylar arasında bile değildi. İkinci Haçlı Seferi için Fransa'dan Doğu'ya gelmiş olan ve Kral'ın ordusunda paralı asker olarak görev yapan genç bir şövalye. 1150'lerin başlarında Antakya'yı ziyaret ettiğinde Dul Constance ile bir şekilde tanışmıştı. Bu tanışmaları Constance üzerinde etki bırakmıştı ve göreceli olarak bu erkeğin daha aşağı konumu onun ilgisine engel olmamıştı. Güçlü karakteri olan, karizmatik ve genellikle çevresindekileri etkileyen, korkutan ya da kızdıran cürete sahip bir adamdı. Adı Renaud de Châtillon idi ve kendi için Outremer'de oluşturduğu şöhret çağlar boyunca yankılandı. Haklı olarak ya da olmayarak, Haçlı döneminin hakkında en kötü konuşulmuş figürlerinden biriydi.

Tarihte Constance'nin bu evlilik için Kral'ın onayını *nasıl* almayı başardığı anlatılmamaktadır, ancak bir şekilde bunu başardı. Willermus Tyrensis hayretle, Antakya halkı için "böylesi üstün, seçkin ve güçlü bir kadının (…) böyle sıradan bir şövalye ile evlenmeye tenezzül etmesine şaşırmışlardı" diye yazmıştır. Renaud de Châtillon'un bir piyade şövalye değil, seçkin bir kökene sahip bir şövalye olduğunu belirtmekte fayda var. Bununla beraber bir asil değildi, zengin değildi ve hiçbir ordusu yoktu. Böylelikle üst sınıftan ve elitlerle dirsek temasında olmasına rağmen, Prenses Constance ile hiçbir açıdan aynı ekonomik ya da sosyal seviyede değildi. Eş seçimiyle ilgili yaygın bir şok vardı; belki Bizans İmparatoru ya da erkek akrabaları tarafından teklif edilmiş bir adaydansa *kendi* seçtiği biriyle evlendiği için.

III. Baudouin'in bir skandaldan kaçınmak için buna razı gelmesi de mümkündür. Açıkça bu ikisi arasında bir aşk ilişkisi vardı. Böylesi bir birlikteliği açıklayacak başka bir sebep olamazdı ve eğer buna dair dedikodular dönmeye başlayacak olsaydı, o zaman yapılacak en mantıklı hareket de onları bir an önce evlendirmekti. Willermus Tyrensis onların ilişkisinin mahrem doğasına açıklık getirmektedir:

Antakya Prensi Raymond'un dul eşi Lady Constance, yaygın olduğu üzere seçkin asilleri reddeden tüm kadınlar gibi, Kral'ın paralı askerlerinden bir şövalye olan Renaud de Châtillon'u gizlice eşi olarak seçti.

Estoire d'Eracles eseri, onların ilişkisine dair romantik doğasını vurgulamaktadır:

> Constance (...) gönlünü çok zengin olmayan Fransız bekâr bir erkeğe kaptırdı ancak (...) yakışıklı bir bekâr ve iyi bir şövalyeydi. (...) Renaud hemen Antakya'ya dönerek onu arzulayan bu kadınla evlendi. Pek çokları şaşkınlığa uğradı ve her yerde dedikodular yayıldı, ancak insanlar ne söylerse söylesin Renaud de Châtillon, Antakya Prensi oldu.

Renaud ile Constance'nin evliliği muhtemelen o çağın ozanlarını ve aşk yazarlarını etkileyen bir aşk ve toplumsal hareketlilik hikâyesiydi.

III. Baudouin'in nasıl olup da böyle bir izdivaca bu kadar kolayca onay verdiği bilinmiyor. Kuzeninin sonunda evlenmeye razı gelmesine sevinmiş olabilirdi; Constance ve Trablus Patrikliği'nin aldığı güçlü tavırdan sonra. Renaud, sosyal itirazların dışında, Antakya'nın koruyucusu olmak için kötü bir aday değildi. Constance her ikisi için de yeterince asildi ve Antakya ise işin ehli, deneyimli bir askeri lider ihtiyacı içindeydi; süslü bir aristokrat züppenin değil. Renaud eğitimli bir şövalye ve paralı askerdi. İkinci Haçlı Seferi'ni görmüş, başarısızlıkların nedenini öğrenmişti ve onunla tanışan herkesi enerjisiyle etkilerdi. Selahaddin'in esiri iken muhtemelen onunla tanışmış olan Renaud'un yaşıtı İmadüddin el-Isfahani, onu şu şekilde tasvir etmiştir:

Renaud, Franklar içindeki en kalleş ve en aşağılık kişiydi. En açgözlülerindendi; mahvetmeye ve kötülük yapmaya kararlı, her türlü anlaşmayı ve yemini bozabilecek, sözlerini tutmayan ve yalan söyleyen biriydi.

Yani yeni prens, Müslüman düşmanlarına kendini sevdirememişti ancak açıkça bu onun önceliği değildi. Rakiplerinde böylesi bir nefret uyandırması, Yakındoğu'nun Müslüman tarafında tam bir baş belası olduğunun kanıtıydı ve askeri başarıları da bunu kanıtlar niteliktedir. Baudouin'in hükümdarlığının en önemli zaferlerinden biri olan Askalan Kuşatması sırasında askeri becerileri, savaş alanında ve bizzat III. Baudouin'in önünde kanıtlanmıştı. Askalan, Fatimilerin elindeydi (Yafa Kontu Hugue'nin Foulque ile olan anlaşmazlığında ittifak yaptığı) ve sürekli Frank topraklarına yapılan saldırılarda bir üs olarak kullanılıyordu. Baudouin 1153'te, Outremer'in çoğu önemli lordunun güçlerini birleştirilmesiyle bu şehre hem karadan hem denizden saldırdı. Haçlılar sonunda zafer kazandılar ancak aylarca süren, pek çok cana mal olan zor ve uzun süren bir zaferdi. Tarihçi Süryani Mikhail bu saldırı sırasında, Renaud'un övgüye layık bir cesaret gösterdiğini iddia etmektedir, aynı şekilde Ermeni tarihçi Papaz Grigor da.

Renaud, kendini Baudouin'in ayaklarına atıp reddetmemesi için yalvararak Constance ile evlenmek istediğini ona söylediğinde Askalan'ın surları önünde kamp halindeydiler. Pisliğin içinde dizleri üstünde durmuş, kendini ve Constance için duyduğu aşkı savunuyor; Tanrı'nın yardımıyla Antakya'yı savunacağına, sadık ve itaatkâr bir prens olacağına yeminler ediyordu.

Renaud hem zamanı hem de sözlerini iyi seçmiş, Kral bu izdivaca razı olmuştu. Zamanlama çok yerindeydi, çünkü Renaud askeri becerilerini açıkça gösterebilmişti. Sözleri ikna ediciydi, Kral'a bu şekilde yalvararak onun Antakya üzerindeki hâkimiyetini kabul ediyordu. Kudüs Krallığı ile Antakya Prensliği arasında, iki devletin başlangıcından bu yana büyük bir gerginlik kaynağı olarak devam etmekte olan bir çekişme konusuydu. Baudouin bunu, "kuzeniyle ve Antakya Prensliğiyle olan anlaşmazlığa ve kavgaya devam etmek" ile "dik kafalı kuzenini yatıştırmak, evlilik dışı ilişki dedikodularının önüne geçmek ve tek hareketle Antakya üzerindeki kontrolünü teyit etmek" arasında bir seçim olarak görmüş olmalı. Hemen evliliğe razı gelerek bunu resmiyete dökmek ve Constance'nin sallantıdaki ününü korumak için Renaud'u Antakya'ya gönderdi. Hatta bu evlilik için en çok karşı çıkan kişi Baudouin değil, Patrik Aimery idi. Daha önceleri Constance'yi desteklemiş olmasına rağmen bu izdivaca karşı çıktı ve bunu gizlemedi.

Constance'nin neden Renaud'u seçtiği iki nedenle belirtilebilir: İlk neden, aşk olmalı. Bu ilişkinin bir aşk izdivacı olduğu, ilişkinin çıkış şartlarından da tarihi kaynaklardaki kanıtlardan da açık. Constance kesinlikle Renaud'un etkisi altındaydı ve daha nitelikli adaylara rağmen onu seçmişti. Renaud'un Constance'yi sevip sevmediğini anlamak ise zor. Varlıklı bir varisi ayartarak âşıkmış gibi yapan, ancak gözü her zaman servetinde olan ilk erkek olmazdı. Constance'nin serveti çok büyüktü ve topraklara sahip olmayan bir şövalye için Antakya'nın Dul Prensesi, Hıristiyan âlemindeki en büyük potansiyele sahip gelinlerden biri olarak görülmüş olmalı. Karizmasıyla ünlü olan bir aileye doğmuş olan genç bir kadın olan Constance'nin da kişisel olarak çekici olduğunu düşünmek akla uygun olmayacak bir durum değildi.

İkinci neden ise Constance'nin kendisi de kocasıyla arasındaki ilişkinin dengesizliğinden kişisel olarak faydalanabilirdi. Eğer Bizans İmparatoru ya da kuzeni Kudüs Kralı tarafından dayatılan adaylardan biriyle evlenecek olsaydı kendini, karısına değil de İmparator'a ya da Kral'a borçlu hisseden yüksek konumdaki bir lordla daha evlenmiş halde bulacaktı. Tıpkı Raymond'la olan ilk evliliğinde olduğu gibi, kendini politik olarak kenara atılmış ve göz ardı edilmiş hissedecekti. Evliliklerinin minnetini tamamen ona borçlu olan daha tanınmamış bir şövalyeyle evlenirse, Constance'nin kendi evindeki pozisyonu ölçülemez biçimde yükselecekti. Kocası aksi durum yerine bu kez ona saygı duyacaktı.

Artık iki erkek varisle, iki evlenebilir kızla ve cephanesinde yılların politik deneyimiyle yirmili yaşlarının başında olan Constance, daha önce hiç olmadığı kadar güçlü bir konumdaydı. Bunun dışında, Patrik Aimery'nin beğenisine ve desteğine de sahipti. Bu güç konumunu, ayarlanmış politik bir evlilik için riske atmak istemediğini görmek kolay. Kendi kocasını seçerek, kendinden daha alt seviyede bir erkeği, evlilik içerisinde kendi pozisyonunu da güvence altına alıyordu ve kocasıyla gücü paylaşmakta daha büyük bir şansı vardı.

Eğer bu Renaud'u seçmesindeki bir etkense, oynanan kumarın bir yere kadar değdiği söylenebilir. Renaud tarafından yapılan her bir ferman Constance'nin adını ve rızasını da barındırıyordu, ilk kocasının hükümdarlığından kalan yasalarda Prenses'in tek tük bahsine kıyasla. Ancak bunun Constance'nin gücüne dair somut bir kanıt mı, otoritesinin tanınması mı anlamına geldiği bilinmez.

Evliliklerinden kısa bir süre sonra 1154'te Constance, Renaud'un tek çocuğunu doğurdu: Agnes adıyla kutsanan bir kız çocuğu. Evliliklerini başlatan bariz sevgiye rağmen, Constance'nin Renaud'un Antakya Prensliği'ndeki hükümdarlığı sırasında eş seçiminden birçok kez pişmanlık duymuş olması daha büyük ihtimal. Renaud yeni kazanılmış prenslikteki otoritesini kanıtlamak için sabırsızdı.

Prens olarak ilk eylemlerinden biri, Constance'nin o ana dek sadık müttefiki olan Patrik Aimery'i korkunç bir şekilde idam ettirmesiydi. Patrik, prenslikteki güç ve etki konusunda Renaud'un baş rakibiydi. İki adam arasındaki diğer gerginlik ise Aimery'nin Constance ile Renaud arasındaki evliliğe karşı çıkmasıydı. Patrik'in Renaud hakkındaki sık ve özgürce eleştirilerine ilaveten, prenslikte sahip olduğu belirgin güç ve etki, onu yeni prensin en büyük düşmanı haline getirdi. Dahası Patrik, Antakya şehrindeki kilisenin altınını elinde tutan varlıklı bir adamken Renaud daha fakirdi; yeni ele geçirilmiş prens pozisyonu göz önünde bulundurulduğunda dahi.

Bir prensin gelirleri fazla olsa da şehrin savunması için yapılan harcamalar çok daha fazlaydı. Birden çok kez Renaud kendini, Patrikliğin kasasındaki altınlara ihtiyaç duyar halde bulmuştu. Aimery oldukça yasal bir şekilde Renaud'un hazinesine ulaşmasını engellediğinde, karısının eski müttefikine diş bileyerek haydutları üzerine saldı. Patrik acımasızca dövülmüş ve şehrin üstündeki bir tepede konumlanmış olan Antakya kalesindeki en yüksek kuleye tekmelerle ve çığlıklar eşliğinde sürüklenmişti. Saldırıya uğramış olan kilise adamı, buradaki kulenin en yüksek noktasında güneşin altına teslim edilmişti. Tamamen soyulmuş ve ona daha fazla işkence etmek niyetiyle yeni oluşmuş yaralarına böceklerin ilgisini çekmek için bal sürülmüştü. Bazı resimlerin ve kaynakların iddiasına göre, Renaud'un Patrik'e yaptığı işkence daha da ileriye gitti ve iç kalenin üzerinde baş aşağı çıplak şekilde zincire vuruldu.

Bu olanlar, Renaud'un Antakya tahtına çıkmasının üzerinden bir yıldan daha az süre geçmesinden sonra meydana geldi. Hükümdarlığının en başından beri aralarında yükselmekte olan gerginliğe işaret etmektedir. Böylesi yüksek seviyede bir din adamına yapılan işkence daha önce Outremer'de görülmemişti ve bu durum, Renaud'a hızlı bir kınama getirdi; hem III. Baudouin'den hem de yeğeninin eş seçimi dolayısıyla öfkelenmiş olan Kraliçe Melisende'den. Kral'dan aldığı ağır dile sahip mektuptan sonra Renaud, Aimery'i esirlikten çıkardı ve Kudüs'e kaçmasına izin verdi. Ama hep arzu ettiği kaynakları Patrik'in elinden aldıktan sonra.

Renaud, Antakya'nın etkin bir askeri lideriydi ve Bizans İmparatoru Manuel Komnenos'un isteği üzerine Kilikya Ermenilerine karşı azimli bir mücadeleye girişti. Manuel bu mücadeledeki harcamalar için onu cömertçe desteklemeye söz verdi. Renaud, Ermenileri 1155'te İskenderun'da mağlup etti ve aldığı toprakları Belen Geçidi'nde Templier Şövalye Tarikatı'na bıraktı. Ancak İmparator'un bu askeri çaba için ödeme sözü verdiği altın gelmedi. Kaynakların bu şekilde tutulması bir hakaretti ve askerlerine para vermek zorunda olan Renaud'un kendisini de zor bir duruma soktu. Hem bu sembolik hiçe sayılma durumu hem de bırakıldığı pratik zor durumdan öfkelenmiş olan Renaud, dikkatini kariyerinin en zarar verici askeri seferine yöneltti. İmparator Manuel'e bir ders vermeye karar vererek, Kilikya Kralı Thoros ile anlaştı ve Bizanslıların elindeki Kıbrıs adasını kuşatmaya karar verdi.

Renaud bu mücadeleye öyle öfkeli şekilde girişti ki, bu eyleminin getirdiği ithamlar yaşamının son günlerine dek peşini bırakmayacaktı. Frank ve Ermeni askerlerinden oluşan gemi adaya yola çıktı. Askerler iner inmez yakarak, yağmalayarak ve tecavüz ederek adaya yayıldılar.

Kıyamet koptu. Evlerin, kiliselerin ve manastırların yanı sıra ekinler de yakıldı. Halk saldırıya uğradı ve karşı gelenler öldürüldü. Sonunda, İmparatorluğa ait bir ordunun adaya yaklaşmakta olduğu haberi geldiğinde Renaud'un adamları Kıbrıs halkının yaşamlarını ve özgürlüklerini alabilmelerine izin verdi. Bu, İmparator Manuel'in yeğeni Ioannis Dukas Komnenos yani Kıbrıs'ın hükümdarı için geçerli değildi, onu esir olarak aldılar.

Renaud'un ve ordularının Kıbrıs'taki masum Hıristiyan kominitesine yönelik eylemleri yalnızca Bizanslılar arasında değil, Outremer'in tümünde dehşet yarattı. Eğer böylesi bir vahşet, düşman bir Müslüman halka yönelik yapılsaydı daha az fark edilebilirdi ancak Hıristiyanların Hıristiyanlara yönelik bu saldırısı, tüm Hıristiyanlık âleminde öfkeye neden oldu. Constance'nin bu saldırılara karşı çıktığına ya da sonrasında pişmanlık duyduğuna dair hiçbir bilgi bulunmamaktadır.

Bu korkunç saldırıya yönelik en hızlı sonuç, İmparator Manuel'in intikam sözü vermesiydi. Kendi otoritesi altındaki bir yere yapılmış olan böylesi barbarca ve halka yönelik bir saldırıyı cezasız bırakamazdı. Bizans İmparatoru'nun gücünün eşi görülmemiş bir sunumuyla Manuel, ordularını Anadolu'ya ve Antakya topraklarına yönlendirdi. Haçlı Devletleri'nin kurulmasından bu yana Bizans İmparatoru'nun ordularını bu boyutta harekete geçirerek Frank topraklarını istila etmesi ilkti. Manuel, Kilikya'nın Ermeni lordlarını yakalayarak Misis kasabasında mahkeme oluşturdu. Renaud'un oraya gelmesi emrini verdi ve azarlanmış prens de bu emre uydu.

Bizans'ın birleşmiş görkemi karşısında korkudan sinmiş olan Renaud, pişmanlığını dile getirmek ve İmparator Manuel'e bağlılığını göstermek için aceleyle oraya gitti. Derin pişmanlığını İmparator'a summak adına basit köle kıyafetleri giyindi; kısa bir tunik, yalınayak, boynunda bir zincirle. Elinde kılıcıyla İmparator'un önünde diz çökerek kendini onun ayaklarına attı. Manuel saray halkıyla çeviriliydi ve altın yaldızlı imparatorluk kıyafetleri içerisindeydi. Bu, onun gücüne dair görsel bir temsildi ve Bizans İmparatoru'na itaatsizlik eden herkesi bekleyen kadere dair bir uyarıydı; Renaud de Châtillon gibi korkusuz prenslere de. Renaud'un diz çökmüş halinden ve utancından kurtulmasını ummasının tadını çıkaran Manuel, ayaklarının dibinde yere yığılmış bu figürü birkaç dakika görmezden geldi. Renaud'un ise yüzünü toprağa koymaktan ve Antakya ile Bizans İmparatorluğu'nun asilleri karşısında, İmparator'un onayını beklemekten başka şansı yoktu. Sonunda Manuel ona bakmaya tenezzül etti, kendisine teklif edilmiş olan kılıcı ve sadakat yeminini kabul etti.

Böyle bir gösteri, paralı askerden olma prens için son derece büyük bir utanç ve aşağılamaydı. Ancak çenesini kapalı tutup kendini ritüele teslim eden Renaud tacını elinde tutabildi. Antakya Prensi olarak unvanını korudu, lakin artık İmparator Manuel'in vassalıydı. Bu tavizle Renaud, Antakya'nın bağımsızlığının kazanılmasında başarısız olmuş oldu. 1145'te Raymond of Poitiers, Manuel'e bağlılık yemini etmişti ve Constance ile şehrin sakinleri de yeni korkusuz prenslerinin böylesi bir bağlılığa karşı geleceğini ummuşlardı. Eğer öyleyse bu törende büyük hayal kırıklığına uğramış olmalılar.

Bunun ardından Renaud, Bizans İmparatorluğu ile daha olumlu ilişkiler içinde olmuşa benziyor. Manuel 12 Nisan 1159'da gözü korkmuş Antakya Prensi'nin dahil olduğu ve daha alt konumlarını temsilen Kudüs Kralı'nın da ayakta olduğu bir coşkun karşılamayla Antakya'ya zaferle giriş yaptı. Manuel'in sarayı en az bir hafta daha şehirde kaldı ve İmparator, Frank sarayıyla sosyalleşip Kral III. Baudouin ile ava çıktı. Bu gezi sırasında Constance'nin büyük kızı Antakya Prensesi Maria ile tanışmış olması ya da onu görmüş olması muhtemeldir. İki sene içerisinde Manuel, Trabluslu Melisende'yi Maria için bir kenara atacaktı. Bu sırada Maria 14 yaşındaydı, ancak hayatının sonrasında hep anılacağı güzelliğini o yaşta da gösteriyor olmalıydı. 16 yaşına gelince Maria, Manuel ile evlenerek İmparatoriçe olmak üzere Bizans İmparatorluğu gemisine bindi; bu da Antakya ile Bizans'ın kraliyet aileleri arasındaki ilişkileri sağlamlaştırdı.

Bizans kraliyet düğünleri görülmemiş görkeme sahip olaylardı: Hipodromda oyunlar ve turnuvalar düzenlenir, Konstantinopolis içerisinde olağanüstü gösteriler gerçekleştirilir, değerli taşlardan oluşan kıymetli hazinelerle ağırlaşmış giysiler ve saraydakiler tarafından giyilmiş ağır inciler ve gümüş ile altından yapılmış mobilyalar imparatorluk sarayını süslerdi. Daha sonraki yıllarda İmparator Manuel ile Antakya Prensesi Maria'nın oğlu Aleksios'un, Fransalı Agnes ile düğününü yazan Willermus Tyrensis, "düğünün görkeminin büyüklüğünü anlatmak için kelimelerin yetersiz kalacağını" belirtmiştir. Şüphesiz Antakya Prensesi Maria'nın düğün kutlamaları, o güne dek tüm kadın akrabalarının düğün kutlamalarını geçmiştir.

Bu ihtişamlı düğün gerçekleşmeden önce, Antakya Prensliği'nde daha rahatsız edici bir gelişme yaşandı. Constance bir kez daha Antakya ile Halep arasında devam etmekte olan çatışma nedeniyle kocasız kalmıştı. Nureddin bir kez daha saldırıya geçti. Bu kez Constance'nin kocasının savaş alanında başı kesilmedi ancak esir alındı. Renaud, 1161 Kasım ayında Maraş bölgesindeki bir çatışma sırasında esir düştü. Frank esirlerini korkunç koşullarda barındırmasıyla ünlü Halep kalesine getirildi ve orada 15 yıl boyunca karanlıkta çürümeye terk edildi.

Renaud'un kaçırılması ve hapsedilmesinden sonra Constance kendini bir kez daha kocasız, yaşı tutmayan bir oğul ve Antakya'da kontrolü ele geçirme fırsatıyla karşı karşıya bulmuştu. Konumu riskliydi ve Renaud'un esir düşmesi de Manuel Komnenos ile kızı Maria aracılığıyla bir ittifak kurma çabalarına sebep olmuş olabilirdi.

Bir zamanlar Constance'nin kendisi de bu aynı imparator için eş adayı olarak düşünülmüştü ve bu nedenle ilk çocuğunu evlenmesi için göndermek onda karışık duygulara neden olmuş olmalıydı. Ancak kızı ile Doğu'yu ve Batı'yı bir arada tutan İmparatorluğu elinde tutan adam, Constance'nin konumunu kıyas götürmeyecek şekilde geliştirebilirdi. Dahası eğer Manuel Maria ile evlenirse, karısının üvey babası için fidye ödemeye daha gönüllü olabilirdi. Manuel efsanevi bir servetin başındaydı ve eğer isterse Renaud'u çok kolaylıkla esirlikten kurtarabilirdi. Constance'nin konumundaki bu güçlenme, Antakya soylularını alarma geçirdi. Asırlık düşmanı Bizans İmparatoru ile müttefik ve bir orduya liderlik edemeyecek kadın bir hükümdarı değil, deneyimli ve bağımsız erkek bir hükümdarın getireceği istikrarı istiyorlardı.

Willermus Tyrensis'in, Renaud'un esir alınmasıyla başlayan güç kaybına dair göreceli olarak söyleyeceği az şey vardı. III. Bohemund'un erişkin olmasına dek Prensliğin başına Patrik'i getirmelerinden başka, ki bu da bir yıldan uzun süre değildi. Ancak bölgede çok seyahat etmiş ve 1160'lı yıllarda Antakya'da bir yılını geçirmiş olan Suriye Ortodoks Kilisesi Patriği Süryani Mikhail, bu olaylara dair, Constance'nin annesinin mirasını dirilterek şehrin hükümdarlığını ele geçirmeye teşebbüs ettiğini de kapsayan daha karmaşık bir versiyon anlatmaktadır.

Mikhail, Constance'nin başa geçmeye çalıştığını aktarmaktadır. Durum hassastı, kocası ölmüş değildi ve bu nedenle yeniden evlenemezdi. Antakya'nın halkı ve asilleri, belki de annesi Alice'nin isyanlarından hatırladıkları felaketler nedeniyle Prenses yerine erkek bir hükümdarın başa geçmesini istiyordu. Konumunu sağlama almak için İmparator Manuel ile ittifak kuracağına dair endişeler vardı. Böylece Bizans İmparatorluğu otoritesine maruz kalmaktansa, şehrin asil sınıfı, hâlâ bir yaş küçük olmasına rağmen III. Bohemund'un tahta çıkışını hızlandırdı.

Bu amaçlarına ulaşabilmek için asiller çok şaşırtıcı bir şey yaptılar. Genç Prens ile asiller, annesinin arkasından iş çevirerek Ermeni Kralı Thoros'tan yardım istediler. Beraberinde o ve orduları ile Kraliçe'yi şehirden sürüp, tahta oğlunu geçirdiler. 1234 tarihi anlatısı da "Raymond'ın ilk doğan oğlunun, annesini şehirden çıkardıktan sonra, kendi annesi de Lazkiye'ye gitmişti, Antakya'nın başına geçtiğini" doğrulamaktadır.

Tahtından men edilmesinden sonra kocası esir düşmüş ve oğlu da ona yüz çevirmiş olan Constance'den bir daha haber alınamadı. Görünen o ki Lazkiye'ye çekilerek gözden uzak yaşamıştı. Ölümünü kesin olarak belirtmek zor ancak 1176'dan önce öldüğü bilinmektedir. 1164'te Antakya'da meydana gelen korkunç olaylarda müdahalesi olmamasından yola çıkarak, yine de daha önce ölmüş olması mümkündür.

Renaud'un esir alınmasından ve Constance'nin Antakya'dan gönderilmesinden üç yıl sonra bir başka felaket Outremer'i sarstı. Kral Amalrik, hükümdarlığının büyük kısmında Mısır'daki toprakların kontrolü için mücadele içindeydi. Buna ilişkin bir saldırı esnasındaki yokluğunda Nureddin, Antakya'nın yaklaşık 40 kilometre doğusundaki Harim kalesinin dışında Trablus, Antakya, Urfa ve Ermeni ordularından oluşan bir birliğe karşı savaşmak üzere katıldı. Nureddin'in ordusu, Frank ordusu tarafından köşeye sıkıştırılarak savaş alanından gönderilmişe benziyor. Ermeni Kralı Thoros'un aksi yöndeki tavsiyesine rağmen Trablus, Urfa ve Antakya orduları birlikte Nureddin'i takip ettiler.

En baştaki geri çekilişleri bir rol müydü, yoksa cesaret mi topladılar bilinmez ama Türkler ordularını geri döndürerek Haçlıları kıyımla şaşırttılar. Daha tedbirli olan Thoros dışında tüm liderler yakalanarak esir alındı; Constance'nin büyük oğlu Antakya Prensi III. Bohemund, Hodierna'nın oğlu Trablus Kontu III. Raymond ve Urfa'nın unvan sahibi Kontu Joscelin de Courtenay da. Nureddin için bu büyük bir vurgundu: Tek bir mücadelede Outremer devletlerindeki dört hükümdardan üçünü esir almıştı. Esirler Halep kalesindeki zindana, Renaud de Châtillon'un yanına kapatıldılar.

Bu haberi alan Amalrik, Mısır'daki çatışmaları terk ederek Antakya'yı savunmak üzere kuzeye gitti. Sonrasındaki olaylarda Constance'den söz edilmemektedir. Ne gücü ele geçirmeye çalıştığına ne Amalrik'in sınırları desteklemesine yardım ettiğine ne de fidye toplanması için yardım ettiği ve oğlunun dönüşü için pazarlık yaptığına dair bilgi bulunmamaktadır. Böylesi mühim biri için bu olağandışıydı. Annesi yardım edemese bile, üç yüksek konumdaki esirden en çabuk şekilde serbest bırakılan tek kişi oydu. Nureddin, Amalrik'in fidye teklifini kabul etti ve III. Bohemund yeniden bir yıl gibi sürede prensliğin başına geçti.

Willermus Tyrensis'in kendisi, Nureddin'in Genç Prens'e gösterdiği müsamahaya duyduğu şaşkınlığı dile getirmekte ve iki olası açıklamayı ileri sürmektedir: İlki, III. Bohemund'un kız kardeşi Maria'nın kısa süre önce Bizans İmparatoriçesi olmasıyla Bizans İmparatorluğu'ndan bir müdahaleye karşı koyamayacağından korkması ve ikincisi ise III. Bohemund'u güçsüz bir prens olarak görerek, eğer onu esir tutmaya devam ederse Amalrik'in onun yerine daha yetkin birini koyması, bunun ise Nureddin için dezavantaj olmasından endişe etmesiydi. Gerekçeleri ne olursa olsun, III. Bohemund serbest bırakılmış ve Trablus Kontu Raymond, Joscelin de Courtenay ve Renaud de Châtillon ise Hıristiyan-Müslüman diplomasisindeki bir değişikliğin, esirlerin serbest bırakılmasıyla sonuçlandığı 1170'lerin ortalarına dek Halep'te tutsak kalmıştı.

III. Bohemund, iyi durumdaki bir devlete dönüş yapmadı. Askeri sorumluluklarına ek olarak, kendi sarayı içinde bir skandal patlamak üzereydi. III. Bohemund'un üç kız kardeşinden ikisi evlenmek, diğeri ise İmparator'a hizmet etmek üzere Konstantinopolis'e giderken ablası Philippa evlenmeyerek sarayında kaldı. Hareketlerini izleyen katı kurallı annesi olmadan ve erkek kardeşinin dikkati prenslikteki askeri işlere yönelmişken Philippa, prenseslerden bekleneceğinden çok daha az takip altında olmuştu.

Yaşamı ilerleyen bölümlerde daha detaylı incelenecek olan Andronikos Komnenos Antakya'ya geldi. Bizans hanedan ailesinin bir üyesiydi, ancak kuzeni İmparator Manuel tarafından, aynı zamanda Andronikos'un da yeğeni olan, Manuel'in yeğeni Prenses Eudocia'nın dahil olduğu bir seks skandalı nedeniyle şehirden menedilmişti. Andronikos, III. Bohemund tarafından iyi karşılandı ancak gelişinden kısa süre sonra kız kardeşini ayartmak için büyüleyici cazibesini kullanarak ev sahibine ihanet etti. Niketas Khoniates, Andronikos'un Antakya'da geçirdiği zamanla ilgili şunları yazmıştır:

> Andronikos, Antakya'da kendini ahlaksız zevklere verdi; kendini bir züppe olarak gösterdi ve şehirlerde tur attı (...) Bu andan itibaren Andronikos avını takip ederek, cazibesiyle onu büyüledi. Duygularını gösterirken gösterişliydi ve çok olağanüstü bir güzellik bahşedilmişti (...) Hemen etkisinde kalan Philippa (...) hem evinden hem ailesinden vazgeçerek âşığının peşinden gitti.

Andronikos, Philippa'yı baştan çıkardığı aynı hızda terk etti. Mutsuz kız hızla yaşlı Kudüs Konnetabl'ı Onfroi de Toron ile evlendirilmeden önce –görünen o ki kendi rızası dışında– bir süre onun yasını tuttu. Bu, kız kardeşlerinin yaptığı gururlu izdivaçların yanından bile geçmiyordu ve gençlik skandalını aceleyle unutturmak için yapılma niyetinde olduğu açıktı. Evlilik uzun sürmedi; hem kocası hem de karısı evlendikten kısa süre sonra bir hastalığa yenik düştü.

Bu olaydan 10 yıl sonra Renaud de Châtillon, sonunda 1176'da serbest bırakıldı. 15 yılını tutsak olarak geçirmişti ve içinden çıktığı çok farklı bir politik dünyaya geri dönüyordu. Constance ölmüştü ve onunla Prens Renaud'un Antakya üzerindeki hakkı da sona ermişti. III. Bohemund şehrin kontrolünü almış, Renaud'un kızı Agnes Macar Kralı III. Bela ile evlenmek üzere Konstantinopolis'e gitmişti ve Constance'nin ikinci oğlu Baudouin de ona bu gezide eşlik etmişti.

Renaud artık Antakya Prensi olmasa da, Fransa'dan gelen topraksız bir paralı asker olarak Doğu'ya vardığı zamandan çok daha güçlü bir konumdaydı. Kararlılık ve acımasızlığıyla ün salmıştı, bu da onun Kudüs Krallığı'nda yaklaşmakta olan karışıklıkta işine yarayacaktı. Halep'teki bir zindanda geçen 15 yıldan sonra sağ kalmak ufak tefek bir mesele değildi ve dünya üzerindeki en sorunlu prensliklerden birindeki bir prensesi baştan çıkarmak da. Dahası, şimdi üvey kızı Maria artık Bizans İmparatoriçesiydi; ödenen fidyede mutlaka payı vardı, kız kardeşine eşlik etmek için Konstantinopolis'e yolculuk yapan kendi kızı Agnes ise Macar Kraliçesiydi.

Constance'nin ölümü, Renaud'un kariyerinin sonu olmadı. Serbest bırakılmasından kısa süre sonra yeniden evlendi, en az Constance kadar silik biriyle. Stephanie de Milly iki kez dul kalmıştı ve Outremer'deki en vahşi ancak en büyük topraklar olan Transürdün'ün (Oultrejourdain) varisiydi ve Renaud ile evliliğine de işte bu toprakları getirmişti. Bu topraklar çoğunlukla çöldü, görece daha göçebeydi ancak korkusuz bir hükümdar için potansiyel doluydu. Tehlikeli ve istikrarsızdı. Bölgedeki ana kaleler, halen bugün bile manzarayı oluşturan yüksek tepelerde yer alan Kerak ve Shobak (Montreal) idi. Aynı zamanda önemli bir bölgeydi. İçinden, Afrika ile Mezopotamya'yı birbirine bağlayan tarihi bir ticaret yolu olan Kral Yolu ve Müslüman hacılık yolu olan Haj (Hac) Yolu geçiyordu. Hıristiyan yerleşimciler, Müslüman hacılarla ve ticaret yapanlarla işbirliği yapmak zorundaydı. Çoğu zaman da yaptılar. Renaud barış içindeki kervanlara saldırarak barışı bozan kişi oldu ve Müslümanlara karşı önemli bir baş karakter haline geldi.

Renaud, Urfa Kontluğu'nun unvan sahibi ancak topraksız kontu III. Joscelin ve Trablus Kontu III. Raymond ile hemen hemen aynı zamanda serbest bırakılmıştı. Üç adam da daha yüksek konumlar ya da gelinlerle ödüllendirildi: Renaud, Stephanie ve beraberinde Transürdün'ü; III. Raymond, beraberinde önemli Tibera kentini getiren Celileli Lady Eschiva'yı alırken, III. Joscelin de Courtenay ise Kudüs Krallık Seneşali oldu. Renaud'un esirlikten serbest bırakılmasıyla yüz yüze gelmek zorunda kaldığı en önemli değişikliklerden biri, Müslüman dünyasındaki güç değişimiydi. Eski düşmanı Zengi'nin oğlu Nureddin 1174'te ölmüştü.

Şüphesiz Frank esirler için fidye alma kararında bu olay da etkili oldu. Artık Doğu'daki büyük Müslüman gücü; Sultan Selahaddin idi. Mısır ile Suriye'nin ilk sultanı olan Selahaddin, Hıristiyan dünyasındaki bölünmüşlükten istifade ederek Nureddin'in Outremer'deki Hıristiyanlara yönelik cezalandırıcı saldırılarına devam etti.

Selahaddin, Irak şehri olan Tikrit'te, şehrin valisinin oğlu olarak dünyaya gelmişti. Etnik kökeni Kürt idi, ancak neredeyse tüm Müslüman dünyası için bir kahraman haline geldi. Bu kahraman konumunda 21. yüzyılda da hiçbir azalma görülmedi. Saddam Hüseyin kendisini Selahaddin ile özdeşleştirdi. Muhammed Ali Cinnah ve Beşşar Esad da Selahaddin'in mirasını benimsediler. Yüzlerce yıl boyunca Müslüman kudretinin ve askeri gücünün arketiptik temsilcisi oldu.

Selahaddin, görece alçakgönüllü kökenlerinden hızla yükselerek Nureddin'in maiyetine girdi ve oradan Mısır Halifeliği'nde vezir oldu. Hem Mısır hem Suriye'deki hükümdarlık politikalarının farkındaydı ve kendisini her iki toprağı birleştirip yönetebileceği bir konuma getirmekte kurnazca bir esneklik gösterdi. Bölünmüşlükten istifade etti; Nureddin'in ölümüyle kalan güç boşluğundan, dini coşkudan ve o güne dek ayrı topraklar olan Halep, Şam ve Mısır'ı kendi kontrolü altında bileştirerek.

"Saladin" Müslüman isminin Batılılaşmış hali. Nur ad-Din (Nureddin) "inanç ışığı" olarak çevrilebilirken, Salah ad-Din ise "inancın doğruluğu" anlamına gelmektedir. Yusuf olarak doğmuştu ancak bu isim, Haçlı Devletleri'ndeki Hıristiyanlara karşı bir "Cihat Lideri" olarak liderlik konumunu vurgulayan unvanı nedeniyle tarihçiler tarafından vazgeçildi. Tarihi anlatılarda beliren Selahaddin'in görüntüsü hem Batılı hem Doğuluydu; soylu ve gururlu biriydi; keskin bir kurnazlığa ve askeri yetkinliğe sahipti. Bu izlenimlerin nereye kadar doğru olduklarını kestirmek mümkün değil. Batılı kaynaklar onu, bir anti-kahraman olarak sonraki yıllarda baş düşmanı haline gelecek Arslan Yürekli Richard'a yaraşır bir rakip yaratmayı ummuştu. Müslüman kaynaklar onu, intikamcı bir mesih olarak tanımlamak istiyordu: Kutsal topraklara düzen ve Müslüman egemenliğini getiren kişi. Selahaddin her zaman nazik bir ev sahibi, adil bir arabulucu ve dahiyane bir taktik uzmanı olarak tanımlanmıştır. Tarihçiler olarak biz ise bu kaynaklardan az da olsa bir doğruluk sızdığını umabiliriz ve tarih kayıtlarında konuya dayalı bir benzerlik oluştuğunu düşünebiliriz.

Selahaddin aynı zamanda bir aile babası olarak tanıtılmıştır. Pek çok karısı ve cariyesi olduğunun bilinmesi dışında, kadınlarla olan ilişkilerine dair çok az şey bilinmekte. İlk oğlu 1170'te Kahire'de doğmuş, aynı kadınla 1177'de bir çocuğu daha olmuştu. 1178'e gelinceye dek 12 oğlu olduğu, yaşamının toplamında ise 17 rakamına ulaştığı bilinmektedir. Bir de kız çocuğundan bahsedilmektedir. Daha fazla kızı olmuş olması muhtemeldir, ancak o toplumda kız çocukları söz edilmeye değmezlerdi. Bu çocuklar, isimleri tarihte kayıt altına alınmamış olan 5 farklı kadından dünyaya geldiler.

Tarihi kayıtlarda dikkat çekici bir biçimde eksik olan kadın ise Ismat ad-din Khatoun (İsmet Hatun). Bu isimler yalnızca saygı ifadeleri; Ismat ad-Din "inancın saflığı" anlamına gelirken Khatoun ise "prenses" ya da "soylu kadın" olarak düşünülebilir. Asıl ismi bilinmiyor. Bu kadın, Selahaddin'in karısıydı ve hem duygusal olarak hem politik olarak belki de hayatındaki en önemli kadındı.

Selahaddin, İsmet Hatun'un ilk kocası değildi. Onunla tanışmadan önceki kocası, Selahaddin'in eski efendisi Nureddin'dir. Nureddin onunla 1154'te Şam'ın kontrolünü ele geçirdiğinde evlenmişti; şehir halkını yumuşatmak amacıyla bir önceki hükümdar aileyle işbirliği yanılsaması yaratarak. Nureddin öldüğünde, Selahaddin'in aklında da aynı fikir belirdi. Nureddin'in duluyla evlenerek, eski yönetimle sembolik olarak işbirliği yapmış oldu.

Böylelikle İsmet Hatun, ortaçağ Müslüman Ortadoğu'sundaki gelmiş geçmiş en büyük iki savaş beyiyle evlendi. Kendi neslinin en etkileyici ve en güçlü iki adamının yoldaşı ve sırdaşı oldu. Outremer'de İslamiyetin kaderini belirleyen iki lidere dair benzersiz bir anlayışa sahip olmalıydı. Büyük tarihi öneme sahip bir figürdü; karakterine, görünüşüne ve yaşantısına dair bilginin eksikliğine rağmen. Evliliklerinden çok daha çarpıcı olan şey ise Nureddin'in ölümünden sonra ve Selahaddin'le olan evliliğinden önce, Banyas Kuşatması sırasında Kudüs Kralı Amalrik'le pazarlıklardaki diplomat olarak rolüydü. Bu dönemde, Willermus Tyrensis'in Müslümanlar ve kadınlar için duyduğu tipik küçümsemeye rağmen övgülerini kazanmıştı. Tyrensis şunları yazmıştır:

> Mayıs ayında, Nureddin'in, Hıristiyan adının ve inancının kudretli eziyetçisi itikadının 29. yılında ölmesinin üzerinden bir ay bile geçmeden (…) Onun ölümünü öğrenen Kral (Amalrik) hemen krallığının tüm gücünü bir araya toplayarak Banyas kentini kuşattı. Burada Nureddin'in dul eşi, pek çok kadından öte bir cesaretle, Kral'a kuşatmayı kaldırması ve geçici bir ateşkes yapılmasını talep eden bir haber gönderdi. Bunun karşılığında büyük bir meblağ para ödeme sözü de verdi. Ancak Kral, daha büyük bir rüşvet koparma umuduyla önce bu talebi kabul eder gibi yaptı, sonra kuşatmaya devam etti.

Yaklaşık 15 gün kadar coşku ve hevesle projelerini yürüttü, kuşatma aletleriyle ve başka çeşitli yollarla hasımlarının başına büyük dert açtı. Sonunda Türklerin direnme kabiliyetlerinin kararlı bir şekilde arttığını görünce hiçbir başarı şansının olmadığını anladı. Bu sırada bu asil kadının elçileri barış taleplerinde ısrarcıydı. Sonunda teklif edilen parayı kabul etti. Buna ek olarak yirmi esir Hıristiyan şövalyesinin de serbest bırakılmasıyla, daha sonra daha büyük projelere girişmek umuduyla kuşatmayı kaldırdı.

Bu kaynaktan anlaşıldığı üzere hanım sultanın asil, cesaretli ve kararlı biri olduğu sonucunu belki çıkarabiliriz. Selahaddin başka kadınlardan çocuk sahibi olmasına rağmen ona bağlıydı. Ayrı kaldıklarında onunla oldukça sık bir şekilde yazışıyorlardı. Sonunda Selahaddin askeri bir seferdeyken, Ocak 1186'da öldüğünde, Sultan'ın bu ölümden çok etkileneceğinden korkarak danışmanları bu ölümü Mart ayına kadar ondan saklamışlardır. Selahaddin'in en güvenilir danışmanlarından olan İmadeddin El Isfahani'den, Sultan'ın bu ölümü öğrenmesine engel olmak için Sultan'ın mektuplarını sansürlenmesi istenmiştir ve İmadeddin kendisi, Selahaddin'in karısına her gün yazdığı uzun mektuplardan bahsetmektedir.

Selahaddin'in sevdiği onca kadın arasında İsmet Hatun, onun tarafından en çok el üstünde tutulan ve bedeni dışında zekâsına da değer verdiği kadındı. Bir kadının söyleyeceklerine saygısı olmayan bir adam, ona uzun mektuplar yazmazdı; özellikle de askeri bir seferin tam ortasındayken. İsmet Hatun, Banyas Kuşatması'nda gösterdiği üzere zekiydi ve savaş hakkında bilgiliydi; tıpkı Hıristiyan topraklarında onunla aynı mevkide olan hemcinsleri gibi.

7

AGNES VE SIBYLLE

Selahaddin'in kazandığı nihai başarının küçük sayılmayacak bir kısmı da, Kudüs Krallığı ile Outremer boyunca yaşanan liderlikteki boşluktan kaynaklıydı. Melisende'den sonra hiçbir kraliyet üyesinin sağlıklı erkek varis doğurmayı başaramaması gerçeğine bağlı olarak, krallık bir varis krizi yaşadı. Melisende bir varis ve yedeğini bırakırken, ne III. Baudouin ne de Amalrik sağlıklı bir oğula sahip olabildi. Bu da tahtın sonunda Amalrik'in ilk kızı, "hükümdar kraliçe" rolü için uygun olmayan Sibylle'ye geçmesine neden oldu. Eleştirmenler bu bahtsızlığı, evliliğin kutsallığına karşı özensiz tavırları da dahil olmak üzere pek çok meseledeki saygısızlıklarından dolayı Kudüs krallarını cezalandıran Tanrı'nın takdiri olarak gördüler.

Sibylle, 1186'dan 1190'a dek Kudüs Kraliçesi olarak tahttaydı. 1159 civarında babasının ilk karısı, "kötü" Agnes de Courtenay'ın kızı olarak doğmuştu. Sibylle'nin yaşamı süresince Kudüs Krallığı'nın hatta tüm Outremer'in başına büyük felaketler gelmiştir.

Sibylle, tarih anlatılarında "gizemli ve yalnız" bir figür olarak görülmektedir. Hükümdarlığı kederle doluydu ve hem ergenliği hem yetişkinliği sırasında hamile olmadığı, doğum sonrası iyileşmediği ya da bir çocuğunun yasını tutmadığı bir an yoktu. Beş çocuğu oldu; biri oğlan dördü kız ama hiçbiri nasıl yetişkinler olacaklarını gösterebilecek kadar çok yaşamadı. Sibylle, Kudüs tahtına yalnızca babasının, erkek kardeşinin ve oğlunun bedenleri pahasına çıkabildi. İlk Eyyubi Sultanı Selahaddin'in tam işgale hazır olduğu zaman tahta çıktı. Hükümdar bir kraliçeden daha çok, hükümdar eşi gibiydi ve Kudüs Krallığı'nda hükümetin çatladığı bir dönemde otoriteyi elinde tuttu: dış baskılar altında kaynama noktasına ulaşan ahlaksız bir iç politika. Selahaddin'in Outremer'deki baskısı arttıkça Sibylle ile hayatta kalan iki kızı, kendilerini bir o kaleden bir bu kaleye sürüklenirken buldular.

Sibylle'nin kişisel hayatı da politik hayatından daha istikrarlı değildi. Outremer'in kraliyet aileleri için "aile ve politika" ayrılmaz biçimde bağlıydı. Sibylle'nin kendisine en yakın olan kişilerle ilişkisi endişe verici ve son derece çatışmalıydı; belki annesi kötücül Agnes de Courtenay ile olan ilişkisi en kötüsüydü. Hayatının ilerleyen döneminde Agnes, kızının üzerinde büyük bir kontrol sahibi oldu. Willermus Tyrensis de Agnes'in, Kudüs Krallığı'nın çöküşünde önemli bir rol oynadığını belirtmektedir. Willermus'un Agnes'in yıkıcı profiline dair tanıklığına bir kez daha temkinli biçimde yaklaşılmalı; 1180'de Patrik seçimlerinde yaşadığı kariyerindeki en büyük yenilgi için Agnes'i suçladığı göz önünde bulundurulursa. Willermus Tyrensis'in de 1184'te tiksintiyle yazmayı bırakarak ondan kısa bir süre sonra ölmesiyle, Sibylle'nin yaşamının son kısımları bu kitapta incelenmiş olan kadınların yaşamlarına göre çok daha şaibelidir. Böylelikle tarihi anlatıları, Sibylle'nin hükümdarlığındaki büyük talihsizlikleri kapsamamaktadır ve tarihçilerin bu dönemi belgeleyebilmek için başka kaynaklara da bakması gerekmektedir.

Agnes türlü türlü hatalarıyla, hayatındaki talihsizliklerin kariyerini mahvetmesine izin vermeyi reddeden ilgi çekici ve hırslı bir kadın olarak görülebilir. Pek çok adaletsizliğe maruz kaldı ve yaşamının ilk zamanları da kızınınki gibi sorunlarla doluydu. Sibylle'nin hükümdarlığı sırasında yaptığı tüm tercihleri tam anlamıyla anlayabilmek için kendisine rehberlik etmesine izin verdiği annesini de anlamak önemlidir ve çektiği acılar nedeniyle annesinin intikamını almaya kararlı olduğunu da. Sibylle'nin ebeveynleri arasındaki evlilik en hafif anlamıyla mutsuzdu, en kötü anlamıyla ise bir esirlik durumuydu. Babası annesine çok kötü davranmıştı ve buna tanık olması ise şüphesiz Sibylle'nin yaşamının ilerleyen döneminde verdiği kararları etkilemişti, hem Agnes'in saraydaki etkisine izin vermesi hem de kendisinin evliliğe bakışı açısından.

AGNES – TAÇSIZ KRALİÇE

Agnes, 1136'da Melisende ile Foulque'nun krallığı sırasında, Urfa'nın hükümdar ailesi Courtenay ailesine doğdu. İlk yıllarını, önemli bir Haçlı devletinin ayrıcalıklı konumdaki prensesi olarak, yaşamının tadını çıkarmakla geçirdi. Babası II. Joscelin, bölgedeki Frank hükümdarların geleneğine göre Ermeni komşularıyla ittifakını güçlendirmeyi istiyordu ve Beatrice adında bir Ermeni prensesiyle evlendi: "asil bir sınıfa ait ancak karakter olarak çok daha asil bir kadın." Evlilikleri yolunda gitti ve çiftin üç çocuğu oldu; ikisi de Ermeni kökenlerine rağmen sarışın olan Agnes ilr III. Joscelin ve hakkında çok az şey bilinen ikinci bir kız çocuğu.

Melisende, Alice ve Hodierna'nın aksine Agnes ile kardeşlerinin ilk yılları, Edessa'nın merkez kalesinde değil, yaklaşık 129 kilometre batıdaki bir şehir olan Turbessel (Gündoğan)'de geçti. Turbessel, Urfa'dan görsel olarak çok daha iyiydi, avcılık ve boş zamanda geçirilebilecek faaliyetleriyle verimli bir kırsal kesimi vardı. Joscelin başşehrinin getirdiği gerginlikten uzak kalmayı tercih ederek ailesini oraya taşımıştı; onun yıkımına neden olan ve çağdaşları arasında üstü örtülü biçimde eleştiriye sebep olan bir davranıştı.

Courtenay hanedanı güvendeyken, toprakları güvende değildi: Edessa, Outremer'deki Frank devletleri arasında en az korunan devletti. Günümüzde Türkiye ile Suriye'de yer alan, 12. yüzyılda karalarla çevrili bu devlet, batıdan güneye müttefiklerle sınır komşusuydu: Kilikya Ermeni Krallığı ve Antakya Prensliği. Ancak doğu ve kuzey sınırlarında Müslüman toprakları vardı ve olası bir istila karşısında savunmasızdı. Doğu'da Frank istilacılarının ilk eline düşen devlet olarak, topraklarını geri almak isteyen Müslümanların eline geçecek ilk devlet de o olacaktı.

Daha önce incelenmiş olduğu gibi Urfa başkenti, Agnes'in evi ve doğum yeri 1144'te pek çok kan akıtılarak Zengi'ye geçmişti. Urfa'nın kaybı, Outremer'de ve Batı Avrupa'da şok etkisi yaratarak İkinci Haçlı Seferi'ni başlatan olay oldu.

Genç Agnes, evinden uzaklaşmaya mecbur edilmiş ve daha onlu yaşlarında bile değilken alelacele ondan çok daha büyük olan Renaud adındaki bir lordla evlendirilmişti. Renaud etkili bir askeri lider ve bir başka önemli Ermeni toprağı olan Maraş'ın hâkimiydi. Bu evlilik, bir müttefikliği sağlamlaştırmak ve Edessa'yı yeniden almak konusundan babasının konumunu güçlendirmek için yapılmıştı. Outremer'deki pek çok asiller evliliği gibi, bu da Renaud'un savaş alanında 1149'da ölmesiyle kısa kesildi. Afrin Savaşı'nda, Prenses Constance'nin ilk kocası Antakya Prensi Raymond ile yan yana öldüler. Agnes artık 13 yaşında bir dulduy.

Bir trajedi diğerini takip etti ve bir sonraki sene Agnes'in babası Joscelin, Antakya'ya seyahati sırasında Türkmenler tarafından esir alındı. Edessa'yı ikinci kez kaybetmişti ve yardım istemek üzere Antakya'ya gidiyordu. Willermus Tyrensis, II. Joscelin ile ilgili "soylu babası için bir utanç kaynağı olan sorumsuz bir adam" tablosu çizmektedir. Willermus'a göre II. Joscelin, önce başkentini ihmalkârlık nedeniyle kaybetmiş, sonra dikkatsizlikle kendini esir durumuna düşürmüştü. II. Joscelin yanında doğru düzgün bir eşlik grubu olmadan Antakya'ya yola çıkmıştı ve karanlıkta tuvalet ihtiyacını giderirken eşkıyalar tarafından esir alınmıştı. Zengi'nin halefi Nureddin, Joscelin'i herkesin gözü önünde kör ettikten sonra onu Halep kalesinin zindanlarına atmıştı. Bu kale günümüz Halep'inde öne çıkan bir yapı olarak bugüne dek ayakta kalmıştır. Şehrin ortaçağ yapıları içinde iç kale şanslıydı, askeri bir kale olarak sahip olduğu büyük önemine bağlı olarak yüzlerce yıl boyunca ve son iç savaş sonrasında da ayakta kaldı. Devasa boyutları ve stratejik konumu onu günümüz Suriye hükümeti ve isyankârlar için de paha biçilmez bir öneme sahip kılmaktadır, son yıllardaki yıkıcı çatışmalardan onu koruyarak. Halep hiçbir zaman Hıristiyan kontrolüne geçmedi ve bahtı kara Joscelin de son günlerini bu kalenin zindanlarında geçirmişti.

Agnes'in yaşamının ilk yılları kişisel kargaşayla zorluk içinde geçti, tek kızı Sibylle ile paylaşacağı bir deneyimdi bu. Kocasının esir alınması ve öldürülmesinden sonra Agnes'in annesi Ermeni Prensesi Beatrice, kendini kriz yönetimi durumuna aldı. Bakması gereken iki küçük çocukla yalnız bir anne olarak zor durumdaki konumu ilişkilendirilebilirken, intikam çığlıklarıyla kapısına dayanmış düşman Selçuk Türkü yığınları karşısında aldığı tutum ise daha az ilişkilendirilebilirdi. Krallığın geri kalanını güvene almak için hemen harekete geçmesi, kocasını geçen bir bilgelikle hareket etmesiyle, zor beğenen Willermus Tyrensis'in saygısını kazanmıştı. Willermus şunları yazmıştır:

(Joscelin'in) Tanrı'dan korkan ve gözüne girmeye çalışan namuslu ve aklı başında karısı, küçük bir oğlan ve iki kız[10] çocu-

---

10 İkinci bir kız çocuğundan bahsedildiği tek yer burasıydı. Willermus'un Beatrice'in çocuklarının sayısı konusunda hata yapmış olması ya da ikinci kızın çocukluğunda ölmüş olması muhtemeldir.

ğuyla baş başa kalmıştı. Krallıkta hayatta kalmış olan önemli erkeklerin yardımıyla, elinden gelen en iyi şekilde insanları yönetmeye çalıştı ve bir kadından beklenecek çok daha büyük bir güçle, kendini topraklardaki kaleleri güçlendirme; onlara silah, adam ve yiyecek tedarik etme işiyle meşgul oldu.

Tüm bunları yaptıktan sonra, bulunduğu şartları hesap ederek şüphesiz kocasının atalarını dehşete düşürebilecek radikal bir hamle yaptı. Tamamen pratik bir kararla, romantikleştirilen fanatikliğe ve Latin Doğu'daki pek çok çağdaşı tarafından gösterilmiş olan topraklara ve unvanlara bağlı kalma arzusunun aksine, Beatrice ailesinin güvenliğini onur ve mevkiinin üstünde tuttu. Kocasının Urfa Krallığı'ndaki miras hakkını, altın karşılığında Bizans İmparatorluğu'na sattı.

Muhakemesi çok anlaşılırdı. Çocuklarının miras hakkını satmak kesinlikle bir özveriyken, daha uzun vadeli beklentilere geçmeden önce onların kısa vadeli güvenliğini sağlamak zorundaydı. Outremer'deki maceracı şövalyeler için kısa vadeli güvenliği uzun vadeli kazançların üzerinde tutmak popüler bir bakış açısı değildi. Ancak Beatrice, çetrefilli bir konumdaydı: Esasen bir duldu, bir kocası ve koruyucudan yoksundu, ancak kocası tamamen ortada olmasa da yeniden evlenemeyeceğine dair bir hüküm vardı. Şahsi serveti ya da servet ve koruma için yeni bir lordla evlenebilme ihtimali olmadan, Beatrice son derece savunmasız bir durumdaydı. O ve çocuklarının güvenliklerini elde edebilmek için acilen kaynağa ihtiyaçları vardı. Halep kalesinde tutulan ve kötü durumda olan Joscelin, muhtemelen yardım edilemeyecek durumda görüldüğünden fidye toplamaya çalıştığına dair hiçbir kayıt bulunmamaktadır. Gerçi, diğer soylu kadınlar kocalarını Müslüman kuvvetlerinden fidyeyle başarılı bir biçimde alabilmişlerdi. Eğer Beatrice buna teşebbüs etmişse de buna dair hiçbir bilgi modern okuyuculara ulaşmamıştır.

Edessa'yı yeniden alabileceğine inanan Bizans İmparatoru, eğer kalan toprakları ve kaleleri ona teslim ederse Beatrice'e, onu ve çocuklarını rahat ettirecek cömert bir yıllık gelir teklif etti. Beatrice, soyluların ve Kudüs Kralı'nın karşı gelmesine rağmen bu teklifi kabul etti. İlk evliliğinden miras kalan Antakya Prensliği'nde Sahyun Kalesi'ne ailesini taşımayı planladı. Kral III. Baudouin, şahsen Kontes'e, maiyetindekilere ve artık Yunan kontrolünde olan topraklardan Frank topraklarına gitmeyi uman tüm teslim olmuş şehirlerin halklarına da eşlik etmek için geldi.

Atalarına ait toprakları ağlayarak terk eden bu insanlar üzücü bir görüntü oluşturuyordu; mobilyalar ve kişisel eşyalarla yüklü halde yolculuk ettiler. Frank topraklarına giden yol zorluydu ve Kudüs Krallığı'nın süvarileri tarafından sıkı bir şekilde korunmalarına rağmen göçmenler sürekli Nureddin'in adamları tarafından rahatsız edildiler. Ağır aksak ilerleyen halkın üstüne gökyüzünden ok yağmurları yağdı, ta ki "tüm yükler bir kirpi görünümünü alıncaya dek."

Beatrice ile çocukları bu göçten sağ kurtuldular ve planlandığı gibi Sahyun'a çekildiler. Şehrin yüksek surları ardında güvendeyken, o zaman 14 yaşında olan Agnes 8 yıl boyunca yeni bir evlilikten korundu; annesi, müdahaleye uğramış olan ergenliğini göreceli bir huzur ve güvenlik içerisinde geçirmesini sağlamıştı.

Beatrice ile ailesine yönelik bir sonraki kayıt ise 1157'de Kudüs'te ortaya çıkmalarıdır; Agnes büyüyerek 21 yaşında, Outremer'deki en çok arzu edilen kadınlardan biri haline geldiği zaman. Ailesi bundan menfaat sağladı. Toprakları olmayan bu aile için doğurgan ve mükemmel olarak yetiştirilmiş güzel bir kadın, onların en değerli varlığıydı ve sosyal olarak yükselmek için en iyi fırsatı sunmaktaydı. İçlerinden seçilebilecek pek çok uygun aday vardı, ancak en başta en özel aday İbelinli Hugue gibi görünüyordu.

Hugue o zamanki en etkileyici ve seçkin soylulardan biriydi. Toprakları olmayan Agnes için şüphesiz iyi bir tercihti. İbelinler, birtakım muğlaklığa sahip bir geçmişten geliyor olsalar da bölgedeki en güçlü gruplardan biri olmuşlardı. Bunu liyakat ve fırsatçılık yoluyla başarmışlardı; Batı'daki maceracılara kıyasla, Doğu'dakiler için daha mümkün bir yol.

Pazarlıklardan sonra Agnes, Hugue de İbelin ile *evlenmese de* en azından nişanlıydı. Çift arasında yapılmış olan sözleşmenin doğasına ilişkin kayıtlar değişmekle beraber; kanunen bağlayıcı bir evlilik mi, yoksa en fazla bir nişanlanma mı olduğu açık değildir.

Agnes ile Hugue arasındaki bu belirsiz seremoniden kısa bir süre sonra Hugue, Banyas'ta esir düştü ve savaş alanında bir mahkûm olarak ele geçirildi. Esareti süresince Kraliçe Melisende'nin en sevdiği oğlu Amalrik güzel Agnes'a ilgi duydu. Amalrik'in konumu göz önünde bulundurulduğunda, Agnes'in onun ilgisine karşılık vermekten başka şansı yoktu ve böylelikle çift 1157'de evlendi. Tarihte Agnes'ın istekli mi, yoksa evliliğe zorla ya da ikna edilerek razı göstermiş olup olmadığı bilinmiyor. Kraliçe Melisende'nin bu evliliğin gerçekleşmesinde doğrudan bir etkisi olmuş olmalı, zira seremonide tanık olarak da hazır bulundu. Agnes, Amalrik için sadece meşhur güzelliğiyle değil aynı zamanda iki ebeveyni tarafından da Outremer'deki neredeyse her soylu aile ve Ermeni hükümdarlarıyla olan akrabalığı nedeniyle de ilgi çekici bir adaydı. Böyle bir evlilikten olma çocuk, bölgede en çok bağlantıya sahip olan varislerden biri olurdu.

Esaretten sonunda serbest bırakılan İbelinli Hugue, sabırlı bir nişanlı/ya da eşin yanına dönmek yerine Prens için bir kenara atıldığını gördü. Hiyerarşi nedeniyle buna razı gelmekten başka şansı yoktu.

Oluşum şartları göz önüne alındığında bu evliliğin de mutsuz olması şaşırtıcı değildi. Altı yıl süren ve ileride her ikisi de

Kudüs'ün kralları olacak iki çocuk veren bu evlilik, hem felaket hem de rezaletle sonuçlandı.

1161'de hastalık sonucu Kraliçe Melisende'nin ölmesiyle beklendiği üzere büyük oğlu III. Baudouin krallığına devam etti. Beklenmedik olan şey ise sağlıklı ve cesur Baudouin'in, annesinden yalnızca iki yıl sonra 1163'te ölmesiydi. Trablus Kontluğu'nda açıklanamayan bir hastalıktan ölmüştü: Willermus Tyrensis, bunun zehir olabileceğine inanıyordu. III. Baudouin'in çocuğu yoktu ve çocuk gelin Bizans Prensesi Theodora, 17 yaşında dul kalmasıyla hemen Kudüs politikasından çekilerek Akka'ya yerleşti.

Böylelikle Agnes'in kocası Amalrik, Kudüs Krallığı için tartışmasız varis olarak öne çıktı ve bir anda iki çocukları Outremer'de yeni bir konuma sahip oldular: Krallığın iki varisiydiler. Yüce Divan'daki soylular Amalrik'i kral olarak görmeye hazırdılar, ancak yalnızca Agnes ile olan evliliğinin iptali şartıyla. Bilinmeyen sebeplerden onun kraliçe olmasını istemiyorlardı. Bir tarihçi şunları gözlemlemişti: "Kudüs gibi kutsal bir krallığın kraliçesi olamaz" ve sundukları neden ise evliliğin kan bağı gerekçelerine bağlı olarak yasal olmadığıydı. Bunun gerçek bir itiraz olması pek mümkün değil. İlk derece kuzenlerin evlenmesi ve kilisenin buna göz yumması görülmemiş bir şey değildi. Yani öne sürülen bu sebep, Agnes'e yönelik Latin Patrikliği ve bölgedeki diğer asillerden gelen, açıklanamayan ve gerçek bir kini maskelemek için bir dış görüntü olmalıydı.

Menfaat ve manipülasyon için zaten bir ün kazanmaya başlamıştı; onu güç için ciddi bir aday olarak düşünüyor olmaları mümkündü. Gelecek yıllarda, Willermus Tyrensis onu "en açgözlü kadın, Tanrı'nın tiksinti duyacağı gibi biri" olarak tanımlamıştır. Konsil aynı zamanda İbelinli Hugue'nin daha önce Agnes üzerindeki hak iddiasını ve evliliğini çevreleyen skandalı da unutmamıştı. Böylesi bir olay Kral'ın kardeşi için görmezden gelinebilecekken, Kudüs Kralı'nın kendisi İncil'e aykırı böyle bir evliliğe devam edemezdi.

Amalrik hem kendisi hem de Agnes'in iyiliği için "çok eşlilik" suçlamalarını görmezden gelmeye meraklıydı ve evliliğin iptali için verdiği resmi sebep ise "kan bağı" oldu. Dahası, iki çocuğu Sibylle ile Baudouin'in ünlerinin ve konumlarının, anneleriyle olan evliliğin iptaliyle zarar görmemesi konusunda kararlıydı. Amalrik bu evliliğin iptaline yalnızca "çocuklarının meşruiyetinin garanti edilmesi" karşılığında razı geleceğini belirtti. Bu hem mantıksız hem de İncil'e aykırı olmasının yanında son derece olağandışıydı. Ancak Kudüs rahipler sınıfının kutsal kitaptan cımbızla işine yarar bilgi çekme geçmişi vardı ve yine aynı durum oldu. Böylelikle üç yaşındaki Sibylle, annesiz kalarak Kudüs tahtının iki numaralı varisi oldu.

Oldukça kötü bir muameleye maruz kalan Agnes, bu kötü durumdan çıkar sağlamakta vakit kaybetmedi. Neredeyse hemen yeniden evlendi. "Yeniden evlendi" çok önemli bir tabir! Çünkü bahsi geçen kişi, Amalrik'le olan evliliği sırasında nişanlı ya da evli olduğu, artık esaretten çıkmış ve onu geri almaya istekli İbelinli Hugue'nin ta kendisiydi. Saraydaki iptalden sonra onunla bu kadar çabuk birleşmiş olması, Amalrik'ten boşanmasının gerçek nedeninin zaten Hugue ile evli olması olabileceğini de göstermektedir. Kudüs'ü hemen terk ederek, yeni eşinin topraklarının olduğu yere taşındı. Bu olaylar zincirinde ne derece parmağı olduğu bilinmese de, eğer manipülasyon ve şartların esnetilmesine dair ünü az da olsa doğruysa, Agnes'in kendi kaderini belirlediği söylenebilirdi.

Agnes ile Amalrik'in ayrılmasının ve Agnes'in saraydaki etkisini yitirmesinin, Sibylle ile Baudouin için büyük sonuçları oldu. İki çocuk da annelerinin yanından alınarak başka vasilerin sorumluluğuna verildiler. Baudouin sarayda kaldı ve eğitimini veren eğitmen nedeniyle şanslıydı: yazar ve tarihçi, Outremer'de nesiller boyunca okuyucu etkileyen Willermus Tyrensis'in ta kendisi. Kudüs sarayında yakın kadın akrabaları olmayan Sibylle ise Prenses Yvette için büyükannesi Kraliçe Melisende tarafından kurulan Beytanya Manastırı'na gönderildi.

Yvette halen Beytanya'nın başındaydı ve Sibylle burada eski Kudüs Prensesi, ürkütücü büyük teyzesi tarafından büyütüldü. Yvette, Malatyalı Morphia'nın hayatta kalan son kızı ve Sibylle'nin sağ kalan birkaç kadın akrabasından biriydi. Yvette belki de Morphia'nın kızları içinde en açıkgöz olanıydı. Hem politikadan hem de erkek beraberliğinden kaçınmış olan Yvette, Outremer'deki en önde gelen mezhebini yönetiyordu. Tüm güçlü kız kardeşleri arasında belki de en saf güce ulaşan o oldu: diğer herkesin elde ettiği din dışı hâkimiyetten yoksunken, kadınlardan oluşan bir topluluk içinde bir kadının gücü rakipsizdi. Hiçbir eşe ya da dinle ilgisi olmayan bir derebeyine hesap vermiyordu. Tüm kız kardeşlerinden daha uzun yaşadı ve kendi çocukları olmamış olsa da Sibylle'nin yetiştirilmesinde önemli bir rol oynadı.

Sibylle, Hıristiyan öğretisinde ve Latince eğitim gördü; manastırın duvarları ardında güvende ancak izole biçimde. Outremer'de rahipler tarafından büyütülmek, ikinci sıradaki bir büyütülme değildi; özellikle de Beytanya'da. Hem Avrupa'da hem Outremer'de, yaşamlarının ilerleyen bölümünde manastıra katılan ya da yetim kalarak manastıra yetiştirilmiş olan asil kadınlardan oluşan uzun süreli bir gelenek vardı. Buna Avrupa'daki en meşhur örnek, Akitanya Düşesi Eleanor ve pek çok başka kraliçenin de son yıllarını geçirdikleri Fontevraud Abbey idi. Outremer'de soyluların da yaşadığı yer olarak ün yapmış pek çok bu tip yerleşim vardı, Beytanya ve Kudüs'teki Aziz Anna da olmak üzere. Başrahibe Yvette'nin dışında da kimi yüksek konumdaki soylu kadın, Beytanya'nın gözden uzak duvarları ardında yaşadılar.

Sibylle manastıra vardığında, orada yaşamakta olan en önemli diğer kadın da yarı teyzesi yani babası Amalrik'in üvey kız kardeşi olan bir başka Sibylle idi: Kral Foulque'nun ilk evliliğinden olan, 1131'de onunla Kudüs'e eşlik eden ve böylece Kraliçe Melisende'nin üvey kızı olan kızı. Bu soylu kadın, Sibylle de Anjou, Flanderlı Kont Thierry ile 1139'da Outremer'de evlenmişti, onunla Avrupa'ya gitmeden önce. Thierry, İkinci Haçlı Seferi'nin bir parçası olarak Doğu'ya döndüğünde, hamile kontes geride bırakılmıştı ve kontluğu ise "hükümdar kraliçe" olarak yönetiyordu. Bu esnada toprakları Hainault Kontluğu tarafından işgal edildi ve Sibylle doğum yaptıktan sonra rekor sürede ordunun idaresini ele alarak işgalcileri topraklarından kaçarak gönderdi. Bu sağlam dirayeti, modern tarihçiler tarafından övgüyle karşılandı. Lambert of Waterlos onu "dişlerini avına geçirmiş bir aslan gibi" diye tanımlamıştı. Politik etkiye sahip olmaya devam etti ve 1157'de Kraliçe Melisende ile Kontes Hodierna'nın Kudüs'teki patrik elemelerine hile karıştırılmasına yönelik planına da desteğini gösterdi. Kudüs Prensesi Sibylle, Beytanya'da kesinlikle yüce bir eşliğe sahipti.

Flanders'lı Sibylle açıkça kocası Kont Thierry'ın yokluğundan mutluydu. Daha sonra doğuda ona katılması istense de Kudüs'e vardığında ondan ayrıldı ve Avrupa'ya dönmeyi reddetti. Bunun yerine Yvette'nin yanına, Beytanya Manastırı'na taşındı. Flanders prensesi Sibylle, Prenses Sibylle ile manastıra geldiğinde tanışmış olsa da bu tanışıklıktan üç yıl sonra öldü; bu nedenle prensesin yetiştirilmesindeki etkisi sınırlıydı.

Bir erkek kardeşi olduğundan ve babasının da daha çok çocuk sahibi olması muhtemelken, Kudüs Prensesi Sibylle'nin tahta çıkması olası değildi. Sibylle 7 yaşındayken, Yüce Divan'ın zorlamasıyla babası evlendi. Amalrik yeni kazanılmış Kudüs Kralı rütbesini, kendi için daha da kazançlı bir izdivaçla yani Bizans İmparatoru Manuel Komnenos'un yeğeni Maria Komnene ile evlenerek sağladı. III. Baudouin'in ölümünden sonra Konstantinopolis sarayı, Kudüs tahtında bir Bizans prensesini tutmakla ilgiliydi ve Kudüs Yüce Divanı da Bizans İmparatorluğu'nun sunabileceği askeri ve finansal destekle bağlarını korumak istiyordu. Evlilik sözleşmesinin şartları üzerinde iki yıl boyunca uzlaşmaya çalıştıktan sonra Prenses Maria Komnene, Agnes de Courtenay'ın yerini alarak Kral Amalrik ile evlenmek üzere Kudüs'e doğru yola çıktı. 29 Ağustos 1167'de büyük şatafat ve törenle Sur'da evlendiler. Düğün sırasında Maria sadece 14 yaşındaydı; yaş olarak 31 yaşındaki kocasındansa, üvey kızına daha yakındı.

Kral'ın ergen Maria ile evliliği, uluslararası üne sahip. Öyle ki Kudüs ile Bizans arasındaki dikkatle işlenmiş olan müttefikliği bozabilecek bir seks skandalı esnasında onu yatıştırmıştı. Maria'nın kuzeni, zengin dul Kraliçe Theodora bu hiddetin merkezindeydi.

THEODORA İLE ANDRONIKOS
"DİZGİNLENEMEYEN AHLAKSIZLIK"
HIRISTİYAN DÜNYASININ SKANDALI

Amalrik Yunan çocuk geliniyle evlenmekle meşgulken, bir Kudüs Kralı'yla evlendirilmek üzere Konstantinopolis'ten gemiyle Outremer'e gönderilmiş bir önceki Yunan prensesi de ülkenin kuzeyinde ortalığı birbirine katmaya başlamıştı. Konstantinopolis'ten melek masumluğundaki Theodora, öyle açık tenli, öyle güzel ve yaşça ondan öyle küçüktü ki III. Baudouin'in karakterini tamamen değiştirmişti ve Kral, karısına tamamen bağlı hale gelmişti. Theodora artık 22 yaşındaydı ve Akka'daki kafesinde huzursuzlanmaya başlıyordu.

Beş yıl öncesinde, kocasının ölümü sırasında, Theodora 17 yaşında zengin bir dul haline gelmişti. Evlilik sözleşmesinin şartları cömert ve sarsılmazdı. Kocasının ondan önce ölmesi halinde Theodora'ya Akka şehrinin toprakları verilerek, geri kalan günlerini izole haldeki lüks bir yaşam içinde geçirebilecekti. Her şey plana göre gitmiş olsaydı, Theodora bu inziva hayatına Kudüs Kraliçesi olarak geçirdiği başarılı bir dönemden sonra arkadaş edinmiş, bağlılıklar kurmuş, bir kaleyi ve krallığı yönetebilecek her türlü yeteneği öğrendikten sonra orta yaşa geldiğinde geçecekti. Daha sessiz bir yaşam için hazır hale geldiği bir zamanda huzurla emekliye ayrılacaktı ve onun çıkarlarını koruyan, onu ziyaret eden, ona akıl danışan ve Outremer'de hükmeden oğlan çocuklarına sahip olacaktı.

İşler bu plana göre yürümedi. III. Baudouin yalnızca beş yıllık bir evlilikten sonra aniden öldü; Theodora'yı çocuksuz, yalnız ve devlet işlerinde hiçbir etkisi olmadan bırakarak. Çift bir hanedan kurmayı başaramamış ve bunun yerine güç, Theodora'dan kayınbiraderi Amalrik'e geçmişti. Amalrik, Theodora'nın amcası Bizans İmparatoru'yla ters düşmemek adına ona saygılı davranmak zorunda olsa da Theodora'ya şahsi olarak iyi davranmak zorunda değildi. Evlilik anlaşmasının şartlarına uyarak ona Akka'yı verdi ve hemen başkentten göndererek yoldan çekilmesini sağladı.

Akka, aşk beklentisi olmadan yalnız kalınacak hoşa giden bir şehir değildi. Willermus Tyrensis şehri, "dağlarla deniz arasında yer alan ve çevrede çok verimli topraklara sahip" bir yer olarak tanımlıyordu ama o, orada yaşayan halk ya da meraklı bir ziyaretçi gözüyle değil, gözü gelir ve savunma stratejisinde olan bir devlet adamı ve tarihçi olarak yazıyordu. Sur'daki bir Hıristiyan düğününe dair detayları yazan aynı Endülüslü seyahat yazarı İbn-i Cübeyr ise Akka'yı daha farklı tanımlamıştır. Büyüklükte Konstantinopolis ile kıyaslamış; "caddelerinin insanlarla dolu olduğunu, öyle ki ayağını yere koymanın zor olduğunu" anlatmıştır. Her yerde bulunan dışkıların varlığına dayalı olarak şehrin pis kokularından ve kirliliğinden bahsederek devam etmiştir.

Bugünkü Akka şehri İsrail'in kuzey ucunda, Lübnan sınırında yer alıyor. Eski Akka şehri, şehrin savaşla yıkılmış tarihinin görsel bir kaydı olarak ayakta duruyor; yöneltilmiş Osmanlı ve Haçlı okları omuzlara sürtüyor ve karmaşık Memlûk yapıları, ufku dolduran minareler ve çan kuleleriyle birbirine karışıyor. Denizin kokusu hep yanı başında. Limana dizilmiş yelkenli teknelerin direkleri, burasının bir zamanlar Outremer'in en önemli limanı olduğunun kanıtı. Hospitalier tarikatının iç kalesi, şehrin ufuk hizasına ağır basıyor; güneş lekeli taşlardan süssüz ve heybetli bir duvar, ara sıra görünen ok sıyrıkları ya da deliklerle. Akka'nın bugünkü renkleri Kudüs'ün renklerinden daha açık; mavi, yeşil ve beyaz. Denizin ve gökyüzünün mavisi ve yine maviye boyanmış madeni eşyalar, kepenkler; cami kubbeleri ve minarelerin yeşili; asırlık taşların parlak beyazı... Şehir pek çok noktasında bitmemiş halde, devam eden bir iş: Eski kemerlerin arasında beton yapılar yükseliyor. Ortaçağ zamanında olduğu gibi, Akka günümüzde herhangi bir İsrail şehrindeki en farklı halka sahip yer: Yahudi, Müslüman, Dürzî, Hıristiyan ve Bahâi topluluklarını içinde barındırıyor.

Theodora Komnene için Haçlı Akka'sı, istemediği bir kaderi temsil ediyordu. Bu genç kadının geriye kalan günlerini, yüksek duvarların ardında sıkıntı ve yalnızlık içinde geçireceği varsayılmıştı. Pratikte bu kader doğrudan rahibe manastırına gönderilmekten biraz daha farklı ve tartışılır biçimde daha kötü, çünkü bir rahibe manastırında aynı yaşama kendini adamış bir kardeşler topluluğunda teselli bulabilirdi. Seküler bir dünyada Theodora bir sapmaydı: kimsenin evlenemediği genç ve güzel bir kadındı.

Bir Bizans prensesi olarak Outremer'de hep bir yabancıydı, ilk dili olarak Fransızca ya da İtalyanca yerine Yunanca konuşuyordu. Dahası, eniştesi yeni Kral Amalrik onun yeniden evlenmesine asla izin vermezdi. Zengin dul Kraliçe Theodora, teorik olarak Akka'yı elinde tutsa da Kral'a bağlıydı ve böylece kraliyet ailesi şehrin kontrolünü ele geçirdi. Theodora evlenseydi Akka'nın kontrolü yeni kocasına geçerdi, bu da Amalrik için güçlü olası bir rakip anlamına gelmekteydi. Amalrik'in bakış açısından, Theodora'nın hayatını güven içinde ve gözlerden uzak geçirmesi daha güvenli bir karardı. Eğer bekâr ve çocuksuz ölecek olursa, toprakları yeniden kraliyet hanedanına geçecekti.

Bu nedenle Theodora'nın önünde mutluluk için çok küçük bir umut vardı ve bir kız kurusunun kaderine mahkûmdu. Ancak Amalrik'in, kuzeni Maria ile evlenmesinden hemen sonra, daha önce bir fare kadar sessiz olan Theodora içinde gizlenmekte olan ateşi açığa çıkardı. Ona tahsis edilen yalnızlık içindeki hayatı kabul etmeye gönülsüz halde kendini öyle büyük boyutlarda bir skandalın içinde buldu ki Kraliçe Melisende ve Akitanya Düşesi Eleanor'unkileri bile solladı.

İsyancı uyanışını başlatan şey, Andronikos Komnenos oldu. Arketip Bizans'ın tüm hediyelerinin ve ahlaksızlıklarının vücut bulmuş haliydi. Güzel ama kurnaz bir adamdı, romantik ancak taş kalpliydi ve son zamanlarda aşırı özgüvenliydi. Büyüleyici kişisel etkisi ve manipülasyona yatkın zihni onun, sefahatten ve prensesleri baştan çıkartan bir hayattan uyanarak, zirveden düşmeden önce Bizans İmparatoru olmasını sağladı.

Kısa süre önce Antakya Prensi III. Bohemund'un iyi niyetini, kız kardeşi Philippa'yı ayartarak ve sonra da terk ederek suistimal eden aynı kişiydi. Hayatının bu döneminde Andronikos 50 yaşını geçmişti, ancak Bizans ve Outremer'deki sayısız asil kadının kalbini kazanmakta zaten başarı sağlamış olan kişisel çekiciliği halen sürüyordu. Theodora'nın yaşamına, Antakya ve Konstantinopolis'te kuzeni Eudocia'yı baştan çıkardığı, amcası

İmparator Manuel'in öfkesini kazandığı skandallardan sonra gelmişti. Hapsedilmekten kaçarak Outremer'e geldi, söylenenlere göre aristokrat maceracılar kollarını açmış bekliyordu. Hayal kırıklığına uğramadı.

Andronikos, bariz kusurlarına ve oluşturduğu tehdide göz yummalarına çevresindekileri ikna etmek için yakışıklılığına ve çekiciliğine güvendi. Neredeyse yirmi yıl daha kontrolsüzce ilerledikten sonra, ardında yıkım ve dağılmış yaşamlar bıraktı.

Perişan haldeki Philippa'yı Antakya'da terk ettikten sonra Andronikos Kudüs'e yolculuk yaptı, burada karizması ve övgüleri yeni Kral Amalrik'i etkiledi ve Andronikos, Beyrut lordluğuyla ödüllendirildi. Aynı zamanda Akka'da yeğeni Theodora'ya yapılacak olan "bir aile ziyaretini gerçekleştirmesi" istendi. Bu cömert eylemler, Amalrik'in muhakemesindeki korkunç hataları göstermektedir.

Kan bağlarındaki yakınlık ve aralarındaki yaş farkına rağmen Theodora, gülümseyen bu kötü adama âşık oldu ve ensest bir ilişkiye girdi. Andronikos genç kadının amcasıydı, ondan iki kat daha yaşlıydı, şaibeli bir geçmişi vardı, ancak yine de cazibesi ağır bastı. Büyüleyici bir duruşu vardı. Her kötülükten uzak ve diğer Yunanlardan izole olan Theodora, Andronikos'un ısrarcı etkisine karşı gelecek durumda değildi. Bu ilişki pek çok yönden Antakya'da Eleanor ile Raymond'un ilişkisiyle paralellik göstermektedir: Akrabalarından ayrı mutsuz genç bir kadın, ona hem zavallı varlığından bir kaçış hem de tanışıklık sunan karizmatik daha yaşlı bir adamın kollarına sığınıyor. Andronikos, Theodora'yla Yunanca konuşuyordu, Raymond'ın da Eleanor'la kendi dili Poitevin dilinde konuşması gibi. Çekim ve nostaljinin gücü, mevcut şartlarına duyduğu öfkeyle birleştiğinde Theodora'yı kazanmasında başarılı oldu.

Niketas Khoniates şunları yazmıştır: "Kızgın bir atın ardı ardına kısrakların peşine düşmesi gibi davranışları rastgeleydi ve Theodora ile cinsel birliktelik yaşadı." Bu ön baştan çıkarma, Andronikos'un davranış şekline muhtemelen uyuyorsa da Theodora ile olan ilişkisi ve önceki ilişkileri arasındaki benzerlikler de burada son buluyor. Onlarınki gerçek bir aşk ilişkisiydi ve Andronikos da Theodora'ya yaşadığı sürece sadık kalacaktı.

Sevgisindeki samimiyetine rağmen Andronikos bir kez daha ensest ilişki suçunu yerine getiriyordu ve kuzeni İmparator Manuel'in ailesine daha fazla utanç veriyordu. Theodora, Manuel'in yeğeniydi ve böylece Andronikos'un da öz yeğeniydi. İmparator aynı soydan gelen bir başka prensesin baştan çıkarılmasıyla yeniden sarsılmıştı. Suriye'deki otoritelere, Andronikos'un ayıplanası karakterini açıklayan ve esir alınarak ensest ilişki suçları nedeniyle kör edilmesini tavsiye eden bir mektup yazdı. Mektup sadık bir şekilde Akka'ya ulaştı, ancak şehrin konnetabl'ı yerine Theodora'nın ellerine... Hemen sevgilisini uyardı ve Andronikos Beyrut'a kaçtı, burada şehrin başında güvendeydi.

Bu ayrılığa rağmen ilişkileri bitmiş değildi, ancak Outremer'de âşıkların zamanı kısıtlıydı. Eğer bu ilişkinin haberi Konstantinopolis'e ulaştıysa, Kral Amalrik'in de bunu duyması ve onlara yönelik harekete geçmesi an meselesiydi. Âşıklar cesurca bir kaçış planladı. Bir akrabasının misafirperverliğine teşekkür kisvesiyle, Dul Kraliçe'yi onu ziyaret etmesi için Beyrut'a davet etti. Theodora maiyetindekilerle yola çıktı, günümüz İsrail'inin kuzeyindeki dağlı bölgelerden geçip günümüz Lübnan'ının güneyine vardı. Bu güzergâhta Theodora yalnızca küçük bir maiyetle seyahat etti, çünkü bu topraklarda onu kaçırıp ona zarar verebilecek kötü niyetli Müslümanlar olmadığı için teorik olarak yolculuk güvenliydi. Genç Kraliçe ile amcası arasında bir plan yapıldı; onların hareketlerinden ve seyahat planlarından haberdar olan amcası sahte bir pusu kurdu. İsrail'in kuzeyindeki tepelerin birinde Theodora'yı muhafızlarından kaçırmasıyla ikisi birlikte kaçtılar.

Hıristiyan topraklarında bu kaçak çift için hiçbir yer güvenli değildi. Konstantinopolis'in İmparatoru'nun yeğeni ve eski Hıristiyan Kudüs Kraliçesi, düşmanlarının kollarına kaçarak Dımaşk sarayına sığındı. Bunun neden olduğu skandalın üzerinde ne kadar durulsa az.

Theodora ile Andronikos, Nureddin'in izniyle Müslüman topraklarında kendileri için yeni bir hayat kurdular. Çift Hıristiyanlıkla aralarındaki her bağı kopardı ve beraberlerinde getiremedikleri tüm serveti feda ederek büyük öneme sahip Akka ve Beyrut şehirlerini bedel olarak verdiler. Akka'nın serveti, kişisel özgürlüğü olmadan Theodora için hiçbir anlam ifade etmiyordu ve Andronikos ile kaçarak kendisi için yeni bir hayat kurmayı başardı. Andronikos'un "hayat arkadaşı ve yoldaşı" haline geldi.

Bununla beraber, bu ilişkinin doğasına dair şüpheci olmalıyız. Ne de olsa Andronikos mutsuz genç bir kadının peşine düşen yaşlı bir adamdı. Buna rağmen, ona karşı saygısı ve sevgisi gerçek ve derin gözüküyordu. Theodora'nın hayatındaki tüm erkeklerin üzerinde benzer bir etkisi olmuşa benziyor. III. Baudouin de benzer şekilde ona ilgi duymuştu ve Willermus Tyrensis bile kadınlara yönelik her zamanki ölçülülüğünü bir kenara bırakıp onu "hem bedeni hem yüzüyle alışılmamış güzelliğe sahip genç bir kadın" olarak tasvir etmiştir.

İlk kez Andronikos birisine karşı sadıktı ve sonraki 12 yıl boyunca Theodora'nın yanı başında durdu. Aleksios adında bir oğul ile Eirene adında bir kız dünyaya getirdi. Andronikos'un ailesi için duyduğu sevgi kalıcıydı ve birlikte doğuya yolculuk ettiler; Dımaşk, Bağdat ve Harran'da bulundular, sonunda onlara Türk bir emir tarafından verilen Koloneia yakınında bir kaleye yerleştiler. Orada uzun yıllar huzur içinde ve kendi hallerinde yaşadılar, çocukları Alexios ile Eirene'i ve babasıyla yaşamak üzere gelen Andronikos'un meşru oğlu John'u beraber büyüttüler.

Andronikos'un Theodora için duyduğu sevginin sınanması, İmparator Manuel'in Theodora ile çocukları kaçırmayı başardığında gerçekleşti. Zarardan dönerek ayartabileceği yeni bir prenses bulmak yerine, Andronikos sonunda kaçmaya bir son verdi. İmparator'dan af diledi, karısı ve çocuklarıyla tekrar bir araya gelebilmek için ona müthiş bir saygı gösterisinde bulundu.

Bu kaçışın cüretine ve nankörlüğüne rağmen Kral Amalrik kaçaklara yönelik hiçbir yaptırımda bulunmadı. Bu müsamaha için birkaç neden bulunmakta: Çifti Nureddin'in topraklarına kadar takip etmeye çalışmak, gerektiğinden çok daha fazla yaygaraya ve derde sebep olurdu. İkincisi, kaçmalarıyla Akka ile Beyrut'un kontrolü ona geçmişti. Üçüncü olarak ise ileride en uzun yaşamış Kudüs Kraliçesi olacak ve hanedanını garanti altına alarak ölecek, Theodora'nın büyük yeğeni ve yeni genç eşi olan Maria Komnene ile balayı yapmakla meşguldü.

CÜZZAMLI KRALIN KIZ KARDEŞİ

Sibylle, babası yeniden evlendiği zaman 7 yaşındaydı. Ancak yaşlarının yakınlığına rağmen, yeni ergen üvey annesiyle ilişkisi en iyi ihtimalle sakin denebilecek durumdaydı. Babasının evlenmesinden sonra Sibylle, uzun yıllar boyunca Yvette'nin gözetimi altında Beytanya Manastırı'nda kaldı. Maria Komnene'nin, üvey kızından hoşlanmamak için büyük bir nedeni vardı: Sibylle ile Baudouin, dikkatle korunan meşruluklarıyla, Maria'nın kendi çocuklarının mirası için engellerdi; babalarının sevgisi, politik hırsları ve serveti için de rakiplerdi. Sibylle ile Baudouin hayattayken Maria'nın çocukları hiçbir zaman tahta çıkamazdı. Kısa süre sonra Isabella adında bir kızı oldu. Isabella hayatı boyunca Sibylle'nin düşmanı olarak kalacaktı.

Sibylle, anne babasının ayrılmasıyla ilgili çok az şey bilir halde ve babasının tüm umudunun bağlandığı küçük bir oğlan bebekle, Kudüs sarayını küçük bir çocukken terk etmişti. Saraya geri döndüğünde ise ondan hoşlanmayan Yunan bir üvey annesi, onun rakibi haline gelecek küçük bir kız kardeşi vardı ve oradan ayrılırken çok büyük umut vaat eden o küçük tatlı oğlan kardeşine ise ortaçağ hastalıkları içinde en çok korkulan ve damgalanan hastalık olan cüzzam teşhisi konmuştu.

Sibylle'nin küçük kardeşinin cüzzamını teşhis eden kişi, Baudouin'in akıl hocası ve rehberi olan Willermus Tyrensis idi. Genç Prens'in eğitiminden sorumluydu ve oğlanın durumuna bağlı ilk şüpheleri, sonunda ise teşhisi hakkında yazmıştı. Genç Prens'i diğer asillerin çocuklarıyla oynarken gözlemlediğini ve oyunlarının nasıl sadist bir hale geldiğini, dayanıklılığı ölçmek için birbirlerinin kollarına çiviler ve iğneler soktuklarını anlatmıştı. Prenslik konumuna rağmen arkadaşları Baudouin'i es geçmiyor ve diğer çocuklar oyunun verdiği acıyla çığlık atarken, Baudouin bu acıya bir çocuk için alışılmadık bir metanetle dayanıyordu. Willermus bunun basitçe yüksek ağrı eşiği ve hayran olunası dayanıklılığı nedeniyle olduğunu ummuş, ancak huzursuzlanarak çocuğu daha geniş bir muayeneye almıştı. Çocuğun sağ kolu ve eli neredeyse tamamen acıya duyarsızdı; çimdiklenmeyi hatta ısırılmayı bile hissetmiyordu. Willermus'un bu keşfiyle ilgili anlattıkları günümüzde bile okuması çarpıcı şeyler:

> Bu büyük talihsizlikten bahsederken gözyaşlarına hâkim olmak imkânsız. Ergenlik yaşına gelmek üzereyken cüzzam hastalığına yakalandığı açıktı. Günbegün durumu ağırlaştı. Elleri, ayakları ve yüzü özel olarak saldırı altındaydı; öyle ki ona baktıklarında en sadık takipçileri merhametle doluyordu.
> Buna rağmen mektup yazımında ilerleme göstermeye devam etti ve sevilebilir bir huy geliştirme vaadi dahi verdi. Yaşına göre uygun bir görünümdeydi, atalarından da ileri boyutta

mükemmel bir biniciydi ve atların dilinden iyi anlıyordu. Kuvvetli bir hafızası vardı ve konuşmayı çok severdi. Tutumluydu ama her zaman hem yapılan iyilikleri hem de verilen zararları hatırlardı. Her açıdan babasına benziyordu, yalnızca yüzünde değil tüm görünümüyle; yürüyüşleri ve ses tonları bile aynıydı. Zekâsı keskindi ancak konuşması kekemeydi. Babası gibi tarihi merakla dinliyordu ve iyi bir tavsiyeye hep açıktı.

Neredeyse bin yıl sonra bile, Willermus'un genç öğrencisinin kaderine dair yürekten ıstırabı yankılanmaktadır. Willermus, Baudouin'in eğitimini 1170'te o 9 yaşındayken üstlenmişti, o zaman Sibylle ise 10 yaşındaydı. Willermus, IV. Baudouin'in hastalığının teşhisini hemen koymadı. Çocuğun semptomlarını fark etmesi ve teşhisi koyması muhtemelen birkaç ay aldı. Bu da Amalrik'in Sibylle'yi yeniden saraya aldırmasından aylar önce oğlunun durumunu öğrenmiş olabileceği anlamına geliyor. Bu durum şüphesiz saraya dönüşünü hızlandırmıştı. Genç Sibylle için hayırlı bir eve dönüş değildi.

Oğlan kardeşinin teşhisi Sibylle'nin kaderi için ciddi anlamlar ifade etmekteydi. Yalnızca Prens'in ailesi için şahsi bir trajedi değildi, aynı zamanda Outremer için ulusal bir felaketti. Amalrik'in oğlu ve varisi IV. Baudouin yalnızca erken bir ölümle karşı karşıya kalmamıştı, aynı zamanda hiçbir zaman baba olamayacaktı. Veraset meselesi belirsizdi. Sibylle'nin sıradaki kraliçe ve kocası kim olursa, bir sonraki kralın da o olacağı bilgisi artık kesindi.

Krallığın geleceğini aydınlatan ilgi, Sibylle'nin erkek kardeşinden uzaklaşarak saraydan uzaktaki bir manastırda yetiştirilmiş olan kıza yöneldi. Sibylle'nin kocasına dair seçim, ki her zaman iyi bir politik ittifak kurmak için önemli bir şanstır, büyük bir önem kazanmıştı. Evliliği artık sadece politik bir birlik oluşturmayacak, aynı zamanda Kudüs Krallığı'nın geleceğini de belirleyecekti. Onunla evlenecek kişi aynı zamanda tahtın da sahibi olacaktı. Kudüs'ü bir imparatorluktaki başka bir toprak olarak gören soylu bir aileyle evlenmesi artık uygun olmazdı. Sibylle'yi sarayda birlikte hükmetmek için alacak güçlü bir asille evlendirmek değil, onun yanına birlikte yönetmek için gelecek birini bulmak şarttı.

Serveti, deneyimi ve şövalyelerden oluşan ekibinin onu Sibylle'nin kocası olmak için çok daha değerli biri haline getiren etkili bir Fransız soylusu olan, çok daha büyük yaştaki Stephen de Sancerre ile bir izdivaç planlandı. Stephen 1171'de, kaynakları artırmak umuduyla yanında Fransa'ya seyahat etmiş olan Başrahip Surlu Frederick (Willermus'un o pozisyondaki selefi) ile doğuya gitti. Outremer'de birkaç ay geçirdi, bir gün damadı ve krallığın varisi olacağını düşündüğü Amalrik'in nezaketiyle karşılandı. Stephen'dan, gelecekteki durumuna hazırlık olarak pek çok saray meselesinde karar verilmesi istendi.

Tuhaf bir dönemeçle ve bilinmeyen nedenlerle Stephen sonunda ergen Sibylle ile evlenmeyi reddetti. Ona sunulmuş Kudüs tahtına rağmen Avrupa'ya bekâr bir adam olarak geri döndü. Bu, Sibylle ile ailesine yapılmış aleni bir hakaretti ve en başta Stephen için şaşırtıcı bir karar olarak görülse de Avrupa'daki topraklarına geri dönmeye karar vermesine dair pek çok neden vardı. Çocuk yaştaki prensesi bir eş olarak arzulanabilir bulmamış olabilirdi. Amalrik'e Yüce Divan'da kısa süreli eşliğinden sonra, Kudüs Krallığı'nın geleceğine dair güvenini yitirmiş ve bunun yerine Avrupa'daki topraklarına dönerek, bulunduğu yer ve yaklaşmakta olan İslam orduları arasında Akdeniz'in yer alıyor olmasının sunduğu huzuru tercih etmiş olabilirdi.

Outremer'de Kudüs tahtı, en büyük politik ödül olarak görülse de varlıklı bir Avrupalı için "değerinden çok daha fazla sorun" olarak değerlendirilebilirdi. İstikrarsız bir bölgede yüksek riskli bir yatırımdı. Dahası, Stephen kendisini belki de Kudüs Hanedanı'yla müttefik hale getirmek istemiyordu. IV.

Baudouin'in cüzzamı, Tanrı'nın gazabı olarak kötü kaderli ve kâfir kraliyet ailesinin başına gelen bir lanet olarak görülüyor olabilirdi. Amalrik'in Agnes'den boşanması, sıklıkla Prens'in durumuna ve mutsuz kaderine bağlanmıştı.

Stephen'ın ayrılışından sonra krallığın varisi pozisyonu hâlâ boştu ve Sibylle ise en uygun aday için halen müsaitti. Belli ki Stephen'ın ayrılışının verdiği utançtan sarsılan Amalrik, kızı için yeni bir aday bulmak için acele etmedi. O zamanlar Amalrik otuzlu yaşlarının ortasındaydı, açıkça yeni ve genç karısıyla sağlıklı bir oğlan sahibi olabileceğine inanıyordu. Ancak 1174'te Nureddin ile olan bir çatışmanın ardından Amalrik askeri kampta dizanteri kaptı. Kudüs'e mümkün olduğu en kısa sürede dönerek Batılı, Suriyeli ve Yunan doktorların tavsiyelerini sordu ancak hiçbiri onu iyileştiremedi ve günlerce süren ateşten sonra 38 yaşında öldü.

Geride üç evlenmemiş çocuk bıraktı: 14 yaşındaki Sibylle; cüzzam teşhisi konmuş olan 13 yaşındaki Baudouin ve yalnızca 2 yaşında olan Isabella. Ölüm döşeğinde Nablus'taki kaleyi, dulu Maria Komnene ve kızları Isabella'ya bıraktı. Kraliçe olarak geçirdiği sürede hiçbir politik güç göstermemiş olan Maria, Kudüs Kraliçesi olarak zamanının sonuna geldiğini bilerek, kocası gömülür gömülmez kızıyla birlikte Nablus'a kaçtı. Bu akıllıcaydı. IV. Baudouin kral olur olmaz, uzaklaştırılmış olan annesi Agnes de Courtenay'ı yeniden saraya çağırarak "Kraliçe Anne" pozisyonuna getirdi. Eğer Maria sarayda kalacak olsaydı muhtemelen zorla gönderilmiş olacaktı.

AGNES
ANNE KRALİÇE

Agnes'in yaşamı, Kudüs'ten ayrılmasıyla renkli hale gelmedi. Kocası İbelinli Hugue ile göreceli bir uyum ve sakinlikle altı yıl yaşadı, ancak Hugue 1169'da genelde yapılanın aksine Outremer'den ayrılarak Avrupa'ya bir hac yolculuğuyla gitmeye karar verdi. İspanya'daki Santiago de Compostela'ya gitmek üzere yola çıktı ama yolculuk sırasında hastalanarak öldü. Onun ölümünden sonra Agnes dünyada bir başına kalmıştı. Erkek kardeşi III. Joscelin de Courtenay şanssız babasının izinde 1164'te Türkler tarafından esir alınmıştı. Agnes hemen evlendi, dördüncü kez eş olarak Renaud de Sidon'u kabul etti ve bu evlilik sayesinde Amalrik'in ölümü sırasında Sidon (Sayda) Kontesi'ydi.

Çekici olmayan ancak bilge bir adam olan Renaud'un Arap edebiyatına ilgisi vardı ve Agnes'in arzularını yerine getirebilecek bir erkek değildi. Onunla olan 14 yıllık evliliği sırasında evlilik dışı ilişkilere dair ün kazandı. Buna, Kudüs'ün yeni Patriği Heraklius ile Fransız bir soylu olan Aimery de Lusignan da dahildi. Kudüs'e vardığında Agnes, güç sahibi çocuklarıyla bir ilişki inşa etmeye kararlıydı. Bu noktadan sonra Kudüs'ün politik meselelerinde önemli bir rol oynadı, Haute Cour toplantılarında oğlu Baudouin'e eşlik etti ve mümkün olduğu her yerde etkisini gösterdi.

Baudouin, "Kudüs Kralı IV. Baudouin" olarak taç giydi. Hasta ve yalnızca 13 yaşında olduğundan, onun hükmetmesine yardım edecek bir naip görevlendirildi. Babasının vasiyetinde de belirtildiği üzere ilk naip, Miles de Plancy adında bir adamdı. Miles, Stephanie de Milly ile evlenerek bu sayede Transürdün Lordu olan güçlü bir adamdı. Ancak naip olduktan kısa süre sonra şüpheli şartlarda öldü. Naip olarak yerine Trablus kontu III. Raymond geçti. Raymond'un naip olarak görevlendirilmesi mantıklı bir tercihti. Kral'ın en güçlü vasallarından biriydi ve en yakın erkek akrabasıydı. Raymond'ı sevmesi için kesinlikle hiçbir gerekçesi olmayan İbn Cübeyr onun hakkında şunları yazmıştır: "Dikkate değer zekâsı ve kurnazlığıyla, doğduğu tahtı hak ediyor." Willermus Tyrensis ise onun hakkında: "Yorulmak bilmeyen tamamen namuslu bir adam." yazmıştır.

Trablus Kontu III. Raymond'un doğrulanmış ve sesli destekçisi olmasına rağmen Willermus Tyrensis görünümüne dair pek ideal olmayan bir tanımda bulunmuştur. Willermus'a göre Raymond: "Ufak tefek yapıda bir adamdı, fazlasıyla ince, orta boylu ve esmer ten rengine sahipti. Saçları düz ve koyu renkliydi. Delici gözlere sahipti ... eylemlerinde hızlı ve atikti, itidal ve öngörüyle kutsanmıştı." Taberiyeli Eschiva ile çocukları olmamıştı, ancak karısını ve ilk evliliğinden olan dört oğlunu kendi çocukları gibi sevdiği söyleniyordu.

Kesinlikle hırslı bir figür olan Raymond aynı zamanda kurnazdı, hem politik hem askeri olarak işinin ehliydi. Outremer'in eski asillerini temsil ediyordu ve II. Baudouin'in torunuydu; böylelikle Sibylle ile Baudouin'in de kuzeniydi. Outremer bölgesini belki bütün asillerden daha iyi biliyordu ve Halep'te mahkûm olarak geçirdiği on yıldan sonra Müslüman düşmanlarının yöntemlerini ilk elden öğrenmişti. Haram kuşatmasındaki yenilginin ardından esir alınmıştı ve Agnes'in erkek kardeşiyle beraber bir köle gibi zincire vurulmuştu. Willermus Tyrensis, hapiste geçen bu sürenin sefalet içinde ve zincire vurulu halde geçtiğini yazmıştır. Ancak bu deneyimin inkâr edilemez sıkıntılarına rağmen Raymond esaret halindeyken okuma yazmayı öğrenmişti, laik bir lord için alışılmamış bir şeydi; hem Hıristiyan hem de Müslüman tarihçileri şaşırtarak öğrenimiyle itibar kazanmıştı.

Raymond ile Agnes, IV. Baudouin'in krallığının başında işbirliği içinde bulundular. İkisi de Genç Kral'ı, Sibylle için bir eş bularak varisi garantilemeye teşvik etti. Sibylle halen Hıristiyanlık dünyasında, macera ve sıkıntılardan pes etmeyecek hırslı bir aday için en seçkin prensesti. Kudüs Krallığı'nın önemi abartılmamalıdır. Tüm sembolik ve dini önemine karşı,

Galler büyüklüğünde bir topraktı ve bu toprakların prensesleri, kralları ya da prensleri cezbetmezdi. Foulque (etkileyici ancak yine de bir kont bile olmayan bir adam) ile evlenen Melisende örneğinde olduğu gibi Sibylle'nin kraliyet soyundan gelen birisini cezbetmesi mümkün değildi. Yine de doğru bir aday için Sibylle'nin benzersiz soyu ve Krallığı'nın istikrarsızlığı hem konum hem macera anlamında mest edici bir fırsat olabilirdi.

Doğu'ya bu sözle getirilen bir sonraki adam, Montferrat Markizi William idi. 1176'da Raymond ve Baudouin'in daveti üzerine genç prenses ile evlenmek üzere geldi. William, Stephen de Sancerre'nin örneğini takip etmedi ve beklendiği üzere prenses ile evlendi. Yeni çift evlenmeleriyle geleneksel olarak tahtın varislerine verilen topraklar Yafa ve Askalan kontluklarını elde etti. William gelecekteki Kudüs Kralı olarak doğrulanmıştı ve Krallık sonunda varisin sağlanmasıyla rahat bir nefes almışa benziyordu.

William "Longsword" Montferrat, varis olarak güvenilir, tecrübeli bir tercihti. Sibylle için uygun bir aday gibiydi ve "uzun sayılabilecek yakışıklı bir adam (...) çok cömert ve açık bir yaradılışa ve erkeğe yakışır cesarete sahip" biri olarak tasvir ediliyordu. Willermus Tyrensis kesinlikle onu Kudüs Krallığı'nı savunabilecek uygun bir aday olarak görmüştü: "Küçüklüğünden beri silahlar konusunda eğitilmiş ve savaş sanatında tecrübeliydi. Dünyevi konumu yüksekti, hatta çok az kişi onun dengi olduğunu iddia edebilir." diyordu. Ancak bu pozisyon için bariz uygunluğuna rağmen William Longsword, Kudüs Kralı unvanını hiçbir zaman alamadı ve bu tartışmalı krallıkta bocalama ya da gelişme fırsatını bulamadı.

Sibylle ile olan evliliği olumlu biçimde başlarken, Sibylle'nin aylar içinde hamile kalmasıyla Outremer'deki koşullar William'a yaramadı ve beş aylık evlilikten sonra Nisan 1177'de Askalan Kalesi'nde sıtmadan öldü. William'ın ölümünden altı aydan kısa süre sonra Sibylle ilk çocuğunu doğurdu. Dayısı, büyük dayısı ve büyük büyük dedesi gibi Baudouin olarak adlandırılan bir oğlan dünyaya geldi. Sibylle o sırada 17 yaşından büyük değildi.

William, Montferrat markiziydi; Kuzey İtalya'da büyük ve önemli bir bölgeydi ve güçlü bir aileden geliyordu. Babası tarafından Fransa Kralı VII. Louis'in kuzeni ve annesi tarafından ise Kutsal Roma İmparatoru I. Frederick'in kuzeniydi. Kudüs'ün bir sonraki kralı William'ın ölümü, Outremer için büyük bir olaydı.

William'ın ölümünden sonra IV. Baudouin hastalığı göz önünde bulundurulduğunda halen hükmetmesine yardım edecek bir naip ihtiyacındaydı. Olaylı dul, Antakya Prensesi Constance'nin eski kocası ve şimdi dul Stephanie de Milly ile evliliği sayesinde yeni Transürdün Lordu olan Renaud de Chatilllon'u naip olarak görevlendirdi. Renaud kısa süre önce Konstantinopolis'e yapılmış başarılı bir diplomatik görevden dönmüştü, burada neredeyse yirmi yıl önceki Kıbrıs çıkarması nedeniyle onu utandırmış olan aynı imparatorla pazarlık etmek üzere gitmişti. Belki de Renaud'un esarette geçen zamanının onun sinirini yatıştırdığı ve ona bir şeyler öğretmiş olduğu sanılıyordu. Genelde Renaud'u eleştiren Willermus Tyrensis dahi bu buluşmayı kınamamış ve Renaud'un alışılmadık biçimde sadık bir karaktere sahip olduğunu belirtmişti.

William of Montferrat'ın ölümünün trajedisi o yıl Renaud'un komutasındaki büyük bir Hıristiyan askeri zaferiyle yatıştırılmıştı: Montgisard Savaşı. Haçlı kuvvetleri bu savaşta sayıca çok azdı, ancak yine de Selahaddin'e karşı önemli bir zafer kazandılar, en azından o zaman için. Bu zaferden sonra ve Sibylle'nin William'dan olan çocuğunun doğmasıyla Kral IV. Baudouin bir cömertlik anında, baronlarından biri olan Balian d'Ibelin'in o ana dek sessizce Nablus'ta kızıyla yaşamakta olan dul üvey annesi Maria Komnene ile evlenmesine izin verdi. Bu İbelin ailesi için büyük bir jestti ve bölgedeki güçlerini sağlamlaştıran bir olaydı.

Montgisard'a kuvvetleriyle beraber gitmiş olmasına rağmen IV. Baudouin'in cüzzamı acımasızca ilerliyordu ve varisi garantilemek ivedi bir konuydu. Bir kez daha tüm gözler yasta ve yeni doğum yapmış bir anne olan 17 yaşındaki Sibylle'ye döndü. Kocasının ölümünden sayılı ay sonra, dedikodular dönmeye başlamıştı bile. Erkek kardeşi ile Willermus Tyrensis çok daha ağır iddiaları püskürtmeyi başarmışlardı; Philip of Fanders tarafından Sibylle'nin, onun maiyetindeki karanlık bir lord ile evlendirilmesi gerektiğine dair fikri gibi.

Erkek kardeşinin merhameti sayesinde Sibylle kocasının ölümünden sonra birkaç yıl bekâr kalabildi. Onu güçlü Hugue de Burgundy ile evlendirmek gibi bir plan vardı, ancak bu gerçekleşmedi. Hugue muhtemelen Fransa Kralı VII. Louis'in önerisiydi. IV. Baudouin tarafından Louis'e yazılmış olan, Baudouin'in bu hastalık karşısındaki kendi çaresizlik ve mutsuzluğuna dair hislerini açık eden acıklı bir mektuba cevaben bir aday olarak önerilmişti.

Uzuvlarından birini kullanmaktan mahrum kalmanın, hükümet işlerini yürütmekte olan birine hiç faydası yoktur. Eğer Naaman'ın hastalığından iyileştirilebilseydim, Ürdün'de yedi kez yıkanırdım ancak bu bulunduğum yaşta beni iyileştirebilecek bir Elisha bulamadım. Benim gibi güçsüz bir el, kutsal şehre günlük olarak baskı yapmakta olan Arap saldırıları korkusu varken ve benim hastalığım da düşmanımın cesaretini artırırken gücü elinde bulundurmamalı (…) bu nedenle size yalvarıyorum, Fransa'nın baronlarını bir araya toplamanız ve onlardan birini hemen krallığın başına geçmeye ikna etmeniz için.

Baudouin'in yakarışına rağmen ve kesin olmayan nedenlerden, güçsüzleşen IV. Baudouin'e yardım etmek üzere Fransa Kralı tarafından hiçbir uygun aday gönderilmedi. Sahneye çıkan diğer uygun aday ise Baudouin de Ibelin idi; Sibylle'nin üvey annesi Maria Komnene ile evlenen Balian'ın kardeşi. Bu tip bir izdivaç bölgedeki soylular arasında revaçta olabilirdi ancak İbelinlerin fazlasıyla güçlü hale gelmesinden korkan Sibylle'nin annesi Agnes'in hiç hoşuna gitmemişti.

Sibylle'nin ergen romantizmine yönelik ilk tecrübeleri Baudouin ile olmuşa benziyor: başta şevk, sızlanma, sonrasında ise daha ihtişamlı ve daha etkileyici biri geldiğinde hemen kopma. Tarihçi Ernoul'a göre, hızla birlik olan Müslüman ordularına direnmek üzere kardeşi kuvvetlere komutanlık ederken Sibylle, onun yaşının iki katı bir dula âşık oldu, yine adı Baudouin idi, tıpkı tüm erkek akrabalarında olduğu gibi.

Baudouin tahtın varisi olarak beğenilen bir tercih olabilirdi. İbelinlerin alçakgönüllü kökenlerine rağmen, ailesi Doğu'da yükselmiş ve Outremer'in başlıca asil ailelerinden biri haline gelmişti. Bunun ötesinde ise Outremer'de büyümüştü, bölgenin politikalarına ve askeri taktiklerine aşinaydı. Nişanı büyük sonuçlarına rağmen erteleyen Sibylle'nin annesi tarafından istenmiyordu. Agnes, kocası onu bir kenara ittiğinde Kudüs Kraliçesi olarak onun yerini alan, etkisine karşı çıkmaya ve Sibylle'nin mirasını elinden almaya çalışan Maria Komnene'den tüm kalbiyle nefret ediyordu. Tek sağlıklı çocuğunu Maria'nın kayınbiraderiyle evlendirme fikri, Agnes'in göz yumabileceği bir şey değildi. Endişeleri çabucak dindirildi. Çift arasında bağlayıcı bir seremoni yapılamadan Baudouin, Merc Uyun'daki çatışmada esir düştü.

Geleneklere göre fidye talep etmek üzere esir alınmıştı, ancak Sibylle aşkını ve ona olan bağlılığını belirten bir mektup yazdı. Onun fidyesini toplayabilecek bir konumda değildi ve ailesi de bu talebe yanıt vermedi. Bu şaşırtıcı değildi: Selahaddin 200 bin sikke talep etmişti. Bu, II. Baudouin için de Trablus Kontu Raymond için de (bir kral fidyesiydi aslında) fazlaydı. Böylesi bir miktarı toplamak kolay iş değildi. Baudouin'in eli kolu bağlıydı. O hücrede beklerken ıstırap içinde olmalıydı. Bu topraklardaki en büyük onur olan Kudüs tahtı pençeleri arasındayken, şimdi hücrede geçirdiği her gün bu avantajını yitiriyordu. Saraydan uzakta geçirdiği her saat, Sibylle'nin annesinin kızını ona karşı doldurması ve diğer uygun adayların patlak vermesi anlamına geliyordu.

Bir şekilde fidyeyi daha sonra ödeyebileceği konusunda söz vererek serbest bırakılmasına dair pazarlık yaptı. Onu hapsedenler bir Frank'a güvenilemeyeceğini ve zindanlarında çürümesine izin vermenin bir faydası olmadığını düşünerek pes etmiş olmalılar. Eğer para akrabalarından gelmiyorsa, onu anlaşmanın üzerine düşen kısmını yerine getirmesi ve gelecekte onlara iyilik borçlu olması düşüncesiyle serbest bırakmak daha anlamlıydı. Baudouin, Sibylle'yi gelini olarak almak için hevesle Kudüs'e geri döndü. Ancak aşkının dönüşünü sabırla bekleyen adanmış ve kendisini onun kollarına atmak için hazır bekleyen bir sevgili bulmak yerine, oldukça mesafeli bir prenses buldu. Sibylle, Baudouin Kudüs'e vardığında onu reddederek Müslüman düşmanlarına böylesi bir borcu olan bir adamla evlenmesinin mümkün olamayacağını söyledi.

Baudouin hemen şehri terk ederek tam hız Konstantinopolis'e yolculuk yaptı. Outremer'de kimse kendi soyundan birinin tahta çıkması için böylesi bir parayı borç olarak vermezdi ve ailesinin de verebileceği böyle bir serveti yoktu. Bir hediye ya da borç için en iyi şansı Konstantinopolis'teki İmparator Manuel idi. İmparator, Kudüs'ün bir sonraki kralının ona iyilik borçlu olmasında bilgelik görerek ve ondan önce gelen tüm Bizanslı selefleri gibi büyük jestler ve gösterişten hoşlandığı için, yalvaran lordu bir sandalyeye oturtarak onu fidyesi için gereken sikkelerle kapladı. Hafifçe şaşkın ancak cesaretlenmiş olan Baudouin, İmparator'a teşekkür ederek fidyesini ödedi ve Sibylle ile evlenmek üzere Kudüs'e geri döndü. Selahaddin'in böylesi bir parayı talep etmiş olması ve İmparator Manuel'in ise ödemeyi kabul etmesi, Baudouin'in Sibylle ile evlenecek olmasına inanıldığı anlamına geliyordu.

Ancak çok geç kalmıştı. Kudüs'e sonunda borçları kapanmış özgür bir adam olarak ulaştığında, Sibylle başka bir adamla nişanlanmıştı. Bu adam Fransa'dan tanınmamış biriydi ve söylenenlere göre büyük abisi, Sibylle'nin annesinin âşığıydı. Bu izdivaç Agnes'in işiydi ve İbelinler bu duruma çok öfkelenmişti; görünen o ki Kral IV. Baudouin de. Sibylle'nin davranışı bu topraklardaki en büyük ailelerden birini küçük düşürmüştü ve kendisini toprakları olmayan bir Fransız lordunun dördüncü oğluna vermişti. Kudüs Krallığı'nın varisi için hiç de uygun olmayan bir tercihti.

SIBYLLE İLE GUY

Bahsi geçen topraksız dördüncü oğul, Guy de Lusignan idi. Ernoul'un kitabına göre, doyumsuz Agnes'in âşığı olan Aimery de Lusignan'ın kardeşiydi. Bir prensesle eşit mevkide olmasa da bariz bir Haçlı soyu vardı. Babası, dedesi ve büyük dedesi hepsi meşhur Haçlılardandı ve ikisi Doğu'da ölmüştü. Ancak yerel baronlar sınıfının gözünde, kendi mevkilerinden yukarıya ulaşmaya çalışan ve çok az hakları olan etki toplayan yabancılardı.

Evliliği kesinlikle bir devlet meselesi olsa da Sibylle büyüyor ve yol yordam öğreniyordu. Şimdiye kadar gözüktüğü "etkisiz bir köle" kimliğinden artık uzaktaydı. O ana gelene dek, Beytanya Manastırı'nın avlularından uzak on yıl geçirmiş, bir lordla evlenmiş ve anne olmuştu. Görevlerini her taraftan yerine getirmiş ve daha da şaşırtıcı şekilde sağlıklı kalabilmişti. Konumu yükselmekteydi ve konumuyla birlikte özgüveni de. Dahası, babasının ölümünden sonra annesi Agnes saraya dönmüş ve Sibylle annesinde kendi çıkarlarını koruyan ve kuralları ihlal eden bir örnek bulmuştu. Tıpkı Akitanya Düşesi Eleanor ya da büyükannesi Kraliçe Melisende'nin ya da büyük teyzesi Alice'nin ya da kuzeni Constance'nin da tavsiye almak için karşısında belirebileceği gibi.

İbelinli Baudouin'in yokluğunda Agnes tarafından kandırılan Sibylle, kendini hem kalben hem ruhen Guy ile bir ilişkinin içine atarak karısı oldu. Roger of Howden ilişkileri hakkında şunları yazmıştır: "Kral'ın kız kardeşi, Guy'ın yakışıklı olduğunu görünce eş olarak onu seçti. Ancak bu isteğini kardeşine söylemeye cesaret edemeyerek onu gizlice sevdi ve o da onunla birlikte oldu."

Ernoul da benzer şekilde Guy'ın Sibylle'yi baştan çıkardığını iddia etmektedir ve kardeşi IV. Baudouin'in bunu öğrendiğinde çok öfkelenerek Guy'ı suçlarından dolayı idam ettirmek istediğini ancak annesinin ikna etmesiyle ve kız kardeşinin gözü yaşlarla dolu yakarışları nedeniyle pes ettiğini belirtmektedir. Agnes'in, sözde aşkı Aimery'nin ve yeni sahneye çıkan Guy'ın, Sibylle'nin İbelinli Baudouin'e verdiği sözü unutmasını nasıl başardıkları belirsiz ancak üçünün beraber başarıya ulaştıkları kesin.

IV. Baudouin'in eli kolu bağlıydı: bir prensesin ayartılması ciddi bir meseleydi ve eğer bu herkes tarafından bilinecek olsaydı ve adam cezalandırılsaydı, muhtemelen Sibylle'nin bir daha onurlu bir aileden biriyle evlenmesi mümkün olmayacaktı. Bu nedenle acilen ayarlanan bir düğünle bu zararı telafi etmek daha yerindeydi.

Bu evliliğin haberini alan Trablus Kontu III. Raymond ile Antakya Prensi III. Bohemund, Kudüs'e doğru ordularıyla harekete geçti. IV. Baudouin, otoritesine karşı gelmek üzere ve Sibylle'nin evliliğini engellemek için geldiklerinden emindi. Kimileri ise Raymond'ın kendisinin, Sibylle ile evlenmek niyetiyle geldiğini bile iddia etmişti. Bu plana dair kanıt şüpheli, ancak her durumda II. Raymond ile III. Bohemund'un Kudüs'e ilerleyişi, IV. Baudouin'i panikletmişe ve evliliği hızlandırmasına neden olmuşa benziyor. Paskalya'dan önceki kutlu haftada, Mesih'in çarmıha gerilmesinin düşünüldüğü, geleneklere göre düğünlere izin verilmeyen zamanda düğün gerçekleşti. Düğüne engel olmayı planlayıp planlamadıklarından bağımsız olarak Raymond ile Bohemund'un bu izdivaca şiddetli biçimde karşı çıktıkları kesindi.

Bu düğün sarayı kutuplaştırdı. Kudüs'te her biri Kral'a sözünü dinletmek isteyen iki ayrı grup oluştu: Bir tarafta Sibylle ile Guy de Lusignan tarafından yönetilmeye katlanmayacak olanlar, diğer tarafta ise Kudüs Krallığı için Sibylle'nin üvey kız kardeşi Isabella'yı destekleyenler vardı. Bu grubun liderleri arasında Trablus Kontu III. Raymond, Antakya Prensi III. Bohemund ve nüfuzlu İbelin klanı, bunlara ilaveten lafını esirgemeyen Willermus Tyrensis bulunuyordu. Diğer tarafta ise Renaud de Châtillon, Agnes de Courtenay ve dalavereci abisi, esaretten kurtulduktan sonra Krallığın Seneşalı yapılan aciz Joscelin'in yer aldığı ve kendilerinin liderlik ettiği Sibylle ve Guy destekçileri vardı.

O zamanın en önemli (ve felaket) atamasını ortaya atan kişi olduğu gerçeği, Agnes'in etkisine dair bir fikir vermektedir. Onun araya girmesi hem Sibylle'nin kocasını ve krallığın varisini etkiledi hem de yeni Kudüs Patriği seçimini. Aynı sene, yaşlanmış olan ve krallıktaki sağduyunun sesi olan Patrik Amaury öldüğünde, Agnes şüpheli üne sahip olan Caesarea Piskoposu Heraklius'un onun yerine geçmesini teklif etti. Bu görevlendirme çok daha yeterli ve daha uygun bir aday olan Willermus

Tyrensis'e rağmen yapılmıştı. Agnes'in cinsel açlığının bu iki görevlendirmeyi de etkilediği söylenmektedir. Guy'ın büyük abisi Aimery ve Piskopos Heraklius ile ilişkide olduğu herkesçe inanılıyordu.

Bu iki tercihin de yerel soyluları neden şaşırttığı aşikâr. Guy açıkça Sibylle'den sosyal konum olarak gerideydi ve onu bir sonraki Kudüs Kralı yapacak hiçbir özelliğe sahip değildi. Patrik Heraklius da herkesçe Hıristiyanlık dünyasında en "rahip gibi olmayan rahip" olarak biliniyordu; cinsel ilişkilerde bulunuyordu ve gerçek anlamda okuma yazması yoktu.

Guy de Lusignan'ın İbelinli Baudouin'de olmayan bir gücü vardı. İbelin ailesi deniz ötesinde ilişkilere sahip değilken, Lusignan ailesinin vardı. Yakın zamandaki yenilgilerden sonra Kudüs Krallığı, mevcut zamanda oldukça kötüleşmiş konumunu canlandırabilecek Batı'dan gelecek yeni bir Haçlı Seferi'nin büyük ihtiyacı içerisindeydi. Doğu'da kronik bir adam eksiği vardı, bu nedenle evden kuvvetler toplayabilecek olan bir Fransız soylusuyla yapılacak stratejik bir evlilik askeri anlamda anlamlıydı.

Yarattığı itirazlara rağmen Sibylle'nin Guy ile evliliği yeterince mutlu başladı, erkek kardeşi kocasına iyilikte bulunuyor ve onun varisleri olacaklarını belli şekilde ifade ediyordu. Baudouin başta Guy'a inandı; onun sarayda etkinin tadını çıkarmasına, kraliyet fermanlarına tanıklık etmesine ve önemli olaylarda yanı başında durmasına izin verdi. Daha da ileriye giderek, Guy'ın abisi Amaury'i Krallığın konnetabl'ı yaptı.

Guy'ın karakteri ve Sibylle ile olan ilişkisinden kaynaklarda çok az bahsedilse de eylemlerinden ve başarılarından "etkileyici, hırslı ve güçlü iradesi olan biri ve Sibylle'nin evlilikte ona saygılı olmasını sağlayan özelliklere sahip olduğunu" çıkarabiliriz. IV. Baudouin hâlâ hayattayken iki kızları oldu ve aralarında alışılmadık güce sahip bir bağ vardı. Belki de onca yıllık yer değiştirmeden ve mahrumiyetten sonra Sibylle sonunda Guy'da bulduğuna inandığı istikrara tutunuyordu, ona ve çocuklarına yakın kalarak. Bunlara rağmen Sibylle'nin kocası ile erkek kardeşinin ilişkileri süratle kötüleşmeye başladı. Guy'ın kabiliyetsizliği, egosu ve sevilmiyor olması bariz bir şekilde kendini göstermeye; hasta kral ise Sibylle'nin kendi seçtiği adamla evlenmesine izin vermekle ilgili acele verilmiş bu kararından pişmanlık duymaya başladı. Evliliğin üzerinden üç yıl geçtikten sonra, IV. Baudouin de ölümünün iyice yaklaştığını gördükçe varis konusunda bir kez daha endişelenmeye başladı.

Outremer'de bu dönemde, IV. Baudouin naibi Trablus Kontu Raymond'ın aracı olduğu Selahaddin ile yapılmış bir ateşkes ortamı vardı. Kimi için bu, güvende oldukları inancıyla bir rahatlama hissi yaratmış olsa da daha öngörülü olanlar bunun fırtına öncesi sessizlik olduğunu görebilirlerdi. Kudüs bir ödüldü ve Selahaddin'in komutasında birleşen Mısır ile Suriye'de, El-Aksa Camisi ve Kubbetü Sahra Hıristiyan kontrolünde itibar görmezken Hıristiyanlarla dostane ilişkiler sürdürmekten memnuniyet duyulamazdı. Hıristiyan döneminde tapınak öncelikle bir saray olarak, sonra ise Hıristiyan dini mezheplerinden en ünlü ve en acımasızlarından biri olan Tapınak Şövalyeleri tarafından kışla olarak kullanılmıştı.

Selahaddin bu ateşkesin sağladığı soluklanma molasını kuvvetlerini hazırlamak ve hem askeri hem politik olarak konumunu sağlamlaştırmak için kullanıyordu. Bunun aksine Hıristiyanlar ise bu zamanı kendileri arasında savaşarak, krallıklarını bencilce ve alçakça hem toprak hem de güç kazanmak için parçalıyorlardı. Bu iç kavgalar, kaynakların azlığının eşliğinde krallığın felaket nedeni oldu. Belki de Willermus Tyrensis'in Sibylle'yi övme arzusu duymamasının nedeni, Sibylle'nin Guy'ı eş olarak seçerek ve kararlılıkla onun yanında kalarak evliliğini, erkek kardeşinin koruyabilmek için hayatını feda ettiği krallığın refahının üstünde tutmasıydı. Sibylle'yi hiçbir zaman doğrudan eleştirmese ya da övmese de Willermus, Trablus Kontu Raymond'ın destekçisiydi. Raymond'ı övmek için konuşurken, Sibylle ile Guy'dan ise üstü kapalı biçimde kınayarak bahsediyordu.

Başını Sibylle, kocası, annesi ve amcasının çektiği Kudüs Krallığı'nın yeni hükmeden grubu, onların hükümdarlığını kabul etmek istemeyenlerle daha da yabancılaştılar. En önemli ve güçlü iki şehir olan Antakya ile Trablus, IV. Baudouin'e olan önceki bağlılıklarına rağmen başkaldırı noktasına getirildi. Sibylle'nin evliliğinden iki yıl sonra, IV. Baudouin'in en savaş meraklısı danışmanlarının onu neredeyse, en güçlü vassalı ve daha önceki en yakın danışmanı Kont Raymond'a savaş ilan etmeye ikna ettiklerinde bu ihtilaf ve çekişme en uç noktaya ulaştı. Hem Müslüman hem Hıristiyan kaynaklarda yer almış söylentilere göre, III. Raymond kendisi tahta oynuyordu. Kral'ın hastalığı ve kendisinin de Kral II. Baudouin'in torunu olduğu göz önünde bulundurulduğunda, Raymond'ın gerçekten de Kudüs'te taht için önemli bir hak iddiası vardı. IV. Baudouin'in ayağını kaydırmaya ya da varislerinden alarak devlet yönetimine el koymaya gerçekten niyeti var mıydı bilinmez, ama IV. Baudouin'e endişelenecek sebep vermeye yatacak kadar söylenti vardı.

Willermus Tyrensis, bu noktada durumun vahametinden, büyümekte olan bu krizi durdurmak için elinden geleni yapmaya karar verdi. Kariyerinin en büyük küçük düşürülüşüne uğramışken ve sersem Heraklius'un ona rağmen Kudüs Patriği seçilmesinden beri Willermus, tarih hakkında yazmak ve çalışmak üzere kendi kabuğuna çekilmişti. Ancak sevdiği toprakların bıçak sırtında olduğunu görünce, Genç Kral'ın yanına gidip ona akıl vermek için aceleyle saraya döndü. Bu birlikteliğin iyi sonuca ulaştığı anlaşılmakta. Çünkü Nisan 1182'de

Kral, Willermus'a önemli bir hediye vermişti; bu da tekrar sarayda olduğu ve ekibe kabul edildiği görülen Trablus Kontu Raymond'ın tanıklığında resmileşmişti.

Bu kavşakta felaketten dönülmüş olsa da Kudüs sarayındaki yeni hükümdar grup saf dışı bırakılamamış ve onların giderek artan etkisi de kısıtlanamamıştı. Zaman, başlarına ne gibi felaketlerin geleceğini gösterecekti.

8

SONUN BAŞLANGICI

ANTAKYA PRENSESİ MARIA, BAHTSIZ PRENSES

Bu sırada gerginlikler artarken ve Outremer'de düşmanlıklar içten içe kaynamaktayken, Latinler için Konstantinopolis'te çok daha vahim bir şey meydana gelmekteydi. Theodora'nın sevgilisi Andronikos Komnenos yeniden sahneye çıkmak üzereydi.

Daha önceki yıllarda 1161'de Antakyalı Constance'nin en güzel kızı olan on altı yaşındaki Antakya Prensesi Maria, annesine ve şehrine veda etmişti. Samandağ'dan bir gemiye binerek, İmparator Manuel Komnenos ile Ayasofya'da şatafatlı bir düğünle evlenmek üzere Konstantinopolis'e doğru 1161 yılı Noel arifesinde yola çıktı. Maria'nın dikkate değer güzelliği konuşuluyordu ve Yunan tarihçi Niketas Khoniates de genç gelinden en büyük övgüyle söz ediyordu: "Kadın açık tenliydi ve olağanüstü güzellikteydi, güzelliği kıyas kabul etmezdi." Afrodit'in saçları gibi altın rengi saçlarına methiyeler düzerek devam etti. Hera'nınki gibi beyaz kollarına ve mükemmel gözlerine, Truvalı Helen'inki gibi uzun boynuna ve güzel bileklerine.

Maria'nın imparatoriçe olarak başlıca görevi güzel görünmek değil, bir varis doğurmaktı ve evliliğinin ilk zamanlarında bu görevinde zorlandı. Hamile kalması beş yıl sürdü ve 1166'da bir oğlan kaybetti. Bundan üç yıl sonra sonunda İmparator'a sağlıklı bir oğlan doğurdu. El üstünde tutulan varis oğlan, sevinç içindeki anne babası tarafından Aleksios ismiyle vaftiz edildi.

Saray kutlama yaparken, Aleksios'un doğumu bir başka asil Maria için çok daha az neşeli sonuçlara sebep oldu. Manuel daha önce bir Alman prensesiyle evliydi; Akitanya düşesi Elanor'u eğlendiren ve İkinci Haçlı Seferi sırasında cesaret dolu mektuplar yazan aynı kadınla. Bu kadın yani İmparatoriçe Irene, kocasına bir kız vermişti. Kızın adı Maria Porphyrogenita idi. Aleksios'un doğumundan önce bu kız tahtın varisiydi. Babasının yeni yabancı karısından doğan üvey erkek kardeşinin doğmasıyla, Maria Porphyogenita kendisini varislikten çıkmış halde buldu.

Gerçekten de Antakyalı Maria'nın "yabancı olması" ona Konstantinopolis'te hızlı bir biçimde düşman kazandırdı. Yunanca konuşan dünyada Antakyalı Maria değil Maria-Xena olarak biliniyordu, kabaca "Yabancı Maria".

Manuel'in katı hükümdarlığı sırasında dizginlenen bu gerginlikler, 1180'deki ani ölümüyle son buldu. Kocasının ölümünden sonra Antakyalı Maria yasal ya da olmayan biçimde hükümetin başına geçti. Artık imparator olan Aleksios, annesi ve yardımcıları hükmederken ava çıkmaktan ve spor yapmaktan memnundu. Antakyalı Maria kocasının ölümünden sonra bir rahibe manastırına girmeliydi, ancak bu plana uymak niyetinde olmadığı hemen belli oldu. Manuel öldüğünde Maria 35 yaşındaydı ve tarihçilerin, Konstantinopolis'e ilk vardığında onları nefessiz bırakan o uhrevi güzelliğe halen sahipti. Uysalca bir manastırda köşeye çekilmek yerine, kocasının ölümüyle açığa çıkan özgürlük fırsatından yararlandı ve Manuel'in yeğeni Aleksios Protosebastos'u âşığı olarak kabul etmeden önce ona iyilik yapan tüm aristokratlarla flörtleşti.

Dul İmparatoriçe'nin bu utanmaz ve bariz ilişkisi hem sarayı hem de Konstantinopolis halkını dehşete düşürdü. Çift tedbirsizdi. Antakyalı Maria yeni aşkına her türlü politik özgürlüğü tanıdı. Öyle bir noktaya kadar ki İmparator oğlunu, hiçbir yasanın ya da emirin Aleksios Protosebastos'un onayı olmadan yapılmaması için zorladı. Uzun bir süre için Aleksios ile Maria'nın şansı yaver gidiyor gibiydi. Maria, Aleksios Proteosebastos'la evlenerek, "genç imparatorun üvey babası ve tahtın ardındaki güç" olarak onu doğrulayacak gibi duruyordu. Buna yapılan itirazlar oldukça güçlüydü, özellikle de çiftin saraydaki konumları altın karşılığında sattıkları ve diğer Komnenos hanedanı üyelerini tahtın yönetiminden menettikleri aristokrat tarzı hükmetme modeline. Benzer şekilde Maria, Konstantinopolis halkına saygısızca davranıyordu. Şehirdeki Latin halkı ve tüccarları, naif Yunanlardan açıkça kayırıyordu.

Rejim sürdürülebilir değildi ve 1181'de Antakyalı Maria'nın üvey kızı Maria Porphyrogenita, üvey annesine karşı bir isyan başlattı. Bu isyan bir fiyaskoyla sonuçlandı ve birlikçileri ya kaçtılar ya hapsedildiler ya da idam edildiler. Maria Porphyrogenita'nın kendisi ve kocası da Ayasofya'ya sığındılar. Kilisenin korumasında, Justinian'ın büyük kubbesi altında, yazılı emirler yaparak bir kuşatma için hazırlandılar.

Çifti yargılanmaya götürmek üzere yetkililer geldi, ancak çift teslim olmayı reddetti. Kilise ile devlet arasındaki ilişkiler öyle bir boyutta gerilemişti ki 1181'de Paskalya'da kilisenin dışında çatışmalar başladı ve gruplar başarabileceklerini göstererek Latinlerin kanını akıtma yemini ettiler ve Antakyalı Maria ile lanetlenmiş âşığı Aleksios Protosebastos'un sürgün edilmesini talep ettiler. Bu ayaklanma karşısında şaşıran ve korkan Maria ile Aleksios, kalabalığı dağıtmak için imparatorluk askerlerini gönderdi. Şehrin sokaklarında açık bir savaş başladı. İmparatorluk askerleri Maria Porphyrogenita ile en yakın destekçilerinin çevresini Ayasofya'da sardı ve daha da ileri giderek girişini işgal ettiler, ancak en büyük kilisenin içine zorla girip kutsal taşları üzerinde kan akıtmanın halkta oluşturacağı tepkiden korktular. Ayasofya bugün bile dünyadaki en hayranlık uyandırıcı yerlerden biri olarak ziyaretçileri üzerinde derin bir saygı ve hayranlık uyandırmaktadır. Bu kutsal yeri işgal etmeye cüret etmek, Maria için bile aşırı bir adım olurdu.

Böylelikle iki Maria bir açmazın içine girdiler ve Maria Porphyrogenita ile kocası için bir affın dahil olduğu bir barış pazarlığı yapıldı. Antakyalı Maria'nın ve âşığının bu "zaferine" rağmen, Maria Porphyrogenita halen gücü görmezden gelinmemesi gereken halkın desteğini bulunduruyordu.

Ayasofya'da, efendileri Maria Porphyrogenita ile sığınan sadık destekçileri arasında, bir başka Maria daha vardı. Bu Maria'lardan şüphesiz çok fazla olsa da bu Maria'nın, Andronikos Komnenos'un yasal kızı olma ayrıcalığı vardı. Andronikos'un Theodora ile kaçmasından çok önce doğmuştu. Yunan sarayının bir mensubuydu ve Latin-Antakyalı Maria'ya şiddetle karşıydı. Ayasofya'dan kaçışı sırasında bu Maria, babasının Theodora ve genç ailesiyle yerleştiği Sinop'a gitti. Başkentten uzak kalmasına rağmen Andronikos şehrin halkının sevgisine ve desteğine sahipti. Zeki ve cesur bir maceracı olarak yarattığı etki ve ünü ona popülerlik kazandırıyordu. Andronikos için bu şüphesiz, beklenmedik popülariteye yatırım yaparak şehrin kontrolünü ele geçirmek için müthiş bir fırsat olarak göründü. Bir ordu topladı ve şehre ilerledi, hiçbir karşılık görmeden ve onu karşılayan korku içindeki dönekler eşliğinde. Konstantinopolis'in duvarlarına yaklaşırken isteklerini belirtti: Aleksios Protosebastos'ün güçleri elinden alınmalı ve suçlarının cezasını çekmeliydi. Antakyalı Maria zorla bir manastıra kapatılmalı ve İmparator Aleksios kendi hakkı doğrultusunda özgürce hükmetmeliydi.

Protosebastos bu talepleri görmezden geldi, ancak etrafındaki kalkan inmeye başladı. Sonunda kendi adamları tarafından ele geçirilerek Andronikos'a teslim edildi ve günahları nedeniyle halk içinde kör edildi, geri kalan günlerini yalnızlık ve karanlık içinde geçirmek için bir manastıra gönderilmeden önce.

Bunun ardından gelen ise önü alınamayan bir dehşet oldu. Andronikos'un gelişini beklerken Konstantinopolis halkına hâkim olan gerginlik sonunda bir kıyım yağmuruyla salıverildi. Gördükleri her Latini öldürerek sokaklarda ilerlediler. Erkekler, kadınlar, çocuklar, hastalar ve yaşlılar, hepsi bu şiddete kurban gittiler. Hastalar hastanedeki yataklarında katledildi. Latin din adamları özel olarak hedef alındı ve önemli bir Latin rahibin kafası koparılarak caddeler boyunca sürüklenmesi için bir köpeğin kuyruğuna bağlandı. Kaçabilen Latinler ise şehri deniz yoluyla terk ettiler.

Bu noktada Andronikos ile şehrin patriği arasında bir toplantı yapıldı. Andronikos onu saygıyla selamladı, rahiple arasında şahsi bir mesele yoktu. Ancak rahip haklı olarak ona güvenmedi. Andronikos, Genç İmparator Aleksios için desteğinden bahsederken Patrik çocuğun da ölenler arasında olabileceğini söyledi. Bu Andronikos'u, İmparator'un ölümünü kurguladığına dair en fazla suçlayabildiği andı.

Bundan sonra olanlar tam bir trajediydi. Andronikos ona karşı çıkma ihtimali olan herkesi yavaşça ve acımasızca öldürdü. Hem Maria Porphyrogenita'ya hem de Antakyalı Maria'ya görünürde saygıyla davranırken, her ikisi de onun gücü ele geçirerek İmparator Aleksios'un tahtına oturmasından kısa süre sonra ortadan kayboldular. İsyankâr ve hırslı Maria Porphyrogenita ile kocası birbirinden aylar sonra açıklanamayan nedenlerle, büyük ihtimalle zehir nedeniyle öldüler.

Antakyalı Maria ise imparatorluğa karşı, üvey kız kardeşi Agnes'in kocası Macaristan Kralı III. Bela ile komplo kurmaktan dolayı suçlandı. Andronikos onun meselesine yakın duran ve bu lanet olası kadını kesinlikle yargılayacak olan hâkimleri bir araya getirdi. Ve bu göstermelik mahkemenin ardından onu esarete aldı. Maria orada hakarete ve kötü muameleye maruz kaldı, açlık ve korku içinde yaşadı, kendi idamına dair bir hissin etkisi altına girdi. Korkuları doğrulandı çünkü Niketas Khoniates'in anlattıklarına göre Andronikos, Maria'nın genç oğlunu annesinin ölüm emrini yazmaya zorladı, "kendi annesinin kanından bir damlayla". Andronikos hem oğluna hem de kayınbiraderine, hemen aceleyle hücresine gitmelerini ve idamı gerçekleştirmelerini emretti. Ancak her ikisi de ahlaki nedenlerle bunu reddetti; İmparatoriçe'nin bahsi geçen suçlarda masum olduğunu iddia ederek. Bu cevap karşısında öfkesine zar zor hâkim olan Andronikos hemen daha az vicdana sahip kişileri buldu ve bu adamlar Maria'yı boğarak öldürdüler. Niketas Khoniates, Maria'nın ölümünün yasını şu sözlerle tutmaktadır: "Erkekler için tatlı bir ışık ve güzellik olan bu kadın, yakınlardaki bir sahildeki kumlara karanlık içinde gömülmüştü."

Bu ailenin üzerindeki talihsizlik henüz son bulmamıştı. Çok geçmeden Andronikos, Alexios'un naibi olmaktan "ortak imparator" olmaya geçmişti ve bunun üzerinden çok geçmeden de Antakyalı Maria'nın tek oğlu ve Antakyalı Constance'nin torunu Genç İmparator öldürülmüştü. Bir iple boğulmuştu ve cesedi Andronikos'a getirildi. Cesedi parçalara ayrıldı, kafası kesildi ve denize atıldı; hiçbir cenaze ya da yakınma olmadan... Böylece Andronikos "tek imparator" olarak hükümdarlığına başladı. Bu felaketlerle, Kudüs Krallığı'nın Bizans İmparatorluğu'ndan gelmesini umduğu güvendiği destek de sona ermiş oldu.

Constance'nin kızları da Andronikos'un elinde büyük eziyet gördüler. Onun baştan çıkarmasına kurban giden ilk Latin prensesin, şanssız Antakyalı Maria'nın küçük kız kardeşi Antakyalı Philippa olduğu da unutulmamalıdır.

Genç İmparator Aleksios, gençliğine rağmen daha da genç bir Fransız prenses olan Agnes ile evlenmişti. Agnes, Konstantinopolis'e geldiğinde Anna adıyla yeniden kutsanmıştı. Kocasının ölümü sırasında henüz 12 yaşında bile değildi. Andronikos'un sevgilisi Theodora da Antakyalı Maria ile aynı yıl ölmüş, Andronikos'u dul ve yeniden evlenmek için özgür bırakmıştı. Karşı çıkmasına rağmen evinden çok uzaktaki bu küçük kız zorla ondan 50 yaş büyük olan İmparator Andronikos ile evlendirildi. Bu dönemdeki tarihçiler, bu birlikteliğe duydukları tiksintiyi ifade etmekten geri durmamışlardır. Niketas Khoniates: "Henüz on bir yaşını tamamlamış olan bu al yanaklı narin kızla yasalara aykırı bir şekilde evlenmekten utanmıyordu. Pörsümüş, kuvvetsiz yaşlı bir adam ve kırmızı parmaklı kız." diye yazmıştır.

Andronikos kısa süre sonra suçlarının cezasını ödedi. Bu olaylardan sonra kendini beğenmişliği giderek arttı ve kısa süre sonra bu dönek şehir de ondan kurtulmaya kararlıydı. Bir isyan patlak verdi ve bunun sonucunda Andronikos, Konstantinopolis'in en önemli politik arenası olan Hipodrom'da idam edildi.

SELAHADDİN İLE ÇATIŞMALAR
SULTAN İLERLİYOR

Bu sırada, her zaman hassas bir dengede olan Outremer gerçek bir krizin eşiğindeydi. Kral'ın hastalığı ilerliyordu. Selahaddin'le yapılan ateşkes sona ermişti. Bizans İmparatorluğu desteğine ise artık bel bağlanamazdı ve krallık hem Hıristiyanlar ile Müslümanlar arasındaki hem kendi içindeki çatışmalarla huzursuzluk içindeydi.

Selahaddin ile aralarında o güne dek sürmüş olan tedirgin edici ateşkes, 1182 Mayıs'ında sona erecekti. Bu sürenin dolmasıyla Selahaddin, Hıristiyan topraklarında ilerlemeye başladı. Hıristiyanlar, La Forbelet (Belvoir Kalesi) Savaşı'nda Müslümanlara karşı kesin bir zafer kazandı. Bu zafer Hıristiyan askerlerinin ve komutanlarının özgüvenini yerine getirirken, yenilgiler zincirinin başındaki tesadüfi bir zafer olarak görülebilirdi. Savaşta mevcut olan IV. Baudouin de Hıristiyan ordusu da büyük bir cesaret ve dirayet gösterdiler. Yaz güneşi en güçlü halindeydi ve cüzzam hastalığının son dönemlerinde olan genç bir adam bir kenara, herkes için savaş alanında hayatta kalmış olmak büyük ve sembolik bir dayanıklılık ve irade gücüne işaret ederdi. Gerçekten de Kudüs'e geri dönüş sırasında en az bir adamın aşırı sıcaklardan dolayı öldüğü söylenmektedir; Gerçek Haç'ın bir parçasını taşıyan bir keşiş.

Bundan sonra Renadu de Chatillon, orduların başkumandanı göreviyle (IV. Baudouin ile Trablus Kontu III. Raymond'ın aralarının açılmasının ardından üstlendiği bir görev) Kızıl Deniz kıyılarına cesur bir baskın düzenleyerek Mekke'yi yağmalamakla tehdit etti. Topraklarına yapılmış olan bu baskın nedeniyle Selahaaddin, Renaud'a daimi düşmanlık duydu. Bu baskın, La Forbelet Savaşı ve diğer pek çok çatışma, ortaçağ askeri tarihinin ve stratejisinin olağanüstü örnekleridir; bu kitapta bahsi geçen pek çok karakterin kahramanlıklarına ve azimlerine bir bakış sunmaktadır. Bu olayların detaylı anlatımları için Profesör Hamilton ya da Profesör Tyerman'ın eserlerine bakılmalıdır. Çünkü olaylar, bu isimler tarafından uzmanca ele alınmış, erkeklerin eylemleriyle ilgili ilk ve en önemli eserler olmuşlardır. Okuduğunuz bu kitapta ise kadınların eylemlerinden bahsedilmektedir.

1183'e gelindiğinde Baudouin'in cüzzamı ilerlemesini hızlandırmıştı ve artık kör olan Kral öyle korkunç bir şekilde bozulma yaşamıştı ki ne ellerini ne de ayaklarını kullanabilir haldeydi. Daha önce kahramanca yaptığı gibi tekrar ordusuyla birlikte sefere gidemeyecekti ve Selahaddin de pençelerini yavaş yavaş Outremer topraklarına geçiriyordu. Halep'i ele geçirerek konumunu sağlamlaştırdı ve Suriyeli Müslümanları birleştirdi. Outremer'in Hıristiyan Devletleri savaş için hazır hale getirildi. Durumun vahametinin ve kendi yaklaşmakta olan ölümünün farkında olan Kral, bir naibi görevlendirmesi ve varisin garantilenmesi meselelerine karar vermek üzere bir konsil bir araya getirdi. Krallığın en büyük isimleri Kral'ın ölüm döşeğine toplandı; aralarında Trablus Kontu Raymond, Renaud de Châtillon, İbelin Kardeşler ve Guy de Lusignan da vardı.

Guy, bariz varis olarak durduğundan Baudouin'in eli kolu bağlıydı ve sevilmeyen kayınbiraderini naip olarak görevlendirmeye mecbur oldu. Bu daha önce Kral'ın eski naipleri olan Raymond ve Renaud'da olduğu gibi geçici bir durum değil ancak bu kez kalıcıydı, çünkü IV. Baudouin'in yeniden iyileşerek gücü eline alması beklenmiyordu. Kral olma sorumluluğundan çekilmek Baudouin için bir rahatlama ve dinlenme molası olmalıydı, ancak karar bunun böyle olmadığını gösterdi. Willermus Tyrensis, açıksözlülükle Guy'ın hükümeti yönetmek için güç ve bilgelikte eşit olmadığını, bu topraklardaki güçlü baronların yarısının onu hor gördüğü göz önünde bulundurulduğunda bu role uygun olmadığını öne sürdü.

Guy yeni görevine geldiği sırada Selahaddin saldırıları başlattı. Hıristiyan ve Müslüman birlikleri arasında kötü şekilde idare edilen bir açmaz vardı ve Guy yalnızca hırslı bir nankör olarak değil, aynı zamanda zayıf bir lider olarak da gerçek yüzünü göstermeye başladı. Naip olarak ordunun komutanıydı ve onun kişisel olarak sevilmiyor olması, bu dönemde yapılmış çatışmaların çoğunda bölgedeki diğer baronların kritik anlarda onun çabalarını desteklemekte yetersiz kaldıkları anlamına geliyordu. Sonuç olarak, içlerinde Celile'deki bir çekilmenin de yer aldığı kaynak ve enerji israfıyla sonuçlanan pek çok başarısız askeri girişim gerçekleşti.

DİĞER PRENSES

Bu denli tehlikeli iç politikalar patlak verirken ve Kudüs Krallığı kendini savaşa hazırlarken, Kral'ın ailesinde de değişiklikler meydana geliyordu. Kötüleşen sağlığıyla Akka'ya çekilen Agnes de Courtenay sonunda ölmüştü ve entrikaları ise erkek kardeşi Joscelin tarafından devam ettirilmekteydi. Bir nesil sona ererken diğeri olgunlaşıyordu. Baudouin ile Sibylle'nin üvey kız kardeşi Kudüs Prensesi Isabella ise o sırada büyüyordu.

Isabella'nın yaşamı da pek çok prensesinki gibi lüksün kucağında, korunaklı, güvende, vaat ve potansiyel dolu başladı. Annesi Bizans prensesi Maria Komnene, babası ise Kudüs Kralı Amalrik idi. Şerefli soyuna rağmen Isabella'nın hiçbir zaman babasının krallığını miras alması düşünülmedi. Sibylle ile Baudouin'in meşruluğu doğrulanmıştı ve Isabella'nın Kudüs tahtına çıkabilmesinin tek yolu, onların ölümleriyle olabilirdi. Veraset meselesinde Isabella bir ilave ya da ancak alternatifti. Kral'ın ölümünden sonra saraya "Anne Kraliçe" olarak dönen Agnes de Courtenay için bu, tüylerini diken diken etmeye yetiyordu. Agnes de Courtenay ile Maria Komnene düşmanlardı ve her ikisi de öncelikle kendi evlatlarının Kudüs Krallığı'ndaki çıkarlarını korumakla ilgiliydiler. Biri yalnızca ötekinin pahasına öne çıkabilirdi ve Amalrik'in ölümüyle Maria Komnene'nin yıldızı bir kez daha solmaya başlarken, Agnes'inki yeniden ışıldamaya başladı.

Maria, küçük kızıyla Nablus'a çekildi. Ancak çok geçmeden çocuk yaştaki Isabella'yı zorla annesinden ayırmaya, böylelikle annesinin etkisinden ve kontrolünden uzaklaştırmaya yönelik bir karar Kudüs'te verildi. Bu tartışmalı önlem, IV. Baudouin tarafından onaylanan ve belki de Agnes tarafından ayarlanan genç bir lord olan IV. Onfroi de Toron'a verilen sözle gerçekleşti. Transürdün varisi Onfroi, Stephen de Milly ve ilk kocasından olan oğluydu. Agnes'in grubuna sadık olanların etkisi ve kontrolü altındaki, güçsüz ve uysal bir genç adamdı. Isabella yalnızca 8 yaşındaydı, Onfroi ise 15. Böylelikle Isabella, annesinin evinden koparılarak Kerak'ın çöl kalesinde Onfroi ve ailesiyle yaşamaya gönderildi.

Kerak, ailesinden zorla koparılmış küçük bir kız için misafirperver bir ortama sahip değildi. Kale, Frank Suriye'nin en iyi korunan kalelerinden biriydi. Ürdün'ün çöl düzlüklerinin üstlerinde yükseliyordu. Üç yanında dik kayalıklar olan bir vadinin üstündeki platoda yer alan etkileyici büyüklükteki taşlardan oluşan bir dev. 1140'larda Transürdün'ün lordu olan, IV. Baudouin'in bir vassalı, Payen le Bouteiller tarafından yapılmıştı. Konumu stratejik olarak sadece Müslüman topraklarıyla sınır olan bir kale olmasından değil, hem kral yolu hem de Mekke'ye giden hacı güzergâhında olması nedeniyle de önemliydi. Bu da bölgedeki kalenin ticaret ve hac trafiğini kontrol eden benzersiz bir konumda demekti. En iyi şekilde savunulabilir olması ve ona fayda sağlayan bölgenin doğal coğrafi yapısına bakıldığında, Hıristiyan ve Müslüman toprakları arasında bir tampon görevini üstleniyordu. Kudüs'ün soylu mekânlarından ya da surları olmayan Nablus şehrinden dağlar kadar farklıydı.

Isabella çöl kalesine geldiğinde, daha da düşmanca bir ortam vardı çünkü en acımasız yöneticileri tarafından yönetiliyordu: Renaud de Châtillon ile ürkütücü karısı Stephanie de Milly. Renaud, annesi ile evliliği sayesinde Onfroi'un üvey babasıydı. Korkutucu bir üvey baba olmuş olmalı. Genç lordu parmağının ucunda oynatmış olması daha muhtemeldi. Renaud ile Guy'ın bu izdivaç için planlar yapmış olmalı, çünkü Sibylle'nin tek potansiyel rakibini kendi etkileri altındaki bir erkeğe bağlamış oluyorlardı. Emin olmak için bir adım daha ileri gittiler ve genç kızın ne annesi ne de üvey babasıyla iletişime geçmesine izin verdiler. Maria Komnene, Outremer'de büyüyen etkiye sahip bir adam olan İbelinli Balian (Balian d'Ibelin) ile evlenmişti. Böylece Balian büyük bir darbe gerçekleştirmiş ve Dul Kraliçe ile evlenerek büyük bir servet ele geçirmişti. Hem Agnes de Courtenay hem de Guy de Lusignan, bu çiftin etki kalkanını kaldırmak istiyordu ve taht için alternatif varisi de onların emrinden çıkarmak bunun ilk adımıydı.

Isabella üç yıl boyunca Kerak'ta büyüdü. 1183'te, Agnes de Courtenay'ın ölümünü takiben ve IV. Baudouin'in sağlığı gitgide bozulurken, onun Onfroi'ya olan sözünü bir düğüne dönüştürerek bu meseleyi kapatmak için bir plan yapıldı. O zaman Onfroi 18 yaşındaydı ve Isabella ise sadece 11. Damadın üvey babası Renaud de Châtillon, Kerak'ta düğün eğlencelerini yapmak istedi. Outremer'in her yerinden soylular ve eğlendiriciler etkileyici çöl kalesine ulaştılar. Eğlence düşkünlerinin bilmediği üzere Selahaddin de.

Genç Isabella evlilik yeminini ederken Selahaddin'in orduları kalenin dışında hizalanıyordu. Geniş bir ordu ve her türlü kuşatma aracıyla gelmişti; şehri tamamen ele geçirip, içindeki değerli rehineleri ele geçirerek Renaud de Châtillon'a, Mekke'yi tehdit etme cesaretini gösterdiği ve silahsız Müslüman gruplarına saldırdığı için ders vermek istiyordu. Renaud'un kötülüğü kendi döneminde bile efsaneviydi.

Kuşatma düğünü sırasında mancınıklar ve toplar şehrin savunmalarını yıkarken genç çiftin güvenliğinden endişe eden şatonun sahibesi, damadın annesi, sert Stephanie de Milly, kuşatan sultana büyük bir ev sahipliği gösterdi. Düğün ziyafetinden lezzetlerin Selahaddin'e bir hediye ve saygı ibaresi olarak gönderilmesini ayarladı. Kendi doktorlarını Cüzzamlı Kral'ı incelemesi için gönderen, nezakete hep düşkün olan Selahaddin, bu hediyeyi sıcak bir şekilde kabul ederek askerlerine, genç çiftin düğün gecesi kalacakları kuleye saldırmamalarını emretti.

RÜZGÂRIN DEĞİŞİMİ

Şehrin savunması Renaud tarafından baştan savma yapılmıştı ve Kral, krallığın yönetimini ayarlamak ve Kerak'ı kurtarmak için bir konsili bir araya topladı. Bu, Kral'ın kendi sarayı içindeki bariz bir değişikliğe işaret ediyordu. İçinde Renaud ve Guy'ın olduğu, ölmüş olan annesinin grubundan çıkarak tüm kalbiyle Trablus Kontu Raymond'a, İbelinlere ve onların grubuyla müttefik olan asillere geçmişti. Bu karar belki de her şeyden çok daha açık bir şekilde Agnes de Courtenay'ın oğlu üzerindeki etkisini anlatmaktadır. Baudouin, yalnızca annesinin ölümünden sonra gücü onu gerçekten hak edenlere verebilmişti. Annesi yaşarken, Guy de Lusignan'ın umursamaz davranışlarına karşı kör durumdaydı ancak artık sis perdesi kalkmıştı.

Kötüleşen sağlığı ve şüphesiz Sibylle'nin karşı çıkmalarına rağmen, IV. Baudouin Guy'ı naiplikten çıkardı ve krallığın zincirlerini tekrar, çürümekte olan ellerine aldı. Ölmekte olan cüzzamlı Kral'ın ata binememesi ve neredeyse kör olması gerçeğine rağmen hayatının baharında olan asil bir adam olan Guy'a kıyasla hükümeti yönetmek için daha uygun görüldüğü gerçeği, Guy'ın yeteneksizliğine dair resmi bir kanıttı ve bu adamın artık krallığın varisi olarak Kral'ın seçimi olmadığını açıkça belirtiyordu.

Politika ve kişilikler bir yana Guy, kendini önceki yıllarda beceriksiz bir general olarak kanıtlamıştı ve Kral, Kerak Kuşatması'nı kaldırmak üzere etkin bir lideri gönderme ihtiyacındaydı. Doğuştan bir prenses ve babasının birkaç kıymetli varisinden biri olan kız kardeşi Isabella ise içeride kapana kısılmıştı.

Baudouin, ailesinin ve krallığın geleceğiyle ilgili riskler almaya bir son vermişti. Guy'ın hakkı doğrultusunda gücü elde etmesini önlemeyi garantilemek adına bazı adımlar atarak, Sibylle'nin William Montferrat ile olan evliliğinden olan oğlu Baudouin'i "ortak kral ve seçilmiş varisi" olarak görevlendirdi. Bu adım öyle mühimdi ki, seremoni tamamlanıncaya dek Kerak'a bir kurtarma kuvveti göndermeyi erteledi. Bu noktadan sonra IV. Baudouin ve V. Baudouin birlikte "kutsanmış ortak krallar" oldular.

IV. Baudouin'in krallığını korumaya çalışmak adına bir sonraki hedefi ise Sibylle'nin Guy ile olan evliliğiydi. Eğer ölerek çocuk yaştaki kral yeğenini yalnız bırakacak olsaydı, ki durumu göz önünde bulundurulunca bu çok olasıydı, o zaman Guy ile Sibylle Kral'ın üzerinde etki kurmak ve hükmederken onu bir kukla gibi kullanmak için rahat bir konumda olacaklardı. Karşı çıktığı kız kardeşi Sibylle'nin etkisi değil, Guy de Lusignan'ınkiydi. Gizli bir suikast girişimini saymazsak, Guy'ı ortadan kaldırmanın en iyi yolu, Sibylle ile olan evliliğini sonlandırmaktı. Kral bunun kilise hukukunda nasıl kılıfına uydurulabileceğine dair Kudüs Patrikliği'nden tavsiye istemeye başladı. Ancak bu uzun süreli bir plandı ve en acil, baskıcı konu ise Isabella ile yeni kocasının halen Renaud de Châtillon ve halkıyla içeride kapana kısıldığı Kerak'ın kurtarılmasıydı.

Ordu, Kerak'a doğru harekete geçti ve Baudouin üstün gayretlerle şehrin duvarlarına kadar savaş sahibine bizzat eşlik etti. Kuvvetlerine liderlik etmek ve yanlarında savaşmak için çok hasta olan Baudouin, Trablus Kontu Raymond'ı kumandan olarak görevlendirdi ve onu saldırının başına aldı. Böyle bir savaş olmadı, çünkü yaklaşan orduyu ve Raymond'ın sancağını gören Selahaddin oradan uzaklaştı. Kerak daha fazla kan akmadan kurtarıldı, Genç Prenses'in güvenliği de garanti altına alındı. Küçük kız kardeşi güvende olan Baudouin, dikkatini artık büyük kız kardeşini uygunsuz kocasından kurtarmaya verebilirdi.

Baudouin'in dikkate almadığı şey ise Sibylle'nin Guy'dan kurtulmak istemediği ve bu çabalarına direneceğiydi. İkinci kocasına tapıyordu ve onu elinde tutmak için savaşmaya hazırdı. Agnes'in ölümünden sonra bile onun izinde giden Agnes'in eski müttefiki Patrik Heraklius, görünen o ki Kral'ın evliliğini bitirme çabalarına dair Guy'ı uyarmıştı. Kerak'ın kurtarılmasından sonra Guy Askalan'a kaçtı ve Sibylle'yi yanına gelmesi için çağırdı. O ise içinde bulundukları tehlikeyi anlamış olmalı ki hızla kocasının yanına gitti.

Kral Baudouin, çifti evliliklerinin geçerliliğinin konuşulması için Kudüs'e mahkemeye çıkmak üzere çağırdı. Ancak Guy ile Sibylle, Guy'ın kötü durumdaki sağlığını ileri sürerek onun bu çağrısını reddettiler. Onların yokluğunda evlilik iptal edilemezdi. Bu yüzden hasta Kral, kendisini bir sedyenin üstünde Askalan'a taşıttırarak içeri girmeyi talep etti. Guy şehrin kapılarını Kral'a kapattı. IV. Baudouin, Kudüs Krallığı adına fiziksel olarak kapıyı çaldı ancak yine de içeri girmesi reddedildi. Bu bariz bir başkaldırıydı ve müsamaha gösterilemezdi. Kral hemen Guy ile Sibylle'nin elinden Yafa'yı aldı. Guy'a doğru ordusuyla ilerleyerek onu Askalan'da kuşatmak üzereyken, konsilin itirazları üstün geldi ve tahrip edici bir iç savaşın önüne geçildi.

Bu müsamahaya rağmen Sibylle'nin kocası bir kez daha sınırı aştı. Kral'ın çağrılarını reddetmekle ya da Sibylle'nin şehri Askalan'a girmesini engelleyerek onun otoritesini delmekle kalmamış, daha da ileri giderek barışı bozmuştu. Savaşçı olmayan Bedevi karavanlarının, kraliyet izniyle Outremer topraklarından rahatsız edilmeden geçmesine izin verilmişken bu ilk karşı gelmeden kısa süre sonra Guy bu karavanlardan birine saldırdı. Bu, arkadaşı Renaud de Châtillon'un yapacağı bir şeydi. Kral'ın zaten yıpranmış sabrı tükendi ve Guy'ın düşmanı Trablus Kontu Raymond'ı naip olarak görevlendirerek ona krallığın komutasını verdi.

Willermus Tyrensis'in, yazmayı mutsuzluk ve ilerlemiş yaşından dolayı bırakmasından önce tarih anlatısında bahsettiği son olay budur. Muhtemelen 1186 yılına dek yaşadı, ancak 1184'ten sonra tarihi daha fazla yazmadı. Sevdiği krallığın sonunu öngörmüştü ve daha fazla onun mahvoluşu hakkında kayıt tutamadı. Raymond'ın bilgeliğinin, krallığın kurtarılmasını sağlayacağına dair umudunu belirtmişti.

Selahaddin1184 yazında Kerak'a yeni bir saldırıda bulundu, öncekiyle az çok aynı sonuçlarla. Eylül'de Nablus'a saldırdı. Amalrik'in dul eşi Maria Komnene ile evlenen şehrin hâkimi İbelinli Bailan ortada yoktu, bu nedenle karısı şehrin yönetimini ele aldı. Destek kuvvetin gelerek şehrin kurtarılmasına dek şehir sakinlerinin yaşamlarını, onları kale içinde güven altında tutarak korudu.

Selahaddin'in kuvvetleri toparlanırken ve Kral'ın sağlığı zayıflamışken, Baudouin bir kez daha acil bir konu olan varis meselesini tartışmak üzere konsilini topladı. Konsil duyurdu: "Çocuk taç giydiğinde üvey babasının naiplik yapmasını dilemiyoruz çünkü bir krallığı yönetmek için ne bilgiye ne de beceriye sahip olacaktır." Guy'ı zaten naiplik görevinden alarak Sibylle ile ayırmaya çalışan ölmekte olan Kral, buna tüm kalbiyle katılıyordu. Konsile V. Baudouin için bir naip seçmelerini söyledi ve onlar da bunun Trablus Kontu Raymond olması gerektiğini doğruladı. Konsil, Sibylle'nin oğlu uygun yaşa gelinceye dek onun adına hükümeti Raymond'ın yönetmesi konusunda anlaştı. Bu akıllıca bir hamleydi, eğer Guy'ın güç için on yıllık bir dönemde yaptıklarını defetmesi gerekiyorsa sağlam ve keskin bir akla sahip olan bir adamı bu göreve seçmelilerdi.

Bu kararlar, mevcut lordların Raymond'a ve küçük yaştaki ortak kral V. Baudouin'e saygılarını sunmalarıyla doğrulanmış oldu. Ortak kral ve varis olarak konumunu doğrulamak için oğlana törensel bir taç giydirildi ve İbelinli Balian'ın omuzlarında taşındı. Bu, krallıktaki güç kaymasına dair fiziksel bir metafordu; bu noktadan itibaren oğlanın, üvey babası Guy yerine Trablus Kontluğu ile İbelinler tarafından yetiştirileceği ve tavsiye edileceğini belirtiyordu. V. Baudouin'in bir erkek varisi olmadan ölmesi durumunda ise İngiltere, Fransa ve Almanya krallarının Papa ile tartışarak, Sibylle'nin mi Isabella'nın mı varis olacağını seçmeleri konusunda karar kılındı.

Guy'ın müdahaleci etkisinden ve annesinin grubundan onları koruyarak kırılgan durumdaki krallığının geleceği için en azından uygun ayarlamalar yaptığına inanan Kudüs'ün cüzzamlı kralı IV. Baudouin, Nisan1185'te öldü. Krallığı dönemindeki şahsi gücü ve dirayeti dikkate değerdi, hatta belki de benzersizdi. Krallığı yönetme görevinden asla vazgeçmedi. Saygın eğitmeni Willermus Tyrensis şunları yazmıştır: "Bedeni zayıf ve güçsüz olsa da ruhen güçlüydü ve hastalığını gizlemek, krallığın yükünü omuzlamak için insanüstü bir çaba sarf etti."

CÜZZAMLLI KRALIN VARİSİ, SIBYLLE'NİN OĞLU

Cüzzamlı Kral'ın ölümü bir felaketler heyelanını başlattı. IV. Baudouin'in varis için titizlikle işlenmiş stratejisi iki yıldan kısa bir süre içinde çöktü. Çocuk Kral V. Baudouin, naibi Trablus kontu Raymond ile planlandığı gibi başa geçti. Ancak kral olarak geçirdiği bir yıl yedi aydan sonra, dokuz yaşındayken Ağustos 1186'da Akka'da öldü.

Bunun tam olarak nasıl meydana geldiği bilinmediğinden suikast dedikoduları hızla yayıldı. Jakoben tarihçi Thomas Fuller'in iddiasına göre Sibylle kendi oğlunu öldürdü. Yine geniş bir çevre tarafından Sibylle'nin kötücül olduğu ve kendi çıkarı için oğlunu öldürttüğüne inanılıyordu. Fuller şunları yazmıştır: "Sibylle (...) Raymond'u yenebilmek için, önce kendi içindeki tüm sevgiyi sonra da zehirle oğlunu öldürttü; böylece kendi hakkı olan taht kocası Guy'a geçebilecekti." Fuller'ın iddiaları dikkatle araştırılamazdı, çünkü bunları doğrulayacak kanıtlar yoktu. Pek çok yüzyıl sonra bir başka ülkede bunları yazan Fuller'ın bu fikre nereden kapıldığı bilinmiyor, çünkü döneme dair kayıtların hiçbirinde Sibylle'yi eleştirenlerde bile buna dair bir bilgi bulunmuyor. O nedenle bunun yalnızca varsayıma dayalı olması muhtemeldir.

William Newburgh, zehrin söz konusu olduğunu ancak V. Baudouin'in en yakın erkek akrabası olarak tahtı kendi için ele geçirme niyetinde olduğu iddiasıyla Trablus Kontu Raymond'ın katil olduğu konusunda hemfikirdi. Bu aynı zamanda pek mümkün değil gibi görünüyor. Trablus Kontu Raymond, çocuğun on yıl boyunca naibi olarak yasal yollarla görevlendirilmişti; zaten her anlamda krallığı o yönetiyordu. Hatta V. Baudouin'in ölümü, Raymond'ın konumunu belirsizliğe sürüklüyordu.

Ortaçağ tarih anlatılarında ani ölümleri zehre bağlamak gibi bir eğilim vardı. Willermus Tyrensis'in de sonunda düşmanları tarafından zehirlendiği iddia ediliyordu. Bugün çok yaşlı biri dışında birisinin ani ölümüne şüpheli yaklaşılırken, o günlerde öyle değildi. Çünkü ortaçağ döneminde ölüm oranları oldukça yüksekti ve yaşam süresi beklentisi bariz bir şekilde azdı.

Benzer şekilde, sorunlu ya da isyankâr kadınları Medea[11] ya da şirret olarak görme eğilimi de vardı. Erkek hâkimiyetine dair doğal düzene karşı çıkan ya da olayları yazarak belgeleyen erkek din görevlilerini sinirlendirmeyi başaran kadınlar, aykırı ya da dengesiz olarak görülüyordu ve politik kazanç için bir annenin çocuğunu öldürmesinden daha aykırı ne olabilirdi ki? Hem Sibylle hem Raymond'a yapılan suçlamalar, düşmanları ve eleştirenleri tarafından yapılan iftira kampanyaları gibi durmaktadır.

---

11 Yunan mitolojisinde Güneş tanrısı Helios'un torunudur ve antik dünyada büyücü olarak bilinmektedir.

Küçük V. Baudouin, yaslı annesi tarafından yaptırılan özenli bir tabut içinde Kutsal Mezar Kilisesi'nde atalarının mezarları yanına gömüldü. Cenaze töreni Kudüs Patriği Heraklius tarafından yürütüldü; annesi, üvey babası ve torununun çıkarlarını korumak adına Doğu'ya gelen dedesinin katılımıyla yapıldı. Bu oldukça küçük bir asil grubuydu. Kralların cenazeleri genelde çok daha büyük bir oranda asillerin katılımıyla gerçekleştirilirdi, özellikle de Kral'ın akrabalarıyla. Trablus Kontu Raymond, üvey kız kardeşi Isabella ve İbelinler şüpheli bir şekilde cenazede yoklardı.

V. Baudouin'in ölümünü takiben, krallık yeniden ikiye bölündü. Sibylle'nin, çocuğunun yasını tutacak çok az zamanı oldu. Zira asiller, Trablus Kontu Raymond'ın liderliğinde onlara karşı harekete geçmişlerdi bile. Küçük Kral'ın cenazesine katılmak yerine Raymond, asilleri, Sibylle, Guy ve onların destekçilerini de dahil olmak üzere Nablus'a çağırtmıştı. Bu toplantı, hararetle tartışılan varis meselesine karar vermek için yapıldı. Raymond en sonunda açıkça taht için oynuyordu, ancak planları sonuç vermedi. Sibylle'nin mirasında gözü vardı ve onu almak için planlar yapıyordu. O ve destekçileri, Raymond'ın Nablus'a çağrılarını görmezden geldiler ve oğlunun cenazesi için kısa süreliğine Kudüs'teyken şehre bir birlik yerleştirdi, tüm destekçilerini orada ona eşlik etmeye davet etti. Annesi Agnes iki yıl önce öldüğünden bu grup Guy, Renaud de Châtillon, Patrik Heraklius, Templier ve Hospitalier üstadlarından oluşuyordu. Sibylle, bir savaşa hazırlanıyordu.

V. Baudouin'in cenazesi için Kudüs'te toplanan tüm ileri gelenler Sibylle'nin taht için daha büyük hakkı olduğunda hemfikirlerdi ve orada olmayan baronların rızası olmadan Kraliçe'ye taç giydirmeyi teklif ettiler. Bu ise V. Baudouin'in çocuksuz bir şekilde ölmesi halinde İngiltere, Fransa ve Almanya krallarının beraberlerinde Papa ile hangi kız kardeşin tahta geçmesi gerektiğine dair karar vermeleri konusundaki anlaşmanın doğrudan ihlali anlamına geliyordu. Yasaya dair bu açık saygısızlık karşında öfkelenen Raymond ve destekçileri, taç giyme törenine katılmayı reddederek Sibylle'yi devre dışı bırakmak için bir plan oluşturmaya başladılar.

Sibylle'nin destekçileri *onu* kesinlikle desteklemekle beraber, Guy'ın kafasına bir taç yerleştirilmesinin onu krizdeki bir krallık için uygun bir lider yapacağına dair inançları konusunda iyimser değillerdi. Gerçekten de Sibylle'nin destekçilerinin bile Guy'ın hükümdar eşi olarak dahi görev yapmasına izin vermenin felakete sebep olacağını kabul ettikleri açıktı. 22 yıl önce babası Amalrik'e de yapılan benzer bir teklif, baronlar tarafından Sibylle'ye yapılmıştı. Kudüs Krallığı'nın tahtını ancak Guy ile boşanmaya razı gelirse alabilirdi. Sibylle ise kızlarının meşru olarak kabul edilmesi, Guy'ın krallığın bir soylusu olarak topraklarını elinde tutması ve bir sonraki kocasını bölgenin asilleri arasından seçmesine izin verilmesi şartıyla buna razı geldi. Bu usule uygun şekilde kabul edildi, Guy kadar hiç kimsenin kral olarak daha beceriksiz olamayacağına dair hemfikirlerdi. Böylelikle Sibylle'nin taç giyme töreni için hazırlıklara başlandı.

Sibylle'nin taç giyme töreni belki de Kudüs Kraliçeleri arasındaki en dramatik dönemlerden biriydi. Bir kraliyet mensubunun taç giymesi kutsaldı; o ana dek ölümlü olan birinin kutsal ritüellerle Tanrı'nın yeryüzündeki bir aracına dönüştürüldüğü ve dini otorite için kutsal yağla kutsandığı an. Outremer'de din, toplumun temelini oluşturuyordu. Sibylle'nin hükmedeceği topraklar dini sebeplere dayandırılarak kana bulanmıştı ve sınırlarını tehdit eden düşmanlar da dini düşmanlardı. Bu ritüelin resmiyetine olan inanç ve meydana gelen değişim saftı. Kutsal yağ Sibylle'ye dokunduğunda ve taç kaşları üstünde yerini aldığında, sarayında yenilmez konuma gelerek mutlak otoriteye sahip olmuştu. Diğerleri kraliçelik hakkı üzerine tartışsalar da, bir kez tacı giyince iş bitmişti.

Bu kadar da değil, ayrıca ilk defa bir kadın yanında kocası olmadan kendi hakkı doğrultusunda taç giydiği için de Sibylle'nin taç giymesi öngörülmez bir öneme de sahipti. Melisende kendi veraset hakkı doğrultusunda taç giymişti ancak iki erkekle beraber: kocası ve oğluyla. Diğer kraliçeler, kocalarıyla beraber "hükümdar eşi" olarak taç giymişti. Ancak burada Sibylle, "evli olmayan kadın bir kraliyet mensubu" olarak ve kendi eşini seçme gücünü elinde bulundurarak bir emsal oluşturuyordu.

Kraliçe olarak ilk işi, baronları üzerindeki özerkliği ve gücü çarpıcı şekilde vurgulayan cesurca bir eylemdi. Neredeyse yağın tenindeki gücünü ve annesinin eski müttefiki Kudüs Patriği tarafından yerleştirilen tacı başında hisseder hissetmez, Sibylle ayağa kalktı. Kutsal Ruh'un merhametine yalvardı ve yüksek sesi Kutsal Mezar Kilisesi'nin yankılı koridorları boyunca çınladı; en büyük destekçileri bu mucizeye tanık olmak ve ona saygılarını sunmak için bir araya gelmişken. Duyurdu: "Ben Sibylle, kendime eş olarak daha önce kocam olan Guy de Lusignan'ı seçiyorum."

Baronlar bu sözleri duyduklarında bir kıyamet kopmuş olmalı. Yeni kraliçelerine ve kendilerine anlaşmanın maddeleri içinde bunu önlemedikleri için lanet okumuş olmalılar. Sibylle gerçekten de çok kurnaz davranmıştı. Yalnızca ülkenin baronları arasından bir sonraki kocasını seçmesine izin verilmesini sağlamakla kalmamış, aynı zamanda Guy'ın Yafa ve Askalan'ı elinde tutmasına izin verilmesini sağlayarak onun bir baron olarak kalmasını garanti altına almıştı. Dahası, boşanmasından sonra çocuklarının meşruluğunun devam etmesi konusunda ısrar ederek "kocasıyla yollarını ayırmakta olan kadın" rolünü iyi oynamıştı; böylelikle ilerlemek için boşanma niyetinde olan bir kadın görünüşü sergilemişti. Aracı olduğu anlaşma şartlarıyla Guy'ı seçme hakkı vardı: Ustaca bir açık yaratmış ve taç giyme töreninde zaferle on ikiden vurmuştu.

Şüphesiz kelimelerini bölen yaygara sırasında Sibylle konuşmasına devam etti ve son darbeyi vurarak şunları söyledi: "Değerli bir adam ve her yönden düzgün bir karaktere sahip. Tanrı'nın yardımıyla insanlarına iyi hükmedecektir. O yaşarken Tanrı huzurunda yemin ederim ki başka kimse olmayacaktır. İncil'de yazıldığı gibi; 'Tanrı'nın birleştirdiğini kimse ayırmasın.'"

İncil'den bu alıntıyı tercih etmesi özel olarak dikkate değer. Sibylle'nin Beytanya'da yetiştirilen bir manastır kızı olduğu ve oraya benzer şartlarda, babasının annesinden boşanmaya onay vermesi ve Kudüs tahtını kendisinin alması için onu uzağa gönderdiğini unutmamalıyız. Bu cesur beyanıyla Sibylle, babasının ahlaki gevşekliğine dair yargı dağıtıyor görünmektedir ve Kudüs Krallığı içindeki atalarına da.

Hakkı vardı. Bir Hıristiyan Krallığı'nın krallarının, İsa'nın yasalarını taht için görmezden gelmesi riyakârca değil miydi? I. Baudouin de eşlerine olan muamelesinde hemen hemen aynı suçu işlemişti. O kelimeleri söylerken Sibylle'nin ölmüş annesini düşünüyor olması da mümkündür. Agnes'in desteği kaybetmesi, iki kadının da yaşamını kötü etkilemiştir. Pek çokları gibi Sibylle'nin oğlan kardeşinin korkunç hastalığının, babasının Agnes'tan boşanmasına ve annesi yaşarken başka birini eş olarak kabul etmesine dair Tanrı'nın verdiği bir ceza olduğuna inanılıyordu.

Sibylle sadece Guy için değil, aynı zamanda annesi ve Tanrı'nın yasaları için de aşkını ilan ediyordu. Evlilik yeminlerini önemsediğini, Guy'a boyun eğdiğini ve itaat edeceğine dair söz verdiğini açıkça belirtiyordu. Taç giyme töreni, oğlunun yalnızca birkaç günlük olan mezarından ve ondan biraz daha önce yapılmış erkek kardeşinin mezarından yalnızca birkaç metre ötede gerçekleşti. Elinde kalan tek kişinin Guy olduğunu bilerek, parçalanmış olan ailesini düşünüyor olmalıydı.

SIBYLLE'NİN HÜKÜMDARLIĞI VE KRALLIĞIN ÇÖKÜŞÜ

Sibylle'nin hükümdarlığının ilk özerk eyleminin, onun son eylemi de olması muhtemel. Hükümdarlığı sırasında ne derecede hükmettiği tartışmaya açık bir konu. Ortaçağ kraliçeliği ve kadın politik eylemlerinin gerçekliğine ve doğasına dair konuyu gündeme getirmektedir.

Kendi taç giyme töreni sırasında yaptığı şekilde tacı Guy'a sunmasıyla Sibylle, görünüşe göre kendi gücünü ona devretmişti. Hükümdarlığının başlarında tamamen onun etkisinde olduğu görülmektedir. Guy'ın karısı üzerinde güçlü bir hâkimiyeti vardı. Onlarınki eşitler arasında bir aşk mı, yoksa kontrol edici ve kışkırtıcı bir ilişki miydi bilinmiyor. Her durumda, Guy kendi çıkarlarına göre hareket ediyor gibiydi ve krallığa tek başına hükmetmek istiyordu. Sibylle'nin hükümdarlık döneminden, Sibylle'nin adı olmadan yalnızca Guy'ın ismiyle çıkan fermanlar var. Ancak Guy olmadan yalnızca onun tarafından verilmiş hiçbir ferman bulunmuyor, bu da Guy'ın ilişkilerindeki baskın taraf olduğunu önermektedir. Bu, Melisende'nin hükümdarlığından kalan belgelerle taban tabana zıttır. Guy'ın otoritesinin kaynağı olmasına rağmen Sibylle'nin gerçek gücü elinde tuttuğu anlamına gelmiyordu. Güç hükmedebilme yeteneğine, otorite ise hükmetme hakkına eşti. Taç giyme töreninin ardından Sibylle'nin hükmetme hakkı vardı, ancak pratikte hükümdarlığı süresince gerçek bir güç göstermiş olması az rastlanır bir durumdu. Diğer yandan büyükannesi olan Kraliçe Melisende ise oğlu III. Baudouin yaşını doldurduğunda artık şüpheli bir otorite hakkı olmasına rağmen Kudüs Krallığı'nda büyük bir gücü elinde bulunduruyordu.

Sibylle'nin muhalifleri ne taç giymesinden ne de Guy'ı hükümdar eşi olarak seçerken çevirdiği işlerden etkilenmişlerdi ve açık bir şekilde hem ona hem de karısına karşı geldiler. Trablus Kontu Raymond ve müttefikleri Nablus'ta, 15 yaşındaki Isabella'nın ve 21 yaşındaki eşi Onfroi de Toron'un tahta çıkarmalarını sağlayacak bir isyan planlamaya başladılar. Bu entrikanın başarılı olma şansı yüksekti, ancak hesaba katmadıkları şey ise Onfroi de Toron'un zor beğenirliliğiydi (ya da öngörüsü). Bu plan oluşturulduğu sırada Onfroi karanlıkta Nablus'tan kaçtı ve büyük bir aceleyle Kudüs'e doğru at sürdü. Oraya vardığında Kral ve Kraliçe ile görüşmek için yalvardı, suikast planını itiraf etti, bağışlanmak için yalvardı ve Sibylle ile Guy'a bağlılık yemini etti. Raymond'ın darbe teşebbüsü daha başlamadan sona ermişti ve Kudüs'te hükümetin başında Guy kalmıştı.

Sibylle ile Guy'a bağlılık yemini etme düşüncesini hazmedemeyen ancak şimdilik yenilgiye uğramış olan Trablus Kontu Raymond, kendi topraklarına geri döndü. Açıkça bir hain ve bağımsız biri olarak kalırken, için için yanan bir ayaklanma ateşini barındırıyordu. Guy bunu görmezden gelemezdi, aksi halde diğerleri ona karşı ayaklanarak Kudüs Krallığı'nı iç savaşa sürükleyebilirdi ve konumunu gittikçe sağlamlaştıran Selahaddin'in varlığında böyle bir şeyi göze alamazlardı. Ekim 1186'da Guy, Raymond'a karşı harekete geçti ve topraklarını elinden almak üzere Raymond'ın Tiberya'daki kalesine ordularına liderlik etti; kralına bağlılık yemini etmeyi reddetmesine dair yasal bir dayanakla.

Raymond'ın Tiberya'daki Kudüs ordusuna karşı koyacak kaynaklara sahip olmamasıyla Guy açıkça bunun kolay bir operasyon olacağına inanıyordu. Çaresiz önlemlere zorlanan Raymond, ailesinin mazisinde ilk kez olmayacak şekilde topraklarını kaybetmekten kurtulmak için Müslüman bir hâkimle ittifak kurmaya karar verdi. Destek için ulaştığı lider ise Selahaddin'den başkası değildi.

İlerleyen dönemlerdeki tarihçiler ve Raymond'ın zamanındakiler, benzer bir şekilde bunun bir ihanet suçu olduğunu belirttiler ancak aynı zamanda Raymond'ın Guy'a bağlılık yemini etmemesi de öyleydi. Ne Sibylle'ye ne de Guy'a bağlılık yemini etmişti ve tahtı yasal olmayan şekilde ellerinde tuttuklarını iddia etmişti. Bunun dışında ikisinin, hem açgözlü hem de beceriksiz olduklarına inanıyor ve krallığın felaketini getireceklerini ileri sürüyordu. Guy'ın emirlerine uymayı reddetmesine dair sebeplerine rağmen, Selahaddin'in ordularının topraklarına kontrol edilmeden girmelerine izin vermesi şok ediciydi. Guy'ın ise Celile'den çekilmekten başka seçeneği yoktu.

Kudüs ile Trablus arasındaki açmaz aylar boyunca kapanmadı ve yalnızca Kudüs Krallığı'na yaklaşmakta olan felaket sonucunda oldu. 1187'de Selahaddin çok daha büyük bir işgale hazırlanarak ordularını, işbirliği anlaşmalarının bir parçası olarak Raymond'ın topraklarından hiçbir engelle karşılaşmadan geçirdi. Bu nedenle paniğe kapılan ve Raymond'ın yardımı olmadan içinde bulunduğu tehlikenin farkında olan Guy ateşkes şartlarını konuşmak üzere elçiler gönderdi. Şaşırtıcı olmayan şekilde, bu elçiler soğuk bir şekilde karşılandı ve Raymond yalnızca 1 Mayıs'taki Cresson Savaşı'nda Haçlı ordularının aldığı korkunç yenilgiyi takiben Outremer'in iyiliği için Guy'ın hâkimiyetini kabul etmeye razı geldi. Bu savaş, çoğu askeri geçmişe sahip yüzden fazla şövalyenin ve yüzlerce piyadenin olduğu bir Hıristiyan ordusunun yok oluşuna tanıklık etti. Yalnızca dört şövalye sağ kalabildi.

Cresson'daki bu yıkım 4 Temmuz 1187'de Hıttin Savaşı'nda olacakların yalnızca bir ön hazırlığıydı. Çorak ve kurak savaş alanında, Sibylle'nin Guy'ı eş olarak seçmesinin sonuçları açığa çıktı. Hıttin Savaşı, Doğu'daki Hıristiyan ordularının yok edilmesini belirleyen ve sonunda Kutsal Kudüs Şehri'nin kaybedilmesiyle sonuçlanan bir toprak kayıpları halkasını ve yenilgileri başlattı.

Selahaddin'in birlikleri krallıkta hızla ilerlerken, Hıristiyanların onunla yüzleşmek için bir strateji oluşturması gerekiyordu. Guy, 1.200 şövalye ve yanında sayısız piyadenin olduğu orduları Saffuriye'de topladı. Tarihçi Ernoul, Hıttin'deki Hıristiyan varlığının toplamının 40 bin adam olduğunu tahmin etmektedir. Selahaddin'in ilk hamlesi, ilerleyerek Trablus Kontu Raymond'ın karısı Eschiva ile olan evliliği sayesinde edindiği Taberiye Kalesi'ni kuşatmaktı. Toprak yalnızca Eshciva'nın kendisi ve küçük bir tabur tarafından korunuyordu, dört yetişkin oğlu da Guy'ın ordusunda Raymond'ı destekliyorlardı.

Taberiye ile olan bariz bağları ve sorumluluğuna rağmen Raymond bunun beyhude bir çaba olacağına inanarak yine de Selahaddin'in ordularına orada saldırmayı tavsiye etmedi. Tuzağa düşmüş karısına karşı göstermediği kahramanlık nedeniyle ciddi bir şekilde azarlandı ve yeni tanıdığı kralı tarafından reddedildi. Şans bu ya, Eschiva Taberiye Kuşatması'ndan yüzünün akıyla çıktı ve Selahaddin şehri kuşatırken o ve halk canlarını kurtararak kaçtılar.

Guy, Hıristiyan ordusunu Taberiye'ye, Celile'ye ve en önemlisi sudan uzağa taşıdı. Yolculuklarına ara vermeye zorlandılar, bir gece tükenmiş ve susamış halde meşhur "Hıttin Boynuzları" olarak bilinen tepelerin gölgesinde gece karanlığında kamp yaptıkları sırada, Selahaddin'in kuvvetleri onlara saldırdı. Hıttin Boynuzları, Taberiye'nin güneyinde sönmüş bir volkanın iki tepesiydi ve bu dağların gölgesinde Kudüs ordusu son gecesini geçirdi. Yazın en sıcak günleriydi ve zaten çorak olan topraklar kuru çimlerle kaplıydı, böylece Selahaddin'in adamları karanlıkta gizlice girdiler ve konumlandılar. Hava duman ve ateşle doluydu; o ortamda, kaosta ve orayı ele geçiren karanlıkta, Hıristiyan şövalyeleri cehennemin içinde olduklarını hissetmiş olabilirler. Pusuya düşürülmüş, dumanla boğulmak üzere olan ve karanlıkta kör olan askerler Selahaddin'in ordusunu kamptan geri püskürtemediler. Gökyüzünde güneş doğmaya başlamış olsa da toparlanmayı başaramadılar: O gün Hıristiyan ordusunun neredeyse tamamı katledildi. Orduyla birlikte bir sembol olarak taşınan Gerçek Haç kaybolmuştu ve binlerce kişi can vermişti. Hıristiyan liderlerden yalnızca İbelinli Balian ile Trablus Kontu Raymond, o arbededen sağ çıkabildiler.

Sonuç bu bozgun Outremer boyunca şok, panik ve çaresizliğe neden oldu. Outremer Hıristiyanları geçmişte bazı yenilgiler ve başarısızlıklarla karşılaşmışlardı ancak bu farklıydı. Bu nihaiydi. En değerli eşyaları olan Gerçek Haç kaybolmuştu ve tüm orduları yok edilmişti. Outremer'in kalelerinin artık kendilerini kıyıyı geçmekte olan Selahaddin'in ordularına karşı savunmalarına dair en ufak bir ümit dahi yoktu. Savaş alanından kaçmasına rağmen Trablus Kontu Raymond, bu yenilgi karşısında öyle perişan oldu ki savaşın üzerinden çok geçmeden öldü. Tüm emelleri Kudüs Krallığı üzerine odaklanmıştı. Kudüs'ün savunmasının neredeyse tamamını tek bir savaşta yitirmesiyle, kısa zaman içinde korunacak ya da hükmedilecek bir krallık kalmayacaktı: Raymond devam etme isteğini yitirmişti.

Neredeyse her önemli lider Hıttin Savaşı'nda ya öldürülmüş ya da esir alınmıştı. Guy ve Renaud de Châtillon da esir alınarak Selahaddin'in karşısına çıkarılmıştı. İbn Al-Athir tarafından anlatılmış olan bir tarihi sahnede ve Ridley Scott'ın filmi *Cennet Krallığı*'nda Selahaddin, Guy'a içmesi için bir bardak su uzatıyor, o ise karşılığında bardağı Renaud'a veriyor. Bu davranış, silah arkadaşları arasındaki saygıdan başka bir sebep olduğundan Selahaddin'i sinirlendiriyor. Guy, Selahaddin'in diplomatik nezaket göstermeye niyetli olduğu kutsanmış bir kral iken, onun gözünde Renaud ise Mekke'yi yağma etme tehdidinde bulunan bir haydut ve züppeden başkası değildi. Guy'ın bu davranışı nezaket kurallarının ihlal edilmesiydi, içecek ikramı pratiklikten çok sembolik olduğu için ve Selahaddin, Guy'ın güvenliğini garanti etmeye niyetliyken, daha önce Renaud'u şahsen idam etmeye yemin ettiğinden aynısını Renaud için yapmaya niyeti yoktu.

Renaud'a İslamiyeti kabul etme şansını verdi ve Renaud bunu reddedince, olduğu yerde kendi palasıyla başını kopardı. Bu kişisel borcun da kapanmasıyla Selahaddin ordularını ilerletti.

Sibylle, hiç olmadığı kadar yalnızdı ve tavsiye ihtiyacı içindeydi. Annesi ölmüş, Guy'dan ayrı kalmıştı, Trablus Kontu Raymond da ölmüştü ve önemli asillerin neredeyse tamamı Selahaddin'in zindanlarında zincirlenmiş haldeydi. Yalnız kalan Sibylle, krallığın savunmasını ele almak zorunda kaldı.

Selahaddin Hıttin'dan Finike kıyılarına geçti; aralarında Yafa, Akka, Toron, Sidon, Nablus, Beyrut ve Biblos ve diğerlerinin olduğu kaleleri alarak. Bu şehirlerden bazıları anlaşma yaptılar ve insanlarının diğer güvenli topraklara geçmesine izin verilmesi şartıyla teslim oldular; diğerleri pazarlığı reddetti ve felakete yakalandı. Bu cesur ancak ileriyi göremeyen şehirlerden kurtulan adam, kadın ve çocuklar Müslüman topraklarına köle olarak satıldılar. İbn Al-Athir kendisi de bir Hıristiyan köle aldığını anlatmıştır; Halep'teki bir köle pazarından kocasını ve altı çocuğunu kaybetmiş bir kadını.

Selahaddin toprakları ele geçirirken, Outremer kıyılarına beklenmedik bir müttefik ulaştı. Sibylle'nin ilk kocası Montferratlı William Longsword'un kardeşi Conrad, Sur'a yanaşan bir Cenevizi gemisinin içindeydi. Büyük bir enerji ve ihtiyatlılıkla Conrad, Sur'un komutasını kendi eline aldı ve şehrin sağlam savunmasını oluşturdu. Onun talimatları doğrultusunda Sur,

Selahaddin'in kıyıdaki ilerleyişini sınayan ilk yer oldu. Sibylle ile Guy'ın destekçisi değildi; kutsal topraklara kendi planları ve amaçları doğrultusunda gelmişti. Ancak ilk hedefi, öncelikle Selahaddin'e direnmekti.

Sultan'ın bir sonraki hedefi, Sur değil Askalan'dı. Bu Sibylle'nin çeyizi olan toprakların içindeki kalelerinden biriydi ve kuşatmada Sibylle de vardı. Orayı desteklemek üzere erzak ve askerlerle aceleyle gitmişti, savunmak için hazır görünüyordu. Ancak Selahaddin akıllıca bir oyun oynadı. Şehrin dayanmaya hazır olduğu normal kuşatma çatışmasıyla ilerlemek yerine, elindeki en değerli iki esirini surların dışında getirdi: Guy de Lusignan ve üstadı olan Gerard de Ridefort. Sibylle ile şehrin savunmasında ona yardım eden Tapınak Şövalyeleri'ne bir ültimatom verdi: Şehri teslim et ya da iki adamın orada idam edilişini izle!

Belki Renaud de Châtillon'un da başını kesen palaya olan acınası konumları nedeniyle Guy ile Gerard, şehrin savunmasının Selahaddin'e teslim olmasını emrettiler. Sibylle şüphesiz Guy için duyduğu sevgi ve ona uyacağına dair ettiği yemin nedeniyle teslim olmayı kabul etti. Şehir teslim olmuştu ve Gerard serbest bırakılırken Selahaddin, Guy'ı bir süre daha elinde tutarak ordularına teslim olan Nablus ve Lazkiye'de onu hapsetti. Bir kez daha Sibylle'nin kocasına şaşmaz bağlılığını ortaya koyan bu teslim oluş, açıkgöz bir askeri stratejistin hareketi değildi. Bunun üzerinden çok geçmeden Selahaddin, Conrad de Montferrat'ın esir babasını daha küçük bir kuşatmada oğlunun karşısına çıkardı. Conrad ise kıpırdamadan durarak Sultan'ın blöfüne meydan okudu. Selahaddin yaşlı adamı öldürme tehdidini gerçekleştirmedi.

Askalan'ı ele geçirdikten sonra Selahaddin, büyük kutsal toprakların ödülünün kendisine yani Kudüs'e ilerledi ve oraya 20 Eylül 1187'de vardı. Korkutucu kuşatma aletlerini kurmaya başladı, birlikleri şehrin etrafını dolaşarak savunmada bir zayıf nokta aradılar.

Askalan'ın kaybından sonra Sibylle Kudüs'e gitmişti, burada üvey annesi Maria ile Patrik Heraklius şehri bir kuşatmaya hazırlama girişiminde bulunuyorlardı. Ümitsiz bir durumdu. Maria Komnene'nin yeni kocası Balian, Selahaddin'e yazmış ve Kudüs'e giderek karısını kuşatmadan kurtararak güvenli yere götürmesine izin vermesi için yalvarmıştı. Outremer'de Hıttin Savaşı'ndan kaçabilmiş ve hâlâ özgür olan birkaç lorddan biriydi. Selahaddin cömertçe bu geçiş izni talebine onay verdi; Balian'ın şehirde kalmaması ve savunmasında yer almaması şartıyla. Balian bu şartları kabul etti ve tam hızla Kudüs'e ulaştı.

Bu cömertlik, Sultan açısından büyük bir hata olduğunu gösterdi. Kudüs'e varır varmaz Balian, kutsal şehrin zavallı görünümünden öyle etkilendi ki bir kez daha Selahaddin'e yazarak bu sefer yemininden azad edilmesi için yalvardı; hiçbir şekilde Sibylle ile şehri kendi kaderine terk edemeyeceğini söyledi. Selahaddin merhametle onayladı ve Maria Komnene güvene alınırken Balian, Sibylle ve Heraklius ile köşeye sıkışmış şehirde kaldı. Bu olağandışı üçlü savaşa hazırlandı.

Sibylle'nin peş peşe gelen kuşatmalar, strateji ve savunmadaki rolü çokça tartışıldı. Çoğu tarihçi onun rolüne dair hakkını vermede gönülsüzdü, ancak Nablus'ta üvey annesi Maria Komnene'nin de gösterdiği gibi ve Trablus Kontu Raymond'ın karısı Eschiva'nın Tiberya'da ve Selahaddin'in kendi karısının Banyas'ta, bir kuşatmayı yönetmek kadınlar için hiç bilinmedik bir durum değildi. Selahaddin'in saldırısı sırasında hükmeden kraliçe ve Kudüs'teki en yüksek konumdaki kişiydi; dolayısıyla cinsiyetine bakarak başkentinin savunmasında bir rol oynamadığını farz etmek mantıksız olurdu. Sibylle'nin, Balian'ın ve Patrik Heraklius'un birlikte şehrin savunmasını yönetmesi daha olası: Sibylle'nin otoritesi, Balian'ın askeri uzmanlığı ve Heraklius'un ise şehrin kaynaklarında hâkimiyeti vardı.

Beraberce tüm zorluklara rağmen dirayetli bir savunma yaptılar. Şehir, komşu topraklardan gelen binlerce Hıristiyan sığınmacıyla doluydu. Bu nedenle yiyecek dükkânları ve şehrin içindeki sağlık büyük bir risk altındaydı; hepsinin ötesinde neredeyse hiç şövalye ya da silahlı adamları yoktu. Guy, Hıttin'deki yenilgilerinden önce orduların Saffuriyah (Sephoria)'da toplanmasını emrettiğinde Kudüs'te yalnızca küçük bir birlik kalmıştı. Şartlar gerçekten de kötü durumdaydı ve bir Hıristiyan zaferi ihtimali bile yoktu: Sultan'ın saldırılarına bir süre direnebilseler bile, onun ordusunu asla durduramazlardı ve yardımlarına gelecek hiçbir ordu da mevcut değildi.

Şehrin içindeki zor durumuna ilişkin bir yorum da kuşatma sırasında şehrin içinde sıkışan ablası Margaret of Beverley'nin deneyimlerini anlatan rahip Thomas of Beverley'den geliyor. Margaret hacı olarak Selahaddin'in kuvvetlerinden hemen önce şehre gelmişti; surlar içindeki çaresizliğe ve çekilen acılara dair canlı bir görüntü aktarmıştır. Bir kask olarak başına bir tencere geçiren Margaret, mazgallı siperlerin başında beklemişti. Savaşmakta olan adamlara su getirmiş ve kendisi de uçuşan taşlarla yaralanmıştı. Kadınsal korkularını bastırmaya çalışarak "cesur bir kadın savaşçı" gibi savaşmaya çalışmıştı. Tencere kasklar bir icat gibi dursalar da kuşatma sırasında kadınların surlarda çabalaması ve sağ durumdaki savaşacak erkeklerin yokluğu kulağa doğru geliyor ve Margaret'ın deneyimine dair bu bilgi de inanılır.

Surların tepesinde mücadele ilerlerken, içeride kadınlar saçlarını kesiyordu ve kutsal yerlerin etrafında yalınayak toplanan panik içindeki halk, feryat içinde, günahları için tövbe ediyor ve kurtarılmak için yalvarıyordu. Bir ilham anında Balian, şehirdeki tüm silahsız adamları şövalye ilan ederek özgüvenlerini yükseltmek için onlara bir gurur ve amaç hissi aşıladı. Sultan'ın aralıksız saldırıları altında duvarlar çökmeye başlayıp da direniş artık anlamsızlaştığında, üç komutan teslim olma şartlarını belirlemeye karar verdi. Hıristiyan komutanları ile Selahaddin arasında bir buluşma gerçekleşmeliydi. Konuşması için seçilen kişi İbelinli Balian oldu.

Çoğu tarihçi, Balian'ın Selahaddin'e gönderilen elçi olarak rolünü Kudüs'ün savunmasını yöneten kişinin o olduğunun bir doğrulaması olarak görmeyi tercih ettiler. Ancak bu çok basit bir bakış açısıdır. Sibylle şehrin komutasını yürütüyor olsa bile Selahaddin'le buluşmak üzere savaş alanına gitmesi imkânsız olurdu. En cesur ortaçağ prenseslerinden bile daha ileri bir adım... Selahaddin'in bir kadınla pazarlık yapmaya hazır olması ise olası değildir. Kadın komutanların onların adına pazarlık yapacak bir elçi göndermesi beklenirdi; Selahaddin'in karısı İsmet Hatun'un Banyas Kuşatması sırasında yaptığı gibi. Kraliçe'nin mesajını Selahaddin'e iletecek kişi, üvey annesinin kocasından ve geride kalan tek baron olan İbelinli Balian'dan başka kim olabilirdi ki?

Sibylle, Balian ve Heraklius'un en fazla umabilecekleri şey şehrin içindeki Hıristiyanların kurtulması ve özgürlüğü olabilirdi. Pazarlık yapabilecek durumda değillerdi. Şehirde yaşayanlar, Selahaddin'in barışçıl bir teslimiyet teklifini reddetmişlerdi; artık son noktaya kadar direnmiş ve yenilmek üzerelerdi. Bu, herkesin görebileceği kadar açıktı ve Selahaddin gücü elinde tuttuğunu biliyordu.

Selahaddin merhametli olmayı istemiyordu. 1099 yılında Hıristiyanların şehrin Müslüman halkına uyguladıkları katliamı hatırlıyordu. Sibylle'nin kendi özgürlüğü ve Hıristiyanların can güvenliğine karşılık teslim olma teklifini kabul etmeyi reddetti. Şehirde ne yazık ki savaşabilecek erkek açığı vardı ve Selahaddin'in yığılmış ordularına dayanamazlardı. Balian'a bu kadarını söyledi ve bunun sonucu olarak şart önermeyeceğini belirtti. Balian'ın metanetli cevabı ise Selahaddin'in şart sunmaması halinde içerideki Hıristiyanların kaybedecekleri hiçbir şeyleri olmadığıydı. Selahaddin, Kudüs'ün savunucularının hayatlarını ve kraliçelerine ise özgürlüğünü bahşetmezse, o zaman adamlarının yapacakları ilk şeyin şehri baştan aşağı mahvedip Müslümanlık için kutsal yerlere saygısızlık edecekleriydi. Tek bir adam kalıncaya dek mücadele edeceklerini ve kendi ölümlerinin yaklaştığını gören erkeklerin çaresizliğiyle Selahaddin'in ordusunu yok edeceklerini söyledi.

Balian'ın sözleri açıkça ikna ediciydi ve Selahaddin durumu yeniden değerlendirdi. Kudüs daha fazla kan akmadan teslim oldu. İçindeki Hıristiyanların özgürlüklerini satın alabilmelerine izin verdi ve Balian da şehrin fakirlerinin fidyesi için gerekli kaynakları sağladı. Sonra Hıristiyan topraklarına gidebilmeleri için güvenli bölge geçiş sağlandı ve Sibylle'nin de esir tutulan kocasına katılması için izin verildi. Balian'ın elinden gelen maddi desteği vermesine rağmen her vatandaş özgürlüğünü alamadı ve pek çoğu köle olarak kaldı. Patrik Heraklius elini cebine götürmediği için eleştirildi ve yanında taşıyabildiği tüm kilise servetiyle gitti; yenilgiye uğramış diğer Hıristiyanlar zincire vurulu şekilde köle pazarlarına ilerlerken.

Başında bir tencereyle cesurca dövüşen Margaret of Beverley de o kölelerin arasındaydı: Kuşatmanın sonunda özgürlüğünü satın almayı başardı ancak sonra o ve diğer sığınmacılar Laodikeia yolundayken kaçırıldılar. Sonunda özgürlüğü Surlu bir adam tarafından satın alınmıştı ve yalnız başına Antakya'ya giden zorlu topraklardan geçti. Pek çok kuşatma, esir alınma, serbest bırakılma ve maceralar sonrasında sonunda İngiltere'ye dönebildi. Margaret'ın deneyimleri, kutsal topraklardaki savaşa yakalanmış sıradan Hıristiyan hacılarının yaşamlarına dair nadir bulunan bir bakış sunmaktadır.

Guy sonunda Selahaddin tarafından esirlikten serbest bırakıldığında, Sibylle'yi yanına aldırdı ve Selahaddin'e direnmiş olan birkaç şehirden biri olan Sur'a, tükenmiş haldeki maiyetindekilerle ilerledi. Sibylle'nin ilk kocası William'ın kardeşi ve ölmüş oğlunun amcası Konrad de Montferrat, bir Cenova gemisinde doğuya ulaşmış ve şehrin kontrolünü ele geçirerek Guy'ın otoritesini tanımayı reddederek gözden düşmüş çiftin Sur'a girişini reddetmişti. Hıttin'deki mağlubiyetin ve Kudüs'ün kaybının ardından Guy bir zamanlar az da olsa sahip olduğu inanılırlığı ve saygıyı da yitirmişti. Sibylle'nin hâkimiyeti son bulmuştu ve artık Outremer'de sadakate liderlik eden isimler; İbelin Balian ile Montferrat idi. Kutsal toprakları koruma görevini yüzüne gözüne bulaştırmamış olan hayattaki tek adamlardı.

Bu aşağılama karşısında öfkelenen Guy ile Sibylle, Akka'ya doğru yola çıktı ve şehri kuşatmaya başladı. Arslan Yürekli Richard ve Üçüncü Haçlı Seferi orduları kısa zaman içinde Outremer'e vararak Guy'ın ordularının rütbesini yükseltecek ve şehri almayı başaracaklardı. Sibylle ne bu zaferi ne de Üçüncü Haçlı Seferi'nin sağladığı ilerlemeyi ve İngiltere ile Fransa krallarının onun krallığına gelişini görebilecekti. 1190'da o ve hayatta kalmış olan iki kızı Alice ile Maria, Akka'nın surları altındaki kocasının askeri kampında hastalıktan öleceklerdi. Veba nedeniyle ölen binlerce insan arasındaydılar ve mezarlarının yeri hiçbir zaman kayıt altına alınamadı. Sibylle'nin ölümüyle Guy, taht üzerindeki hakkını kaybetti ve Kudüs Krallığı'ndan gönderilerek sonunda hükmedeceği Kıbrıs'a kaçtı. Bu, Sibylle'nin hikâyesinin sonuydu. Şehirde hükmeden son Kudüs Kraliçesiydi, sonrasında Isabella'nın Kudüs Kraliçesi olmasına rağmen Hıristiyanlar onun yaşamı süresinde şehrin kontrolünü ele geçiremediler.

Willermus Tyrensis'in tarih anlatısı Kudüs Kraliçesi Sibylle'nin görünüşü ve mizacıyla ilgili alışılmadık biçimde sessizdir. Sibylle'yi ne övmüştür ne de betimlemiştir, ancak eylemlerini oldukça kısa şekilde belirtmektedir. Diğer tarihçiler de onun izinden gitmiştir. Arap kaynakları dahi belli kuşatmalar ve olaylarda ondan bahsetmemiştir; belki de bir kuşatmada Selahaddin'e karşı duran bir kadını tanıtmak Sultan'a saygısızlık olacağı için. Willermus Tyrensis'in herkes hakkında bir fikri vardı ve bunları okuyucularına fazlasıyla açıklamıştı. Birinden hoşlanmadığında ise tıpkı Agnes de Courtenay ve Guy de Lusignan'da olduğu gibi alaycılığını ve tiksintisini gizlemez, karakterlerini rezil ederdi. Birisine saygı duyduğunda ise (IV. Baudouin, Amalrik, Melisende ve Trabluslu Raymond gibi) övgüleri etkiliydi.

Çocukluğundan beri tanıdığı son derece belirgin bir figür olan Sibylle hakkında hiçbir fikri olmadığına inanmak mümkün değil. Öyleyse neden bu konuda sessiz kalmıştır? Belki de bir tarihçinin sunabileceği en büyük aşağılama birini görmezden gelmektir, o nedenle Sibylle'yi elinden gelebildiği kadar dışarıda bırakmıştır. Onu tanımlamayı ya da anmayı reddedişinden çıkarımım ise Guy ile olan evliliğiyle ilgili eylemlerini ve krallık için felaketle sonuçlanmasını bağışlayamamasıdır. Ancak aynı zamanda onu küçümsemek için kalemi eline alamamış gibi duruyor. Sibylle'nin Kudüs tahtına geçtiği yıl öldü. Belki daha uzun yaşayabilseydi ve yazmaya devam edebilseydi, eleştirilerinde nihayetinde daha etkili olabilirdi. Böylelikle Willermus yazmayı bıraktığında, Sibylle'nin yaptığı hataların tüm sonuçları henüz ortada değildi ve kendini savunabilecek durumdaydı. Willermus yazdığı sırada Sibylle'yi, annesi, kocası ve amcası tarafından kontrol edilen bir kukladan daha fazlası olarak görmemişti. Belki de Sibylle'ye acımıştı ya da onun abisine ve kraliyet ailesine olan bağlılığından dolayı ona karşı merhametliydi.

Sibylle'ye dair bir resim oluşturabilmek için pek çok tutarsız kaynağa dayalı tanımlamalara güvenmek mecburiyetindeyiz. Bu engellere rağmen bir resim belirmektedir. Kadın atalarından bazılarının olduğu gibi bir doğal afet ya da cadaloz değildi, ne de romantik bir kahraman ya da iffet ve erdem örneğiydi. Sibylle birçok hata yapmıştır ancak unutulmamalı ki, her şeyin ona karşı olduğu karmaşık bir bireydi. Çocukluğu trajikti, askeri bir eğitim almamıştı ve en azından tartışmaya açık iki karakterin etkisi altındaydı. Tüm çocuklarının öldüğü gerçeğini de göz ardı etmemeliyiz. Bir çocuğun kaybı, insanı elden ayaktan düşüren bir olaydı ve Sibylle tam beş çocuğunu kaybetmişti.

Bu talihsizliklerin hiçbiri Kraliçe Melisende'nin, Prenses Alice'nin, Akitanya Düşesi veya Malatyalı Morphia'nın başına gelmemişti. Kudüs tahtındaki daha başarılı selefleriyle doğrudan bir kıyaslama yapmak, onun yaşamını ve hükümdarlığını anlamak konusunda faydasızdır. Sibylle öldüğünde yalnızca 37 yaşındaydı. Yaşamı boyunca, aile fertlerinin siyasete iştigalleri ve krallığını sonunda girdabın içine çekecek yaklaşmakta olan kasırga arasında kendi sesini ya da temsiliyetini geliştirmek için zamanı olmamıştır. Tüm bunlara rağmen, büyük bir direnç göstermiş ve taç giyme töreninde cesur bir çizgi çekmiştir.

Sibylle'nin ölümüyle, çökmekte olan Kudüs Krallığı'nda bir iktidar boşluğu oluştu. Guy hem eşini hem de kızlarını kaybedince krallık hakkını da yitirdi: Yalnızca "hükümdar eşi" olarak muamele görmüştü ve otoritesi yalnızca karısıyla kızlarının tahttaki haklarından geliyordu. Aynı zamanda fazlasıyla beceriksiz bir lider olduğunu göstermişti, çökmekte olan krallıkta geriye kalmış olan vatandaşların hiçbirinin onun boyunduruğuna girmeye niyeti yoktu. Gözler, Dul Kraliçe Maria Komnene ile evlenmiş olan İbelinli Balian'a ve üvey kızı Kudüs Prensesi Isabella'ya çevrildi. Balian, Kudüs'ün savunmasındaki rolü nedeniyle Outremer'in minnetini kazanmıştı, Maria bir Bizans prensesiydi ve artık 15 yaşında olan Prenses Isabella ise Kudüs tahtının hayatta kalan son varisiydi. Isabella'nın arkasında destek vardı.

Isabella, 8 yaşındayken Onfroi de Toron ile evlenmişti. Selahaddin'in kaleye yaptığı saldırı sırasında Kerak'ta kutlanmakta olan evlilik buydu. Onfroi tıpkı Guy gibi Hıttin Savaşı'nda esir alınmıştı. Üvey babası Renaud de Châtillon idam edilirken, Onfroi'un serbest bırakılması için annesi Stephanie de Milly tarafından pazarlık yapılmıştı. Guy'a sunduğu daha önceki bağlılık yemini ve bu esaret, elindeki tüm saygı ve desteği yitirmesine neden oldu. Doğu'da hayatta kalmış olan Hıristiyanlar ve Avrupa'dan yeni gelmekte olan askerler, Isabella'nın yanında Onfroi'yu tahta çıkarmaya istekli değillerdi.

Isabella'nın kocası ve bir sonraki Kudüs Kralı için en bariz aday ise Batı'dan gelerek Selahaddin'e karşı Sur'u koruyan deneyimli asker Conrad de Montferrat idi. Bu adam, Isabella üzerindeki etkileriyle kralı belirleme rolüne bürünen Maria Komnene ile İbelinli Balian'ın yani Isabella'nın annesiyle üvey babasının koşulsuz desteğine sahipti. Conrad ile destekçileri, Isabella'nın Onfroi ile evlendiğinde, bu evliliğin bağlayıcı olabilmesi için fazlasıyla küçük olduğu bilgisini sızdırdılar. Bu gerçek, Onfroi'ya karşı genel politik düşmanlıkla da birleşince saçma bir iptale zemin hazırladı. Sibylle'nin ölümü haberinin duyulmasından yalnızca aylar sonra Isabella, 24 Kasım 1190'da Conrad ile evlendi. Bu alelacele gerçekleşen evlilik çok daha şüpheliydi; Conrad zaten evli olduğu için.

Avrupalı kralların ve Üçüncü Haçlı ordularının gelmesine rağmen Conrad ile Isabella Kutsal Mezar Kilisesi'nde taç giyememiş ya da Kudüs'te kral ve kraliçe olarak hükmedememişlerdir. Takip eden yüzyıllardaki yedi Haçlı Seferi'ne rağmen şehir Hıristiyan Haçlılar tarafından alınamamıştır. Evlenmelerinin üzerinden iki yıldan kısa süre sonra Conrad öldürüldü, Isabella ise Conrad'ın ölümünden bir haftadan kısa süre içinde Henry de Champagne ile evlendi. Henry 1197'de öldüğünde, Kıbrıs Kralı ile evlendi. Isabella da 33 yaşındayken öldü: Kısa hayatında dört kocası olmuş ve geride beş kız bırakmıştı.

Bu kızların arasında Kudüs tahtının bir sonraki varisi olan Maria de Montferrat da vardı. Maria ile dört kız kardeşi Alice, Philippa, Sibylle ve Melisende'nin yaşamları da ismini taşıdıkları Malatyalı Morphia'nın kızları ve torunlarınınkiler kadar çeşitli ve entrikalarla doluydu. Alice Kıbrıs Kraliçesi, Philippa Ramerupt Hâkimesi, Sibylle Ermeni Kraliçesi Melisende ise Antakya Prensesi oldu. Miraslarını korumak için savaşmayı asla bırakmadılar ve sonraki yıllarda Kudüs'ü geri alma girişiminde bulunmak üzere Avrupa'dan gelen Haçlı Seferleri'nde önemli roller üstlendiler.

SONSÖZ

Kadın hükümdarların tarihi mirası pek çok tahmin edilemez güce bağlıdır: Bu kitapta adı geçen her bir kadın, 12. yüzyıldan 21. yüzyıla dek pek çok tarihçi tarafından farklı muameleye maruz kalmıştır. Kimi cinsel fanteziye dönüştürülmüş, kimi bazı başarılar elde etmiş ya da çok az kanıt olan suçlarla itham edilmiş, diğerleri ise basitçe görmezden gelinmiştir. Çok azının yaşamına dair güvenilir ya da anlayışlı bir kayıt tutulmuş, hatta çok daha azı tanınmıştır.

Bu durum değişmektedir. Son elli yılda popüler hayal gücünde ortaçağ kraliçelik kavramına yeni bir ilgi doğmuştur ve akademik olarak kadınların hayatlarının ortaya çıkarılması ve seslerinin duyurulmasına çok daha fazla dikkat verilmeye başlanmıştır. Özellikle de kadın tarihçilerin başı çektiği bu son gelişmeler olmadan, bu kitap yazılamazdı.

Buna rağmen, Outremer'deki Hıristiyan Devletleri'nin hükmedilmesinde rol oynayan kadınlar sürekli olarak tarihçiler tarafından göz ardı edilmişlerdir. Bu dönemin ve bölgenin kraliçeleri, prensesleri, kontesleri ve leydileri yazarlar tarafından sesi olmayan karikatürlere indirgenmişlerdir: erdemli genç kızlar, entrikacı koca karılar ve garip cadalozlar. Kraliçe Melisende, Willermus Tyrensis tarafından onay görmüş birkaç kadın hükümdardan biriydi. Ancak mirasını sürdürenler dahi Willermus'un Melisende'nin liderlik becerilerini, kadınsal özelliklerinin yanında sunma kararını kusurlu bulmuşlardır.

Şövalyeler ve romantik edebiyat çağında, basmakalıp kadınlık kavramlarının Batı kültürüne daha derinden yerleştiği yerde, Melisende'nin siyasi temsiline dair tanımlarını daha geniş bir çevre tarafından kabul edilen güzellik ve iffet gibi erdemleri ona atfederek kalıplar içine soktular.

Antakya Prensesi Alice tarihçiler tarafından azarlanmış, Beytanyalı Yvette görmezden gelinmiş ya da bir tecavüz kurbanı olarak sunulmuş, Trablus Kontesi Hodierna ise edebiyatta bir ozanın ulaşılamaz fantezisi olarak hatırlanmıştır. Hodierna'nın egzotik bir seks objesi olarak tasviri, Akitanya Düşesi Eleanor'un edebiyattaki betimlemesinden çok farklı değildir. Bu iki kadın hem ortaçağ hem modern kitlelerce cinsel fantezi ve oryantalizmin kurbanları haline gelen, politik olarak etkin ortaçağ kadınlarına dair örnek teşkil etmektedir. Katharine Hepburn'un ikonik Eleanor canlandırmasında, "Dımaşk'a kadar yolun yarısını göğsü çıplak halde at üstünde katetmiştir" ya da Eva Green'in *Cennetin Krallığı* filmindeki fazlasıyla oryantalist ve cinsel Sibylle uyarlamasında bu klişelerin kolayca eskimediğini görebiliriz. Agnes de Courtenay ile Kudüs Kraliçesi Sibylle, tarihin farklı dönemlerinde farklı muamele görmüştür. Bazen Sibylle oğlunu öldürten ve krallığı mahveden bir anne olarak resmedilmiş, ancak farklı yüzyıllarda ise evliliğin kutsallığını ön planda tutan erdemli ve sadık eş örneği olarak temsil edilmiştir. Bu değişken temsillerin kanıtlarla ilgisi çok azdır ve daha çok zamanın popüler zevklerine dayanır.

Morphia'nın kızları ve torunları, siyasi temsiliyle arzusu ve yeteneği olan güçlü kadınlardan oluşan bir hanedanı temsil ediyordu. Hepsi, kısa bir süre için de olsa farklı topraklarda otonom hâkimiyete sahip olmuştur. Kudüs'te hükmeden kralın eşi olarak görev yapan Bizans Prensesi Maria ile Theodora Komnene dahi beraberlerinde getirdikleri çeyizleri ve siyasi ittifakları aracılığıyla Kudüs Krallığı'nda iz bırakmışlardır. Her iki kadın da Maria'nın İbelinli Balian ile evlenmesi, Theodora'nın ise Andronikos Komnenos ile kaçmasıyla, ikinci eş seçimlerinde hüner sergilemişlerdir.

Bu kadınların yaşamlarına ve hükümdarlıklarına bakmak, beraberinde otorite ile güç arasındaki ayrıma dair gerekli bir anlayış da getirmektedir. Otorite siyasi meşruiyetle eşti: yani hükmetme hakkına. Güç ise ya otorite aracılığıyla ya da gücün yıkımıyla hedeflere ulaşmada önemli bir beceriydi: hükmetme becerisi. Kraliçe Sibylle'nin otoritesi vardı ancak çok az güce sahipti. Büyükannesi sırayla her birine sahipti: hem ikisine hem hiçbirine. Akrabaları ikisi için de mücadelelerinde zorlandılar. Bu kitapta otorite ile güç arasındaki ayrımı göz önünde bulundurmaya çalıştım ve onunla karşı karşıya gelenlerin dikkat çekici yaşamlarını. Outremer tarihinde, kadınlar hep mevcut ancak geri planda sunulmuştur. Bu kitabı yazmamdaki amacım ise deneyimlerini ve başarılarını gün yüzüne çıkarmaktır.

KAYNAK DİZİNİ

KAYNAKLAR ÜZERİNE NOT

Aşağıda, çalışmama bilgi sunan ya da metnin içinde alıntı yapılan kaynakların bir listesi bulunmaktadır. Her ne kadar bu liste genel okuyucular için yoğun gözükse de –akademisyenler için ise yetersiz– en yakından çalıştığım metinleri açıklamanın faydalı olacağını düşünüyorum.

Willermus Tyrensis ve ondan sonra gelenler, Kudüs Latin Krallığı'nın tarihi için bir numaralı kaynağım oldular, pek tabii ki diğer ortaçağ tarihçilerinin bakış açısı ve tanıklığıyla dengelenmiş halde. Urfalı Mateos ve Süryani Mikhail'in yazıları, Urfa Kontluğu üzerine çalışmamda çok değerliydi. Niketas Khoniates ile Anna Komnene ise Konstantinopolis sarayını ve Haçlı Devletleri'ndeki kraliyet aileleriyle ilişkilerini anlamamda başlıca kaynaklarımdı. İbn Al-Athir'in tarihi yazıları ve *Dımaşk Günlükleri* başvurduğum baş Arapça metindi. Metnin içindeki atfedilmemiş herhangi bir alıntı ise Willermus Tyrensis'in yazılarından alınmıştır.

İkincil kaynak olarak, I. Baudouin'in eşlerini ve Kudüs Hükümdar Kral'ın eşi olarak unvanı olan Malatyalı Morphia'nın rolünü anlamamda Susan Edgington'un I. Baudouin üzerine yazdığı kitap mühimdi. Kraliçe Melisende'nin yükselişini ve hâkimiyetini anlamamda Hans Eberhard Mayer'in seminer çalışması "Kudüs Kraliçesi Melisende'nin Tarihi üzerine Çalışmalar" önemli bir kaynaktı. Melisende'nin *Mezmurlar* kitabı ve kültürel hâkimiyetinin değerlendirilmesi sırasında, Jaroslav

Folda ile Helen Gaudette'nin çalışmalarına başvurdum. Antakya Prensesi Alice için Thomas Asbridge'in Alice'nin isyanlarına dair yazısı anahtardı. Benzer şekilde Constance için ise A.V. Murray'nin yazısı kendi araştırmamın çıkış noktasıydı. Willermus Tyrensis'in, bu kadınlara davranışlarını anlayabilmek için Andrew Buck'ın aşağıda belirtilmiş yazısına baktım. Agnes de Courtenay ve Kraliçe Sibylle için Bernard Hamilton'ın *The Leper King and His Heirs* (Cüzzamlı Kral ve Varisleri) kitabı ile bu kitapta adı geçen pek çok kişinin hayatlarına kısa bir bakış sunan "Haçlı Devletlerinde Kadınlar: Kudüs'ün Kraliçeleri" yazısına başvurdum. Helen Nicholson'ın Sibylle üzerine çalışması da çok düşündürücü ve faydalıydı. Akitanya Düşesi Eleanor hakkında bir diğerinden daha faydalı olan belirgin bir eser olmamakla beraber, Jonathan Phillips'in İkinci Haçlı Seferi üzerine yazdığı kitap o dönemi anlayabilmek için bel bağladığım kitap oldu. Kudüs Krallığı ve bir bütün olarak Haçlı hareketine dair, Christopher Tyerman'ın eserleri *God's War* ve *The World of Crusades* (Tanrı'nın Savaşı ve Haçlı Seferleri'nin Dünyası) ile Malcolm Barber'ın *The Crusader States* (Haçlı Devletleri) eserleri hep yanı başımdaydı. Haçlı Devletleri ve Haçlı anlatısında kadınların rollerini daha fazla anlayabilmek adına Natasha Hodgson'ın eseri *Women, Crusading and the Holy Land in Historical Narrative*'e (Tarihsel Anlatıda Kadınlar, Haçlı Seferleri ve Kutsal Topraklar) göz gezdirdim.

Kudüs'teki Ermeni mevcudiyetini ve Outremer'de yaşamış olan diğer etnik sınıfları ve azınlıkları anlayabilmem için daha da ileri giderek benimle sohbet eden Andrew Jotischky ile George Hintlian'ın eserlerine başvurdum. Haçlı arkeolojisi ve Kudüs Krallığı'nın fiziki yapısı/görünümü için başlıca kaynak olarak *The City of Jerusalem* (Kudüs Şehri) ile Adrian Boas'ın kitabı *Jerusalem in the Time of the Crusades* (Haçlı Zamanında Kudüs) kitaplarına başvurdum. Melisende'nin şehirdeki etkisine dair bölümlerde Adrian'ın verdiği tavsiyeler ve düzeltmeler çok önemliydi. Christopher Tyerman ise taslak metni okuyup düzeltmelerde bulundu, kalan diğer yanlışlar ise onun dikkatsizliği değil benim aptallığımdan kaynaklıdır.

BİRİNCİL KAYNAKLAR

Anonymi auctoris Chronicon AD A.C. 1234, trans. A. Abouna, ed. J.M. Fiey (Louvain, 1974).

Albert of Aachen, *Historia Ierosolimitana*, ed. and trans. Susan Edgington (Oxford, 2007).

Ambroise, *The History of the Holy War: Ambroise's Estoire de la Guerre Sainte*, ed. and trans. Marianne Ailes and Malcom Barber, 2 vols (Woodbridge, 2003).

Anna Komnene, *The Alexiad*, ed. Peter Frankopan, trans. E.R.A. Sewter (London, 2009).

Baha'al-Din, *The Rare and Excellent History of Saladin*, trans. Donald S. Richards (Aldershot, 2002).

Bernard of Clairvaux, *The Letters of Saint Bernard of Clairvaux*, trans. Bruno Scott James, 2nd edition (Stroud, 1998).

Ca"aro, *Ca!aro, Genoa and the Twelfth-Century Crusades*, trans. Martin Hall and Jonathan Phillips (London, 2013).

Le cartulaire du chapitre du St Sépulcre de Jérusalem, ed. Geneviève Bresc-Bautier (Paris, 1984).

Cartulaire général de l'Ordre des Hospitaliers de Saint-Jean de Jérusalem, 1100– 1310, 4 vols, ed. J. Delaville Le Roulx (Paris, 1894–1905).

Chartes de Terre Sainte provenant de l'abbaye de Notre-Dame de Josaphat, ed. F. Delaborde (Paris, 1880).

Chronique d'Ernoul et de Bernard le Trésorier, ed. Louis de Mas Latrie (Paris, 1871).

The City of Jerusalem, ed. and trans. C.R. Conder (London, 1909).

La continuation de Guillaume de Tyr 1184–1197, ed. Margaret R. Morgan (Paris, 1982).

The Conquest of Jerusalem and the Third Crusade, Sources in Translation, trans. Peter. W. Edbury (Aldershot, 1996).

L'estoire d'Eracles empereur, in RHC Occ., Vols 1 & 2 (Paris, 1884–1859).

Estoires d'Outremer et de la naissance Salehadin, ed. Margaret A. Jubb (London, 1990). Fulcher of Chartres, *A History of the Expedition to Jerusalem, 1095–1127*, trans. F. Ryan, ed. H. Fink (Knoxville, TN, 1969).

———, *Chronicle of the First Crusade: Fulcheri Carnotensis Historia Hierosolymitana*, trans. Martha Evelyn McGinty (Philadelphia, 1941). Felix Fabri, *The Book of the Wanderings of Brother Felix Fabri*, trans. A. Stewart, Part of Palestinian Pilgrims' Text Society (London, 1893).

Gabrieli, F., *Arab Historians of the Crusades*, trans. E.J. Costello (Berkeley and Los Angeles, 1969).

Giraldi Cambrensis Opera, ed. J.S. Brewer, J.F. Dimock and G.F. Warner (London, 1868).

Gesta Francorum: Histoire anonyme de la Premiére Croisade, ed. L. Bréhier (Paris, 1924).

Gesta Francorum et Aliorum Hierosolimitanorum, ed. and trans. Rosalind Hill (Nelson's Medieval Texts) (London, 1962).

Gregory the Priest, *Continuation of Gregory the Priest*, in *Armenia and the Crusades, Tenth to Twelfth Centuries: The Chronicle of Matthew of Edessa*, trans. A. Dostourian (Lanham, MD, 1993).

Guibert of Nogent, *Dei gesta Per Francos et cinq autres textes*, ed. Robert B.C. Huygens (Turnhout, 1996).

Guillaume de Tyr et ses continuateurs: texte français du XIIIe siècle, ed. and annotated Paulin Paris (Paris, 1879).

Henry of Huntingdon, *Historia Anglorum*, ed. and trans. Diana Greenway (Oxford, 1996).

Ibn al-Athir, *The Chronicle of Ibn al-Athir for the Crusading Period from al-Kamil fi'l-ta'rikh*, Parts 1 & 2, trans. D.S. Richards (Crusade Texts in Translation) (Aldershot, 2006, 2007).

Ibn al-Qalanisi, *The Damascus Chronicle of the Crusades*, trans. H.A.R. Gibb (London, 1972).

Ibn Jubayr, *The Travels of Ibn Jubayr*, ed. and trans. R.J.C. Broadhurst (London, 1952).

Imad ad-Din al-Isfahani, *Conquête de la Syrie et de la Palestine par Saladin*, trans. Henri Massé (Paris, 1972).

Itinerarium Peregrinorum et Gesta Regis Ricardi, ed. Helen Nicholson (Aldershot, 1997).

John Kinnamos, *Deeds of John and Manuel Comnenus*, trans. Charles M. Brand (New York, 1976).

John of Ibelin, *Le livre des assises*, ed. Peter W. Edbury (Leiden, 2003).

John of Salisbury, *Memoirs of the Papal Court*, ed. and trans. Marjorie Chibnall (London, 1956).

———, *Historia Pontificalis*, ed. and trans. Marjorie Chibnall (Oxford, 1986).

Kamal al-Din, *Extraits de la Chronique d'Alep par Kemal ed-Dine*, in RHC Or. Vol. 3 (Paris, 1872).

———, *La Chronique d'Alep*, in RHC Or., Vol. 3 (Paris, 1872), pp. 571–690.

Matthew of Edessa, *Armenia and the Crusades, Tenth to Twelfth Centuries: The Chronicle of Matthew of Edessa*, trans. A. Dostourian (Lanham, MD, 1993).

Matthew Paris, *Chronica Majora*, ed. Henry Richards Luard (London, 1872–83).

Michael the Syrian, *Chronique de Michel le Syrien, patriarche Jacobite d'Anti- oche (1166–1199)*, ed. and trans. Jean Chabot (Paris, 1899–1924).

Niketas Choniates, *O City of Byzantium: Annals of Niketas Choniates*, trans. H.J. Magoulias (Detroit, 1984).

Odo of Deuil, *De Profectione Ludovici VII in Orientem*, ed. and trans. Virginia Gingerick Berry (New York, 1948).

Orderic Vitalis, *The Ecclesiastical History of Orderic Vitalis*, ed. and trans. Marjorie Chibnall (Oxford, 1969–80).

Otto of Freising, *The Two Cities: A Chronicle of Universal History to the Year 1146 A.D.*, trans. C. C. Mierow (New York, 1928).

———, *Gesta Friderici I. Imperatoris auctoribus Ottone et Ragewino praeposito Frisingensibus*, ed. R. Wilmans (MGHSS, Vol. 20) (Hanover, 1925).

Ralph of Caen, *The Gesta Tancredi*, ed. and trans. Bernard S. Bachrach and David S. Bachrach (Aldershot, 2005).

Raymond d'Aguilers, *Le Liber de Raymond d'Aguilers*, ed. John Hugh and Laurita L. Hill (Paris, 1969).

Richard of Devizes, *Chronicon*, ed. and trans. John T. Appleby (London, 1963).

Roger of Howden, *Chronica*, Vols 1–3, ed. William Stubbs (London, 1868–71).

St Jerome, et al. *The Holy Land in the Middle Ages: Six Travelers'Accounts* (New York, Italica Press, 2017), retrieved 29 June 2020 from www.jstor.org/stable/j.ctt1t88tqq

Suger, Abbot of St-Denis, *Vita Ludovici Grossi Regis*, ed. and trans. Henri Waquet (Paris, 1964).

——, *The Deeds of Louis the Fat*, trans. Richard Cusimano and John Moorhead (Washington, 1992).

——, 'The Illustrious King Louis VII, Son of Louis VI', in *Selected Works of Abbot Suger of Saint-Denis*, trans. Richard Cusimano and John Moorhead (Catholic University of America Press, 2018).

Thomas Fuller, *History of the Holy Warre* (Cantabrigiae, 1639).

Tudebode, Peter, *Historia De Hierosolymitano Itinere*, ed. John Hugh and Laurita L. Hill (Paris, 1977).

Usama ibn Munqidh, *An Arab-Syrian Gentleman and Warrior in the Period of the Crusades: Memoirs of Usamah Ibn-Munqidh*, trans. P.K. Hitti (Princeton, NJ, 1929).

Walter the Chancellor, *The Antiochene Wars*, ed. Thomas S. Asbridge and Susan B. Edgington (Crusade Texts in Translation) (Aldershot, 1999). William of Malmesbury, *Gesta Regum Anglorum*, ed. and trans. Roger A.B.

Mynors, completed by Rodney M. Thompson and Michael Winterbottom (Oxford, 1998–9).

William of Newburgh, *Historia Rerum Anglicarum*, in *Chronicles and Memorials of the Reigns of Stephen, Henry II and Richard I*, ed. R. Howlett (London, 1884).

William of Tyre, *Deeds Done Beyond The Sea*, ed. and trans. Emily A. Babcock and August C. Krey (Columbia University Press, 1943).

İKİNCİL KAYNAKLAR

Asbridge, T., *The Creation of the Principality of Antioch, 1098-1130* (Woodbridge, 2000).

——, 'Alice of Antioch: A case study of female power in the twelfth century', in *The Experience of Crusading*, Vol. 2, *Defining the Crusader Kingdom*, ed. P. Edbury and J. Phillips (Cambridge, 2003), pp. 29-47.

Avray, D. L. dð, *Papacy, Monarchy and Marriage, 860-1600* (Cambridge, 2015).

——, *Dissolving Royal Marriages: A Documentary History* (Cambridge, 2014). Baldwin, M.W., *Raymond III of Tripoli and the Fall of Jerusalem (1140-1187)* (New York, 1936).

Barber, M., *The Crusader States* (Yale, 2012).

Boas, A., *Crusader Archaeology: The Material Culture of the Latin East* (London, 1999).

——, *Jerusalem in the Time of the Crusades: Society, Landscape and Art in the Holy City Under Frankish Rule* (London, 2001).

Boehm, B.D. and Holcomb, M., eds, *Jerusalem, 1000-1400: Every People Under Heaven* (New York, 2016).

Brundage, J.A., 'Marriage Law in the Latin Kingdom of Jerusalem', in *Outremer: Studies in the History of the Crusading Kingdom of Jerusalem Presented to Joshua Prawer*, ed. B.Z. Kedar, H.E. Mayer and R.C. Smail (Jerusalem, 1982), pp. 258-71.

Buck, A., 'William of Tyre, Femininity, and the Problem of the Antiochene Princesses', in *The Journal of Ecclesiastical History*, 70 (4), pp. 731-49.

Cahen, C., *La Syrie du nord à lðépoque des croisades et la principauté franque d'Antioche* (Paris, 1940).

Carne, J., *Syria, The Holy Land, Asia Minor &c., illustrated. In a series of views drawn from nature by W. H. Bartlett, William Purser (Thomas Allom), &c. With descriptions of the plates by J. Carne* (London, 1853).

Castor, H., *She-Wolves* (London, 2011).

Chambers, F., 'Some Legends Concerning Eleanor of Aquitaine', in *Speculum*, 16, no. 4 (1941), 459–68. Retrieved 30 June 2020 from https://www.jstor.org/stable/2852844

Diehl, C., 'Les Romanesque aventures d'Andronic Comnène', in *Figures Byzantines* (Paris, 1928).

Downey, G., *A History of Antioch in Syria from Seleucus to the Arab Conquest* (Princeton, NJ, 1961).

Duby, G., *Women of the Twelfth Century, Volume 1, Eleanor of Aquitaine and Six Others*, trans. Jean Birrell (Oxford, 1997).

Edbury, P.W., 'Propaganda and Faction in the Kingdom of Jerusalem: the Background to Hattin', in *Crusaders and Muslims in Twelfth-Century Syria*, ed. M. Shatzmiller (Leiden, 1993), pp. 173–89.

——, *John of Ibelin and the Kingdom of Jerusalem* (Woodbridge, 1997).

—— and J.G. Rowe, 'William of Tyre and the Patriarchal Election of 1180', in *English Historical Review*, 93 (1978), pp. 1–25.

Edgington, S., *Baldwin I of Jerusalem, 1100–1118* (London, 2019).

Elissée", N., *Nur-ad-Din. Un grand prince musulman de Syrie au temps des Croisades, 511–569H., 1118–1174* (Damas, 1967).

Evans, H.C., 'The Armenian Presence in Jerusalem', in *Jerusalem, 1000–1400: Every People Under Heaven*, ed. B.D. Boehm and M. Holcomb (New York, 2016).

Evans, M.R., *Inventing Eleanor: the Medieval and Post-Medieval Image of Eleanor of Aquitaine* (London, 2014).

Folda, J., 'Images of Queen Melisende in Manuscripts of William of Tyre's *History of Outremer*, 1250–1300', in *Gesta*, 32, no. 2 (1993), pp. 97–112. ——, *The Art of the Crusaders in the Holy Land, 1098–1187* (Cambridge, 1995).

——, 'Melisende of Jerusalem: Queen and Patron of Art and Architecture in the Crusader Kingdom', in *Reassessing the Roles of Women as 'Makers' of Medieval Art and Architecture*, ed. T. Martin, Vol. 1 (Boston, 2012), pp. 429–77.

——, 'Sharing the Church of the Holy Sepulchre During the Crusader Period', in *Jerusalem, 1000–1400: Every People Under Heaven*, ed. B.D. Boehm and M. Holcomb (New York, 2016).

Frankopan, P., *The First Crusade: The Call from the East* (London, 2012).

Friedman, Y., *Encounter Between Enemies: Captivity and Ransom in the Latin Kingdom of Jerusalem* (Leiden, 2002).

―――, 'Peacemaking in an Age of War: When were Cross-Religious Alliances in the Latin East Considered Treason?', in *The Crusader World*, ed. A. Boas (New York, 2016).

Gaudette, H.A., *The Piety, Power and Patronage of the Latin Kingdom of Jerusalem's Queen Melisende* (PhD Thesis, City University of New York, 2005).

―――, 'The Spending Power of a Crusader Queen: Melisende of Jerusalem', in *Women and Wealth in Late Medieval Europe*, ed. T. Earenfight (New York, 2010).

Gerish, D.E., *Constructions of Royal Identity in the First Kingdom of Jerusalem* (Dissertation, University of California, 1999).

Gibb, H.A.R., *The Life of Saladin from the Works of 'Imad ad-din and Baha'ad-Din* (Oxford, 1973).

Gibbon, E., *The History of the Decline and Fall of the Roman Empire*. Ed. D. Womersley (London: 2000).

Gillingham, J., 'Roger of Howden on Crusade', in *Richard Coeur de Lion: Kingship, Chivalry and War in the Twelfth Century* (London and Rio Grande, 1994), pp. 141-53.

Hagenmeyer, H., 'Chronologie de l'histoire du royaume de Jérusalem: Règne de Baudouin I (1101-1118)', in *ROL*, 9 (1902), pp. 384-465; *ROL*, 10 (1903-4), pp. 372-405; *ROL*, 11 (1905-8), pp. 145-80, 453-85; *ROL*, 12 (1909-11), pp. 68-103, 283-326.

Hamilton, B., 'The Elephant of Christ: Reynald de Châtillon', in *Studies in Church History*, 15 (1978), pp. 97-108.

―――, 'Women in the Crusader States: The Queens of Jerusalem (1100-1190)', in *Medieval Women*, ed. D. Baker (Oxford, 1978).

―――, 'The Titular Nobility of the Latin East: the Case of Agnes of Courtenay', in *Crusade and Settlement*, ed. P. Edbury (Cardi(, 1985), pp. 197-203.

―――, *The Leper King and His Heirs: Baldwin IV and the Crusader Kingdom of Jerusalem* (Cambridge, 2000).

―――, 'The Old French Translation of William of Tyre as an Historical Source', in *The Experience of Crusading*, Vol. 2, ed. M. Balard, B.Z. Kedar and J. Riley-Smith (Aldershot, 2001), pp. 199-207.

Harris, J., *Byzantium and the Crusades* (London, 2003).

Hintlian, G., *History of the Armenians in the Holy Land* (Jerusalem, 1989).

Hodgson, N.R., *Women, Crusading and the Holy Land in Historical Narrative* (Woodbridge, 2007).

Humphreys, R.S., 'Women as Patrons of Religious Architecture in Ayyubid Damascus', in *Muqarnas*, Vol. 11 (1994), pp. 35-54.

Hunt, L.A., 'Art and Colonialism: The Mosaics of the Church of the Nativity in Beytüllahim (1169) and the Problem of "Crusader" Art', in *Dumbarton Oaks Papers*, 45 (1991), pp. 69-85.

Huneycutt, L.L., 'Female Succession and the Language of Power in the Writings of Twelfth-Century Churchmen', in *Medieval Queenship*, ed. J.C. Parsons (New York, 1998).

Huygens, R.B.C., 'Guillaume de Tyr étudiant: Un chapitre (XIX.12) de son "Histoire" retrouvé', in *Latomus*, 21 (1962), pp. 811-28.

Jordan, E.L., 'Hostage, Sister, Abbess: The Life of Iveta of Jerusalem', in *Medieval Prosopography*, Vol. 32 (2017), pp. 66-86.

Jotischky, A., 'Ethnographic Attitudes in the Crusader States: The Franks and the Indigenous Orthodox People', in *East and West in the Crusader States: Context – Contacts – Confrontations*, Vol. III, *Acta of the Congress Held at Hernen Castle in September 2000*, ed. K. Ciggaar and H. Teule (Louvain, 2003), pp. 1-19.

——, *Crusading and the Crusader States* (Harlow, 2004).

Kedar, B.Z., 'The Patriarch Eraclius', in *Outremer: Studies in the History of the Crusading Kingdom of Jerusalem Presented to Joshua Prawer*, ed. B.Z. Kedar, H.E. Mayer and R.C. Smail (Jerusalem, 1982), pp. 177-204. ——, 'On the Origins of the Earliest Laws of Frankish Jerusalem: The Canons of the Council of Nablus', in *Speculum*, 74 (1999), pp. 310-35. Lambert, S., 'Queen or consort: rulership and politics in the Latin east 1118-1228', in *Queens and Queenship in Medieval Europe – proceedings of a conference held at Kings College London, April 1995*, ed. Anne J. Duggan (London, 1997).

Lawrence, T.E., *Crusader Castles* (Oxford, 1988).

Lay, S., 'A leper in purple: the coronation of Baldwin IV of Jerusalem', in *Journal of Medieval History*, 23 (1997), pp. 317-34.

Lewis, K.J., *The Counts of Tripoli and Lebanon in the Twelfth Century: Sons of Sainte-Gilles* (London, 2017).

——, 'Countess Hodierna of Tripoli: From Crusader Politician to "Princesse Lointaine"', in *Assuming Gender*, 3:1 (2013), pp. 1-26.

Mayer, H.E., 'Studies in the History of Queen Melisende of Jerusalem', in *Dumbarton Oaks Papers*, 26 (1972), pp. 95-182.

——, *Bistümer, Klöster und Stifte im Königreich Jerusalem* (Stuttgart, 1977).

——, 'Jérusalem et Antioche sous le règne de Baudouin II', in *Comptes-ren-*

dus des séances de l'Académie des Inscriptions et Belle-Lettres, année 1980 (1981), pp. 717-33.

——, 'The Concordat of Nablus', in *Journal of Ecclesiastical History*, 97 (1982), pp. 721-39.

——, 'The Double County of Ja(a and Ascalon: One Fief or Two?', in *Crusade and Settlement*, ed. P. Edbury (Cardi(, 1985), pp. 181-90.

——, 'The Succession to Baldwin II of Jerusalem: English Impact on the East', *Dumbarton Oaks Papers*, 39 (1985), pp. 257-65.

——, 'Angevins versus Normans: The New Men of King Fulk of Jerusalem', in *Proceedings of the American Philosophical Society*, 133 (1989), pp. 1-25.

——, *The Crusades* (Oxford, 1998).

Minella, A.-G., *Aliénor d'Aquitaine* (Paris, 2004).

Mitchell, P.D., 'An Evaluation of the Leprosy of King Baldwin IV in the Context of the Medieval World', in B. Hamilton, ed., *The Leper King and His Heirs: Baldwin IV and the Crusader Kingdom of Jerusalem* (Cambridge, 2000), pp. 245-58.

Möhring, H., *Saladin: The Sultan and his Times, 1138-1193*, trans. D.S. Bachrach (Baltimore, MD, 2008).

Murray, A.V., 'The Origins of the Frankish Nobility in the Kingdom of Jerusalem, 1100-1118', in *Mediterranean Historical Review*, 4 (1989), pp. 281-300.

——, 'Baldwin II and His Nobles: Baronial Factionalism and Dissent in the Kingdom of Jerusalem, 1118-24', in *Nottingham Medieval Studies*, 38 (1994), pp. 60-81.

——, 'Sex, death and the problem of single women in the armies of the First Crusade', in *Shipping, Trade and Crusade in the Medieval Mediterranean. Studies in honour of John Pryor*, ed. R. Gertwagen and E. Je(reys, (Farnham, 2012).

——, 'Constance, Princess of Antioch (1130-1164): Ancestry, Marriages and Family', in *Anglo Norman Studies XXXVIII, Proceedings of the Battle Conference 2015*, ed. E. van Houts (Woodbridge, 2015).

Nicholson, H., 'Women on the Third Crusade', in *Journal of Medieval History*, 23 (1997), pp. 335-49.

——, '"La roine preude femme et bonne dame": Queen Sibyl of Jerusalem (1186-1190) in History and Legend, 1186-1300', in *Haskins Society Journal*, 15 (2004), pp. 110-24.

Oldenbourg, Z., *The Crusades*, trans. Anne Carter (London, 1998).

Pacaut, M., *Louis VII et son royaume* (Paris, 1964).

Park, D.E.A., 'The Power of Crusaders' Wives in Narrative and Diplomatic Sources, c.1096–1149'. Retrieved 29 June 2020 from http://blogs.reading.ac.uk/trm/files/2014/03/GCMSDanielle-Park.pdf

Pernoud, R., *La femme au temps des croisades* (Paris, 1990).

Phillips, J., *Defenders of the Holy Land: Relations Between the Latin East and the West, 1119–1187* (Oxford, 1996).

———, *The Second Crusade: Extending the Frontiers of Christendom* (London, 2007).

———, *Holy Warriors* (London, 2009).

———, *The Life and Legend of the Sultan Saladin* (London, 2019).

Prawer, J., *Histoire du Royaume Latin de Jérusalem*, 2 vols, trans. G. Nahon (Paris, 1969).

Pringle, D., *The Churches of the Crusader Kingdom of Jerusalem: A Corpus*, 4 vols (Cambridge, 1993–2009).

Pryor, J.H., 'The *Eracles* and William of Tyre: An Interim Report', in *The Horns of Hattin*, ed. B.Z. Kedar (London, 1992), pp. 270–93.

Richards, D.S., 'Imad al-din al-Isfahani: Administrator, Littérateur and Historian', in *Crusaders and Muslims in Twelfth-Century Syria*, ed. M. Shatzmiller (Leiden, 1993), pp. 133–46.

Runciman, S., *A History of the Crusaders*, 3 vols (Cambridge, 1975).

Schein, S., 'Women in Medieval Colonial Society: The Latin Kingdom of Jerusalem in the Twelfth Century', in *Gendering the Crusaders*, ed. S. Edgington and S. Lambert (Cardi, 2001), pp. 140–53. Sebag-Montefiore, S., *Jerusalem: The Biography* (London, 2011).

Smail, R.C., *Crusading Warfare, 1097–1193* (Cambridge, 1956).

Turner, Ralph V., *Eleanor of Aquitaine: Queen of France, Queen of England* (London, 2009).

Tutunjian, J., 'Fascinating Jerusalem', in *The Armenian Mirror-Spectator* (July 2017).

Tyerman, C.J., *God's War: A New History of the Crusades* (London, 2006).

———, *The World of the Crusades* (New Haven, 2019).

Walker, C.H., *Eleanor of Aquitaine* (Chapel Hill, 1950).

———, 'Eleanor of Aquitaine and the Disaster at Cadmos Mountain', in *The American Historical Review*, 55, no. 4 (1950), pp. 857–61. Weir, A., *Eleanor of Aquitaine* (London, 2008).

GENEL DİZİN

A

Adelaide del Vasto 20, 55, 59, 60
Afrin Savaşı 22, 239, 247, 278
Agnes de Courtenay 17, 22, 275, 276, 287, 298, 308, 322, 324, 325, 347, 352, 356
Aimery de Lusignan 299, 306,
Akitanya Dükü 213
Akitanya Düşesi 22, 123, 209, 210, 214, 238, 285, 290, 307, 348, 352, 356
Akitanya Düşesi Eleanor hakkında 356
Akitanya Prensesi Petronilla 212, 215, 216,
Akka 20, 25, 77, 80, 160, 177, 190, 192, 237, 283, 287, 288, 289, 290, 291, 292, 293, 294, 322, 329, 340, 346
Albert of Namur 135
Albertus Aquensis 60
Aleksios Komnenos I. 19, 23, 24, 56, 264, 293, 313, 314, 315, 316, 317, 318
Aleksios Protosebastos 314, 315, 316
Alfred Richard 228
Alice 17, 20, 21, 54, 65, 67, 71, 72, 80, 91, 94, 95, 96, 97, 98, 99, 100, 101, 102, 103, 104, 105, 106, 107, 108, 109, 110, 111, 112, 113, 116, 117, 118, 119, 120, 121, 122, 123, 124, 125, 127, 128, 132, 134, 135, 136, 139, 140, 141, 143, 156, 164, 186, 199, 201, 207, 219, 233, 245, 248, 250, 265, 277, 307, 346, 348, 350, 352, 356, 363
Alix 241
Almanya Kralı 173
Alphonse Jourdain 176, 178, 196
Amalric de Nesle 196
Amalrik I. 151, 163, 184, 185, 186, 192, 266, 267, 272, 275, 283-8, 290-2, 322, 328, 332, 347
Amaury 308, 309
Andronikos Komnenos 267, 290, 313, 316, 353, 370, 372, 376
Andronikos Komnenos'un kızı 316
Anjou Kontu 113, 133
Anjou Kontu Foulque 17, 21, 22, 78, 79, 80, 81, 82, 83, 84, 85, 87, 88, 89, 103, 105, 111, 112, 113, 114, 115, 116, 117, 118, 119, 120, 121, 122, 125, 129, 130, 131, 132, 133, 134, 136, 137, 138, 139, 140, 141, 142, 143, 144, 145, 146, 147, 148, 149, 150, 151, 152, 155, 156, 159, 160, 161, 162, 163, 164, 166, 167, 168, 169, 176, 181, 184, 185, 187, 188, 189, 193, 198, 247, 249, 257, 277, 286, 301

Anna Komnene, Bizans Prensesi 43, 355, 359
Antakya (Antioch) 27, 31, 38, 39, 41, 42, 49, 58, 62, 66-8, 70, 80, 87, 91-125, 136, 148, 164, 168-172, 196, 199-207, 210, 213, 219, 220, 226, 227, 230-258
Antakyalı Agnes, Macar Kraliçesi (kral eşi) 17, 22, 275, 276, 287, 298, 308, 322, 324, 325, 347, 352, 356
Antakyalı Philippa 318
Arcicanum 115, 117
Arete, Kudüs Kraliçesi (kral eşi) 55, 57, 58, 59, 61, 137, 157, 253
Arima 178, 179
Arnoul 62
Askalan 141, 257, 301, 327, 333, 341, 342
Azaz 70
Antakyalı Philippa 318
Antakya Patriği 201
Antakya Prensesi 17, 21, 38, 49, 80, 91, 96, 97, 100, 109, 111, 116, 136, 164, 196, 199, 201, 206, 207, 210, 219, 220, 231, 245, 249, 250, 263, 264, 302, 313, 350, 352, 356
Antakya Prensesi Alice 91, 100, 116, 199, 201, 352, 356
Antakya Prinkepsi 17
Arcicanum 115, 117,
Arete 55, 57, 58, 59, 61, 137, 157, 253
Arima 178, 179
Arnoul 62
Arslan Yürekli Richard 218, 242, 244, 271, 346
Askalan 141, 257, 301, 327, 333, 341, 342
Avusturya Margrafının karısı 86
Ayasofya 313, 315, 316

Azaz 70
Azize Anna Kilisesi 74
Azize Maria Manastırı 208

B

Balak 21, 68, 69, 70
Balian d'Ibelin (İbelinli Balian) 324, 339, 344, 353
Banyas 152, 272, 273, 282, 342, 344
Basileus 130, 131
başarısızlık 171
başlık parası 65
Baudouin I. , Baudouin II. , Baudouin III. , Baudouin IV. ,
Baudouin V 17, 19, 20, 21, 22, 23, 24, 25, 47, 52, 53, 54, 55, 56, 57, 58, 59, 60, 61, 62, 63, 64, 65, 66, 67, 68, 69, 70, 71, 73, 74, 75, 76, 77, 78, 80, 81, 82, 83, 84, 85, 87, 88, 89, 95, 96, 97, 99, 101, 103, 105, 106, 108, 109, 110, 111, 112, 127, 128, 130, 131, 132, 133, 135, 136, 137, 149, 151, 157, 162, 163, 164, 167, 169, 171, 175, 184, 185, 187, 188, 189, 190, 191, 192, 193, 194, 196, 199, 200, 201, 202, 204, 205, 207, 221, 237, 248, 249, 251, 252, 253, 255, 256, 257, 258, 260, 263, 268, 275, 281, 283, 284, 287, 288, 293, 294, 295, 296, 298, 299, 300, 301, 302, 303, 304, 305, 306, 307, 308, 309, 310, 311, 320, 321, 322, 323, 324, 325, 326, 327, 328, 329, 330, 331, 334, 335, 347, 355, 365, 366
Baudouin II 21, 54, 55, 63, 65, 66, 67, 69, 70, 71, 73, 74, 76, 77, 80, 81, 82, 83, 84, 85, 87, 88, 95, 96, 97, 99, 101, 103, 105, 106, 108, 109, 110, 111, 112, 131, 132, 133, 135, 136,

137, 149, 151, 157, 167, 169, 175,
189, 190, 196, 199, 300, 305, 311
Bazvac 115
Beatrice 17, 250, 277, 279, 280, 281
Bela III. 268, 317,
Bereketli Hilal 62, 64, 371
Bernard 164, 165, 166, 167, 173, 211, 215, 217, 218, 219, 222, 356, 359, 361
Bernard de Clairvaux 217, 218
Bernard de Ventadour 211
Bertrade de Montfort 113
Bethlehem (Beytüllahim) 51, 52, 53, 67, 159,
Beşşar Esad 270
Beyrut 117, 291, 292, 293, 294, 340
Beytanya (Bethany) 22
Biblos 340
Birinci Haçlı Seferi 19, 42, 43, 46, 47, 55, 63, 97, 176, 211, 226
Bizans 19, 35, 43, 45, 51, 57, 64, 91, 92, 110, 120, 121, 129, 131, 177, 180, 181, 201, 202, 203, 204, 205, 225, 226, 239, 249, 251, 255, 258, 261, 262, 263, 265, 267, 269, 280, 281, 283, 286, 287, 288, 289, 290, 318, 319, 322, 348, 352
Bizans İmparatoriçesi 204, 267
Bizans İmparatorluğu 57, 91, 120, 121, 131, 181, 201, 202, 263, 265, 267, 280, 287, 318, 319
Bizans İmparatoru 19, 110, 120, 180, 203, 249, 251, 255, 258, 261, 262, 265, 281, 286, 288, 290
Bohemond de Taranto 114, 124
Bohemund 17, 21, 80, 93, 94, 95, 96, 97, 98, 99, 100, 101, 106, 107, 110, 117, 135, 164, 248
Böri 151, 153
Büyük İskender 91

C

Cadmus (Topçambaba) Dağı 228, 232
Caesar 251
Cebele 101, 105
Charlemagne 52, 223
Chinon 210
Clairvaux Baş Papazı 164, 166, 173, 217, 218
Clermont Konsili 113
Conrad de Montferrat 341, 349
Constance 17, 21, 22, 93, 94, 97, 105, 106, 107, 108, 109, 111, 112, 120, 122, 123, 196, 201, 205, 206, 207, 210, 219, 220, 231, 233, 240, 245, 246, 247, 248, 249, 250, 251, 252, 253, 254, 255, 256, 257, 258, 259, 260, 262, 263, 264, 265, 266, 268, 269, 278, 302, 307, 313, 318, 356, 367
Count de Maurienne 228
Cresson 337
cüzzam 295, 298, 320
Cüzzamlı Kral 324, 329, 356
Çavlı 151

D

Dangereuse 211
Danişment Türkleri 66, 100
Davud 128, 183, 192, 194, 195
deniz aşırı ülke 27
Dımaşk Atabeyi 151
Dımaşk (Şam) 22
Doğu 8, 19, 20, 30, 36, 38, 41, 42, 46, 47, 53, 56, 57, 63, 66, 68, 72, 76, 77, 78, 79, 82, 85, 86, 87, 91, 94, 98, 104, 110, 111, 114, 118, 120, 130, 132, 135, 152, 163, 172, 173, 176, 177, 182, 198, 200, 220, 225, 231,

234, 235, 236, 243, 244, 254, 264, 269, 270, 278, 280, 282, 286, 301, 304, 306, 309, 331, 337, 349
Doğu Roma 91
Dorylaion 226, 227
Dukak 151
Dullar 250, 253
Düello 139, 140

E

Edessa 17, 19, 22, 42, 47, 52, 65, 167, 172, 198, 232, 247, 248, 277, 278, 281, 360, 361
Edward 33,
El Aksa Camii 310
Eleanor 123, 209-246, 285, 291, 352, 356
Eleanor de Champagne 216, 217
Elizabeth I. 166
Elvira 176
Emelota 136, 140
Eriha 158
Ermeni Hâkimi 17
Ermeni Kraliçesi 350
Ermeni tarihçi 257
Eschiva 17, 270, 300, 338, 342
esir 20, 21, 23, 25, 56, 66, 67, 68, 70, 71, 72, 74, 75, 86, 107, 115, 176, 178, 221, 241, 261, 264, 265, 266, 267, 273, 278, 279, 282, 292, 299, 300, 304, 339, 341, 345, 349
Estoire d'Outremer 72
Eudes de Deuil 228, 229
Eudocia 268, 290
Eugenius III. 173, 240
Eustache 136, 139
evliliğin iptali 240, 284, 372, 375
evlilik dışı ilişkiler 201

F

Flanderli Sibylle 17, 23, 24, 25, 49, 196, 275, 276, 277, 279, 284, 285, 286, 294, 295, 296, 297, 298, 300, 301, 302, 303, 304, 305, 306, 307, 308, 309, 310, 311, 322, 323, 325, 326, 327, 328, 329, 330, 331, 332, 333, 334, 335, 336, 337, 340, 341, 342, 343, 344, 345, 346, 347, 348, 349, 350, 352, 353, 356
Fontevraud Manastırı 211
Foucher de Chartres 41, 72
Foulque 17, 21, 22, 78, 79, 80, 81, 82, 83, 84, 85, 87, 88, 89, 103, 105, 111, 112, 113, 114, 115, 116, 117, 118, 119, 120, 121, 122, 125, 129, 130, 131, 132, 133, 134, 136, 137, 138, 139, 140, 141, 142, 143, 144, 145, 146, 147, 148, 149, 150, 151, 152, 155, 156, 159, 160, 161, 162, 163, 164, 166, 167, 168, 169, 176, 181, 184, 185, 187, 188, 189, 193, 198, 247, 249, 257, 277, 286, 301
Foulque'nun ölümü 22, 169
Franklar (Latinler) 41, 42, 46, 47, 53, 55, 68, 86, 87, 103, 105, 106, 116, 119, 120, 128, 130, 141, 144, 152, 153, 173, 181, 201, 203, 206, 221, 224, 234, 239, 240, 257, 261-266, 270, 270, 278
Fransa Kralı 113, 210, 212, 213, 214, 215, 219, 240, 247, 302, 303, 304
Fransa Kraliçesi 38, 209, 215, 238, 246, 247
Fransalı Agnes 264
Fransalı Cecile 20
Frederick I. 297, 302

G

Geoffrey 88, 228, 230
Geoffrey de Rancon 228, 230
Gerard de Ridefort 341
Gerçek Haç 35, 53, 179, 180, 181, 320, 339
Gervase of Canterbury 223, 224, 236
Gibbon 33, 365
Godefroi de Bouillon 55, 74, 131
Godehilde 56, 57, 221
Göbeklitepe 64
Guibertus Abbas Novigenti 58
Guy de Lusignan 17, 24, 25, 306, 308, 309, 321, 324, 325, 326, 333, 341, 347

H

hacılar 35, 63, 144, 183
Haçlı Devletleri 7, 27, 36, 45, 46, 47, 48, 49, 53, 54, 61, 64, 65, 67, 72, 85, 88, 111, 116, 132, 167, 168, 172, 200, 210, 219, 262, 271, 355, 356
Haçlı Devletleri Tarihi 72
Hâkim Biemrillah 180
Halep 24, 38, 72, 85, 87, 94, 95, 99, 103, 152, 153, 167, 232, 236, 238, 240, 247, 248, 264, 266, 267, 269, 270, 279, 280, 300, 320, 340
Halep Atabeyi 153
Hans Eberhard Mayer 124, 184, 355
Haram 300
Harim Kalesi 266
Harput 68, 69
Harran 20, 67, 69, 70, 293
Haşhaşiler 152, 197
Helena 35, 53, 179, 181, 182
Henry de Champagne 349

Henry I. 80, 81, 87, 242
Henry II. 244, 350
Henry V. 81
Heraklius 19, 180, 299, 308, 309, 311, 327, 331, 342, 343, 344, 345
Hıttin 25, 337, 338, 339, 340, 342, 343, 346, 349
Hıttin Savaşı 25, 337, 339, 342, 349
Hisn al- Akrad 113
Hodierna 17, 20, 21, 54, 65, 67, 71, 72, 80, 125, 134, 136, 156, 168, 175, 176, 177, 178, 196, 197, 198, 199, 200, 203, 205, 231, 246, 253, 266, 277, 286, 352, 366
Hospitalier Şovalyeleri 289, 331
Hugue de Burgundy 303
Hugue de Ibelin ile evliliği 369
Hugue D'Ibelin 136-155, 163, 171, 185, 257, 281-184, 288, 289, 303
Humus 99, 155
hükümdar kraliçe 238, 275, 286

I

Ibn-i Cübeyr 78, 79, 288, 299
Ibnül Kalanisi 133
Ida 86
Ioannes Kinnamos 205, 206
Irene 225, 314
Isabella 17, 23, 24, 25, 294, 298, 308, 322, 323, 324, 325, 326, 329, 331, 336, 346, 348, 349, 350
İbrahim 64
iç savas 115, 193, 279
ida... 24, 25, 72, 155, 161, 225, ...,
315, 319, 340, 341, 349
İkinci Haçlı Seferi 22, 166, 173, 176, 179, 196, 209, 215, 219, 223, 229, 238, 241, 254, 256, 278, 286, 314, 356

İmadüddin el-Isfahani 256, 273
İmparatoriçe 225, 263, 314, 318
İngiltere Kralı 241, 242, 244
İngiltere Kraliçesi 38
İsmet Hatun 22, 25, 271, 272, 273, 344

J

Jaufre Rudel 199
John Doukas Komnenos 121, 249, 261,
John of Ibelin 361, 364
John of Salisbury 233, 234, 235, 236, 240, 361
John Roger 251
Joscelin I 67, 69-71, 88, 99, 111
Joscelin II. 112, 116, 168, 169, 171, 173-175, 232, 277, 278
Joscelin III 269, 270, 277, 278, 280, 299
Justinian 315

K

kadın 7, 8, 28, 35, 36, 38, 39, 43, 45, 46, 47, 49, 51, 52, 54, 55, 60, 67, 76, 79, 82, 83, 84, 87, 89, 94, 102, 104, 107, 108, 114, 124, 128, 135, 151, 155, 156, 157, 158, 163, 164, 173, 187, 196, 201, 203, 209, 211, 218, 221, 224, 225, 234, 235, 237, 242, 243, 250, 251, 252, 253, 254, 258, 264, 265, 271, 273, 276, 277, 281, 283, 285, 286, 291, 293, 314, 318, 333, 335, 340, 343, 351, 352, 353
kadın düşmanlığı 43
kadın varis 87
Kanlı Meydan Savaşı (1119) 87, 94, 95, 117
katliam 216
Kaysariye 136, 141, 146, 177
Kaysariye Lordu 136, 141, 146
Kefertab 70, 376
Kemaleddin 178
Kerak 24, 269, 323, 324, 325, 326, 327, 328, 349
Khatun Safwat al-Mulk Zumurrud 151
Kıbrıs 261, 262, 302, 346, 350
Kıbrıs Kralı 350
Kıbrıs Kraliçesi 350
Kilikya 20, 62, 91, 96, 99, 100, 103, 117, 261, 262, 278
Kilikya Ermenileri 62, 91, 96, 261, 178
Kilikya Kralı 99, 261
Kingdom of Heaven (film) 352
Konstantin 19, 35, 53, 57, 179, 180, 181, 182
Konstantinopolis 58, 59, 63, 151, 181, 201, 202, 203, 204, 205, 206, 207, 210, 224, 225, 226, 227, 243, 251, 253, 263, 267, 268, 269, 287, 288, 290, 292, 293, 302, 305, 313, 314, 315, 316, 317, 318, 319, 355
Köle pazarları 340, 345
kör edildi 316
Krak des Chevaliers (Kal'at el Hısn) 115
Kral 52, 60, 70, 71, 72, 76, 80, 84, 95, 96, 97, 99, 100, 103, 105, 107, 112, 113, 115, 116, 117, 118, 128, 133, 135, 137, 138, 139, 140, 142, 143, 144, 145, 146, 147, 150, 152, 160, 161, 164, 176, 187, 188, 189, 190, 191, 192, 193, 194, 195, 200, 201, 202, 205, 208, 213, 216, 217, 219, 223, 228, 229, 231, 232, 233, 234, 235, 239, 240, 241, 247, 253, 254, 255, 256, 257, 258, 261, 263,

266, 269, 272, 281, 283, 286, 287, 290, 291, 292, 294, 299, 300, 302, 306, 307, 308, 311, 312, 319, 320, 321, 322, 324, 325, 326, 327, 328, 329, 331, 336, 355, 356
kraliyet ailesine doğan 68, 71
kraliyet düğünleri 263
Kral Yolu 269
Kubbetü Sahra 310,
Kudüs 7, 8, 9, 17, 19, 20, 21, 24, 25, 27, 28, 29, 30, 34, 37, 38, 39, 41, 42, 45, 46, 47, 49, 51, 52, 54, 55, 56, 57, 58, 59, 60, 61, 62, 63, 66, 67, 68, 70, 71, 72, 73, 74, 76, 77, 78, 80, 81, 82, 83, 84, 85, 88, 89, 91, 94, 95, 96, 97, 98, 101, 102, 103, 104, 105, 106, 107, 109, 110, 111, 112, 115, 116, 117, 119, 120, 121, 125, 127, 128, 129, 130, 131, 132, 133, 134, 135, 136, 137, 140, 141, 142, 143, 145, 146, 148, 149, 150, 151, 152, 155, 157, 158, 159, 162, 163, 164, 165, 166, 167, 168, 170, 171, 172, 177, 179, 180, 181, 182, 183, 184, 186, 187, 188, 189, 190, 191, 192, 193, 194, 195, 196, 197, 200, 201, 202, 203, 204, 205, 207, 209, 210, 213, 231, 232, 237, 238, 244, 248, 250, 251, 258, 261, 263, 268, 269, 270, 272, 275, 276, 281, 283, 284, 285, 286, 287, 288, 289, 291, 293, 294, 295, 296, 297, 298, 299, 300, 301, 302, 304, 305, 306, 307, 308, 309, 310, 311, 312, 318, 320, 322, 323, 326, 327, 329, 331, 332, 333, 334, 335, 336, 337, 338, 339, 341, 342, 343, 344, 345, 346, 347, 348, 349, 350, 352, 355, 356
Kudüs Konnetabl'ı 268

Kudüs Kralı 17, 21, 57, 68, 95, 102, 103, 106, 109, 110, 112, 120, 141, 163, 165, 181, 213, 237, 248, 251, 258, 263, 272, 281, 284, 286, 287, 299, 301, 309, 322, 349
Kudüs Kraliçesi 17, 38, 49, 88, 89, 96, 125, 166, 177, 202, 207, 210, 231, 238, 275, 288, 293, 294, 298, 304, 346, 352, 355
Kudüs Krallığı 37, 42, 45, 46, 51, 52, 54, 55, 58, 60, 61, 68, 70, 72, 73, 74, 76, 77, 78, 83, 84, 85, 88, 105, 106, 107, 119, 127, 128, 132, 134, 150, 159, 163, 164, 168, 183, 184, 189, 191, 192, 193, 196, 203, 209, 250, 258, 269, 275, 276, 281, 283, 296, 297, 300, 301, 306, 308, 309, 311, 318, 322, 327, 332, 334, 335, 336, 337, 339, 346, 348, 352, 356
Kudüs Patriği 51, 62, 136, 142, 162, 188, 308, 311, 331, 333
Kudüs Seneşali 270, 308
Kutsal Doğuş Kilisesi 51, 53, 67, 159
Kutsal Roma İmparatoru 52, 80, 302
Kürtler Kalesi 115

L

La Citez de Jerusalem (anonim yazar) 183
La Forbelet (Belvoir) Kalesi Savaşı 319, 320
Lambert of Waterlos 286
Latin Peter 105
Lazarus 157, 159, 207
Lazkiye 101, 105, 108, 109, 118, 122, 125, 140, 265, 266, 341
Levon 99, 100

Louis VII. 22, 173, 210, 216, 302, 303

M

Macar Kralı 268
Macar Kraliçesi (kral eşi)
Mahmud 22, 23, 24
Malatyalı Morphia 20, 38, 285, 348, 350, 355
Malatya (Melitene) 17
Mamilia 135
Manasses de Hierges 170
Manuel I Komnenos 120, 201-205, 225, 251, 261-268, 286, 313,314
Maraclea 115
Maraş Hâkimi 278
Maraşlı Baudouin 175
Maraş Senyörü 278
Margaret of Beverley 343, 345
Maria 17, 23, 24, 54, 75, 120, 205, 206, 207, 245, 263, 264, 267, 269, 286, 287, 290, 294, 298, 303, 304, 313, 314, 315, 316, 317, 318, 319, 322, 323, 328, 342, 346, 348, 349, 350, 352, 353
Maria de Montferrat 350, 376
Maria Komnene 17, 23, 24, 54, 286, 287, 294, 298, 303, 304, 322, 323, 328, 342, 348, 349
Maria Porphyrogenita 314, 315, 316, 317
Marie 218, 219
Mashriq 36
Matilda 80, 81, 82, 88, 185
Matthew Paris 209, 243, 361
Medresetü'l Hatuniyye 152
Mekke 320, 323, 324, 339
Melisende 17, 20, 21, 22, 23, 39, 49, 54, 65, 67, 71, 72, 75, 76, 77, 78, 79, 80, 81, 82, 83, 84, 85, 87, 88, 89, 96, 107, 119, 125, 127, 128, 129, 130, 131, 132, 133, 134, 135, 136, 137, 138, 139, 140, 141, 142, 143, 144, 146, 147, 148, 149, 150, 151, 152, 153, 155, 156, 157, 158, 159, 160, 161, 162, 163, 164, 165, 166, 167, 168, 169, 170, 171, 172, 173, 175, 177, 179, 180, 181, 182, 183, 184, 185, 186, 187, 188, 189, 190, 191, 192, 193, 194, 195, 196, 197, 198, 199, 202, 203, 204, 205, 206, 207, 208, 209, 210, 217, 219, 237, 238, 247, 248, 249, 250, 253, 254, 261, 263, 275, 277, 282, 283, 285, 286, 290, 301, 307, 333, 335, 347, 348, 350, 351, 352, 355, 356, 364, 365, 366
Melisende'nin Mezmurlar Kitabı 129
Miles de Plancy 299
Mirabel 187, 191
mizojini 44
Montferrat Markizi 301
Montgisard Savaşı (1177) 302
Montgisard zaferi 202
morlara doğan 71, 177
Muhammad Ali Cinnah 270
Muhammed al-Idrisi 183
Muiniddin Üner 22, 178
Musul 85, 103, 155, 167

N

Nablus 30, 150, 190, 191, 192, 195, 196, 202, 298, 302, 322, 323, 328, 331, 336, 340, 341, 342
Nabluslu Rohard 147
naiplik 107, 328
Niketas Khoniates 224, 225, 268, 291, 313, 318, 319, 355
Nur Dağları 92
Nureddin Zengi 22, 23, 24, 85, 86,

87, 103, 104, 106, 141, 152, 153, 154, 155, 167, 168, 169, 170, 171, 173, 174, 208, 221, 270, 278, 279

O

Onfroi de Toron IV. 268, 322, 336, 349
Orderic Vitalis 94, 148, 149, 361
Oriflamme (vexillum) 223
otorite / güç arasında ayrım 30, 38, 54
Oultrejourdain 63, 141, 269
Outremer 8, 27, 36, 37, 38, 39, 41, 42, 43, 44, 45, 46, 47, 48, 49, 60, 61, 63, 68, 72, 77, 78, 83, 85, 87, 91, 92, 94, 95, 100, 101, 103, 104, 110, 111, 112, 114, 115, 116, 118, 120, 123, 129, 132, 133, 134, 135, 138, 139, 140, 141, 142, 146, 148, 149, 156, 157, 158, 161, 165, 167, 168, 169, 173, 176, 178, 181, 186, 191, 192, 199, 200, 202, 204, 209, 210, 219, 221, 232, 245, 247, 249, 250, 251, 255, 257, 260, 262, 266, 269, 270, 272, 275, 276, 278, 280, 281, 282, 283, 284, 285, 286, 287, 288, 289, 290, 291, 292, 296, 297, 299, 300, 301, 302, 304, 305, 310, 313, 319, 320, 321, 323, 324, 327, 332, 337, 339, 340, 342, 346, 348, 351, 353, 356, 360, 363, 364, 366

P

Papa 22, 25, 37, 78, 93, 113, 164, 173, 215, 216, 219, 222, 223, 240, 329, 332
Papa Honorius 78
Papaz Grigor 257
Payan le Bouteiller 323
Philippa 17, 211, 245, 267, 268, 290, 291, 318, 350
Philippe de Flanders 286
Philippe I. 113, 115
Pons 20, 22, 112, 113, 114, 115, 116, 117, 118, 119, 124, 134, 176
porphyrogennetos 71
Prenses 54, 83, 103, 105, 106, 112, 114, 118, 122, 125, 127, 132, 176, 201, 205, 207, 219, 231, 233, 245, 250, 252, 255, 259, 265, 268, 278, 285, 286, 287, 326, 348
propaganda gücü 52

R

Rahip Suger 223
Rainaid Mazoir 119
Ralph 119, 122, 123, 252, 361, 368
Ralph von Merle 252
Ramerupt Hâkimesi 350
Ramle 187
Ramleli Helvis 187
Raoul de Vermandois I. 216
Raymond de Poitiers 17, 22, 121, 122, 219
Raymond de St. Gilles 20, 196
Raymond II. 21, 175-178, 196-200,
Raymond III. 17, 23, 196, 199, 204, 205, 266, 269, 270, 299, 300, 307, 311, 320
Reinald Mansoer 119
Renaud 17, 22, 23, 25, 255, 256, 257, 258, 259, 260, 261, 262, 263, 264, 265, 266, 267, 268, 269, 270, 278, 299, 302, 308, 320, 321, 323, 324, 325, 326, 327, 331, 339, 340, 341, 349
Renaud de Chatillon 320

Richard I. 216, 242, 244, 271, 346
Richard of Devizes 211, 236, 361
Roger de Sicily 61
Roger of Howden 307, 361, 365
Roland Destanı 223
Roma İmparatoru 19, 52, 80, 179, 189, 302
romantik edebiyat 352

S

Saddam Hüseyin 270
Safita 115
Sahyun 281
Sasani Kralı 180
Sayda Hâkimi 17
Aimery de Limoges, Antakya Patriği 254, 258-261, 299
Sayda (Sidon) 139, 299, 340
scriptorium 190
Selahaddin Eyyubi 25, 39
Selahaddin'in esiri 256
Selahaddin'in kuşatması 275, 276, 310, 324, 328, 336-345, 349
Selçuklu Emiri 151
Selçuklu Türkleri 19, 20, 91
Seyfeddin 178
Shobak Kalesi (Montreal) 269
Sibylle 17, 23, 24, 25, 49, 196, 275, 276, 277, 279, 284, 285, 286, 294, 295, 296, 297, 298, 300, 301, 302, 303, 304, 305, 306, 307, 308, 309, 310, 311, 322, 323, 325, 326, 327, 328, 329, 330, 331, 332, 333, 334, 335, 336, 337, 340, 341, 342, 3, 344, 345, 346, 347, 348, 349, 350, 352, 353, 356
Sicilya Kralı 93
Stephanie de Milly 269, 299, 302, 323, 324, 349

Stephanie de Milly ile evliliği 302
Stephen de Blois 82
Stephen de Sancerre 297, 301
Steven Runciman 75
suikast 145, 146, 147, 152, 177, 326, 329, 336
Sur 21, 30, 41, 45, 73, 77, 115, 190, 192, 201, 287, 288, 340, 341, 346, 349
Surlu Frederick 297
Süryani Mikhail 257, 265, 355
şahsi dua kitabı 128
Şamlı Zümrüt Hatun 23, 208
Şarlman 52

T

Taberiye 114, 338
Trablus Kontu Pons 20, 22, 112-119, 124, 134, 176
taç giyme 51, 52, 53, 54, 67, 75, 132, 159, 188, 189, 332, 334, 335, 348
taç giyme töreni 51, 52, 332, 335
Tankred (Tancred) 20, 110, 112-114, 117, 176
Taphnuz 57, 58
Tartus (Tortosa) 115
Templier Şovalyeleri 261
The Lion in Winter (film) 243
Theobald de Champagne 216
Theodora Komnene 17, 23, 289, 352
Thomas Fuller 329, 362
Thomas of Beverley 343
Thoros 55, 56, 261, 265, 266
Tiberiye Hâkimesi 336
Timurtaş 70, 72, 73, 156
Toron 17, 24, 268, 322, 336, 340, 349
Trablus 17, 20, 22, 27, 30, 38, 42, 110, 112, 114, 115, 116, 117, 119,

124, 156, 168, 169, 175, 176, 177, 178, 179, 196, 197, 198, 199, 200, 202, 203, 204, 205, 206, 207, 210, 231, 237, 246, 253, 254, 256, 266, 267, 269, 283, 299, 300, 305, 307, 308, 310, 311, 312, 320, 321, 325, 326, 327, 328, 329, 330, 331, 336, 337, 338, 339, 340, 342, 352
Trablus Kontesi 38, 176, 200, 207, 231, 253, 352
Trablus Kontu 17, 20, 22, 112, 114, 116, 117, 124, 168, 175, 176, 177, 196, 202, 204, 266, 267, 269, 300, 305, 307, 308, 310, 311, 312, 320, 321, 325, 326, 327, 328, 330, 331, 336, 338, 339, 340, 342
Trablus Prensesi 17, 196, 199, 205, 206
Transürdün 63, 141, 269, 270, 299, 302, 322, 323
Turbessel 277

U

Urbanus II. 37, 113
Urfa 17, 19, 20, 22, 27, 28, 31, 42, 47, 52, 55, 56, 57, 58, 60, 62, 64, 65, 66, 67, 68, 75, 88, 91, 99, 105, 106, 110, 111, 112, 116, 134, 167, 168, 169, 170, 171, 172, 173, 174, 176, 198, 209, 210, 215, 219, 232, 247, 250, 266, 269, 277, 278, 280, 355
Urfa Hâkimi 17
Urfa Kontesi 250
Urfa Kontu 20, 55, 56, 62, 68, 88, 99, 105, 106, 111, 116, 134, 168, 169, 173
Urfalı Mateos 96, 355
Urfa'nın kuşatılması 99, 171, 172, 174, 176, 209, 219, 232, 278,

Usama ibn Munqidh 48, 362
üçüncü ayaklanma 369
Üçüncü Haçlı Seferi 346, 349

V

varis krizi 275
Vitry katliamı 216, 217, 219, 227

W

Walter 136, 139, 140, 141, 146, 252, 362
Walter of Falkenburg 252
Willermus Tyrensis 44, 59, 60, 61, 64, 65, 78, 93, 96, 97, 102, 105, 106, 107, 108, 115, 116, 118, 123, 124, 127, 137, 138, 147, 148, 150, 163, 164, 169, 175, 185, 186, 187, 198, 201, 204, 207, 224, 233, 235, 237, 245, 246, 249, 250, 252, 253, 255, 264, 265, 267, 272, 276, 278, 279, 283, 285, 288, 293, 295, 300, 301, 302, 303, 308, 310, 311, 321, 328, 329, 330, 346, 347, 351, 355, 356
William 7, 17, 24, 44, 80, 105, 113, 116, 142, 143, 150, 162, 163, 181, 211, 212, 220, 221, 234, 301, 302, 326, 330, 340, 346, 361, 362, 363, 364, 365, 368
William de Sehunna 116
William of Aversa 105
William of Malines 142
William of Malmesbury 113, 362
William of Newburgh 220, 362
William Shakespeare 243

Y

Yafa 21, 34, 58, 131, 135, 137, 138, 141, 142, 143, 163, 185, 192, 257, 301, 327, 333, 340

Yafa Kontu 21, 131, 135, 143, 163, 185, 192, 257
Yahmur 115, 117, 118
yasal evlilik yaşı 123
yas dönemi 250
Yaşlı Rohard 19
Yusuf Bin Firuz 152, 153, 154
Yüce Divan 76, 189, 237, 283, 286, 297
Yves, Soissons Kontu 252
Yvette 17, 21, 68, 70, 71, 72, 73, 74, 75, 76, 80, 106, 131, 134, 136, 156, 157, 158, 196, 285, 286, 294, 352

Z

Zengi 22, 23, 24, 85, 86, 87, 103, 104, 106, 141, 152, 153, 154, 155, 167, 168, 169, 170, 171, 173, 174, 208, 221, 270, 278, 279